M. Christine Klöber
Ralf Klöber

Erfolg
ist planbar

Qualitätsmanagement für hauswirtschaftliche Führungskräfte

4. überarbeitet Auflage

M. Christine Klöber
Ralf Klöber

Erfolg ist planbar

Qualitätsmanagement für hauswirtschaftliche Führungskräfte

4. überarbeitete Auflage

Verlag Neuer Merkur GmbH

Bliografische Informationen Der Deutschen Bibliothek:
Die Deutsche Bibliothek verzeichnet diese Publikation in der Deutschen Nationalbibliografie; detaillierte bibliografische Daten sind im Internet über http://dnb.ddb.de abrufbar.

Verlagsort: Postfach 60 06 62, D-81206 München

Erfolg ist planbar – Qualitätsmanagement für hauswirtschaftliche Führungskräfte
4. überarbeitete Auflage 2011
ISBN 978-3-937346-60-1

Lektorat: Esther Zierer, Robert Schwabe
Layout: Peter Hänssler
Titelgestaltung: Dagmar Papic

Druck: Konrad Triltsch Print und digitale Medien GmbH, Ochsenfurt-Hohestadt

Preface

Quality management has become a cliché among NGOs as well as entrepreneurs since the 1980's. Concepts inherent in the discipline of quality management have defined the focus of continuing education for product developers and social marketers as the quality assurance cover for the everyday work of professionals. There is no doubt that academic disciplines geared towards theory and the practical applications of their known skills in the lives of people in all walks of life should be subject to Quality Management. The notion that the planned pursuit of quality leads to success is not just common sense, it is should be the mantra for all managers. It is to this notion of excellence and success through planning that I endorse the book "Success can be planned – Quality Management for Executives in Home Economics" written as a guide for home economics professionals.

The first part of "Success can be planned" explains the basics of quality management. A history of QM is given as well as a definition of the concept. Authors Ralf and M. Christine Klöber explain the legal basis to quality management and describe current (German) QM systems such as DIN EN ISO 9001/2008, TQM, EFQM, KTQ, environmental management or the RAL-quality label. In the following chapters, they deal with the questions of how to pick the appropriate system and how much a good quality management system costs.

The book does not stop at the theoretical conception of quality management. The authors also provide methods in practice for quality management, risk management, press relations management and the management of complaints. They explain how you can keep track of your actions concerning quality management, for example with a QM manual. One chapter also focuses on customer and staff orientation because the executive has to know about his/her staff's competences and he/she should have a concept of instruction and further training.

In the second part of the book, Ralf and M. Christine Klöber give several examples from practice. In each chapter, the ideal management of one of the different areas of home economics like, catering, cleaning, laundry, home design and decorating are explained and examined by means of a conceptual overview, structure-process-outcome and a collection of relevant laws, regulations, guidelines and commendations. "Success can be planned" is now available in the fourth edition, revised and updated, and offers a blend of theoretical and practical knowledge concerning quality management in home economics. This updated volume should be a welcomed reference for modern practitioners.

Dr. Geraldene B. Hodelin
Associate Professor, University of Technology, Kingston, Jamaica
President, International Federation for Home Economics (IFHE) 2008-2012

Grußwort

Als hätten es die Autoren des Buches schon damals gewusst: Ihr Buch hieß und heißt bis heute nicht nur *Erfolg ist planbar*, sondern der Erfolg des Buches war offensichtlich bereits eingeplant. Wie wäre es sonst zu erklären, dass Sie heute die bereits vierte grundlegend überarbeitete Auflage in Händen halten?

Der Umgang mit Qualitätsmanagement-Systemen gehört heute in das Standardrepertoire jeder hauswirtschaftlichen Führungskraft und ist aus der täglichen Arbeit im Betrieb nicht mehr wegzudenken. Hieran hatte das vorliegende Buch einen wesentlichen Anteil. Nur wenige Autoren haben es geschafft, ein Buch zu verfassen, in dem Theorie und Praxis gleichermaßen zum Tragen kommen. *Erfolg ist planbar* gehört mit Sicherheit dazu und ist zu einem *Muss* im Bücherregal geworden.

Vor zehn Jahren hätten die meisten von uns noch wenig mit EFQM, RADAR, KTQ und DIN EN ISO 9001:2000 anfangen können. Doch die Autoren haben alle Leser behutsam in die Begrifflichkeiten eingeweiht und den Transfer in die Praxis angebahnt. Sie finden hier nicht nur Hinweise zur Kundenorientierung, Tipps zur Einbindung der Mitarbeiter und zur Gestaltung von Dokumentationen, sondern explizite Praxisbeispiele aus den Kernbereichen der Hauswirtschaft, in denen ein Qualitätsmanagement-System durchzuführen ist.

Wir können das Buch allen ans Herz legen, die im hauswirtschaftlichen Dienstleistungsmanagement Verantwortung tragen. Nutzen Sie *Erfolg ist planbar* als Nachschlagewerk und als Handwerkszeug in einer Branche, in der die Weiterentwicklung von Dienstleistungen für Menschen ein glücklicher Umstand ist und nicht lästiges Beiwerk. Denn: Es gibt eine Lehre aus dem Spiel von Ebbe und Flut. Alles ändert sich. Was bleibt, ist der Wechsel.

Mit herzlichen Grüßen
Ute Krützmann und Anne Göbbels
Vorsitzende des Berufsverbandes Hauswirtschaft e.V.

Vorwort

Qualität – Qualitätssicherung – Qualitätsentwicklung sind Schlüsselbegriffe für Dienstleistungen von Seiten der Nachfrage und des Angebotes. Dabei sind nicht nur das *Was*, sondern auch das *Wie* der Präsentation der Leistungen und die Ressourcen der Leistungserstellung gefragt.

Das trifft auch für alle hauswirtschaftlichen Dienstleistungen zu, die einen entscheidenden Beitrag zur Versorgung und Lebensgestaltung unterschiedlicher Personengruppen bieten.

Die Erfüllung dieser Aufgaben z. B. in Einrichtungen der Alten- und Behindertenhilfe, in Krankenhäusern, Kur-/Rehabilitationskliniken und Sanatorien wie auch in Akademien, Heimvolkshochschulen, in Mensen und in der Betriebsgastronomie erfordert qualifizierte hauswirtschaftliche Fach- und Führungskompetenz. Mit der Gestaltung des Leistungsangebotes, der Planung des Einsatzes von Ressourcen und der Führung des Personals ist ein hoher Grad von Verantwortung verbunden.

Die Vielfalt von sozialpolitischen, ökonomischen und ökologischen Rahmenbedingungen fordert Produkt- und Prozessqualität der Dienstleistungen und insbesondere Ergebnisqualität, verbunden mit Sorgfalts- und Fürsorgepflicht für den Gesundheits- und Umweltschutz und einen hohen Grad an Sparsamkeit des Mitteleinsatzes bei geringer werdenden finanziellen Verfügbarkeiten. Darin liegt einerseits das Problem der *unendlichen* Forderungen aus der jeweiligen Sicht, andererseits auch die Chance, Leistungsangebote gezielt nach Bedarfsstrukturen auszurichten.

Voraussetzung dazu ist aber, die Komplexität der Situation zu erfassen und dabei Zusammenhänge nicht außer Acht zu lassen. Hierzu benötigen verantwortliche Fachkräfte ein Handwerkszeug, das geeignet ist, Probleme anzufassen und die richtigen Handgriffe zu tun, um die Leistungsprozesse bedarfsentsprechend und effektiv zu gestalten.

Mit der vorliegenden Buchkonzeption werden konkrete Möglichkeiten aufgezeigt, Handlungskompetenz zu erwerben.

Vermittelt werden Grundlagen des Qualitätsmanagements und deren Umsetzung im sozialen Kontext der jeweiligen Einrichtung und ihrer Leistungsangebote für einen spezifischen Kundenkreis.

Die praxiserprobten Handlungsanleitungen beinhalten Beispiele zu Konzepten einer breiten Palette hauswirtschaftlicher Leistungsangebote und Prozessbeschreibungen in Form von Flussdiagrammen, ergänzt durch Checklisten.

Damit steht ein umfangreiches Instrumentarium für eine professionelle Betriebsführung zur Verfügung, das über den hauswirtschaftlichen Leistungsbereich hinaus auch für die Kooperation mit anderen Leistungsbereichen interessant ist.

Ein Dankeschön ist an die Autoren Christine Klöber und Ralf Klöber zu richten, die auf Basis ihrer Praxiserfahrungen als Führungskräfte in unterschiedlichen Einrichtungen und als Berater und Trainer ihr fachtheoretisches Wissen, methodisches Geschick und ihre Sozialkompetenz zur Verfügung stellen. Hauswirtschaftlichen Fachkräften wie auch Auszubildenden und an hauswirtschaftlicher Qualifikation Interessierten liegt damit ein Angebot vor, das ihnen hilft, schrittweise und zielgerichtet die Qualität für den Lebensraum der Bewohner und das Arbeitsfeld der Mitarbeiter in den Einrichtungen zu verwirklichen.

Mögen Sie es nutzen, denn *Qualität* kostet nichts – *Nicht - qualität* kostet.

Dr. Margarete Sobotka
Herborn, im Oktober 2003

Einführung

Guten Tag liebe Leserinnen und Leser!

Mit der vierten und von Grund auf aktualisierten Ausgabe von *Erfolg ist planbar* haben Sie die Möglichkeit, sich selbst auf den neuesten Stand des hauswirtschaftlichen Qualitätswesens zu bringen. Qualitätsmanagement ist gewiss kein neues Thema in der Hauswirtschaft mehr, aber dennoch nach wie vor eine herausragende Leitungsaufgabe von hauswirtschaftlichen Führungskräften. Und da gilt es, auf dem aktuellen Stand zu sein.

Wir möchten mit diesem Praxisbuch die Lücke von allgemein gehaltener Qualitätsliteratur und der spezifischen für die Hauswirtschaft schließen. Das vorliegende Fachbuch hat die Zielsetzung, Ihnen Qualitätsmodelle sowie Begriffe und Chancen, die sich aus qualitätsorientierter Arbeit ergeben, aufzuzeigen. Es soll Ihnen als Grundlagenwerk im Arbeitsalltag helfen, Ihre eigene Qualitätspolitik und Strategie zu entwickeln und umzusetzen. Wir möchten Ihnen ein echtes Arbeits-Handbuch zur Verfügung stellen.

Es soll Handwerkszeug sein, mit dem Sie Ihre täglichen Aufgaben im Sinne der Kundenorientierung für Ihre Klienten, Wertschöpfung für die Organisation und für die eigene Zufriedenheit gestalten können.

Bereits im Jahr 1996 wurde vom Berufsverband Hauswirtschaft e.V. das erste *Qualitätsmanagement-Handbuch für die Hauswirtschaft* herausgebracht; ehrenamtlich von den Kolleginnen Maria Fink, Barbara Stenzel, Imke Hay, Annette Thamm, Regina Best und M. Christine Klöber geschrieben. Es wurde seinerzeit über 1500-mal verkauft. Schon damals, lang bevor die *Qualität managen* als wichtiges Instrument im betrieblichen Alltag der Hauswirtschaft anerkannt wurde. Heute, 15 Jahre später, ist aktives Qualitätsmanagement nicht mehr aus unserem Arbeitsalltag wegzudenken. Konsequenterweise haben wir, die Autoren, auch unser Unternehmen, die Unternehmensberatung Klöber KASSEL qualitätsorientiert strukturiert und nach DIN EN ISO 9001:2008 zertifizieren lassen. Wir wissen daher genau, wovon wir schreiben, und können uns sehr gut in betriebliche Prozesse hineinversetzen, wenn es beispielsweise um die Entwicklung von QM-Prozessen und deren Prüfung oder Auditierung geht. Aus der Praxis für die Praxis lautet unsere Devise. Über 80 hauswirtschaftliche Kolleginnen haben in den letzten fünf Jahren erfolgreich an der Weiterbildung zur *Qualitätsmanagement-Fachkraft für die Hauswirtschaft©* teilgenommen. Die Erkenntnisse aus diesen Weiterbildungen und die stetige Anpassung der Weiterbildungsinhalte an den Marktbedarf auf der einen und den Qualitätsentwicklungen auf der anderen Seite unterstützen die Themenzusammenstellung dieser Neuauflage.

Das Handlungsfeld Hauswirtschaft arbeitet von je her mit einem ganzheitlichen bzw. vernetzten Ansatz, sodass es besonders wichtig ist, die eigenen Prozesse so zu gestalten, dass andere Fachbereiche darauf aufbauen können. Schon hier greift der Qualitätsgedanke. Würde die hauswirtschaftliche Arbeit nicht solide und fundiert erbracht, hätten es die nachfolgenden Bereiche sicher schwerer, ihre eigenen Aufgaben gut zu gestalten. Was nützt der beste Chirurg, wenn die OP-Saal- oder Besteckdesinfektion nicht erfolgreich durchgeführt wurde, was nützt das schönste Ambiente einer Hotelhalle, wenn der Gast beim Zubettgehen feststellt, dass er keine Handtücher hat?

Dieses Buch ist für alle hauswirtschaftlichen Fach- und Führungskräfte, Verantwortlichen für diesen Bereich und für an Qualität Interessierte geschrieben. Dabei spielt die Branche, in der Sie selbst arbeiten, eigentlich keine Rolle. Qualitätsmanagement betrifft alle. Sie finden im Text immer wieder Praxisbezüge zu unterschiedlichsten Arbeitsgebieten der Hauswirtschaft. Sie finden Muster und Beispiele, wie Sie an die einzelnen Aufgabenstellungen im Alltag herangehen können. Aus den Abbildungen können Sie für sich und Ihren Betrieb das Passende heraussuchen. Die genannten gesetzlichen Bezüge sind auf den aktuellen Stand von 2010 für die einzelnen Arbeitsfelder eingearbeitet. Da die Regelungsbegeisterung der Verantwortlichen groß ist, können wir jedoch keine Vollständigkeit garantieren.

Um Ihnen auch genügend Spaß an der Lektüre dieses Buches zu bieten, denn *Qualität kommt nicht von quälen*, haben wir auf Formalitäten und Fremdwörter weitestgehend verzichtet und werden Sie in der direkten Rede ansprechen. Fachbezogene Fremdwörter und Fachbegriffe werden jeweils erklärt. Am Schluss des Buches finden Sie eine Übersicht mit gängigen Begriffen und Abkürzungen, gedacht für die Leserinnen, die eine Information besonders schnell finden möchten.

Das schönste Kompliment für dieses Buch wäre, dass es, einmal im Betrieb angekommen, schnell abgenutzt aussieht, denn dann ist es ein Hand-Buch und kein Schrank-Buch.

Wohl wissend, dass wir es mit mehr Leserinnen als Lesern zu tun haben, haben wir uns der besseren Lesbarkeit wegen entschlossen, nicht jeweils die weibliche und männliche Variante zu benutzen.

Wenn wir von Mitarbeitern und Gesprächspartnern schreiben, meinen wir selbstverständlich auch Mitarbeiterinnen und Gesprächspartnerinnen und umgekehrt.

Für die Art der Unternehmensnennung wechseln wir die gebräuchlichsten Begriffe wie Unternehmen, Betrieb, Einrichtung etc. immer wieder ab.

Unser Leitmotiv für die aktive Arbeit mit Qualitätsmanagement-Systemen spiegelt den Ansatz für kontinuierliches und bewusstes Handeln in der Qualitätsarbeit wider.

Wir dürfen nie denken, dass die Arbeit beendet ist –
sondern ständig an uns und unserer Arbeit arbeiten,
um zu zeigen, dass wir und unsere Profession wichtig sind.

Mit diesem Zitat von Frau Maija Järventaus, der Begründerin des Welttages der Hauswirtschaft, der alljährlich am 21. März begangen wird, möchten wir Sie in die Lesewelt der Qualität reisen lassen.

Unser Dank gilt vielen Mitwirkenden an dieser gründlich aufpolierten Neuauflage, Sie wissen ja, *nichts ist so stetig wie der Wandel*. Wenn ein Fachbuch entsteht, ist man immer im Gespräch mit vielen Kollegen, Fachleuten, Verbandsvertreterinnen, deren Mitgliedern und Bildungsträgern. Die verschiedensten Ideen und Anregungen wurden bearbeitet und im Text aufgenommen. So möchten wir uns bei Ihnen Allen für Ihre Anregungen sehr herzlich bedanken. Liebe Seminarbesucherinnen, Sie vergrößern unseren Wissensschatz in jedem Seminar. Unsere Mandanten, die uns in Beratungssituationen auf Ideen brachten, was auch ins Buch muss, möchten wir an dieser Stelle nicht vergessen. Die vielen Denkanstöße, die uns von Freundinnen und Freunden zuteilwurden, sollen nicht unerwähnt bleiben. Wir sagen allen Danke, die aktiv an der Buchgestaltung mitgeholfen haben, allen voran unserer Mitarbeiterin Nina Mohnkern.

Der Unterstützung seitens des Verlags Neuer Merkur gewiss, konnten wir uns genügend Zeit lassen, die letzte Auflage aus dem Jahre 2006 komplett zu überarbeiten. Die Bereitschaft der Vorsitzenden des Berufsverband Hauswirtschaft e. V., dieses Fachbuch wieder auf die eigene Literaturliste zu setzen, weil sie von der Professionalität überzeugt sind, freut uns sehr und bestätigt uns in unserer Arbeit.

Ein großes Dankeschön gebührt Frau Prof. Dr. Margarete Sobotka, für ihre Begleitung sowie für die einführenden Worte in das Thema Qualität und an die Präsidentin Frau Geraldine B. Hodelin der International Federation for Home Economics (IFHE) für das Grußwort aus Jamaika.

Letztlich waren uns auch die Erfahrungen mit unserem eigenen Qualitätsentwicklungs- und Zertifizierungsverfahren eine große Hilfe, das Thema Qualitätsmanagement in der Hauswirtschaft bzw. für Organisationen so authentisch wie möglich zu beschreiben.

Liebe Leserinnen, wenn Sie weiterführende Fragen zu diesem Buch und zum Thema Qualität haben, scheuen Sie sich nicht, uns zu schreiben oder rufen Sie uns einfach an. Wir stehen Ihnen auch gern als Berater und Referenten zur Verfügung.

Wir wünschen Ihnen mit diesem Buch Lesevergnügen und Inspirationen für Ihre hauswirtschaftliche Arbeit.

Kassel, im Herbst 2010

M. Christine Klöber Ralf Klöber

Teil 1
Grundlagen

1 Geschichtlicher Vorspann

In dir muss brennen, was du in anderen entzünden willst.

Aurelius Augustinus (354 – 430), Bischof und Kirchenlehrer

Mit Beginn der Industrialisierung entwickelte sich die Fließbandarbeit. Hier denken Sie sicher auch sofort an Henry Ford. Aber er hatte seine Ideen aus dem Versorgungsbereich entnommen. Es war eine Chicagoer Großschlachterei, wo er die Schweinehälften am Haken auf einem Kettenlaufband von Arbeiter zu Arbeiter laufen sah. Wäre er in Hannover gewesen, hätte er noch früher Fließbandarbeit sehen können, nämlich bei der Firma Bahlsen in deren *Cake* (Keks)-Fabrikation.

Der Gedanke der Qualitätssicherung ist allerdings viel, viel älter. So hat man bei Ausgrabungen mit Wachs verschlossene Krüge gefunden. Im Mittelalter wurden in Südfrankreich Qualitätsmerkmale für Tuche festgelegt und geprüft. Noch viel früher wurde im Codex Hammurabi festgelegt:

> *Wenn ein Baumeister ein Haus baut, für einen Mann und es für ihn vollendet, so soll dieser ihm als Lohn zwei Shekel Silber geben für je einen Sar. (1 Shekel = 360 Weizenkörner = 9,1 g, 1 Sar = 14,88 qm).*
>
> *Wenn ein Baumeister ein Haus baut, und macht seine Konstruktion nicht stark, sodass es einstürzt, und verursacht den Tod des Bauherrn, dieser Baumeister soll getötet werden. Wenn der Einsturz den Tod des Sohnes des Bauherrn verursacht, so sollen die Söhne des Baumeisters getötet werden.*
>
> *Kommt ein Sklave des Bauherrn um, so gebe der Baumeister einen Sklaven von gleichem Wert.*
>
> *Wird beim Einsturz Eigentum zerstört, so stelle der Baumeister wieder her, was immer zerstört wurde.*
>
> *Weil er das Haus nicht fest genug baute, baue er es auf eigene Kosten wieder auf. Wenn ein Baumeister ein Haus baut und macht die Konstruktion nicht stark ge-*

nug, sodass eine Wand einstürzt, dann soll er sie auf eigene Kosten wieder verstärkt aufbauen.
(Codex Hammurabi, vor ca. 3700 Jahren)

Im General Regulativ der Firma Friedrich Krupp liest man aus dem Jahre 1879:

§ 1 Es ist bei allen Anlagen – wie im Betrieb der Werke im Großen, wie im Einzelnen – als das oberste Grundgesetz das Ziel im Auge zu behalten: dass die Firma in der Fabrikation stets das Ausgezeichnetste und möglichst Vollkommene zu leisten habe.

§ 2 Um dieses Ziel zu erreichen sind Rohstoffe und Hilfsmittel nie in anderer als der besten Qualität anzuschaffen, und es ist ferner stets darauf Bedacht zu nehmen, dass die zweckmäßigsten Maschinen hergestellt, die möglichst vollkommene Fabrikationsmethode angewandt wird.

Beim Gerätehersteller Bosch hieß der Slogan:
Das Beste, was sich bei gutem Willen nach reiflicher Überlegung und eingehenden Versuchen mit den vollkommensten Hilfsmitteln der Technik aus den besten Rohstoffen herstellen lässt, ist gerade gut genug, den Namen BOSCH *zu tragen.*
(Robert Bosch, Firmengründer)

Ob Bohrmaschinen, Kühlschränke oder Kekse: Die Philosophie, die dahintersteckt, ist das, was zählt.

Mit Beginn der Industrialisierung dachte man, wenn Maschinen Werkstücke produzieren, ist alles richtig. Doch weit gefehlt. Die eingeführte Qualitätskontrolle am Ende einer Arbeitskette konnte nur feststellen, ob das Teil schlecht oder gut, unvollständig oder vollständig ist. Negative Erkenntnisse waren folglich teuer. Es musste ein Weg in die Produktion gefunden werden, um bereits am Ort der Fehlerursache steuernd eingreifen zu können und damit Geld zu sparen.

Zur gleichen Zeit, als Krupp an der perfekten Qualität arbeitete, führte man in England 1887 eine ganz andere Qualitätsoffensive ein. Das Unterhaus beschloss, dass alle nach England importierten Waren mit einer Herkunftsbezeichnung zu versehen waren. Dämmert es Ihnen? Der Begriff *made in Germany* entstand. Ursprünglich als Brandmal gedacht, wandelte er sich zu einem echten Qualitätsbegriff, besonders in der Automobilindustrie.

1951 wurde das erste Quality Handbook von Joseph Juran erstellt. Es beschäftigte sich mit der Qualitätskostenfrage. Eine Frage, die noch heute manchen Betriebswirtschaftler bei den Kostenstellenabgrenzungen zur Verzweiflung treiben dürfte. Dazu einige Zahlen. Untersuchungen sollen belegen, dass 10 % des Gesamtaufwands an Qualitätskosten bei der Vermeidung von Fehlern anfallen, aber 40 % für die Mess- und Prüfmaßnahmen und ca. 50 % für die Beseitigung von Fehlern und deren Folgekosten veranschlagt werden müssen.

Nicht viel später beschrieb Armand Feigenbaum in seiner *Total Quality Control*, dass Spitzenprodukte nicht von Unternehmen produziert werden könnten, die Qualitätsprobleme nur in ihren Fertigungsabteilungen suchen. Die Qualitätssicherung muss alle Produktionsphasen erfassen.

Im weiteren Verlauf des 20. Jahrhunderts erhielt der Qualitätssicherungsgedanke durch die amerikanische Raumfahrt neue Impulse. Hier wurde 1961 das *Null Fehler Programm* bei der Entwicklung und Produktion der Pershing-Raketen entwickelt. Im Verlauf der letzten 50 Jahre wurde aus der Qualitätssicherung als Endkontrolle ein komplexes Qualitätsmanagement-System. Allerdings dauerte es bis in die 80er Jahre, bis man die Erkenntnis hatte, dass Qualitätsentwicklung und Umsetzung nicht nur mit Maschinen zu tun hat, sondern maßgeblich durch die Menschen an den Maschinen erzeugt wird. Mittlerweile wird auch nicht mehr nur von Produktqualität gesprochen, sondern auch von Dienstleistungsqualität.

Für Sie im Hauswirtschaftsbereich ist die 1985 in der Europäischen Gemeinschaft getroffene Produkthaftung wichtig. Im nationalen deutschen Recht ist daraus das Produkthaftungsgesetz entstanden. Sie haben sich sicherlich im Zuge der Umsetzung der Lebensmittelhygieneverordnung damit gründlich auseinandergesetzt.

Wie die Entwicklung des Qualitätswesens im letzten Jahrhundert verlief, zeigt Ihnen die folgende Grafik. Qualität war immer schon ein Thema, es haben sich nur die Konzepte und Begriffe verändert.

Qualität setzt sich aus vielen Bausteinen zusammen, getreu dem Motto:

Das Ganze ist mehr als die Summe seiner Teile

- ➡ Qualität der Produkte und Dienstleistungen,
- ➡ Qualität der Verfahren und Prozesse,
- ➡ Qualität der Organisation,
- ➡ Qualität und Qualitätsfähigkeit des Unternehmens,
- ➡ Motivation und Qualifikation der Mitarbeiter.

Sie sehen, es gibt viele Puzzleteile, mit denen Sie durchstarten können.

2 Qualitätsbegriffe

2.1 Qualität, Qualitätsmanagement und Qualitätsmanagement-Systeme

Sucht nicht die Fehler. Sucht die Lösung.
Henry Ford (1863 – 1947), amerikanischer Industrieller

Henry Ford kannte noch nicht das moderne Qualitätsmanagement, traf aber mit dieser allgemeingültigen Aussage den Kern dessen, was heute für qualitätsbezogenes Arbeiten entscheidend ist. Zu Beginn des ersten Teils sollen zunächst die Begriffe Qualität, Qualitätsmanagement und Qualitätsmanagement-System durch Definition und Beispiel geklärt werden.

2.1.1 Qualität

Umgangssprachlich meint jeder, der von Qualität spricht, nicht irgendeine, sondern eine gute Qualität. Dieser tägliche Sprachgebrauch macht es etwas schwierig, Qualität aus einem anderen Blickwinkel zu betrachten. Denn Qualität beschreibt lediglich ein Verhältnis; nämlich das Verhältnis von Anforderungen an ein Produkt oder eine Dienstleistung und von seinen Merkmalen.

Die alte DIN EN ISO 8402 beschreibt: *Qualität ist die Gesamtheit aller Eigenschaften und Merkmale bezüglich ihrer Eignung, festgelegte oder vorausgesetzte Anforderungen zu erfüllen.*

Diese DIN 8402 ist heute als extra Norm nicht mehr existent, sie ist bei der Revision im Jahre 2000 in die ISO 9000:2000 als *QMS-Grundlagen und Begriffe* eingeflossen. Die aktuelle Definition des Begriffs Qualität drückt es leider noch etwas komplizierter aus:

Qualität ist das Vermögen einer Gesamtheit inhärenter Merkmale eines Produktes, Systems oder Prozesses zur Erfüllung von Forderungen von Kunden und anderen interessierten Parteien.

Im Volksmund wird Qualität eher so einfach wie wahr beschrieben: *Qualität ist die Eignung für einen bestimmten Zweck* oder wie Theodor Heuss (erster Bundespräsident der Bundesrepublik Deutschland) sagte: *Qualität ist das Anständige.*

In Japan definiert man Qualität ganz einfach: *Qualität ist die Eignung für den Gebrauch = Fit for use.*

Im Alltag heißt dies: *Ist das Produkt/die Dienstleistung für den Verwendungszweck wirklich geeignet und in der Praxis einsetzbar?*

Was bedeutet in diesem Zusammenhang Qualität für Sie, Ihre Arbeit und Abteilung?

- Qualität ist, was der Kunde fordert, sie ist in der Wahrnehmung subjektiv.
- Qualität ist angestrebte Fehlerfreiheit.
- Qualität wird nicht erprüft, sondern erzeugt.
- Qualität liegt in der Zuständigkeit eines jeden Mitarbeiters.
- Qualität bedeutet Vorbeugung und nicht Nachprüfung.
- Qualität beginnt in den Köpfen.

Abbildung 2.1 zeigt Ihnen die wesentlichen Begrifflichkeiten mit ihrem Einsatz innerhalb des Normenwerkes ISO 9000 ff im Überblick.

Revision 1994		**Revision 2008**
ISO 8402 ISO 9000 – 1:1994	➡	ISO 9000:2000 QMS-Grundlagen und Begriffe
ISO 9001:1994 ISO 9002:1994 ISO 9003:1994	➡	**ISO 9001:2008** **QMS-Forderungen**
ISO 9004:1994	➡	ISO 9004:2009-12 QMS Leitfaden zur Leistungsverbesserung
ISO 10011 ISO 14010 ISO 14011 ISO 14012	➡	ISO 19011 Leitfaden für das Audit von Qualitäts- und Umweltmanagement

Abb. 2.1
©KlöberKASSEL 2008

Es geht bei Qualität also um Anforderungen von Beteiligten und Eigenschaften von Dienstleistungen und Produkten.

Anforderungen stellt der Kunde; die Eigenschaften und Merkmale, die ein Produkt oder eine Dienstleistung ausmachen, werden durch die Organisation definiert und erbracht. Von Qualität sprechen wir dann, wenn Anforderungen und Merkmale in Einklang gebracht sind und der Kunde mit dem Ergebnis dauerhaft zufrieden ist.

Wenn Sie mit hauswirtschaftlichen Dienstleistungen oder Produkten Qualität anbieten wollen, fragen Sie zuerst: Welche Anforderungen haben meine Kunden? Sind meine Kunden Teilnehmer von Bildungsmaßnahmen in einem Tagungshaus, sind meine Kunden Bewohner eines Alten- und Pflegeheims oder sind meine Kunden die Kinder und Eltern eines Initiativ-Kindergartens? Je nachdem, wie Ihre Antwort hier ausfällt, werden Sie Ihrer hauswirtschaftlichen Dienstleistung unterschiedlich ausgeprägte Qualitätsmerkmale geben und sie mit entsprechenden Eigenschaften ausstatten.

Ein kindgerecht gedeckter Geburtstagstisch wäre bei einem Tagungsgast, der während eines Seminars seinen Geburtstag feiert, natürlich fehl am Platz, ebenso beim 100-jährigen Geburtstag eines Altenheimbewohners.

Das Mobiliar eines Aufenthaltsraums in einem Tagungshaus unterscheidet sich wesentlich von dem einer Kindertagesstätte und von der Ausstattung eines Alten- und Pflegeheims.

Anhand dieser Beispiele wird deutlich, auf was es bei der Bedeutung des Wortes Qualität ankommt. Ihre Aufgabe als Hauswirtschaftsleitung ist es, kundengerechte hauswirtschaftliche Qualität zu gestalten und anzubieten. Das heißt: Nur wer die Anforderungen seiner Kunden kennt, weiß, wie seine Angebote aussehen müssen. Hier stellt sich unweigerlich die Frage, ob und wie Sie die Kundenanforderungen ermitteln und realisieren. Häufig benutzen wir vorgeschobene Argumente, wie *das können wir uns nicht leisten* oder *das geht zeitlich nicht ...*, nur um unsere gewohnten Abläufe nicht infrage stellen zu müssen.

Der Einstieg in die Qualitätswelt fällt häufig schwer, weil es von Fachbegriffen nur so wimmelt. In der Praxis zeigt es sich dann, dass diese Fachbegriffe nicht immer korrekt angewendet werden. Eine exakte Begriffsnutzung ist aber wichtig. Profis benutzen professionelle Begriffe. Machen sie sich dies zu eigen, wenigstens dann, wenn Sie in Besprechungen mit anderen Abteilungsleitungen über eine spezielle Thematik sprechen.

2.2 Definitionen

Qualitätskontrolle

Meint die Überprüfung eines Produkts/einer Dienstleistung, ob es/sie die geforderten Eigenschaften besitzt.

Qualitätssicherung

Qualitätssicherung und Kontrolle bezieht sich auf einzelne Maßnahmen, Produkte, Prozesse und Mitarbeiter. Hier werden zusätzlich Instrumente eingesetzt, die sicherstellen, dass ein Produkt/eine Dienstleistung die geforderten Eigenschaften besitzt. Qualitätssicherung ist etwas umfassender wie die Qualitätskontrolle angelegt, sie beinhaltet die Überlegung, Fehler auszuschließen und will sicherstellen, dass entsprechende Hilfsmittel wie Arbeitsanweisungen etc. eingesetzt werden. Sie steht eher am Ende einer Planungs- oder Produktionsreihe.

Qualitätsmanagement

Qualitätsmanagement überprüft sich sozusagen selbst. Außer verschiedener Planungs- und Prüfmechanismen werden Audits durchgeführt. Deren Ergebnisse zeigen, ob die eingesetzten Planungs- und Prüfmechanismen noch zum Einhalten der gesetzten Qualitätseigenschaften ausreichen. Damit ist Qualitätsmanagement ein auf längere Sicht hin angelegtes Modell.

Qualitätsmanagement beinhaltet alle Aktivitäten, die der Verbesserung der Qualität dienen. *Qualitätsmanagement sind alle Tätigkeiten des Gesamtmanagements, die (...) die Qualitätspolitik, die Ziele und Verantwortungen festlegen sowie diese durch Mittel wie Qualitätsplanung, Qualitätslenkung, Quali -*

tätssicherung (...) und Qualitätsverbesserung bewirken, soweit die ISO-Definition.

Qualitätsmanagement bezieht das Management und die Mitarbeiter mit ein. Es blickt auf alle Geschäftsprozesse, Dienstleistungen und den gesamten Lebenszyklus von Produkten. Leistungen werden durch Standards und ermittelte Kennzahlen qualitativ und quantitativ bewertbar. Die Kundenorientierung ist ein wesentlicher Aspekt des Qualitätsmanagements geworden.

Unter dem Begriff des umfassenden Qualitätsmanagements wird TQM (Total Qualitiy Management) verstanden.

Zusammengefasst können Sie sich die begriffliche Zuordnung wie folgt vorstellen:

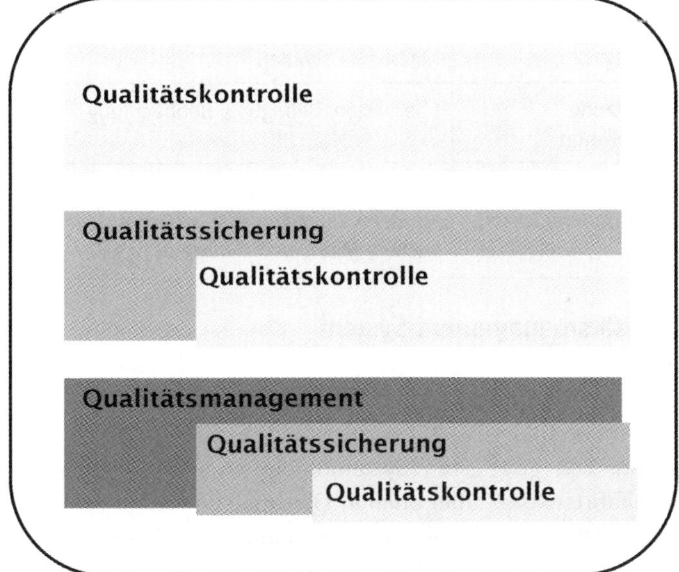

Abb. 2.2
©KlöberKASSEL 2010

Tabelle 2.1 zeigt einige Beispiele für Tätigkeiten, die in einem hauswirtschaftlichen Qualitätsmanagement anfallen:

Tätigkeit im QM	Beispiel
Formulierung von hauswirtschaftlichen Zielen, abgeleitet aus den Leitzielen und dem Leitbild der Organisation	Die Reinigung von Bewohnerzimmern eines Alten- und Pflegeheimes geschieht unter Berücksichtigung · der Bewohnerbedürfnisse · des Lebensrhythmus der Bewohner · der gesetzlich hygienischen Vorgaben
Festlegen von Qualitätsstandards	Die Intimsphäre des Bewohners wird bei der Zimmerreinigung gewahrt (Zeitpunkt, Anklopfen, Absprache mit Pflege)
Maßnahmen ableiten und umsetzen	Reinigungs- und Arbeitspläne erstellen, Mitarbeiter einstellen und einweisen, Verantwortlichkeiten definieren
Umsetzung garantieren	Dienstpläne erstellen, Arbeitsmittel beschaffen und bereitstellen, Mitarbeiter schulen
Umsetzung kontrollieren	Checklisten, Befragung, Beobachtung
Qualität weiterentwi - ckeln und verbessern	Schwachstellen analysieren, Kundenwünsche erfassen, Lösungen suchen, Mitarbeiter motivieren

Tab. 2.1

Qualitätsmanagement-System

Das Qualitätsmanagement-System beschreibt die Struktur, nach der Ihr Qualitätsmanagement aufgebaut ist und wie die Dokumentation gestaltet wird. Es gibt eine Vielzahl von Systemen. Die gängigsten Systeme, die im Gesundheits- und Wohlfahrtswesen, aber auch in Dienstleistungsorganisationen eingesetzt werden, stellen wir Ihnen in Kapitel 4 vor.

Noch vor zehn bis zwölf Jahren gab es keine normativen Forderungen für den Bereich der Hauswirtschaft in Bezug auf den Aufbau eines QM-Systems. Dies hat sich gründlich geändert. Im folgenden Kapitel können Sie die rechtlichen Forderungen für einzelne Leistungsbereiche nachlesen und selbstkritisch prüfen, inwiefern diese bei Ihnen bereits umgesetzt sind.

In Abbildung 2.4 werden die Chancen, die Sie durch ein Qualitätsmanagement-System bekommen, deutlich.

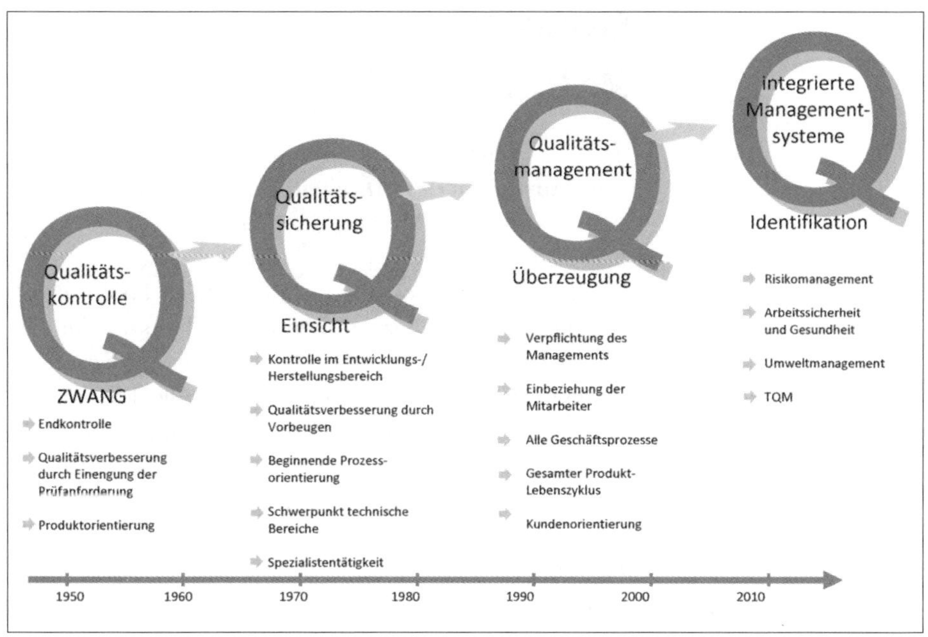

Abb. 2.3
Von der Qualitäts-kontrolle zum Qualitäts-management.
©KlöberKASSEL 2010

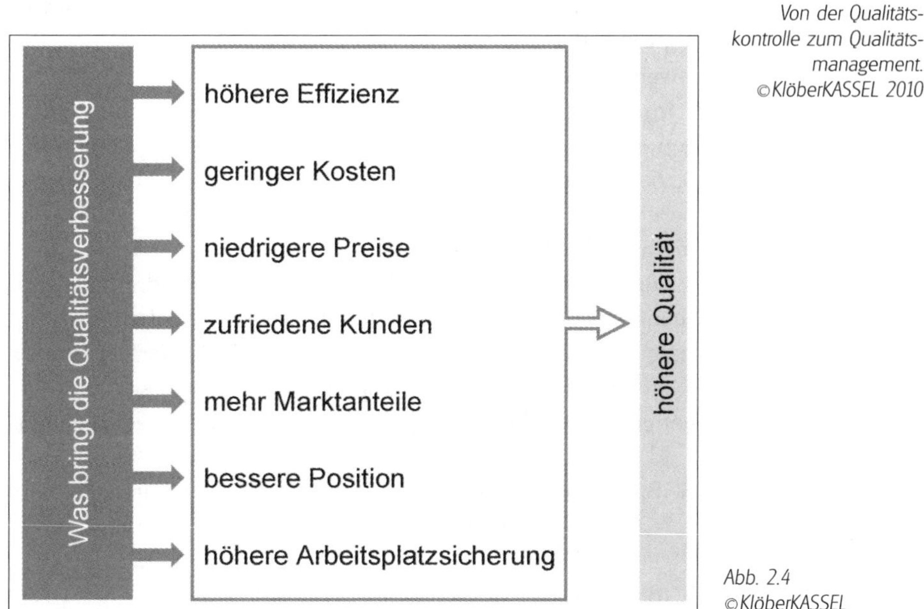

Abb. 2.4
©KlöberKASSEL

3 Gesetzliche Rahmenbedingungen

Freiwillige Mühen machen das Aushalten der unfreiwilligen leichter.

Demokrit (um 460 – 370 v. Chr.), griechischer Naturphilosoph

Die Einhaltung und Umsetzung der normativen Forderungen stellt sich bereits als ein anzustrebendes Qualitätsziel dar. Für den Bereich Hauswirtschaft gibt es eine Fülle von Gesetzen, Verordnungen und Richtlinien/Vorschriften. Alle können wir Ihnen hier nicht schlüssig vorstellen. Wir haben uns auf die besonders qualitätsrelevanten Gesetze und Verordnungen beschränkt. Für die Bereiche Verpflegungs-, Reinigungs- und Wäschemanagement finden Sie im zweiten Teil in den jeweiligen Ausführungen die besonders beachtenswerten normativen Grundlagen.

Aktuelle Versionen von rechtlichen Bestimmungen können Sie über das Bundesgesetzblatt *www.bundesanzeiger.de* sowie über die Bundesregierung *www.bundesregierung.de* und die jeweils zuständigen Bundesministerien beziehen.

Im sozialen Bereich sind die jeweiligen gesetzlichen Auflagen in Bezug auf qualitätsorientierte Arbeit in den einzelnen Sozialgesetzbüchern geregelt. Je nachdem in welchem Sozialbereich Sie arbeiten, können Sie dort entnehmen, welche Paragrafen für Sie wichtig sind.

Zum Einstieg zeigen wir Ihnen eine Übersicht der hauswirtschaftlich besonders relevanten Sozialgesetzbücher. Das Sozialgesetzbuch gliedert sich in derzeit zwölf Bücher, die jeweils in sich mit fortlaufenden Paragrafen nummeriert sind und daher gesetzestechnisch als jeweils eigenständige Gesetze gelten:

SGB I — Allgemeiner Teil – in Kraft seit 1. Januar 1976, enthält die grundlegende Programmatik des SGB sowie Definitions- und Verfahrensvorschriften.

SGB II — Grundsicherung für Arbeitsuchende – in Kraft seit 1. Januar 2005, enthält die Förderung (einschließlich finanzieller Förderung) von erwerbsfähigen Personen über 15 und unter 65 Jahren sowie deren Angehöriger, soweit diese über kein (ausreichendes) Arbeitseinkommen verfügen; *http://de.wikipedia.org/wiki/Zweites_Buch_Sozialgesetzbuch*

SGB III Arbeitsförderung – in Kraft seit 1. Januar 1998, betrifft die Leistungen der Bundesagentur für Arbeit (BA): (Arbeitsvermittlung und Leistungen bei Arbeitslosigkeit).

SGB IV Gemeinsame Vorschriften für die Sozialversicherung – in Kraft seit 1. Januar 1977, regelt neben dem Recht des Gesamtsozialversicherungsbeitrags sowie der Definitionen sozialversicherungsrechtlicher Grundbegriffe vor allem die Verfassung der Sozialversicherungsträger (Organisation, Sozialversicherungswahlen, Haushalts- und Rechnungswesen) *http://de.wikipedia.org/wiki/Viertes_Buch_Sozialgesetzbuch*

SGB V Gesetzliche Krankenversicherung – in Kraft seit 1. Januar 1989, betrifft Organisation, Versicherungspflicht und Leistungen der gesetzlichen Krankenkassen sowie deren Rechtsbeziehungen zu weiteren Leistungserbringern (Ärzte, Zahnärzte, Apotheker etc.) http://de.wikipedia.org/wiki/Fünftes_Buch_Sozialgesetzbuch

SGB VI Gesetzliche Rentenversicherung – in Kraft seit 1. Januar 1992, betrifft Organisation und Leistungen der Träger der Deutschen Rentenversicherung (Renten wegen Alters, Rente wegen Erwerbsminderung und Hinterbliebenenrenten; Leistungen zur medizinischen, beruflichen und sonstigen Rehabilitation).

SGB VII Gesetzliche Unfallversicherung – in Kraft seit 1. Januar 1997, betrifft Organisation, Versicherungspflicht und Leistungen der gewerblichen und der landwirtschaftlichen Berufsgenossenschaften sowie der Unfallkassen der öffentlichen Hand für die Versicherungsfälle Arbeitsunfall, Wegeunfall und Berufskrankheit.

SGB VIII	Kinder- und Jugendhilfe – in Kraft seit 1. Januar 1991, betrifft Leistungen der Träger der öffentlichen Jugendhilfe (insbesondere Jugendämter) an hilfebedürftige Kinder, Jugendliche, junge Erwachsene und deren Eltern.
SGB IX	Rehabilitation und Teilhabe behinderter Menschen – in Kraft seit 1. Juli 2001.
SGB X	Verwaltungsverfahren und Sozialdatenschutz – in Kraft seit 1. Januar 1981/1. Januar 1983.
SGB XI	Pflegeversicherung – in Kraft seit 1. Januar 1995.
SGB XII	Sozialhilfe – in Kraft seit 1. Januar 2005.

Was fordern die einzelnen Bücher von den hauswirtschaftlich Verantwortlichen für ihren Arbeitsbereich?

Sozialgesetzbuch (SGB) drittes Buch AZWV

Die Anerkennungs- und Zulassungsverordnung – Weiterbildung – besteht in der aktuellen Fassung seit 31.10.2006. Sie regelt die Anforderungen für die Zulassung von Zertifizierungsstellen für Bildungsträger, die sich wiederum zertifizieren lassen wollen.

Im § 2 Allgemeine Anforderungen für die Anerkennung wird der Beleg für die nötigen personellen und finanziellen Mittel gefordert. Unter Absatz 6 wird ein dokumentiertes, den Regeln der Technik entsprechendes System zur Qualitätssicherung und Qualitätsentwicklung gefordert.

§ 8, Anforderungen an den Träger, definiert genauestens in vier Abschnitten mit insgesamt 32 Einzelanforderungen, wie vom Unterrichtsraum, den Methoden der Wissensvermittlung, der Zusammenarbeit mit Berufsverbänden und der Agentur für Arbeit, bis zur Qualifikation der Referenten, ein Träger von zugelassenen und zertifizierten Bildungsveranstaltungen aufgestellt sein muss.

Ein System zur Sicherung der Qualität nach § 8 Nr. 4 liegt vor, wenn ein dem § 8 AZWV entsprechendes systematisches Instrument zur Qualitätssicherung und Qualitätsentwicklung dokumentiert, wirksam angewendet und dessen Wirksamkeit ständig verbessert wird ...

Sozialgesetzbuch (SGB) fünftes Buch (V)

Krankenhaus, Praxen, Rehabilitationseinrichtungen

Qualitätsmanagement ist lt. Gesetzestext als eine Vereinbarung des G-BA (Gemeinsamer Bundesausschuss) *als Bestandteil der Unternehmenspolitik des Krankenhauses zu betrachten* und ist deshalb nicht etwas, das nebenbei auch noch gemacht werden muss, sondern es ist als integraler Bestandteil der Leistungserbringung zu verstehen.

Im Fokus müssen die kontinuierliche Verbesserung der Leistungsangebote und die Optimierung der damit verbundenen Prozesse stehen.

Die GKV-Gesundheitsreform 2000 und das GKV-Modernisierungsgesetz 2004 zwingen die Einrichtungen im Gesundheitswesen zur Steigerung von Qualität und Wirtschaftlichkeit. Das verändert die Aufgaben aller Beteiligten im Krankenhaus durch drei wesentliche Schwerpunkte:

- Einführung eines pauschalierten Entgeltsystems *German-Diagnose Related Groups* (G-DRGs).
- *Integrierte Versorgung* im Sinne einer Vernetzung mit anderen Leistungserbringern.
- Verpflichtung zur Qualitätssicherung und zum Qualitätsmanagement.

Das heißt, Gesetzgeber und Krankenkassenverbände fordern bei immer knapper werdenden Ressourcen zunehmend eine ausreichende Versorgung und Qualität zum günstigen Preis. Verlangt wird also eine Weiterentwicklung der Krankenhäuser zu unternehmerisch geführten Einrichtungen im Sinne eines modernen, ziel- und erfolgsorientierten Krankenhausmanagements, das es versteht, seine vorhandenen Ressourcen effektiv und effizient zu nutzen.

SGB V § 12 Wirtschaftlichkeitsgebot

Die Leistungen, die ein Krankenhaus zu erbringen hat, müssen ausreichend, zweckmäßig und wirtschaftlich sein. Leistungen, die nicht notwendig oder unwirtschaftlich sind, können von Versicherten nicht eingefordert werden.

SGB V § 70 Qualität, Humanität und Wirtschaftlichkeit
Auch in diesem Paragrafen wird gefordert, dass die Versorgung der Versicherten ausreichend und zweckmäßig ist, und dass dabei das Maß des Notwendigen nicht überschritten wird.

SGB V § 112
Zweiseitige Verträge und Rahmenempfehlungen über Krankenhausbehandlung Abs. 2 Satz 3.

SGB V § 113
Qualitäts- und Wirtschaftlichkeitsprüfung der Krankenhausbehandlung

SGB V § 135 Verpflichtung zur Qualitätssicherung
Hier erfolgt eine Bewertung von Untersuchungs- und Behandlungsmethoden. Im Speziellen wird der Bereich Hauswirtschaftliche Dienstleistungen nicht erwähnt. Nichtsdestotrotz wird weiterführend im § 135a gefordert, dass die Ergebnisqualität zu verbessern ist, sowie ein einrichtungsinternes Qualitätsmanagement einzuführen und weiterzuentwickeln ist.

SGB V § 139 a
Institut für Qualität und Wirtschaftlichkeit im Gesundheitswesen

Sozialgesetzbuch (SGB) achtes Buch (VIII)

Kinder und Jugendhilfe in der Fassung des Gesetzes zur Einordnung des Sozialhilferechts in das Sozialgesetzbuch

Auch das VIII. Sozialgesetzbuch – Kinder- und Jugendhilfe – hat in der Fassung vom 27. Dezember 2003 (BGBl. I S. 3022) klare Aufforderungen zu einem gelenkten Qualitätsmanagement als Forderung aufgestellt. In § 78 a heißt es im Anwendungsbereich: die Regelungen der § 78 b bis 78 g gelten für die Erbringung von Leistungen für Betreuung und Unterkunft in einer sozialpädagogisch begleitenden Wohnform. Zweitens heißt es in § 78 b unter der Überschrift *Voraussetzungen für die Übernahme des Leistungsentgeltes*: Wird die Leistung ganz oder teilweise in einer Einrichtung erbracht, so ist der Träger der öffentlichen Jugendhilfe zur Übernahme des Entgeltes gegenüber dem Leistungsberechtigten verpflichtet, wenn mit dem Träger der Einrichtung oder seinem Verband Vereinbarungen über:

1. Inhalt, Umfang und Qualität der Leistungsangebote (Leistungsvereinbarung),
2. differenzierte Entgelte für die Leistungsangebote und betriebsnotwendigen Investitionen (Entgeltvereinbarungen) und
3. Grundsätze und Maßstäbe für die Bewertung der Qualität der Leistungsangebote sowie über geeignete Maßnahmen zu ihrer Gewährleistung (Qualitätsentwicklungsverfahren) abgeschlossen worden sind.

Die Vereinbarungen sind mit dem Träger abzuschließen, die unter Berücksichtigung der Grundsätze der Leistungsfähigkeit, Wirtschaftlichkeit und Sparsamkeit zur Erbringung der Leistung geeignet sind.

Durch den § 78 c *Inhalt der Leistung und Entgeltvereinbarungen* wird im Speziellen geregelt, welche wesentlichen Leistungsmerkmale der Leistungsvereinbarung enthalten sein müssen. Insbesondere sind dies:

1. Ziel und Qualität des Leistungsangebotes,
2. den in der Einrichtung zu betreuenden Personenkreis,
3. die erforderliche sächliche und personelle Ausstattung,
4. die Qualifikation des Personals sowie
5. die betriebsnotwendigen Anlagen der Einrichtung.

In die Vereinbarung ist aufzunehmen, unter welchen Voraussetzungen der Träger der Einrichtung sich der Erbringung von Leistungen verpflichtet. Der Träger muss gewährleisten, dass die Leistungsangebote zur Erbringung von Leistungen nach § 78 a Abs. 1 geeignet sowie ausreichend, zweckmäßig und wirtschaftlich sind. Weiter heißt es, *die Entgelte müssen leistungsgerecht sein.* Grundlage der Entgeltvereinbarungen sind die in der Leistung und der Qualitätsvereinbarung festgelegten Leistungs- und Qualitätsmerkmale.

Durch die Rahmenverträge laut § 78 f schließen die kommunalen Spitzenverbände auf Landesebene mit den Verbänden der Träger der freien Jugendhilfe und den Vereinigungen sonstiger Leistungserbringer auf Landesebene Rahmenverträge über den Inhalt der Vereinbarung nach § 7 8b Abs. 1 ab.

Sozialgesetzbuch (SGB) Neuntes Buch (IX)

Rehabilitation und Teilhabe behinderter Menschen

Absatz (Art. 1 des Gesetzes vom 19.6.2001, BGBl. I, Seite 1046). Das Neunte Buch Sozialgesetzbuch – Rehabilitation und Teilhabe behinderter Menschen –, wurde zuletzt durch Art. 2 des Gesetzes vom 30. Juli 2009 geändert. Im weiteren Kapitel *Ausführung von Leistungen zur Teilhabe* wird unter § 20 *Qualitätssicherung* und § 21 *Verträge mit Leistungserbringern* die Anforderungen an ein Qualitätsmanagement-System vorgeschrieben und definiert.

§ 20 Qualitätssicherung

Die Rehabilitationsträger nach § 6, Abs. 1 vereinbaren gemeinsame Empfehlungen zur Sicherung und Weiterentwicklung der Qualität der Leistungen, insbesondere zur barrierefreien Leistungserbringung sowie für die Durchführung vergleichbarer Qualitätsanalysen als Grundlage für ein effektives Qualitätsmanagement der Leistungserbringer.

§ 13 Abs. 4 ist entsprechend anzuwenden. Die Rehabilitationsträger nach § 6 Abs. 1 Nr. 6 und 7 können den Empfehlungen beitreten. Dies heißt: *Die Erbringer von Leistungen stellen ein Qualitätsmanagement sicher, dass durch zielgerichtete und systematische Verfahren und Maßnahmen die Qualität der Versorgung gewährleistet und kontinuierlich verbessert. Stationäre Rehabilitationseinrichtungen haben sich an den Zertifizierungsverfahren zu beteiligen.*

Die Spitzenverbände der Rehabilitationsträger nach § 6 Abs. 1 *vereinbaren im Rahmen der Bundesarbeitsgemeinschaft für Rehabilitation grundsätzliche Anforderungen an ein einrichtungsinternes Qualitätsmanagement nach Abs. 3 sowie ein einheitliches, unabhängiges Zertifizierungsverfahren, mit dem die erfolgreiche Umsetzung des Qualitätsmanagements in regelmäßigen Abständen nachgewiesen wird.*

In § 21 *Verträge mit Leistungserbringern* wird weiterhin definiert: *Die Verträge über die Ausführung von Leistungen durch Rehabilitationsdienste und -einrichtungen, die nicht in der Trägerschaft eines Rehabilitationsträger stehen, enthalten insbesondere Regelungen über Qualitätsanforderungen an die Ausführung der Leistungen, das beteiligte Personal und die begleitenden Fachdienste.*

Im Abschnitt drei wird definiert, dass *Verträge mit fachlich nicht geeigneten Diensten oder Einrichtungen gekündigt werden und diese nicht als geeignet anzusehen sind bzw. nicht nach § 20 Abs. 2 zertifiziert sind.*

Sozialgesetzbuch (SGB) elftes Buch (XI) Soziale Pflegeversicherung

Die Pflegeversicherung soll den Betroffenen helfen:

- ein möglichst selbstständiges und selbstbestimmtes Leben zu führen,
- körperliche, geistige und seelische Kräfte wiederzugewinnen,
- ein Leben in Würde zu führen,
- die Pflegebereitschaft von Angehörigen, Nachbarn etc. zu erhalten und zu fördern,
- dass die Leistungen von Ärzten, Reha etc. koordiniert werden,
- dass auf deren religiöse Bedürfnisse Rücksicht genommen wird.

Mit dem Pflegeweiterentwicklungsgesetz und der Transparenzverordnung, die im Jahre 2008 verabschiedet wurden, sind einige ursprüngliche Paragrafen der Pflegeversicherung bzw. des Pflegequalitätsweiterentwicklungsgesetzes mit ihren Inhalten verändert bzw. verschoben worden.

Durch den § 36 ist es möglich, dass *mehrere Pflegebedürftige, Pflege- und Betreuungsleistungen sowie hauswirt-*

schaftliche Versorgung gemeinsam Sachleistungen in Anspruch nehmen können.

Im § 75 *Bundesempfehlungen und Vereinbarungen* werden *die Maßstäbe und Grundsätze für eine wirtschaftliche und leistungsbezogene, am Versorgungsvertrag orientierte personelle und sächliche Ausstattung der Pflegeeinrichtungen* definiert.

Diese Rahmenverträge werden zwischen den Landesverbänden der Pflegekassen unter Beteiligung des Medizinischen Dienstes der Krankenversicherungen und den Pflegeeinrichtungen abgeschlossen.

Diese Maßstäbe werden gemeinsam:

- auf Bundesebene von den Vereinigungen der Träger der vollstationären Pflegeeinrichtungen,
- von der Bundesarbeitsgemeinschaft der überörtlichen Träger der Sozialhilfe,
- von der Bundesvereinigung der kommunalen Spitzenverbände der Krankenkassen,
- von den Spitzenverbänden der Pflegekassen unter Beteiligung des Medizinischen Dienstes der Spitzenverbände der Krankenkassen sowie unabhängiger Sachverständiger,

in enger Zusammenarbeit

- mit den Verbänden der Pflegeberufe,
- und den Verbänden der Behindertenhilfe und der Pflegebedürftigen verabschiedet.

In diesen gemeinsamen Maßstäben und Grundsätzen werden die Ebenen der Qualität differenziert in:

- Strukturqualität,
- Prozessqualität und
- Ergebnisqualität.

Die Hauswirtschaft ist – wie alle anderen Abteilungen auch – verpflichtet, sich am einrichtungsinternen Qualitätsmanagement zu beteiligen.

Der alte § 80 a des Pflegequalitätssicherungsgesetzes wurde aufgehoben und ersetzt durch die folgende Forderung: *Bei teil- oder vollstationärer Pflege setzt der Abschluss einer Pflegesatzvereinbarung [...] ab dem 1. Januar 2004 den Nachweis einer wirksamen Leistungs- und Qualitätsvereinbarung durch den Träger des zugelassenen Pflegeheims voraus; [...]*

Auch im § 85, Absatz 3 ist eine qualitätsbezogene Forderung für den hauswirtschaftlichen Arbeitsbereich enthalten. Die Interessen der Bewohnerinnen und Bewohner sind angemessen zu berücksichtigen.

Der § 87 *Unterkunft und Verpflegung* ... steht nun *für die Unterkunft und für die Verpflegung* ... Soweit nichts besonders Wichtiges. Hauswirtschaftlich brisanter ist die Tatsache, dass in den Rahmenverträgen gem. § 75, Abschläge, soweit drei Kalendertage überschritten werden, von mindestens 25 % der Pflegevergütung, Entgelt für Unterkunft und Verpflegung vorgenommen werden. Hier besteht Ihre Aufgabe darin, Ihre hauswirtschaftlichen Leistungen wertmäßig zu berechnen. Dieser Paragraf stellt fest, dass auch der Bereich Unterkunft und Verpflegung verpflichtet ist, sich an Qualitätssicherungsaufgaben aktiv zu beteiligen.

§ 88 sieht vor, dass die angebotenen Leistungen klar definiert werden müssen, um entsprechend entgolten werden zu können. Um diesen Sachverhalt plausibel darstellen zu können, müssen Sie ein eindeutiges Leistungsverzeichnis aller Ihrer Leistungen anlegen. Anhand dieser Leistungsverzeichnisse können entsprechende Qualitätsprüfungen durchgeführt werden.

§ 113 entspricht den alten §§ 80, 80a des PQSG; es werden die *Maßstäbe und Grundsätze zur Sicherung und Weiterentwicklung der Pflegequalität* beschrieben. Bis 31. März 2009 mussten die Vereinbarung von *Maßstäben und Grundsätzen für die Qualität und die Qualitätssicherung in der ambulanten und stationären Pflege sowie für die Entwicklung eines einrichtungsinternen Qualitätsmanagements, das auf eine stetige Sicherung und Weiterentwicklung der Pflegequalität ausgerichtet ist* getroffen werden.

Die *Expertenstandards zur Sicherung und Weiterentwicklung der Qualität in der Pflege* werden im § 113 a eingefordert.

Hier sei kurz an den Expertenstandard des oralen Ernährungsmanagements erinnert, den es umzusetzen gilt.

Auch an eine Schiedsstelle für Qualitätssicherung ist gedacht worden, hierfür ist der § 113 a zuständig.

Nach § 114 *Qualitätsprüfungen* erteilen die Landesverbände der Pflegekassen dem MDK einen Prüfauftrag. Der Prüfauftrag enthält Angaben über:

- den Prüfauftrag,
- die Prüfart,
- den Prüfgegenstand
- und den Prüfumfang.

Die Pflegeeinrichtungen haben die ordnungsgemäße Durchführung der Prüfung zu ermöglichen. Zu dieser Aufgabenstellung können Sie beispielsweise interne hauswirtschaftliche Audits durchführen und Ihre Mitarbeiter auf eine solche Situation gut vorbereiten. Dass sich diese Aktivitäten lohnen begründet die Tatsache, dass bis Ende 2010 mindestens einmal eine Qualitätsprüfung, und ab 2011 regelmäßig im Abstand von höchstens einem Jahr eine Prüfung durch den MDK erfolgen wird.

Die Regelprüfung bezieht sich auf die Qualität:

- des Pflegezustands,
- der Wirksamkeit der Pflege- und Betreuungsmaßnamen (Ergebnisqualität),
- des Ablaufs der Leistungserbringung (Prozessqualität) sowie
- die Rahmenbedingungen der Leistungserbringung (Strukturqualität),
- der medizinischen Behandlungspflege,
- der sozialen Betreuung und zusätzlichen Aktivierung nach § 87 b,
- der Leistungen bei Unterkunft und Verpflegung (§ 87) sowie
- die Zusatzleistungen (§ 88).

Die Landesverbände der Pflegekassen stellen im § 115 die Veröffentlichung der Prüfungsergebnisse der Pflegeeinrichtungen sicher. Die Leistungen und die Qualität, insbesondere die Ergebnis- und Lebensqualität, müssen für Pflegebedürftige und deren Angehörige verständlich, übersichtlich und vergleichbar im Internet und anderer geeigneter Form kostenfrei veröffentlicht werden. Vielleicht können Sie gemeinsam mit Ihrer Pflegedienstleitung schon im Vorfeld der MDK-Prüfung eine eigene, interne Prüfung mit ansprechender Ergebnispräsentation durchführen.

Für die Entwicklung von Prüffragen können Sie gut die MDK-Qualitätsprüfrichtlinie einsetzen.

Im November 2005 haben die Spitzenverbände der Pflegekassen die Qualitätsprüfungsrichtlinien (QPR) veröffentlicht. Ziel dieser Richtlinie ist es, durch den Medizinischen Dienst der Krankenversicherung (MDK) die Prüfung der Qualität in der Pflege und Versorgung in Pflegeeinrichtungen weiter zu verbessern. Mit dieser Richtlinie wird erstmals auch der Fachbereich Hauswirtschaft geprüft. Der 1. Erhebungsbogen zur Prüfung in der Einrichtung befasst sich mit Struktur- und Prozessqualität, der 2. Erhebungsbogen dient der Erfassung der Bewohnerzufriedenheit. Im Speziellen die Kapitel 5, 6, 8 und 9 sind für die Hauswirtschaft relevant, aber auch in den vorherigen Kapiteln beziehen sich Einzelfragen auf hauswirtschaftliche Leistungen. Sie sollten den Prüfkatalog konsequent durcharbeiten und Ihre Konzepte auf eine schlüssige Beantwortung der Fragen hin ggf. überarbeiten.

Durch die aktuelle Transparenzverordnung und die darin definierten Prüffragen zur Benotung der Pflegeeinrichtung ergeben sich wichtige Aufgaben für Sie.

Das 4. Fragenkapitel *Wohnen, Verpflegung, Hauswirtschaft und Hygiene* mit den Fragen 56 – 64 gilt der hauswirtschaftlichen Qualität und will beantwortet sein.

Weiter geht es mit dem Sozialgesetzbuch zwölf (XII).

Sozialgesetzbuch XII Sozialhilferecht (ehemals Bundessozialhilfegesetz)

Im Sozialgesetzbuch XII sind die Aufgabe und der Handlungsbereich der Sozialhilfeleistungen definiert.

SGB XII § 1
Aufgabe der Sozialhilfe ist es, den Leistungsberechtigten die Führung eines Lebens zu ermöglichen, das der Würde des Menschen entspricht.

SGB XII § 4
Träger der Sozialhilfe arbeiten mit anderen Stellen, deren gesetzliche Aufgaben dem gleichen Ziel dienen oder die an Leistungen beteiligt sind, zusammen (z. B. Kinder- und Jugendhilfe, Rehabilitation und Teilhabe behinderter Menschen).

SGB XII § 6 – Fachkräfte
Bei der Durchführung der Aufgaben werden Personen beschäftigt, die sich nach Ihrer Persönlichkeit eignen und eine entsprechende Ausbildung oder vergleichbare Erfahrungen aufweisen können. Der Träger der Sozialhilfe gewährleistet für die Erfüllung der Aufgaben eine angemessene fachliche Fortbildung ihrer Fachkräfte.

Diese Aussage kann für den hauswirtschaftlichen Bereich wichtig sein, da sich eine Fachlichkeit ableiten lassen könnte. Einzelne Fachgebiete sind nicht explizit aufgeführt.

SGB XII § 75
Die Verpflichtung der Träger der Sozialhilfe zur Übernahme der Vergütung für die Leistungen einer Einrichtung erfolgt nur dann, wenn Vereinbarungen bestehen über Inhalt, Umfang und Qualität der Leistungen, Vergütungen, Pauschalen und Beiträge für einzelne Leistungsbereiche und Prüfung der Wirtschaftlichkeit und Qualität der Leistungen.

Nur wenn Leistungsvereinbarungen definiert worden sind, können entsprechend die Vergütungsvereinbarungen verhandelt werden. Sinnvoll ist daher die schriftliche Darlegung aller hauswirtschaftlichen Leistungen und dies nicht nur, wenn Sie in der Altenhilfe arbeiten, sondern auch in anderen sozial relevanten Einrichtungsarten.

Die Prüfungsvereinbarungen werden zwischen Einrichtungs - träger und Sozialträger getroffen.

Wohn- und Betreuungsvertragsgesetz

Mit dem Wohn- und Betreuungsvertragsgesetz will die Bundesregierung den Schutz älterer, pflegebedürftiger und behinderter Menschen stärken. Das Gesetz schützt vor Benachteiligungen bei Verträgen, die für die Überlassung von Wohnraum mit Pflege oder Betreuungsleistungen geschlossen werden. Das Wohn- und Betreuungsvertragsgesetz sichert damit den Verbraucherschutz für die Bewohnerinnen und Bewohner von Pflegeheimen. Es stärkt aber auch den Schutz derjenigen, die sich für eine neue Wohn- und Betreuungsform entscheiden möchten. Durch das Wohn- und Betreuungsgesetz werden die Vertragsrechtsvorschriften des Heimgesetzes abgelöst bzw. weiter entwickelt. Für die Anwendbarkeit des Gesetzes kommt es nun nicht mehr auf die Einrichtungsform, sondern maßgeblich auf die vertraglichen Vereinbarungen an, die innerhalb des Heimes mit deren Kunden geschlossen werden. Das Gesetz zielt damit auf zivilrechtliche Möglichkeiten, wie z. B. die Vertragsgestaltung mit zukünftigen Bewohnern, ab. Das Gesetz ist im Herbst 2009 in Kraft getreten. Eine Übergangsvorschrift stellt sicher, dass Neuregelungen erst sechs Monate nach dem Inkrafttreten des Gesetzes auf neue Verträge Anwendung finden, die nach dem bisherigen Heimrecht abgeschlossen wurden. Für den Bereich von Miet- und Dienstverträgen im Bereich des betreuten Wohnens wird dieses Gesetz nicht angewendet. Im Unterschied zum Wohn- und Betreuungsvertragsgesetz zielt das Heimrecht (Landesheimrecht) auf das Ordnungsrecht ab. Es geht aber nicht ausschließlich nur um das Ordnungsrecht, sondern auch um das Zivilrecht, um den Verbraucherschutz und um berufsrechtliche Fragen sowie die Prüfung der Kompatibilität mit den einzelnen Sozialgesetzbüchern, im Speziellen den Sozialgesetzbüchern XI und XII. Von politischer Seite aus erhofft man sich durch die Landesheimgesetze eine Entbürokratisierung.

Für den Fachbereich Hauswirtschaft bedeutet diese Situation, dass die Leistungsbeschreibungen, die seitens der Hauswirtschaft für die Bewohner angeboten werden, im Regelfall bereits vor Vertragsunterzeichnung den Bewohnern in schriftlicher Form vorstellig gemacht werden müssten.

Heimgesetzgebung

Das ursprüngliche Heimgesetz wurde durch die Föderalismusreform auf die Länderebene zurückgegeben. In den einzelnen Bundesländern mussten bzw. müssen noch Landesheimrechte entwickelt und verabschiedet werden. In der folgenden Aufzählung können Sie sehen, welche Bundesländer bereits auf Landesebene ihr Heimrecht neu definiert haben und welche noch nicht.

Übersicht Heimgesetz nach der Föderalismusreform (Stand 10/2010)

Bundesländer mit eigenem Landesheimgesetz

- Baden-Württemberg: Heimgesetz für Baden-Württemberg.
- Bayern: Gesetz zur Regelung der Pflege-, Betreuungs- und Wohnqualität im Alter und bei Behinderung (Pflege- und Wohnqualitätsgesetz).
- Brandenburg: Gesetz über das Wohnen mit Pflege und Betreuung (Brandenburgisches Pflege- und Betreuungswohngesetz).
- Hamburg: Wohn- und Betreuungsqualitätsgesetz.
- Nordrhein-Westfalen: Gesetz über das Wohnen mit Assistenz und Pflege in Einrichtungen.
- Rheinland-Pfalz: Landesgesetz über Wohnformen und Teilhabe.
- Saarland: Gesetz zur Sicherung der Wohn-, Betreuungs- und Pflegequalität für ältere Menschen sowie Pflegebedürftige und behinderte Volljährige.
- Schleswig-Holstein: Gesetz zur Stärkung von Selbstbestimmung und Schutz von Menschen mit Pflegebedürftigkeit oder Behinderung.
- Berlin: Wohnteilhabegesetz – WTG.

Bundesländer ohne eigenes Landesheimgesetz (oder in Entwicklung)

- Bremen: Entwurf Bremisches Wohn- und Betreuungsgesetz.
- Hessen: Hier gilt weiter das Bundesheimgesetz.
- Niedersachsen: Gesetz zum Schutz von Heimbewohnerinnen und Heimbewohnern (Entwurf).

- Mecklenburg-Vorpommern: Einrichtungenqualitätsgesetz (Entwurf).
- Sachsen: Gesetz zur Regelung der Betreuungs- und Wohnqualität im Alter, bei Behinderung und Pflegebedürftigkeit im Freistaat (Entwurf).
- Sachsen-Anhalt: Bewohnerschutzgesetz (im Anhörungsverfahren).
- Thüringen: Hier gilt weiter das Bundesheimgesetz.

Zur Erinnerung: Im alten, in einzelnen Bundesländern noch geltenden Heimgesetz, stehen u. a. diese beiden Forderungen:

Altes Heimgesetz

§ 2

Die Würde sowie die Interessen und Bedürfnisse der Bewohnerinnen und Bewohner von Heimen sind vor Beeinträchtigungen zu schützen, die Selbständigkeit, die Selbstbestimmung und die Selbstverantwortung zu wahren und zu fördern. Die Pflichten des Trägers des Heims gegenüber den Bewohnerinnen und Bewohnern sind einzuhalten.

§ 11

Ein Heim darf nur betrieben werden, wenn der Träger und die Leitung die hauswirtschaftliche Versorgung sowie eine angemessene Qualität des Wohnens erbringen; wenn der Träger sicherstellt, dass die Zahl der Beschäftigten und ihre persönliche und fachliche Eignung für die von ihnen zu leistende Tätigkeit ausreicht; wenn der Träger ein Qualitätsmanagement betreibt.

Verordnung für Lebensmittelhygiene

Die Verordnung über Lebensmittelhygiene gilt für die Bereiche Lebensmittelverarbeitung, Produktion und Inverkehrbringen von Lebensmitteln.

Im Sommer 2005 wurde aus den EU-Basisverordnungen geltendes Deutsches Recht. Seit Januar 2006 wird die bisherige Lebensmittelhygieneverordnung (LMHV) durch die Verordnung (EG) NR. 852/2004 über Lebensmittelhygiene ersetzt. Der Titel ist nahezu identisch. Jedoch beinhaltet die neue Verordnung eine klare Aussage zur Erstellung eines Lebensmittelhygienekonzepts. Im Speziellen ist Artikel 5 von Bedeutung. In ihm wird vom Lebensmittelunternehmer (so heißt dieser gesetzlich) verlangt, dass er ein ständiges Verfahren, welches auf den HACCP-Grundsätzen beruht, einrichtet, durchführt und aufrechterhält. Die bislang so oft als Textform vermisste Nachweispflicht ergibt sich nun aus Artikel 5, Abschnitt 4 a – c.

Das Hauptziel der neuen allgemeinen und spezifischen Hygienevorschriften ist es, hinsichtlich der Sicherheit von Lebensmitteln ein hohes Verbraucherschutzniveau zu gewährleisten. Die Primärproduktion ist nun in die Hygienekette eingeschlossen.

Artikel 17 legt fest, dass die Richtlinie 93/43/EWG zum Termin des Inkrafttretens der neuen Verordnung über Lebens - mittelhygiene am 01.01.2006 aufgehoben wird.

Der Gesetzgeber schreibt allerdings nicht vor, welches Qualitätssicherungs-System Sie anwenden müssen, sondern belässt es dabei, dass Sie entsprechende Modalitäten schaffen, aus denen eindeutig Ihre Qualitätsaktivitäten hervorgehen. Wenn Sie bislang nicht ein schlüssiges HACCP-Konzept für den Lebensmittelbereich erstellt haben, ist jetzt die Zeit gekommen, sich darum verstärkt zu kümmern.

Trinkwasserverordnung

Als Qualitätssicherungsgrundlage für den Verpflegungsbereich dient auch die Trinkwasserverordnung. Wer in der Einrichtung für deren Einhaltung verantwortlich ist, sollte schriftlich geklärt sein. Die mikrobiologische Beprobung des Trinkwassers und die Meldung der Ergebnisse an die zuständige Behörde ist eine Kernforderung.

Good Manufacturing Practice

Die speziellen Aspekte des Good Manufacturing Practice sind:

- Reproduzierbarkeit im Bereich Herstellung und Analytik/ Validierung,
- Kontrolle der verfahrensbedingten Verunreinigungen,

- Kontrolle der hygienischen Bedingungen bei der Herstellung,
- Chargendokumentation und detaillierte Rückverfolgbarkeit in der gesamten Prozesskette.

Sie erkennen schnell, dass im Sinne des **G**ood **M**anufacturing **P**ractice viele Forderungen den Forderungen der ISO 9001 entsprechen. Die Nachweistiefe und die Dokumentationsanforderungen sind jedoch höher als in der ISO 9001 gefordert. Im Sinne des GMP wurden im Bereich der Lebensmittelhygiene viele branchenspezifische Leitlinien entwickelt. Aktuell sei hier an die Leitlinie für gute Lebensmittelhygiene *Wenn in sozialen Einrichtungen gekocht wird*, Lambertus Verlag 2009, erinnert.

Expertenstandard Ernährungsmanagement zur Sicherstellung und Förderung der oralen Ernährung in der Pflege

Speziell im Altenhilfebereich wird dieser Expertenstandard unter Qualitätsgesichtspunkten eine neue Herausforderung für Pflege- und Verpflegungsverantwortliche werden.

Arbeitnehmerschutz

Der Bereich des Arbeitnehmerschutzes wird, wie wir alle wissen, gesetzlich geregelt. Prinzipiell gehören diese Schutzgesetze auch in den Bereich eines aktiven Qualitätsmanagements.

Arbeitsschutzgesetz (ArbSchG)

Das ArbSchG gilt für alle Bereiche der hauswirtschaftlichen Dienstleistungserbringung im Sinne des Mitarbeiterschutzes.

§ 5 Beurteilung der Arbeitsbedingungen

Auch die vorzunehmende Risikobewertung ist ein Qualitätssicherungsinstrument. Sie soll die Gesundheit Ihrer Mitarbeiter bei der Arbeit absichern. Sie haben in dieser Fragestellung viele Möglichkeiten, besonders bei der Strukturqualität, die Sicherheit Ihrer Mitarbeiterschaft zu fördern. Das Arbeitszeitgesetz (ArbZG) wurde aktualisiert. Gönnen Sie sich einen Blick hinein, um zu überprüfen, ob Ihre Pausen- und Arbeitszeitregelungen mit den Forderungen konform sind.

Ansonsten ist das Gesetz über Betriebsärzte, Sicherheitsingenieure und andere Fachkräfte für Arbeitssicherheit, kurz Arbeitssicherheitsgesetz (ASiG) und das Gerätesicherheitsgesetz (GSiG) unter Mitarbeiterschutzgesichtspunkten im Qualitätszusammenhang wichtig für Sie. Sie werden beim Lesen solcher Gesetze und Verordnungen feststellen, dass alle Schutzgesetze, egal ob mitarbeiter- oder verbraucherbezogen, im gleichen Verfahrensablauf gestaltet sind. Sie alle verlangen mehr Eigenverantwortung der Organisationen und von den dort verantwortlichen Führungskräften, dies jeden Tag unter Beweis zu stellen.

Arbeitsstätten-Verordnung (ArbStättVO)

In der modernisierten Arbeitsstätten-Verordnung können Sie nachblättern, wenn Sie vor baulichen Veränderungen in Ihrer Einrichtung stehen und sich auf den Stand der gesetzlichen Forderungen bringen wollen. Richtlinien und Vorschriften wie zum Beispiel die Arbeitsstättenrichtlinien (ArbstättRi) und die entsprechenden Unfallverhütungsvorschriften (UVV) haben ebenfalls verbindlichen Charakter und stehen in engem Zusammenhang zur Qualitätssicherung.

Biostoff-Verordnung

Natürlich stellt Ihr Hygienemanagement eine Qualitätsaufgabe dar.

Zurzeit wird die Biostoff-Verordnung durch die Unfallversicherung stark strapaziert, d. h. auf die Einhaltung ihrer Forderungen hin geprüft. Prüfen Sie nach, ob die geforderte Gefährdungsklassifizierung für Ihren Verantwortungsbereich, zum Beispiel durch einen internen oder externen Sicherheitsbeauftragten, durchgeführt und ob entsprechende Belehrungen und andere Maßnahmen in Angriff genommen wurden. Die TRBA (Technische Regeln biologischer Arbeitsstoffe) 250 helfen Ihnen hier sehr gut und praxisnah weiter. Sie sollte in keinem HWL-Büro fehlen.

Infektionsschutzgesetz

Im Infektionsschutzgesetz wird u. a. gefordert, dass laut § 36 Einhaltung der Infektionshygiene, innerbetriebliche Verfahrensweisen zur Infektionshygiene festgelegt werden müssen.

Die in § 33 genannten Gemeinschaftseinrichtungen sowie Krankenhäuser, Vorsorge- oder Rehabilitationseinrichtungen, Einrichtungen für ambulantes Operieren, Dialyseeinrichtungen, Tageskliniken, Entbindungseinrichtungen, Einrichtungen nach § 1 Abs. 1, 1a des Heimgesetzes, vergleichbare Behandlungs-, Betreuungs- oder Versorgungseinrichtungen sowie Obdachlosenunterkünfte, Gemeinschaftsunterkünfte für Asylbewerber, Spätaussiedler und Flüchtlinge sowie sonstige Massenunterkünfte und Justizvollzugsanstalten legen in Hygieneplänen innerbetriebliche Verfahrensweisen zur Infektionshygiene fest. Die genannten Einrichtungen unterliegen der infektionshygienischen Überwachung durch das Gesundheitsamt.

Auch dies sind qualitäts- bzw. hygienesichernde Maßnahmen.

Infektionsprävention in Heimen

Im September 2005 wurde vom Robert Koch-Institut die Empfehlung *Infektionsprävention in Heimen* veröffentlicht. Leider finden sich für den Fachbereich Hauswirtschaft nur wenige Ansatzpunkte für die Entwicklung eines fundierten Hygienekonzepts. Dies sollte für Sie Anlass und Ansporn sein, dass Sie Ihre Hygienekonzeption überprüfen und ggf. entsprechend den Aussagen der Empfehlung überarbeiten.

Sie müssen sicherlich nicht alle Gesetze, Verordnungen, Richtlinien und Empfehlungen als komplette Ausdrucke in Ihrem Büro vorrätig haben. Sie sollten wissen, welche rechtlichen Forderungen für Ihren Verantwortungsbereich aufgestellt sind, deren wesentliche Auswirkungen in Ihrem Arbeitsbereich kennen und Maßnahmen ergreifen, um diese Forderungen zu erfüllen. Wie feingliedrig jeweils Ihre schriftliche Dokumentation auszusehen hat, sollten Ihre betrieblichen Gegebenheiten bestimmen.

Das Dokumentationsprinzip sollte:

- schnellen Zugriff,
- Einfachheit,
- Klarheit und Unmissverständlichkeit,
- erkannte Schwachstellen,
- eingeleitete Maßnahmen und deren Erfolg sowie die
- Verantwortlichkeiten

belegen können.

4 Beschreibung von Qualitätsmanagement-Systemen

„Man sollte die Dinge so nehmen, wie sie kommen. Aber man sollte dafür sorgen, dass die Dinge so kommen, wie man sie nehmen möchte."

Curt Goetz (1888 – 1960),
deutscher Autor, Drehbuchautor, Schauspieler und Regisseur

Die Landschaft der Qualitätsmanagement-Systeme zu überblicken ist in der Tat nicht ganz einfach. Organisationen und Einrichtungen, die sich für ein passendes Qualitätsmodell entscheiden wollen, müssen im Vorfeld gutes Grundwissen haben. Im betrieblichen Alltag besteht meist nicht die Zeit, dieses Studium zu führen. Wir möchten diesen Prozess abkürzen und mit Ihnen diesen Ausflug in die Qualitätswelt im folgenden Kapitel gemeinsam gehen.

4.1 Struktur-, Prozess- und Ergebnisqualität

Im Gesundheitswesen und in der infrastrukturellen Versorgung wird der Qualitätsgedanke als Dimension der Qualität bezeichnet. Diese Qualitätsdimensionen werden in drei Kategorien eingeteilt:

a) Strukturqualität,
b) Prozessqualität,
c) Ergebnisqualität.

4.1.1 Strukturqualität

Die Strukturqualität beschäftigt sich mit den Rahmenbedingungen, mit denen Sie Ihre (Arbeits-)Prozesse planen und umsetzen. Dies sind zum Beispiel:

- Organisationsaufbau Ihrer Einrichtung, Organigramm,
- Umgang mit Kunden und anderen interessierten Parteien,
- Infrastruktur (System der Einrichtung),
- finanzielle Ausstattung Ihres Bereichs,
- Einrichtungs- und Abteilungsleitbild,
- Leitsätze,
- angebotene Dienstleistungen,
- Anzahl und Qualifikation der Mitarbeitenden (personelle Ressourcen),
- Fort- und Weiterbildung der Mitarbeitenden,
- Räume und gerätetechnische Ausstattung,
- normative (gesetzliche) Rahmenbedingungen,
- Vertragsregelungen mit Kunden und Lieferanten (Partnern),
- Kommunikationsstrukturen (intern und extern),
- Regeln der Schnittstellengestaltung,
- Beteiligung an Qualitätssicherungsmaßnahmen,
- einrichtungsspezifisches Qualitätsmanagement.

All diese Rahmenbedingungen müssen berücksichtigt werden, wenn Sie ihre Leistungsstandards aufstellen oder sich mit Ihren Mitbewerbern vergleichen wollen, aber auch dann, wenn es um die Verhandlungen von Entgelten für hauswirtschaftliche Leistungen geht. Die Strukturqualität sagt noch nicht allzu viel über die Versorgungsqualität aus, sie hat allerdings Einfluss auf die Möglichkeiten Ihrer Leistungserbringung und deren Qualität. Es ist sehr wichtig, sich mit den eigenen Strukturen auseinanderzusetzen, um dann entsprechend an den eigenen Rahmenbedingungen arbeiten zu können.

4.1.2 Prozessqualität

Die Prozessqualität bezieht sich auf die Gestaltung der Art und Weise Ihrer Leistungserbringung. Bei der Prozessqualität haben Sie viele Möglichkeiten, steuernd in die Abläufe einzugreifen. Speziell bei der Prozessgestaltung, der hauswirtschaftlichen Arbeitsorganisation, ergeben sich also kontinuierlich neue Handlungsansätze für Sie. So ist es heute mittlerweile kaum noch vorstellbar, dass in einer Produktionsküche die Abendbrotverpflegung bereits vormittags vollständig hergestellt wird. Mit einer solchen Vorgehensweise und dem Ergebnis könnte ein Altenheimbewohner durchaus seine Probleme haben, wenn er tagein tagaus kalte, trockene, belegte Brote essen müsste. Eine Veränderung des Prozessablaufs in Gestalt einer Dienstzeitenveränderung in den Nachmittag hinein behebt das als mangelhaft erlebte Abendessen. Wichtig ist, dass Sie sich und Ihre Mitarbeiter vor Betriebsblindheit schützen. Hilfsmittel gegen dieses Phänomen sind:

- Gespräche mit Ihren Kundengruppen,
- standardisierte Checklisten,
- Arbeitsablaufpläne,
- Arbeits- und Verfahrensanweisungen,
- regelmäßiger Austausch in hauswirtschaftlichen Netzwerken,
- Lesen von Fachliteratur,
- Austausch mit Kollegen aus anderen Abteilungen.

Die Prozessqualität beinhaltet Planung und Koordination (Leitungsprozesse), Ausführung (Wertschöpfungsprozess) und Dokumentation der Prozesse.

Die Prozesse können beispielsweise gestaltet werden durch:

- Arbeitspläne,
- Verfahrensanweisungen,
- Arbeitsanweisungen und
- Checklisten.

Im Kapitel 5 *Prozessmanagement* werden Sie zur Prozessqualität Details kennenlernen.

4.1.3 Ergebnisqualität

Die Ergebnisqualität bezieht sich auf die von Ihren Kunden wahrgenommene Qualität der erbrachten Dienstleistung oder Ihrer Produkte. Selbst der schönste geschriebene Speiseplan nützt einem Kindergartenkind nichts, da es noch nicht lesen kann. Fotos der einzelnen Essensbestandteile hingegen zeigen dem Kind auf anschauliche Art, auf was es sich zum Mittag -

essen freuen kann. In einer Einrichtung mit demenziell erkrankten Menschen wäre diese Variante vielleicht hilfreicher, als ein in mindestens Schriftgröße 12 Punkt (p) geschriebener Plan.

Die Ergebnisqualität fragt danach, ob die Ziele, die im Konzept beschrieben wurden, erreicht werden (Zielerreichungsgrad siehe Teil 2 des Buches).

Im Sinne eines Qualitätssicherungs-Systems muss die Ergebnisqualität neutral prüf- und messbar sein. Hieraus ergibt sich die Frage nach den Prüfinstrumenten zur Ermittlung der Kundenzufriedenheit. In erster Linie sind persönliche und standardisierte Befragungen zu nennen. Ganz unstandardisiert überprüfen Sie Ihre Leistungsergebnisse tagtäglich: *Schmeckt das Essen, erfolgte die Fensterreinigung ordentlich oder muss nachgebessert werden?* etc.

Um die Prüfung der Ergebnisqualität neutral durchführen zu können, bedarf es im Vorfeld immer einer Klärung des Zielerreichungsgrades. *Wann sind wir/ist der Kunde zufrieden*? Nur wenn Ziele von vornherein klar quantitativ und qualitativ definiert sind, kann die Effektivität der Leistungsplanung und ihrer Erbringung geprüft werden.

Durch gesetzliche Rahmenbedingungen (siehe Kapitel 3) werden zum Beispiel in der Alten- und Behindertenhilfe viele hauswirtschaftliche Schlüsselprozesse über Ziele definiert. Natürlich können Sie solche Dokumente auch einsetzen, wenn Sie in einer Bildungsstätte arbeiten. Auch für diese Gäste ist es schön zu wissen, wann das Zimmer gereinigt wird und was es am Mittag zu Essen gibt oder welche hauswirtschaftlichen Services angeboten werden. Der Mitarbeiter benötigt diese Information genauso, um seine Tagesarbeit entsprechend zu planen und durchzuführen. Für die Planung und Erbringung der Leistungen werden Leistungsbeschreibungen oder Standards erstellt. Doch Leistungsbeschreibungen und Standards auf der einen und Arbeitsanleitungen auf der anderen Seite sind nicht das Gleiche. Der Standard definiert die Leistungspalette in qualitativer und quantitativer Art (das *Was*), die Arbeitsanleitung definiert den Weg zur Erfüllung des Standards (also das *Wie*). Damit gibt ein Standard allen Beteiligten Sicherheit. Für

Ihre Kunden bedeutet er Verlässlichkeit, für Ihre Mitarbeiter Klarheit, was von ihnen verlangt wird und Sie selbst wissen, dass Sie Ihre Ressourcen richtig und zweckerfüllend einsetzen, um in jeder Hinsicht gute Betriebsergebnisse zu erwirtschaften.

Die beiden Musterstandards (Tabellen 4.1 und 4.2) zeigen anschaulich, dass das gleiche Ziel auf unterschiedliche Art dargestellt und beschrieben werden kann.

4.2 Qualitätsmanagement-System

Es gibt eine Vielzahl von Managementsystemen. Im Allgemeinen kann man folgende Managementsysteme differenzieren:

- Management der Finanzen,
- Zeitmanagement,
- Risikomanagement,
- Notfallmanagement,
- Qualitätsmanagement,
- Umweltmanagement,
- Sicherheitsmanagement,
- Gesundheitsmanagement.

Zurzeit beschäftigen sich die meisten Unternehmen und Organisationen mit den vier letztgenannten Managementsystemen. Bereits im Jahr 1996 entschloss sich das technische Komitee der ISO TC 176 *Qualitätsmanagement* der ständigen Normenflut entgegenzuwirken und für die anstehenden Revisionen der ISO 9000 der Normenfamilie sich auf vier Kernnormen zu beschränken. Diese vier Kernnormen sind:

ISO 9000 Qualitätsmanagement-System/Grundlagen und Begriffe,
ISO 9001 Qualitätsmanagement-System/Forderungen,
ISO 9004 Qualitätsmanagement-System/Leitfaden zur Leistungsverbesserung,
ISO 19011 Audit (gemeinsam mit TC 207).

Speisenzubereitung	
Ziele	**Darstellung der Leistungen**
1. Die Speisenzubereitung erfolgt nährstoffhaltig, gesund und wohlschmeckend durch schonende Garverfahren.	Wir verarbeiten kurzgelagerte, saisonale Frischprodukte schonend und möglichst naturbelassen. Gar- und Warmhaltezeiten halten wir möglichst gering. Wir arbeiten mit unserer Rezeptkartei, die wir ständig aktualisieren.
2. Wir bereiten verschiedene Kostarten und Kostformen zu, um eine Ihrem Gesundheitszustand entsprechende Ernährung zu sichern. Unverträglichkeiten, weltanschauliche und religiöse Kriterien berücksichtigen wir.	Unsere fachlich versierten Mitarbeiter bereiten nachstehende Kostformen zu: ❖ Vollkost, ❖ Schonkost, ❖ Diabetikerdiät, ❖ salzarme Kost, ❖ cholesterinarme Kost, ❖ eiweißarme Kost, ❖ glutenfreie Kost. Insbesondere Fleisch und Gemüse werden so durchgegart, dass dentale Probleme nicht zum Nahrungsverzicht führen. Bei Bedarf stellen wir passierte Kost, Breikost und Sondernahrung her. Bei Speisenunverträglichkeiten bieten wir Alternativen an. Schwer kranke Bewohner erhalten bei Bedarf Wunschkost, die am Vortag bzw. frühen Vormittag bestellt werden kann.
3. Wir bieten Ihnen Backwaren aus eigener Herstellung bzw. von qualitätsbewussten Lieferanten an.	Backwaren backen wir entsprechend dem Anlass und der Jahreszeit. Wir verwenden einwandfreie Zutaten. Für Diabetiker reichen wir Diätkuchen. Soweit wir Backwaren von externen Bäckereien beziehen, achten wir auf Frische, Qualität und angemessene Preise.
4. Wir kalkulieren die Speisenmengen kostenbewusst und ausreichend.	Wir wollen Ihnen stets frisch zubereitete Speisen servieren. Wir kalkulieren deshalb die Mengen bedarfsgerecht und ausreichend. Der wirtschaftliche Umgang mit Lebensmitteln ist gegeben und sichert ein ausgewogenes Preis-/Leistungsverhältnis.
5. Wir haben Kenntnis über Infektionsgefahren durch Speisen und treffen Maßnahmen zu deren Vermeidung.	Wir achten bei der Verarbeitung von Lebensmitteln – wie z. B. Eiern und Geflügel – auf die Vermeidung von Infektionskrankheiten. Von allen Speisen, die im Hause zubereitet werden, nehmen wir vor der Verteilung Rückstellproben von mindestens 100 g. Somit garantieren wir im möglichen Ernstfall eine wesentliche Unterstützung bei der Ursachenforschung.

Tab. 4.1 Quelle: Caritasverband der Diözese Rottenburg-Stuttgart e. V. Fachbereich stationäre Altenhilfe - Trägerbereich Stand: 07/97

Speisenplanung	
Bedeutung/Ziele:	❖ Regelmäßiges Nahrungs- und Flüssigkeitsangebot sicherstellen. ❖ Für gesunde, ausgewogene und abwechslungsreiche Kost sorgen. ❖ Diätanforderungen berücksichtigen.
Beachte!	❖ Plan gemeinsam mit Klient/Klientin erstellen. ❖ Auf Vorlieben und Wünsche eingehen.
Voraussetzungen:	❖ Berücksichtigung – des Haushaltsbudgets (ggf. erfragen), – der vorhandenen Reste/Vorräte, – der zeitlichen Vorgaben und Möglichkeiten hinsichtlich der, Vor- und Zubereitung der geplanten Gerichte, – der vorhandenen Küchenausstattung.
Häufigkeit:	❖ Regelmäßig, z. B. für eine Woche
Vorbereitung:	❖ Vorräte sichten, Mindesthaltbarkeitsdaten beachten. ❖ Speisewünsche erfragen. ❖ Sonderangebote/saisonale Angebote beachten.
Durchführung:	❖ Speisefolge für die Hauptmahlzeiten schriftlich festlegen, dabei beachten: – Diäten, – tägliche Beilage aus frischem Gemüse, Salat und Obst einplanen, – farbliche Abstimmung und Konsistenz der einzelnen Komponenten, – vollwertige Versorgung bei fleischfreier Kost (siehe Erläuterungen, Register 5).
Nachbereitung:	❖ Speiseplan für andere Mitarbeiterinnen zur Einsicht bereit legen.

Tab. 4.2 Quelle: Diakonisches Werk Württemberg e. V. – Abteilung Diakonie-Sozialstation

4.3 DIN EN ISO 9001:2008

„Wer einen Fehler gemacht hat und ihn nicht korrigiert, begeht einen zweiten."

Konfuzius (551 – 479 v. Chr.), chinesischer Philosoph

Die DIN EN ISO 9001:2008 ist eine europäische Norm.
DIN steht für Deutsches Institut für Normung,
EN steht für Europäische Norm,
ISO steht für International Standardisation Organisation und
9001:2008 steht für die Nummerierung der Norm und das Jahr, in dem sie in Kraft getreten ist, also die Normanpassung aus dem Jahr 2008.

Sie kann von jeder Organisationsart genutzt werden. Ein industrielles Produktionsunternehmen, eine Verwaltung oder eine soziale Dienstleistungsorganisation: Sie alle können ihre Qualität mithilfe dieses Systems managen. Zur Erläuterung:

Die Norm – im Weiteren nur kurz ISO 9001 genannt – beschreibt ein Qualitätsmanagement-System, das sich in seiner Struktur an vier elementaren Bereichen orientiert:

- Verantwortung der Leitung,
- Management von Ressourcen,
- Produktrealisierung sowie
- Messung, Analyse und Verbesserung.

Der amerikanische Qualitätsmanager William Edwards Deming hat in dem nach ihm benannten Deming- bzw. PDCA-Zyklus) beschrieben, dass alle Qualitätsprozesse folgendem Gesetz folgen:

plan	–	planen
do	–	handeln
check	–	prüfen
act	–	reagieren

Der etwas erweiterte Qualitätskreis (Abb. 4.1) ist für Mitarbeitende gut geeignet, um das System einfach zu erklären.

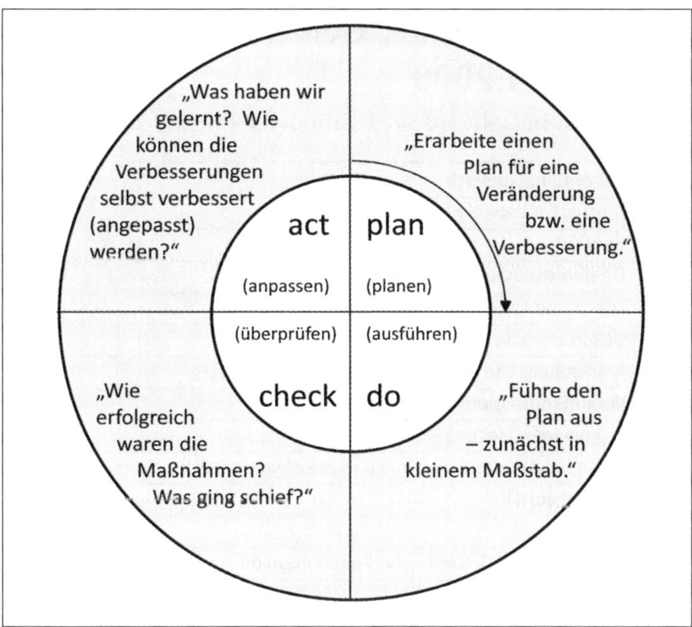

Abb. 4.1
Quelle: Radke P., Wilmes D.: Die Kriterien des EQA umsetzen, München 2000

Der Deming-Zyklus für den gesamten Qualitätsprozess sieht so aus:

Abb. 4.2
Quelle: DQS 2000

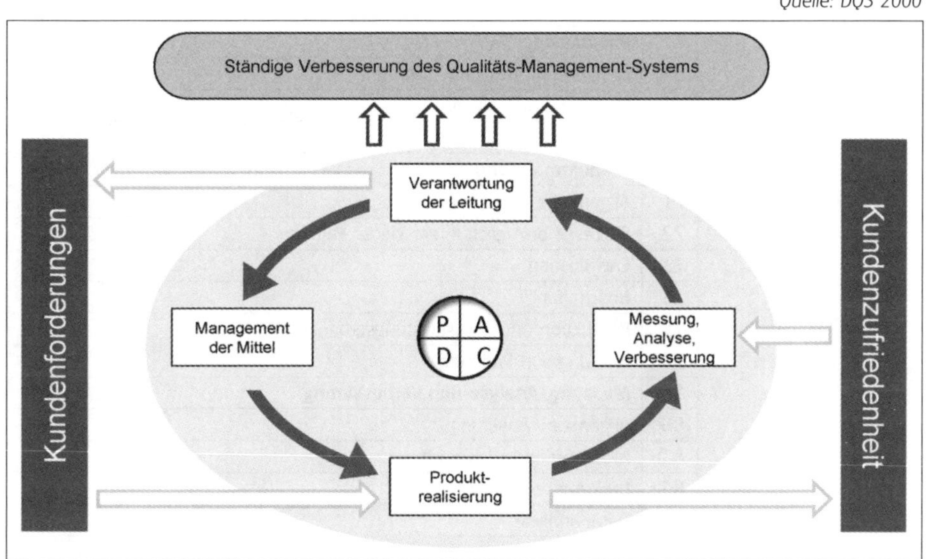

4.3.1 Übersicht der Elemente der ISO 9001:2008

Diese Norm besteht aus acht Grundelementen.

1	**Anwendungsbereich**
2	**Normative Verweisungen**
3	**Begriffe**
4	**Qualitätsmanagement-System**
4.1	Leiten und Lenken von Systemen und Prozessen
4.2	Dokumentation
4.3	Anwendung von Qualitätsmanagement-Grundsätze
5	**Verantwortung der Leitung**
5.1	Allgemeine Anleitung
5.2	Erfordernisse und Erwartungen interessierter Parteien
5.3	Qualitätspolitik
5.4	Planung
5.5	Verantwortung, Befugnis und Kommunikation
5.6	QM-Bewertung
6	**Management der Ressourcen**
6.1	Allgemeine Anleitung
6.2	Personen
6.3	Infrastruktur
6.4	Arbeitsumgebung
6.5	Informationen
6.6	Lieferanten und Partnerschaften
6.7	Natürliche Ressourcen
6.8	Finanzen
7	**Produktrealisierung**
7.1	Allgemeine Anleitung
7.2	Prozesse bezüglich interessierter Parteien
7.3	Entwicklung
7.4	Beschaffung
7.5	Produktion und Dienstleistungserbringung
7.6	Lenkung von Prüfmitteln
8	**Messung, Analyse und Verbesserung**
8.1	Allgemeine Anleitung
8.2	Messung und Überwachung
8.3	Lenkung von Fehlern
8.4	Datenanalyse
8.5	Verbesserung

Tab. 4.3

Was bedeutet das Modell der ISO 9001 für das Qualitätsmanagement in der Hauswirtschaft?

Im Folgenden werden die vier elementaren Bereiche erläutert, um ihre Anwendbarkeit auf das Management der Hauswirtschaft zu veranschaulichen.

4.3.2 Verantwortung der Leitung

Hiermit ist laut ISO 9001 die Verantwortung der obersten Leitung innerhalb einer Organisation gemeint. Teile der Verantwortung und Anforderungen kann von der obersten Leitung auf die Leitung der hauswirtschaftlichen Abteilung weitergegeben werden.

Die oberste Leitung hat die Verantwortung dafür, dass der Qualitätsprozess überhaupt initiiert wird, die Qualitätspolitik festgeschrieben und Qualitätsziele formuliert werden. Ohne diese Voraussetzungen können der Qualitätsprozess und die Qualitätsmanagement-Maßnahmen nicht geplant und umgesetzt werden.

Die Qualitätspolitik muss sich mit den Inhalten und Aussagen des Leitbilds decken.

Die Aussagen des Leitbilds bezüglich der Organisation müssen durch die Mitarbeiter der Organisation umgesetzt und gelebt werden (siehe Kapitel 20 *Mitarbeiterorientierte Prozesse*).

Unter der Verantwortung der Leitung fallen viele Aufgaben:

- Kundenorientierung, Schaffung eines Bewusstseins zur Erfüllung der Kundenanforderungen,
- Erfassung der Kundenerwartungen und -forderungen,
- Erreichen von Kundenvertrauen,
- Festlegung der Unternehmensziele,
- Tätigkeiten und Mittel zur Erreichung von Qualitätszielen bereitstellen,
- Zugang zu gesetzlichen Forderungen ermöglichen, die qualitätsrelevant sind,
- Befugnisse, Aufgaben und Verantwortungen festlegen und vermitteln,

- Beauftragten der obersten Leitung festlegen (Qualitätsbeauftragte),
- Lenkung von Dokumenten und Aufzeichnungen,
- Erstellen eines Managementreviews.

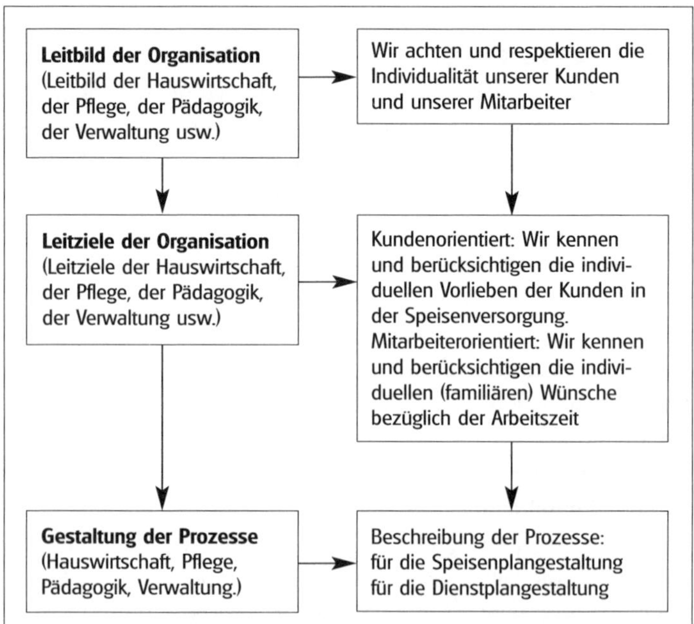

Abb. 4.3
Quelle: K. Beuting-Lampe, Erfolg ist planbar, 1. Auflage

Für die Leitung ist es oberstes Gebot, die Wünsche, Bedürfnisse und Anforderungen der Kunden zu ermitteln. Nur so haben Sie als Hauswirtschaftsleitung die Möglichkeit, mit Ihren Mitarbeitern die Prozesse sinnvoll zu gestalten. Zufriedene Kunden und ständige Qualitätsverbesserung können erreicht werden.

Die oberste Leitung benennt eine Qualitätsbeauftragte, die eine Stabsfunktion hat. Durch ihre Zusammenarbeit mit allen Mitarbeitenden aller Abteilungen können der Aufbau und die Weiterentwicklung des Qualitätsmanagements durch hohe Bereichsfachkompetenz gut vorangebracht werden. Qualitätsbeauftragte sind Berater bei der Prozessgestaltung und sorgen dafür, dass die oberste Leitung über den Stand der Qualitätsentwicklung in der Organisation stets gut informiert ist.

Die Qualitätsbeauftragte bzw. Beauftragte der obersten Leitung hat für Sie als Hauswirtschaftsleitung beratende Funktion. Sie kann Ihnen bei der Auswahl von Qualitätsmethoden und -werkzeugen helfen oder Sie bei den Prozessbeschreibungen und -verbesserungen unterstützen. Die Prozessgestaltung selbst obliegt, durch Ihre eigene Fachkompetenz, Ihnen und Ihren Mitarbeitern.

Die oberste Leitung muss die Verantwortlichkeiten und Weisungsbefugnisse innerhalb der gesamten Organisation eindeutig regeln und die innerbetrieblichen Kommunikationsstrukturen festgelegen.

Der Kreislauf der Verantwortung der Leitung schließt sich mit einer regelmäßigen Bewertung des Qualitätshandelns und den entstandenen Ergebnissen. Hierzu wird ein Geschäftsbericht mithilfe eines Rückblicks (= Review) erarbeitet. Sie erkennen, die Oberste Leitung muss nicht das gesamte Wissen über Qualitätsmanagement haben, aber voll und ganz hinter der Sache selbst stehen. Sie muss motivieren, Feedback geben und ggf. auch Feinjustierungen vornehmen.

Nicht vergessen: Qualitätsbeauftragte heißen mittlerweile offiziell BOL, *Beauftragte der obersten Leitung.*

4.3.3 Management von Ressourcen

Die Organisation muss Ressourcen evaluieren, definieren und bereitstellen, die für die Erstellung und Verbesserung des Qualitätsmanagement-Systems erforderlich sind. Unter *Ressourcen* werden in der Qualitätssprache Geld-, Produktions- und Hilfsmittel sowie personelle Mittel, Produktionsmittel, Strukturen und Arbeitsumgebung verstanden.

Hauswirtschaftliche Ressourcen sind z. B. die Mitarbeiterschaft, die Infrastruktur (Gebäudeteile, Räumlichkeiten, deren Ausstattung, wie z. B. Großküche oder Wäscherei). Aber auch die sächliche Ausstattung wie PC, Arbeitskleidung, Geräte und Maschinen. Nicht zu vergessen sind die Dinge, welche die Einhaltung von Hygiene- und Arbeitsschutzmaßnahmen garantieren.

Um die Prozesse im Qualitätsmanagement-System planen zu können, muss die Hauswirtschaft auf all diese Ressourcen jederzeit zurückgreifen können.

Personalressourcen bedeuten u. a.:

- Schulung, Qualifizierung und Kompetenzentwicklung für eine hohe und sichere Qualitätssicherung,
- Personalbeschaffung.

Das Management der personellen Mittel wird im Kapitel 20 *Mitarbeiterorientierte Prozesse* näher erläutert. Andere Ressourcen sind beispielsweise:

- Informationspolitik strukturieren,
- menschliche und physische Aspekte der Arbeitsumgebung sichern oder
- Rohstoffeinsatz planen und sichern.

4.3.4 Produktrealisierung

In der ISO 9001 wird allgemein von Produkten gesprochen, gemeint sind damit immer Produkte und Dienstleistungen. Hauswirtschaftliche Produkte sind beispielsweise die einzelnen Bestandteile eines Frühstücksbüfetts, hauswirtschaftliche Dienstleistungen sind z. B. die Hilfestellung, die den Kunden für das Nutzen des Büffets angeboten werden.

Produktrealisierung bedeutet damit immer zweierlei: Produkte und Dienstleistungen.

Die Produktrealisierung besteht aus vielen Einzelaufgaben, wie z. B.:

- Entwicklungsvorgaben geben und prüfen,
- Machbarkeitsprüfungen für Kundenanforderungen,
- Planung und Validierung von Prozessen,
- Kennzeichnung, Rückverfolgbarkeit von Produkten,
- Wartung,
- Beschaffungsmanagement.

Alle Produkte und Dienstleistungen lassen sich in Prozessen beschreiben. Ein Prozess wird dadurch charakterisiert, dass er Arbeitsschritte beschreibt, die nacheinander ausgeführt werden und die durch einen eindeutigen Anfangs- und einen eindeutigen Endpunkt begrenzt sind. Um diese theoretische Definition etwas griffiger zu machen, schauen Sie sich einmal einen alltäglichen Arbeitsprozess in Ihrer Einrichtung an.

Der hauswirtschaftliche Prozess *Erstellung des Frühstücksbüffets* hat einen eindeutigen Beginn, er hat mehrere Arbeitsschritte, die die Mitarbeiter in einer sinnvollen Reihenfolge nacheinander ausführen, und er hat ein eindeutiges Ende. Damit dieser Prozess durchgeführt werden kann, müssen im Vorfeld Überlegungen getroffen werden.

Der Prozess wird geplant

Der Prozess steht im Zusammenhang mit anderen Prozessen, die in der Küche Ihrer Einrichtung gestaltet werden. Er wird sinnvoll in den Gesamtablauf eingebettet. In unserem Beispiel bedeutet das, dass er beginnt, wenn der Prozess zur Festlegung des Verpflegungsangebots beendet ist. In der Planung ist als Nächstes zu bedenken, welches Ziel und welchen Zweck Sie mit dem Angebot verfolgen. Sie handeln nach den Vorgaben von Ernährungsstandards und einer guten Hygienepraxis, Sie richten sich nach den gesetzlichen Vorschriften, Sie kennen und handeln nach rationellen Arbeitsmethoden.

Der Prozess wird durchgeführt und gelenkt

Ihre Mitarbeiter haben klare Vorgaben, nach denen sie vorgehen können. Sie wissen, warum sie das Buffet erstellen, und haben eine eindeutige Arbeitsanweisung, nach der sie arbeiten. Im Qualitätsmanagement wird dafür die Vokabel *beherrschbar* eingesetzt. Der Prozess läuft unter beherrschbaren Bedingungen ab, weil:

- Sie ihn geplant haben,
- Sie mit einer Arbeitsanweisung die Bedingungen geschaffen haben, nach der Ihre Mitarbeiter vorgehen können und
- Sie durch ein Checklistensystem die Voraussetzungen dafür schaffen, dass und wie das Arbeitsergebnis überprüft wird.

Bitte beginnen Sie nicht, über Checklisten alles und jede Kleinigkeit festzuschreiben und überprüfen zu wollen. Eigenverantwortung wird so schnell abtrainiert. Wenn wir uns kundenbezogene Prozesse anschauen, so müssen bei dieser Prozessrealisierung noch einige Aspekte mehr beachtet werden.

Praktische Beispiele zur Prozessgestaltung sind im zweiten Teil des Buches ausführlich dargestellt. Nun zum 4. Element.

4.3.5 Messung, Analyse und Verbesserung

In den letzten 30 Jahren hat sich die Qualitätssicherung von der Qualitätskontrolle an einzelnen Produktgruppen zu einer produktunabhängigen Qualitätsfähigkeit des gesamten Unternehmens weiterentwickelt. Diese Entwicklung dürfte auch noch nicht beendet sein. Im Gegenteil, durch die Notwendigkeit differenzierter Managementsysteme zu einem integrierten Managementsystem wie Total Quality Management (TQM) und bereichsspezifischen Normen, werden Unternehmen in die Pflicht genommen. War die ursprüngliche ISO 9000 Normenreihe noch eindeutig hardware-orientiert, so ist der aktuelle Stand eindeutig im Dienstleistungsgesellschaftsbereich angekommen.

Die ISO 9001:2008 als auch die ISO 9004:2000 fordern im Kapitel 7 Verifizierung und Validierung. Unter Verifizierung versteht man eine Untersuchung, die bestätigt, dass die festgelegten Forderungen auch wirklich nachweisbar erfüllt wurden. Am praktischen Beispiel: Das fertige Produkt oder die angebotene Dienstleistung hat alle Spezifikationen zu erfüllen, die zu Beginn ihrer Entwicklung/des Designs festgelegt wurden. Unter dem Begriff Validierung hingegen versteht man eine Untersuchung, die bestätigt, dass besondere Forderungen für einen bestimmten Verwendungszweck erfüllt wurden. Auch hier ein praktisches Beispiel: Ihre Dienstleistungen bzw. Produkte müssen den Forderungen und Erwartungen ihrer Kunden bzw. des Marktes voll entsprechen.

Da die ISO 9001 ein Instrument der ständigen Qualitätsverbesserung ist, werden in diesem Kapitel die Möglichkeiten beschrieben, nach denen Sie sowohl Ihre Planung als auch Ihr Ressourcenmanagement und Ihre Produktrealisierung verbessern können.

Wenn Sie immer im Auge behalten, dass Sie die Kundenzufriedenheit erhöhen wollen und Ihre Qualitätsziele weiterentwickeln möchten, finden Sie hier die richtigen Mittel dazu.

Die zentralen Fragen, die Sie sich zu Ihrem Qualitätsmanagement stellen, können sein:

- Wird die Qualitätspolitik von der obersten Leitung getragen und vorgelebt?
- Sind allen Mitarbeitern die hauswirtschaftlichen Ziele bekannt?
- Sind die hauswirtschaftlichen Ziele geeignet, die Kundenanforderungen zu erfüllen?
- Finden dazu Kunden- und Mitarbeiterbefragungen statt? Wie werden sie gestaltet und bewertet?
- Ist festgelegt, wie auf Fehler reagiert wird?
- Ist festgelegt, auf welche Weise Vorbeugemaßnahmen für möglicherweise auftretende Fehler getroffen werden?
- Ist festgelegt, wie mit fehlerhaften Produkten umgegangen wird?
- Werden interne Audits durchgeführt?

Die folgenden Begriffe sind für die ständige Qualitätsverbesserung (für den kontinuierlichen Verbesserungsprozess, kurz: KVP) relevant.

Sofortmaßnahme

Eine Sofortmaßnahme ist die unmittelbare Reaktion auf einen entdeckten Fehler.

Beispiel: Bei der Kontrolle des Frühstücksbüffets stellen Sie fest, dass einzelne Komponenten nicht den Qualitätsanforderungen entsprechen, die Sie definiert haben. Sie informieren die Servicemitarbeiterin, damit sie die Mängel beseitigen kann.

Korrekturmaßnahme

Dies ist eine Maßnahme, die getroffen wird, um die möglichen Ursachen der oben geschilderten Fehler zu beheben.

Beispiel: Sie erfahren durch eine Kundenbefragung, dass den Kunden der vegetarische Brotaufstrich immer zu scharf ist. Sie weisen an, dass die entsprechenden Rezepte verändert werden.

Vorbeugemaßnahme

Bei einer Vorbeugemaßnahme wird überlegt, welche möglichen Fehler bei einem Prozess auftreten können und welche Maßnahmen ergriffen werden müssen, um diese im Vorhinein zu verhindern.

Beispiel: Um sicherzustellen, dass Ihre Wohnbereichsbewohner immer ihre speziellen Sonderkostformen erhalten, werden die einzelnen Diäten mit Farben gekennzeichnet.

Lenkung von fehlerhaften Produkten

Hier wird festgelegt, wie mit fehlerhaften Produkten umgegangen wird.

Beispiel: Auf einem Wohnbereich ist mangelhafte Inkontinenzware geliefert worden. Durch eine generelle Arbeitsanweisung zum Umgang mit fehlerhaften Produkten können die Mitarbeiter sicher handeln.

Ziel dieser Maßnahmen ist es, dass sich eine Organisation ständig verbessern kann. Instrumente wie:

- Beschwerdemanagement,
- Kundenbefragung,
- Vorschlagswesen,
- Mitarbeitermotivation und -förderung

sollen die oberste Leitung unterstützen, mit ihren Mitarbeiterinnen eine hohe Kundenzufriedenheit zu erreichen.

4.3.6 Übersicht der Elemente der ISO 9004:2009

Diese Norm besteht aus neun Grundelementen:

1	**Anwendungsbereich**
2	**Normative Verweisungen**
3	**Begriffe**
4	**Leiten und Lenken für den nachhaltigen Erfolg einer Organisation**
4.1	Allgemeines
4.2	Nachhaltiger Erfolg
4.3	Das Umfeld der Organisation
4.4	Interessierte Parteien, Erfordernisse und Erwartungen
5	**Strategie und Politik**
5.1	Allgemeines
5.2	Konzeption von Strategie und Politik
5.3	Umsetzung von Strategie und Politik
5.4	Kommunikation von Strategie und Politik
6	**Management der Ressourcen**
6.1	Allgemeines
6.2	Finanzielle Ressourcen
6.3	Mitarbeiter der Organisation
6.4	Lieferanten und Partner
6.5	Infrastruktur
6.6	Arbeitsumgebung
6.7	Wissen, Information und Technologie
6.8	Natürliche Ressourcen
7	**Prozessmanagement**
7.1	Allgemeines
7.2	Prozessplanung und -lenkung
7.3	Prozessverantwortung und -befugnis
8	**Messung, Analyse und Verbesserung**
8.1	Allgemeines
8.2	Überwachung
8.3	Messung
8.4	Analyse
8.5	Bewertung der durch Überwachung, Messung und Analyse erhaltenen Informationen
9	**Verbesserung, Innovation und Lernen**
9.1	Allgemeines
9.2	Verbesserung
9.3	Innovation
9.4	Lernen

Tab. 4.4

Anhang A der ISO 9004:2009 bilden die Werkzeuge zur Selbstbewertung. Anhang B sind die Grundsätze des Qualitätsmanagements (die haben Sie schon als die acht Managementgrundsätze kennengelernt).

4.3.7 Hintergründe zur ISO

ISO 9001 ist der weltweit bekannteste und am häufigsten genutzte Standard für Qualitätsmanagement-Systeme. Mehr als eine Million Unternehmen sind nach ihm in 170 Ländern zertifiziert.

Zwischen der ersten Ausgabe von *Erfolg ist planbar* im Jahre 2004 und heute (2010) ist die DIN EN ISO 9001:2008 modifiziert worden. Diese Revisionen der ISO 9001 sind im Jahre 2008 abgeschlossen worden. Die Änderungen der ISO 9001: 2008 enthalten keine wesentlichen neuen Anforderungen, sie zeigen eher Präzisierungen und Klärungen zu bereits existierenden Forderungen auf. Ein weiteres Augenmerk der Revision lag auf der Harmonisierung mit der ISO 14001:2004, der internationalen Umweltmanagementnorm.

Einzelne Formulierungen wurden klarer und deutlicher beschrieben, andere sind hingegen offener und weiter gefasst worden. Die meisten Änderungen sind eher redaktioneller Art. Parallel zu diesem Prozess erfolgte die Überarbeitung der ISO 9004 (Leitfaden zur Leistungsverbesserung). Sie gilt seit 2008.

ISO 9001 orientiert sich auch weiterhin am Prozessmodell für das Qualitätsmanagement sowie den Themen

- Kundenorientierung,
- Erfüllung von Forderungen an die Produkt- und Dienstleistungsqualität,
- Herunterbrechen von Zielen auf die jeweiligen Verantwortungsebenen,
- die Einhaltung des Qualitätsmanagement-Systems bezüglich der Angemessenheit seiner selbst und deren Wirksamkeit.

Unternehmen, die nach der alten Version ISO 9001:2004 zertifiziert wurden, hatten bis zum Dezember 2010 Zeit, ihr bisheriges Qualitätsmodell entsprechend den Forderungen der ISO 9001:2008 anzupassen.

Zu beachten ist, dass der externe Qualitätsmanagement-Beauftragte der Vergangenheit angehört. Er muss nun ein Leitungsmitglied der Organisation sein. Im Punkt 8.2.2 Interne

Audits wird der Schwerpunkt *dokumentiertes Verfahren* viel stärker in den Vordergrund gestellt. Es heißt: *Ein dokumentiertes Verfahren wird erstellt, um die Verantwortlichkeiten und die Anforderungen zur Planung und Ausführung der Audits zu definieren, Aufzeichnungen und Berichtsergebnisse zu erstellen. Aufzeichnungen über die Audits und ihre Ergebnisse sollen fortgeführt werden.*

Sie sehen, die Verfahren und Dokumente müssen zukünftig etwas genauer bearbeitet werden, um die Normenforderungen der DIN EN ISO 9001:2008 zu erfüllen. Das bedeutet aber nicht, dass mehr verschriftlicht und dokumentiert werden muss.

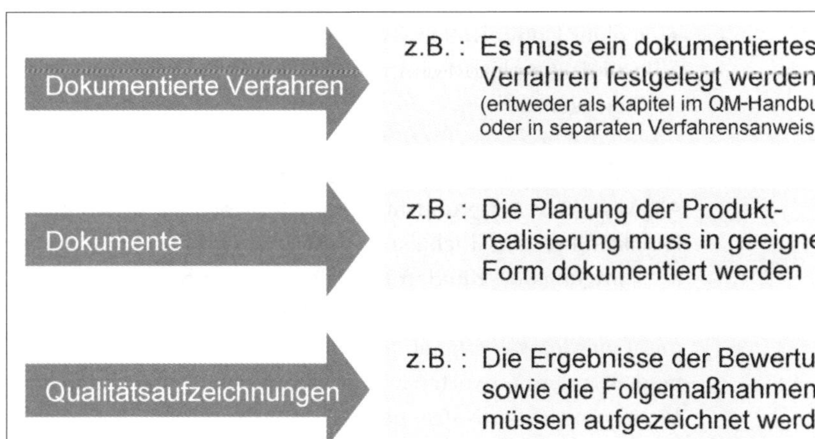

Abb. 4.4
©KlöberKASSEL 2008

Kategorie von Dokumenten

Die ISO 9001:2008 verlangt, wie Sie in Abbildung 4.4 sehen, nur sechs dokumentierte Verfahren:

- Lenkung der Dokumente,
- Lenkung der Qualitätsaufzeichnungen,
- interne Audits,
- Lenkung von Fehlern,
- Korrekturmaßnahmen,
- Vorbeugungsmaßnahmen.

Das Selbstverständnis der Norm liegt nicht

- in einer übertriebenen Dokumentation, wenn dies so manche Qualitätsbeauftragten auch noch so gern sehen mögen. Es geht um Qualität der Unterlagen, nicht um Quantität;
- im Aufbau von Bürokratie. Auch dies will die ISO gar nicht. Bürokratie entsteht, wenn der Regelungswut einiger Personen freier Lauf gelassen wird;
- in der Preisgabe von unternehmerischem Know-how, es bleibt Betriebseigentum und muss nicht dargestellt werden;
- in einer endgültigen Festlegung der Organisation, der Verfahren und Prozesse. Auch QM ist nicht in Stein gemeißelt, sondern ein fortwährender Prozess;
- in einer Demotivation von Mitarbeitenden durch zu schnelle und komplexe Schritte bei der Entwicklung des Qualitätswesens.

4.3.8 Folgen der Revision

Als Vorarbeit zur grundsätzlichen Revision der ISO-9000er-Familie führte das Technische Komitee (TC 176) eine weltweite Befragung von Kunden bzw. den Normenbenutzern durch. Man wollte herausfinden, was in den bisherigen Normen vermisst wurde, was man als zu viel oder zu wenig geregelt empfand. Aus den Antworten kristallisieren sich die folgenden acht Managementgrundsätze heraus. Auf Grundlage dieser acht festgelegten Managementgrundsätze wurde letztlich das bis heute aktuelle Prozessmodell und die neue Struktur der ISO 9000 abgeleitet. In diese neue ISO 9001/9004 sind auch Grundgedanken und Forderungen aus den Kriterien der Automobilindustrie und Kriterien der European Foundation for Quality Management (EFQM) eingearbeitet.

Acht-Management-Grundsätze

1. Kundenorientierung der Organisation.
2. Führung mit Zielsetzungen und Bereitstellung der nötigen Mittel.
3. Einbeziehung der Mitarbeiter.
4. Prozessorientierung.

5. Systemorientierter Managementansatz.
6. Wille zur ständigen Verbesserung.
7. Sachlicher Einsatz durch den Gebrauch von analysierten Daten und Informationen.
8. Eine Lieferantenbeziehung zum gegenseitigen Nutzen.

Der obersten Leitung (Führung) kommen beim Qualitätsmanagement viele Funktionen zu. Sie muss natürlich ein Umfeld für die Qualitätsverbesserung schaffen. Dazu sind Ziele festzulegen, die Belegschaft zur Qualitätsverbesserung zu aktivieren, Schulung und Training zu ermöglichen, die personellen sowie die sächlichen Mittel bereitzustellen und einen offenen Informationsaustausch zuzulassen.

Um den vielfältigen einzelnen Managementsystemen wie Qualitätsmanagement, Umweltmanagement, Gesundheits- und Sicherheitsmanagement zu einem integrierten System zu verhelfen bzw. sie zusammenzufassen, wurde eine modulare Vorgehensweise entwickelt. Sie hilft, die beschriebenen Systeme zusammenzufassen.

Abb. 4.5
©KlöberKASSEL 2010

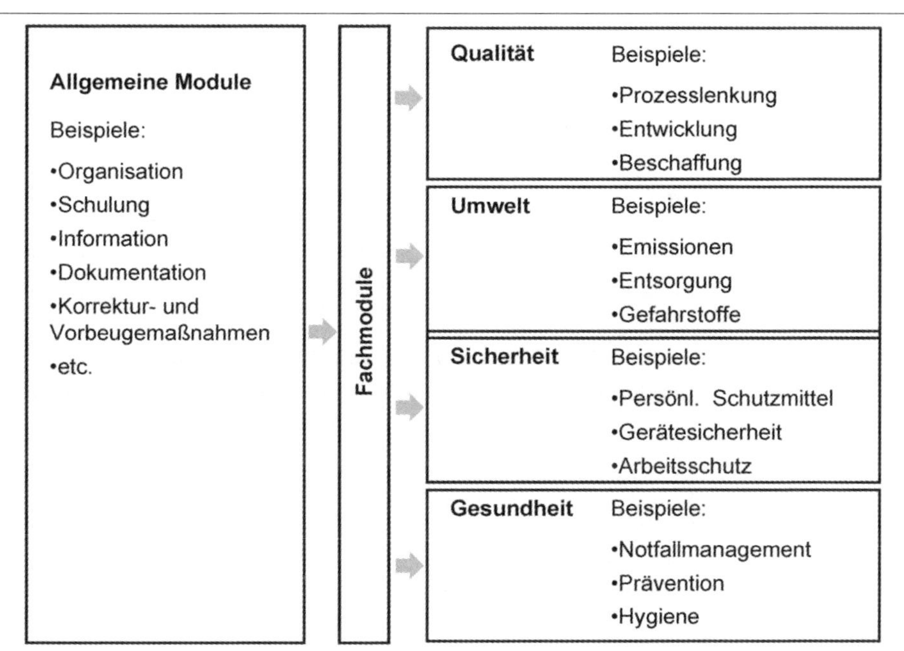

Die Alternative zu dem modularen Vorgehen besteht in der prozessorientierten Vorgehensweise. Sie ordnet den verschiedenen Managementsystemen deren benötigte Dokumentation den Prozessen und ihren Teilprozessen zu. Dem Prozessmanagement haben wir, weil es so wichtig ist, ein eigenes Kapitel gewidmet.

Da es forderungsmäßig keine wesentlichen Änderungen bei der Revisionsarbeit gegeben hat, stellt die Übergangsregelung auch keine größeren zusätzlichen Anforderungen an die Unternehmen und Einrichtungen, die bereits nach der ISO 9001:2000 zertifiziert wurden. Die ISO-Organisation (International Organisation for Standardization) und IAF (International Accreditation Forum) haben sich auf eine Vorgehensweise geeinigt:

a) Eine Zertifizierung nach ISO 9001:2008 ist seit dem Erscheinen der Norm am 01.12.2008 erlaubt.
b) Die Umstellung der Zertifikate ist im Rahmen eines Überwachungsaudits oder einer Wiederholungszertifizierung möglich.
c) Ein Jahr nach Veröffentlichung der DIN EN ISO 9001:2008 sollten alle akkreditierten Zertifikate umgestellt sein, also bis 12/2009.
d) Zwei Jahre nach der Veröffentlichung der neuen Norm werden alle noch bestehenden Zertifikate nach ISO 9001:2000 ungültig. Wenn Sie es bis 12/2010 nicht geschafft haben, Ihr QM-System an die neuen Erfordernisse anzupassen, wird Ihr Zertifikat ungültig.

Tabelle 4.5 bietet eine Übersicht der Ergänzungen und Veränderungen, die sich zu den alten Elementen ergeben haben.

Normen-forderung	Version 2008	Kommentar
0.1 Allgemeine Einführung	Die Einführung eines Qualitätsmanagement-Systems sollte eine strategische Entscheidung einer Organisation sein. Die Gestaltung und Verwirklichung des Qualitätsmanagement-Systems einer Organisation werden beeinflusst von: ❖ Der Umgebung des Unternehmens, Veränderungen in dieser Umgebung oder assoziierte Risiken mit dieser Umgebung, ❖ seine verändernden Bedürfnisse, ❖ seine besonderen Zielsetzungen, ❖ dem Produkt-/Dienstleistungsangebot, ❖ den Prozessen der Beschäftigten, seiner Größe und organisatorischen Struktur, ... um die Fähigkeit der Organisation zur Erfüllung der gesetzlichen und regelnden Produktanforderungen der Kunden, der Behörden und der eigenen Organisation zu bewerten.	Hier erscheint zum ersten Mal der Begriff Risiko. Auch das Geschäftsumfeld ist zu beleuchten. Es ist also erforderlich, dass sich das Unternehmen deutlich mehr Gedanken zur Gestaltung ihres QMS machen muss. Diese Änderungen wurden in Übereinstimmung mit anderen Aussagen hinsichtlich der gesetzlichen und regelnden Anforderungen vorgenommen.
0.2 Prozess-orientierter Ansatz	... sowie deren Management, um das gewünschte Resultat zu erzielen.	Der prozessorientierte Ansatz ist jetzt klar auf ein erwünschtes Resultat gerichtet. Dieses muss natürlich definiert werden.
4.1 Allgemeine Anforderungen e) Ausgliederung	Wenn sich eine Organisation dafür entscheidet, einen Prozess auszugliedern, der die Produktkonformität zu den Anforderungen beeinflusst, muss die Organisation die Lenkung derartiger Prozesse sicherstellen. *Die Art und das Ausmaß der Kontrolle, die zu diesen ausgegliederten Prozessen angewandt werden sollte, soll innerhalb des Qualitätsmanagement-Systems definiert werden.* *Anmerkung 1* Prozesse, die für das oben genannte Qualitätsmanagement-System erforderlich sind, sollten Prozesse für Leitungstätigkeiten, Bereitstellung von Ressourcen, Produktrealisierung und Messung sowie Analyse und Verbesserung einschließen. Anmerkung 2 Ein ausgegliederter Prozess bezeichnet einen Vorgang den man für das Qualitätsmanagement-System in der Organisation braucht, aber welcher von einer externen Partei für die Organisation ausgeführt wird. Anmerkung 3 Das Sicherstellen von Kontrollen über ausgegliederte Prozesse entbindet die Organisation nicht von der Verantwortung der Konformität gegenüber allen Kunden sowie der Einhaltung der behördlichen und gesetzlichen Anforderungen. Die Art und das Ausmaß der Kontrolle, die zum ausgegliederten Prozess angewandt werden sollten, können von folgenden Faktoren beeinflusst werden:	Das Unternehmen muss klarer definieren, welche Kontrollen erforderlich sind, um diesen Prozess bzw. die Resultate (z. B. extern gefertigte Produkte) *im Griff* zu haben. Die hinzugefügten Anmerkungen sollen eine Anleitung dafür sein, welche Anforderungen für die Ausgliederung erforderlich sind.

Normen-forderung	Version 2008	Kommentar
	a) die potenzielle Wirkung des ausgegliederten Prozesses auf die Fähigkeit der Organisation, Produkte den Anforderungen angepasst bereitzustellen; b) der Grad, an dem die Kontrolle für den Prozess geteilt wird, c) die Fähigkeit des Erreichens der notwendigen Kontrolle.	
5.5.2 Beauftragter der obersten Leitung	Die oberste Leitung muss *ein Leitungsmitglied aus der Organisation* benennen, das unabhängig von anderen Verantwortungen, die Verantwortung und Befugnis hat, die Folgendes einschließen:	Der Management-Vertreter **muss** ein Mitglied des Management (Führungs)-Teams der Organisation sein. Das schließt den Einsatz externer Parteien wie Berater als Management - beauftragten aus. Das Unternehmen kann sich aber weiterhin beraten lassen.
6.2.2 Fähigkeit, Schulung und Bewusstsein	b) *wo anwendbar,* ...zur Deckung dieses Bedarfs für Schulung sorgen oder andere Maßnahmen ergreifen, um die notwendigen Fähigkeiten zu erreichen. *c) Sicherstellen, dass die notwendigen Fähigkeiten erreicht wurden.*	Der Passus *wo anwendbar* ist hinzugefügt worden, um mehr Flexibilität zu erhalten. Es fällt auf, dass es keine Forderung mehr zur Wirksamkeitsbeurteilung gibt. Aber der Passus c) birgt die Frage in sich, wie das Nachprüfen erfolgt, ob die Fähigkeit erreicht wurde?
6.4 Arbeits-umgebung	Anmerkung Der Begriff *Arbeitsumgebung,* umfasst die Zustände des Arbeitsplatzes, einschließlich der ärztlichen Untersuchung, Umgebung und anderen Faktoren (wie Geräusch, Temperatur, Luftfeuchtigkeit, Beleuchtung oder Wetter).	Diese Anmerkung wurde hinzugefügt, um den Leitfaden in diesem Bereich zu ergänzen. In der alten Fassung gab es diese Anmerkung nicht.
7.2.1 Kunden-bezogene Prozesse	Neue Anmerkung: Tätigkeiten nach Lieferung schließen ein z. B. Tätigkeiten unter Garantiebestimmungen, vertragliche Verpflichtungen sowie Wartungsdienste und zusätzliche Dienstleistungen wie die Wiederverwertung oder abschließende Beseitigung.	Die Anmerkung wurde hinzugefügt, um diesen Satzteil zu präzisieren.
7.5.3 Kennzeichnung und Rück-verfolgbarkeit	Die Organisation muss den Produktstatus in Bezug auf die Überwachungs- und Messanforderungen überall in der Produktrealisierung kennzeichnen.	Klarstellung über die Anforderung zur Identifizierung, die *überall* im Produktrealisierungsprozess gegeben sein muss.
7.6 Lenkung von Überwachungs- und Messmit-telausrüstungen	Die Organisation muss die zum Nachweis der Konformität des Produkts mit festgelegten Anforderungen (siehe 7.2.1) vorzunehmenden Überwachungen und Messungen und die erforderlichen *Überwachungs- und Messausrüstung* ermitteln. a) in festgelegten Abständen oder vor dem Gebrauch kalibriert oder verifiziert *oder beides* werden ...	Die Mess-Mittel wurden ersetzt durch *Ausrüstung.* Damit ist der zu betrachtende Sektor exakter definiert. Kleine Änderungen für mehr Klarheit.

Normen-forderung	Version 2008	Kommentar
	c) gekennzeichnet haben, um seinen Kalibrierstatus zu bestimmen;	Hier kommen die berühmten Plaketten zum Tragen.
8.2.1 Kunden-zufriedenheit	Neue Anmerkung ergänzt. *Überwachung der Kundenzufriedenheit, die Quellen wie: Kundendienstübersichten, Kundendaten bezüglich der gelieferten Produktqualität, Meinungsumfragen, Analysen zu verlorenen Geschäften, Lob, Garantieansprüche und Händlerberichte umfassen.*	Die Anmerkung wurde ergänzt, um exaktere Aussagen zu fordern.
8.5.2 Korrektur-maßnahmen	f) Bewertung der *Effizienz* der ergriffenen Korrekturmaßnahmen	Das Wort *Effizienz*, welches in diesem Satzteil hinzugefügt wurde, hat den Zweck, die Anforderung zu verstärken.
8.5.3 Vorbeugungs-maßnahmen	e) Bewertung der *Effizienz* der ergriffenen Vorbeugungsmaßnahmen.	Das Wort *Effizienz*, welches in diesem Satzteil hinzugefügt wurde, hat den Zweck, die Anforderung zu verstärken.

Tab. 4.5
Quelle der Übersichtstabelle: BSI Management Systems und Umweltgutachter Deutschland GmbH

Bis hierher war es sicher ein schweres Stück Lesearbeit für Sie. Zugegeben, der Normentext liest sich gestelzt und bedarf immer wieder der Interpretation für den Einsatz im hauswirtschaftlichen Bereich. Das sollte Sie auf Ihren QM-Weg aber nicht beeindrucken oder entmutigen.

4.4 Total Quality Management

Leben, Geduld haben, arbeiten und keinen Anlass zur Freude versäumen.

Rainer Maria Rilke (1875 – 1926), deutscher Dichter

Im Sinne des Total Quality Managements (TQM) wird der Qualitätsbegriff weiter gefasst als in der ISO 9001:2008.

> *TQM ist die auf der Mitwirkung aller ihrer Mitglieder beruhenden Führungsmethode einer Organisation, die Qualität in den Mittelpunkt stellt und durch Zufriedenheit der Kunden auf langfristigen Geschäftserfolg sowie Nutzen für die Mitglieder der Organisation und für die Gesellschaft zielt.*

Damit stellt TQM den ganzheitlichsten Ansatz eines QM-Modells dar. Es will den Qualitätsgedanken in allen Ebenen, bei allen Prozessen, bei allen Mitarbeitern bis hin zu den Werten und der Moral eines Unternehmens einbezogen wissen. Es war der Japaner Kaoru Ishikawa (1915 – 1989), der dieses Qualitätskonzept entwickelt hat. Im heutigen Sprachgebrauch findet man das Ishikawa-Diagramm. Sie finden es im Kapitel 17 erklärt.

Total steht für alle Bereiche, Abteilungen, Mitarbeiter, Dienstleistungen und Produkte des Unternehmens, über die gesamte Wertschöpfungskette hinweg.

Quality steht für die Erfüllung von Kundenerwartungen hinsichtlich fehlerfreier Dienstleistungen und Produkte und für das ständige Verbessern von Prozessen und Leistungen.

Management macht deutlich, dass hier eine Führungsaufgabe gemeint ist.

Das TQM entspricht damit dem eher bekannten kontinuierlichen Verbesserungsprozess (KVP). Hier müssen Sie aufpassen, denn mit KVP ist nicht in erster Linie das betriebliche Vorschlagswesen gemeint, indem es um das Auffinden von Kostenminimierungsmöglichkeiten geht, sondern vielmehr um die Verbesserung aller Geschäftsprozesse. Diesen Gedanken finden Sie mittlerweile auch in der ISO 9001:2008. Unternehmen, die mit der TQM-Philosophie arbeiten, sind restlos auf die völlige Kundenzufriedenheit ausgerichtet. Bei diesem Qualitätsansatz kann das oberste Management oder die oberste Leitung nicht kneifen. Auch ihr Handeln untersteht der vollständigen Kundenzufriedenheit.

Kunden, das wissen Sie ja bereits, sind nicht nur die Endkunden, sondern auch alle Partner der einzelnen Geschäftsprozesse. Von der Nachbarabteilung bis zum Gemüselieferanten.

Die Unternehmensberatung McKinsey hat für das TQM das 7-S-Modell entwickelt. Dieses Modell stellt die Zusammenhänge der Unternehmenselemente grafisch dar (Abbildung 4.6).

Die dargestellten Elemente sind nicht gleichbedeutend. Das Zusammenspiel zwischen den

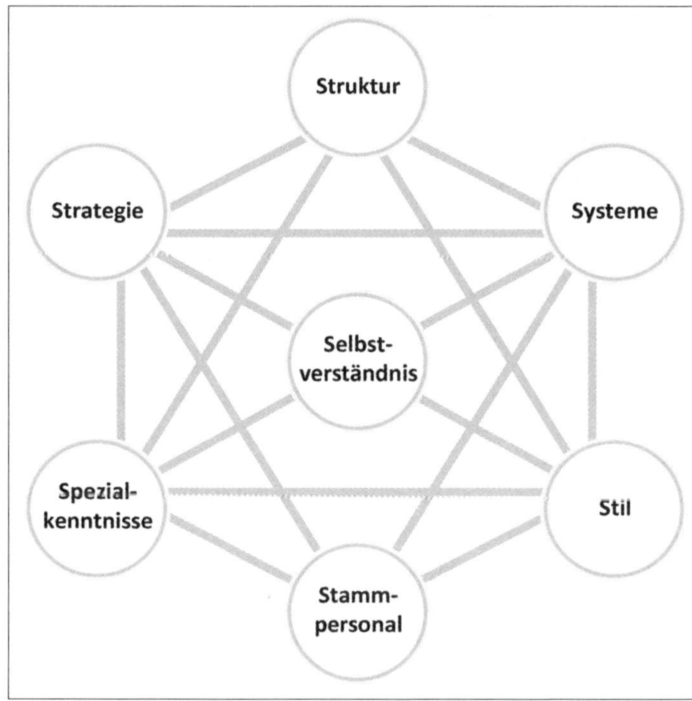

Abb. 4.6
©KlöberKASSEL 2008

Hardware-S
(Struktur, Strategie und Systeme)

und den

Software-S
(Stil, Stammpersonal, Spezialkenntnisse, Selbstverständnis)

macht ein Unternehmen wirklich gut. Wobei die Hardware-S eher trainiert werden können als die Software-S. Sie müssen im Herzen und Denken eines jeden Mitarbeiters verankert sein, um im Alltag gelebt werden zu können. Aus diesem 7-S-Modell ergeben sich durch Robert Waterman acht Grundtu - genden eines Unternehmens:

1. Primat des Handelns.
2. Nähe zum Kunden.

3. Freiraum für Unternehmenskultur.
4. Produktivität durch Menschen.
5. Sichtbar gelebtes Wertesystem.
6. Bindung an das angestammte Geschäft.
7. Einfache Organisation.
8. Straff-lockere Führung.

Wir wurden in der Vergangenheit oft gefragt, was man sich unter *Primat des Handelns* vorzustellen hat? Frei übersetzt kann man sagen: *Probieren geht über studieren*. Im ökonomischen Sinne passt ein Zitat des amerikanischen Managementberaters Laurence Johnson Peter (1919 – 1990): *Fehler vermeidet man, indem man Erfahrung sammelt. Erfahrung sammelt man, indem man Fehler macht.*

Die Aufzählung macht deutlich, dass TQM nicht allein auf den Erfolg im wirtschaftlichen Sinn ausgerichtet ist. Im besten Sinn bedeutet nach TQM handeln, auf die Grundwerte des *Human being* zu achten. Ethik und Moral (der Gesellschaft verpflichtet sein) sind kein unternehmerischer Luxus, sondern Grundwerte des Unternehmens. In der heutigen Zeit ein oft verlorengegangenes Gut. Jeder ist bestrebt, nur die eigenen Vorteile zu bedienen.

Das Unternehmen sieht sich als ein Baustein der Gesellschaft.

- Ist unser Handeln wirtschaftlich vertretbar?
- Ist unser Handeln technisch machbar?
- Ist unser Handeln menschlich (human) vertretbar?
- Ist unser Handeln organisatorisch vertretbar?
- Ist unser Handeln sozial vertretbar?

Im übertragenen Sinn kann ein Unternehmen mit seinen Wertvorstellungen nicht zufrieden sein, wenn z. B. veraltete Maschinen ressourcenvernichtend arbeiten. Wird eine veraltete Heizungsanlage, die überproportional viel Heizöl verbraucht, nicht ersetzt, weil für deren Anschaffung das Kapital fehlt (da man es lieber verheizt), kann die ressourcensparende moderne Heiztechnik nicht genutzt werden. Auch im Kleinen finden sich diese Ansätze wieder. Haben die Mitarbeiter das für ihre Tätigkeit nötige Material? Zum Beispiel das scharfe Messer zum schnellen Schneiden oder einen Reinigungswagen, der seinen Namen auch verdient?

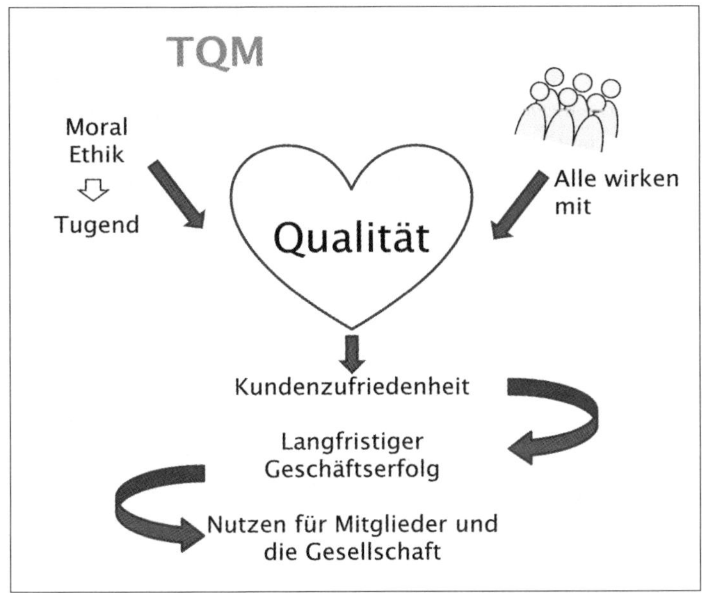

Abb. 4.7
©KlöberKASSEL 2006

TQM setzt also auf ein Managementverhalten, das auf Kommunikation, Kooperation und Partizipation basiert. Damit sind wir bei der Gestaltung der Schnitt- oder Kontaktstellen. Einer allein kann keine Qualität für ein gesamtes Unternehmen sichern. Dieser Gedanke beinhaltet, dass Qualität wirkliche Führungsaufgabe ist. Sie kann nicht delegiert werden und darf kein bloßes Lippenbekenntnis sein. Die auf Zukunft ausgerichtete Unternehmenskultur muss die Qualität für die Mitarbeiter erlebbar machen. Mitarbeiter beeinflussen die Qualitätsfähigkeit eines Unternehmens maßgeblich. Mitarbeiter benötigen neben Motivation auch Sinnvermittlung der Arbeit, die sie tun. Hier können Sie ansetzen, Ihre Art der Führung und die Bereitstellung von Material und Mitteln zu überprüfen. Hier wird deutlich, wie und ob Sie die Mitarbeiter in Entwicklungs- und Entscheidungsprozesse einbinden und nicht nur auf die Perfektionierung der qualitätsbeeinflussenden Prozesse schauen.

Hans Dieter Seghezzi, ein Schweizer Forscher, erachtet die Faktoren Qualifikation und Motivation als essenziell, um die Qualitätsfähigkeit einer Einrichtung aufrechtzuerhalten. Das sehen wir auch so, daher finden Sie später im Kapitel 20 *Mitarbeiterorientierte Prozesse* mehr Informationen.

Abbildung 4.8 stellt Reifungsphasen des Menschen in das Verhältnis zu menschlichen Eigenschaften. Sie wurde entwickelt, um aufzeigen zu können, wo sich das Unternehmen in seiner Qualitätsfähigkeit befindet und wie es sich weiterentwickeln muss. Damit der Mensch als eigenständiger Faktor in diese Matrix integriert werden kann, bestehen die Koordinaten *Wissen, Fähigkeit* und *Werte*. Diese Achsen *Wissen, Fähigkeit* und *Werte* sind in weitere Unterpunkte gegliedert. Zum *Wissen* gehören Prozesswissen, Kennen von Forderungen und Weiterbildung.

Fähigkeiten werden unterschieden in *Team- und Lernfähigkeit* sowie *Zuhören können* – Kompetenzen, die nötig sind, um seine Arbeiten ausführen zu können.

Das Fundament des Handels bilden die *Werte*; sie werden in *Motivation* und *Sicherheit am Arbeitsplatz* unterteilt.

Mitarbeitende sind aufgrund der sich immer wieder ändernden Rahmenbedingungen gezwungen, neue Aufgaben bzw. Rollen zu übernehmen. Damit erweitern sie ihr Wissen, ihre Werte sowie ihre Fähig- und Fertigkeiten.

Wir finden, dass TQM einen sehr werteorientierten Qualitätsansatz darstellt. Besonders der EFQM-Excellence-Ansatz entspricht den TQM-Vorstellungen. Qualitätserfahrene Unternehmen orientieren sich stark an den Inhalten des EFQM-Modells. Bevor es mit EFQM weitergeht, folgt ein kleiner Ausflug zur Frage der Moral.

		Stufen (Reifungsphasen des Menschen)				
			Unwirksamkeit	Erkennen	Einsicht	Qualitätsfähigkeit
		Merkmale				
Menschliche Eigenschaften	Wissen	Prozesswissen	Der Mitarbeiter kennt seinen Prozess nicht	Der Mitarbeiter weiß, was er jetzt gerade zu tun hat …	Der Mitarbeiter kennt seinen Prozess.	Der Mitarbeiter kennt seine Prozesse und Prozesspartner.
		Forderungen kennen	Der Mitarbeiter hat kein Wissen, warum er seine Tätigkeit ausführt	Der Mitarbeiter kennt die an ihn gestellten Forderungen nur ungenau	Der Mitarbeiter kennt die Forderungen und …	Der Mitarbeiter …
		Weiterbildung	Der Mitarbeiter nimmt an keiner Weiterbildung teil	Der Mitarbeiter nimmt nur an allgemeinen Weiterbildungsmaßnahmen teil, die …		
	Fähigkeiten	Teamfähigkeit	Der Mitarbeiter ist "Einzelkämpfer" und arbeitet …			
		Lernfähigkeit	Der Mitarbeiter versucht nicht, aus seinem Handeln zu lernen			
		Zuhören		Der Mitarbeiter versucht zwar bei Gesprächen …		
	Werte	Motivation				
		Sicherheit am Arbeitsplatz				

Abb. 4.8 Quelle: QZ – Qualität und Zuverlässigkeit 12/2008

4.5 Social Responsibilty – Von der weißen Weste

Handle nur nach derjenigen Maxime,
durch die du zugleich wollen kannst,
dass sie ein allgemeines Gesetz werde.
Immanuel Kant (1724 – 1804), deutscher Philosoph

In der Managementlandschaft hat in den letzten Jahren ein neuer Begriff Einzug gehalten. Der Gedanke, der dahintersteckt, möchten wir Ihnen gerne vorstellen. Wir sehen ihn im direkten Zusammenhang mit QM.

Social Responsibility als Qualitätsaspekt soll heißen: Soziale Ethik, Werte eines Unternehmens gehören zum unternehmerischen Profil und sind damit ein bedenkenswerter Umstand, auch innerhalb eines Qualitätssystems.

Umweltverschmutzung, Einkaufsgebaren und Rohstoffverschwendung, Milchpreisdumping etc. sollten Sie zwingen, sich für Ihren Arbeitsbereich zu dieser Fragestellung Antworten zu geben. Die Gesellschaft, Interessenverbände, Kunden und Verbraucher werden kritischer und erwarten von Unternehmen, von kirchlichen Unternehmen insbesondere, ethisches Verhalten und Wahrnehmung gesellschaftlicher Verantwortung. Qualität und Preis bestimmen nicht mehr allein die Wettbewerbsfähigkeit. Der unternehmerische Erfolg hängt zunehmend von seinem Image und dessen Produktions- und Arbeitsbedingungen ab. Diese Erkenntnis veranlasst weltweit die Unternehmen, ein Social Responsibility (SR)-Modell in ihre Geschäfts - strategie einzupflegen. Das öffentliche Bekanntwerden von Verstößen gegen gute Sitten wird als unternehmerisches Risiko bewertet. Die Antwort lautet Corporate Social Responsibility (CSR).

Was können Sie tun? Schauen Sie sich bitte die Prinzipien von Social Responsibility an (Abbildung 4.9).

Zur Fragestellung gehören die Betrachtung der bestehenden Gesetze und internationaler Verhaltensnormen sowie der Menschenrechte, Transparenz, ethisches und gefahrenvorbeugendes Verhalten.

Abb. 4.9
Quelle: QZ – Qualität und Zuverlässigkeit 1/2008

Kernpunkte sind *Labour Practices* (Beschäftigung und Arbeitsbedingungen, Gesundheit und Sicherheit am Arbeitsplatz) sowie die menschliche Entwicklung selbst.

Das Thema *Organizational Governance* wird als Thema vertiefend bearbeitet. Bisher existiert weltweit noch kein einheitliches Verständnis oder eine einheitliche Definition, was Organizational Governance genau bedeutet oder umfasst. Ganz allgemein kann man aber von der Gesamtheit aller internationalen und nationalen Regeln, Vorschriften, Werte und Grundsätze sprechen, die für Unternehmen gelten und bestimmen, wie diese geführt und überwacht werden.

Die Norm versteht sich als Leitfaden und nutzt die Begriff - lichkeit *an organization should, (dt.: eine Organisation sollte ...)*

Alle Formulierungen der ISO 26000 sind sehr allgemein gehalten, damit Organisationen in verschiedenen Ländern, Kulturkreisen und Branchen ihre Anwendung ermöglichen können. Ob diese ISO 26000 nach ihrer Verabschiedung wirklich greift, wird maßgeblich von der Umsetzungsbereitschaft der einzelnen Organisationen und Unternehmen abhängen.

Man munkelt, dass Deutschland innerhalb der Industriestaaten hier durchaus Nachholbedarf hat.

4.6 EFQM

Wahres Glück besteht nicht darin, dass man bekommt, was man mag. Es kommt aus der Bemühung, Zuneigung zu gewinnen zu dem, was man nicht mag.

Mahatma Gandhi (1869 – 1948), indischer Freiheitskämpfer und Staatsmann

Worum es geht beim EFQM-Exellence-Modell

Diese Abkürzung steht für *European Foundation for Quality Management.* Sie wurde im Jahr 1988 von 14 europäischen Unternehmen, darunter Bosch, Philips, Nestle und Ciba Geigy, gegründet. Ihr Ziel ist das Erreichen von TQM. Der Grundgedanke beruht auf der Bewertung von neun Bausteinen. Studien in den USA zeigten, dass Unternehmen, die mit einem solchen Excellence-Programm arbeiten, eine höhere Produktivität und höhere Umsätze generieren.

Auf europäischer Ebene bietet der *European Quality Award* (europäischer Qualitätspreis) eine Messmöglichkeit, an welcher Stelle sich das eigene Unternehmen mit seinen Qualitätsbemühungen befindet. Dieser Preis wurde in Anlehnung an den amerikanischen *Malcom Baldrige National Quality Award (MBNQA)* geschaffen. Man hielt die Auslobung eines Preises seinerzeit für nötig, um im Konkurrenzkampf der Weltmärkte ein eigenes Programm zur Erhöhung der eigenen Wettbewerbsfähigkeit ins Leben zu rufen. Analog dazu wird in Deutschland jährlich der *Ludwig-Erhard-Preis (ILEP)* zur Auszeichnung von Spitzenleistungen verliehen.

Das Grundschema des EFQM-Modells basiert auf den drei fundamentalen Säulen des TQM – der gleichzeitigen Betrachtung von Menschen, Prozessen und Ergebnissen.

Durch die Einbindung aller Mitarbeiter in einen kontinuierlichen Verbesserungsprozess bessere Ergebnisse erzielen, so heißt es in den EFQM-Leitlinien.

Tab. 4.6 Punkteverteilung des European Quality Award (EQA)

Kriterium	Spezifikation	Max. Pkt.
Führung	Der Beitrag aller Führungskräfte zur Realisierung der Qualitätsziele	100
Unternehmenspolitik	Unternehmenskultur, Ziele und strategische Ausrichtung	80
Mitarbeiterorientierung	Personalführung, Schulung und Motivation	90
Ressourcen	Umgang mit finanziellen, informatorischen und technologischen Ressourcen	90
Wertschöpfungs-prozesse	Das Management aller wertschöpfenden Prozesse im Unternehmen	140
Kundenzufriedenheit	Die Meinung externer Kunden über das Unternehmen	200
Mitarbeiterzufriedenheit	Erfüllung von Wünschen und Anforderungen der Mitarbeiter	90
Gesellschaftliche Verantwortung	Meinung des Unternehmens zu Lebensqualität, Umweltschutz, Ressourcenschonung	60
Geschäftsergebnisse	Erreichte Ergebnisse in Relation zu den gesteckten Zielen	150
		1000

Der aktive Einbezug der Mitarbeiter setzt auf gemeinsame Werte und eine Kultur des Vertrauens. Die Mitarbeiter sollen in ihrem Kompetenzrahmen erweiterte Möglichkeiten erhalten und aktiv mitwirken können. Besonders wichtig ist die Kommunikationskultur.

Sie kennen diesen möglichen Schwachpunkt im Betrieb ja sicherlich auch. Sie erfahren zu spät von wichtigen Entscheidungen oder von Aufgaben, die Sie schon längst hätten erledigen sollen. Der Ärger ist dann bei allen groß. Die Wertschätzung der eigenen Person wird als nur gering wahrgenommen und es braucht seine Zeit, bis wieder Alltag einkehrt. EFQM möchte, dass Mitarbeiter dazulernen und ihre Fähigkeiten weiterentwickeln können. So entsteht das Bild vom wirklich mitdenkenden Mitarbeiter, der bereit ist, Verantwortung für seine Einrichtung zu übernehmen. Dieser Gedanke muss bei konsequenter Beachtung unweigerlich zu Verbesserungschancen führen. Gefragt sind originelle Denkansätze und Kreativität, Mut zur Lücke und nicht nur Dienst nach Vorschrift. Eine lebendige Organisation hat erheblich mehr Potenziale, um menschlich und unternehmerisch gute Ergebnisse zu erzielen, als eine Organisation, die in völliger Ich-Betrachtung aufgeht. Ein ausgewogenes Verhältnis zwischen Mitarbeitern, Kunden, Lieferanten, Führung und finanziellen Interessen hat auch in Krisenzeiten gute Chancen, bestehen zu können.

Sie merken, dieser Qualitäts- und Managementansatz ist nicht als kurzfristige neue Alternative zum bisherigen Managen zu verstehen. Eine Einrichtung, die sich auf EFQM einlässt, wird all ihre bisherigen Aktivitäten überprüfen müssen. Im Speziellen sind alle Führungskräfte aufgefordert, ihren Führungsstil zu prüfen. Nicht jeder Mensch ist für Führungsarbeit geboren. Ein Managementkonzept, welches auf Kooperation statt auf Konfrontation aufgebaut ist, bedarf entsprechender Köpfe zur Umsetzung. Es ist eine Frage des bewussten Wol - lens und der Wahrnehmung von Verantwortung, Veränderungen herbeizuführen und angestammte Rollen und Meinungen zu verändern.

Die folgende Gegenüberstellung (Abbildung 4.10) zeigt Ihnen die Unterschiede der beiden großen Qualitätsrichtungen auf.

Abb. 4.10
©KlöberKASSEL 2008

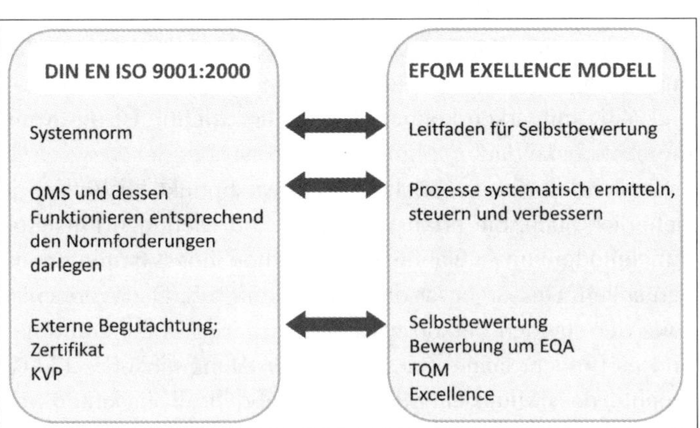

Befähigerkriterien und Ergebniskriterien

Wie Sie in Abbildung 4.11 ersehen, ist das Modell in zwei große Blöcke eingeteilt. Zum einen in die Befähiger und zum anderen in die Ergebnisse. Beide Teile machen jeweils die Hälfte des Gesamtmodells in der Bewertung aus. Es reicht eben nicht aus, nur die Ergebnisse zu managen, man muss dazu auch die Vorgehensweise betrachten, sprich die Befähiger einbeziehen. Die Ergebnisse definieren, was die Organisation erreichen will, und die Befähiger drücken aus, wie dabei vorgegangen werden soll. Die abgebildeten Kriterien sind mit Prozentzahlen versehen. Alle neun Kriterien bilden zusammen 100 %.

Diese Prozente sind nicht veränderbar. Um nun herauszubekommen, wie viel Prozent Sie von einem Kriterium erfüllen, wurde 1991 eine Gewichtung entwickelt. Grundsätzlich hat jedes Teilkriterium dieselbe Gewichtung. Aber keine Regel ohne Ausnahme. Die Kriterien 6, 7 und 8 sind anders gewichtet. Wenn Sie die Absicht haben, sich noch intensiver mit EFQM und der RADAR-Bewertung auseinanderzusetzen, sollten Sie sich mit den ausführlichen Arbeitsmaterialien des EFQM vertraut machen.

Ein Blick auf die Internetseiten unter www.deutsche-efqm.de und www.dgq.de lohnt sich. Abbildung 4.12 veranschaulicht sehr plastisch, was es mit den Ergebnissen und Prozessen auf sich hat.

Der Blick nach vorn ist nicht durch den Blick in den Rückspiegel zu ersetzen.

Die Ergebnisse sind mit 15 % am Gesamtmodell beteiligt, da aus ihnen heraus alle weiteren Aktivitäten bestritten werden müssen.

Da die Kundenzufriedenheit als bestes Instrumentarium zur Erreichung der Unternehmensergebnisse betrachtet wird, ist es im Modell mit der höchsten Prozentzahl 20 versehen. Die Kundenzufriedenheit hängt wiederum zu einem Großteil von der Haltung der Mitarbeiter ab, darum ist dieses Kriterium mit 9 % belegt worden. Diese Bewertung dürfte auch der Tatsache Rechnung tragen, dass die Technik oft nur noch eine untergeordnete Rolle im Vergleich zum Dienstleistungsbestreben innehat. Das Modell spiegelt auch die gesellschaftliche Verant-

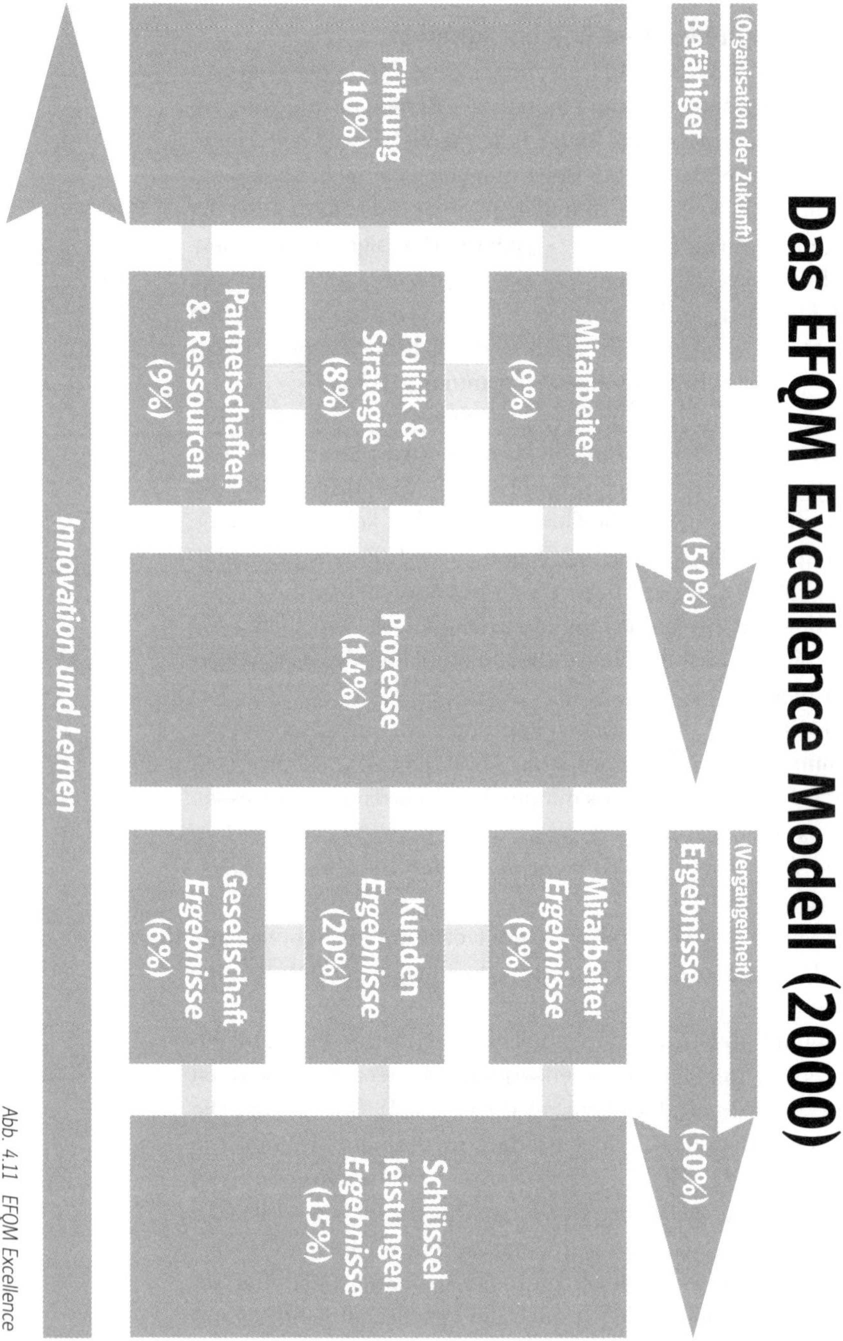

Abb. 4.11 EFQM Excellence Modell (2000)

Beispiel: *Kein Autofahrer würde auf die Idee kommen, ein Auto nur mit dem Blick in den Rückspiegel lenken zu wollen; der Blick nach vorne ist unersetzlich. Nur durch den Rückspiegel steuern aber die Unternehmen, die ihre Geschäfte nur an den Ergebnissen orientieren. Erst durch den Blick auf die Befähiger, durch die Windschutzscheibe nach vorne, kann projiziert werden, was das Unternehmen in Zukunft auf Grund der bisherigen und beabsichtigten Verhaltensweise erwarten wird.*

Ergebnisse liefern Informationen über die Vergangenheit:
Umsatz, Absatz, Betriebsergebnis u. a.

Prozesse liefern Informationen über die Zukunft:
Konkurrenzfähigkeit, Verbesserungspotenziale, Trends in Kunden- und Mitarbeiterzufriedenheit, dauerhafte Kapitalrendite, Arbeitsplätze u. a.

Abb. 4.12
Quelle: deutsche-efqm.de/efqm/modell

wortung von Unternehmen wider. Dieses Kriterium ist mit 8 % bewertet, da man davon ausgeht, dass ein TQM-orientiertes Unternehmen seine gesellschaftliche Verantwortung wahrnimmt. Die Qualität der Ergebnisse wird sowohl in finanzieller, als auch in nicht finanzieller Art bewertet. Hier sollen positive Trends aus den Ergebnissen abgelesen werden können.

Sie merken, um positive Trends bestimmen zu können, muss EFQM schon einige Jahre im Unternehmen praktiziert werden. Wichtig ist, dass immerwährend Vergleichsdaten erfasst werden; nur so können Sie über Jahre hin Ihre Qualitätsveränderungen beobachten und auswerten. Das Modell wäre aber noch nicht ausgeschöpft, wenn Sie es bei diesen Vergleichen belassen würden. Sie sollen auch Ihre aufgestellten Ziele mit dem tatsächlichen Erreichungsgrad überprüfen. Sie können bei diesem Vergleich gut feststellen, inwieweit Ihre Zielplanung realistisch war, aber auch, wie energisch Sie an der Zielerreichung gearbeitet haben. Die dritte Vergleichsmöglichkeit bietet das Benchmarking. Ihre Unternehmensdaten werden mit den Besten der Branche verglichen. Die Auswertung gibt Ihnen die Möglichkeit, an Ihren schwächsten Bewertungen anzusetzen, um zu besseren Ergebnissen zu kommen.

Die übrigen 50 % werden für die Befähigerkriterien eingesetzt. Wenn Sie statt Befähiger *Mittel und Wege* denken, fällt es Ihnen bestimmt leichter, mit diesem Begriff etwas Positives anzufangen. Das Modell meint Vorgehensweisen und Prozesse.

Warum sind beide Bereiche zur Gestaltung des Unternehmens so wichtig? Durch die Brille der Ergebnisse erkennen Sie, was in der Vergangenheit wie gelaufen ist. Durch die Prozessbrille sehen Sie die Zukunftsinformationen, Kundentrends, Mitarbeiterzufriedenheit, Arbeitsplätze etc. Eine Blickrichtung allein reicht nicht aus, um einen komplexen Sachverhalt umfassend betrachten zu können. Sie brauchen Abstand und mehrere Blickwinkel, um wirklich alles zu erfassen. Das Kriterium Prozesse mit 14 % unterstreicht, wie wichtig diese Bestrebungen sind. Sie brauchen für eine gute Prozessgestaltung und Durchführung natürlich Ihre Mitarbeiter. Auf sie entfallen 9 % der Gewichtung. Deren Beteiligung an der unternehmerischen Gesamtaufgabe ergibt sich aus dem Wissen, dass Sie nicht alles selbst planen, reglementieren und steuern können. Hierzu muss der Mitarbeiter in die Lage versetzt werden, Entscheidungen zu treffen und zu handeln.

Das Kriterium Partnerschaft und Ressourcen wird auch mit 9 % bewertet. In diesem Kriterium verbirgt sich der sorgfältige Umgang mit Ressourcen aller Art. Ihre Partner dürfen Sie natürlich auch nicht aus den Augen verlieren. Eine Geschäftsbeziehung lebt von dem fairen Umgang miteinander. Für die Führungsebene sind die Kriterien Politik und Strategie mit 8 % und Führung mit 10 % geschaffen. Hier können Sie Ihr Führungsverhalten ableiten und überprüfen, ob Ihre Richtungsvorgabe stimmt. Die 10 %-Wertung belegt, wie wichtig die generelle Führung im Unternehmen betrachtet wird und wie stark das Instrument *Führen durch Vorbild* bewertet wird.

Die beschriebenen neun Kriterien sind jeweils in mehrere Unterkriterien aufgeteilt. Am Beispiel *Politik* und *Strategie* (Tabelle 4.7) können Sie sich einen Überblick verschaffen, wie dies gedacht ist.

Wie in der ISO 9001:2008 die Prozesse stärker betrachtet werden, so setzt auch EFQM auf die Gestaltung von Schlüsselprozessen. Unter Zuhilfenahme von *Balanced Scorecard* (ein weiteres Managementsystem, die Aufgabe des BSC besteht darin, die Unternehmensstrategie in messbare Ziele, Kennzahlen und Maßnahmen zu übersetzen), können festgelegte Messgrößen Aufschluss über den unternehmerischen Verlauf

2. Kriterium Politik und Strategie	Beispiel
2a. Politik und Strategie basieren auf gegenseitigen und zukünftigen Anforderungen und Erwartungen in Interessengruppen	Wie verwendet die Organisation Informationen? ❖ Kunden, Lieferanten ❖ Leistungen von Besten ❖ Soziale, umweltrelevante Belange ❖ Gesetzliche Richtlinien
2b. Politik und Strategie basieren auf Informationen von Leistungsmessung, Forschung, Lernen und Kreativität	Wie die Organisation ihre ❖ Werte, Vision erarbeitet, ❖ Bedürfnisse und Erwartungen ihrer Interessengruppen abwägt, ❖ Gegenwärtige und zukünftige Wettbewerbsvorteile identifiziert.
2c. Politik und Strategie werden entwickelt, überprüft und aktualisiert	Ansatzpunkte wie die Organisation ❖ Politik und Strategie auf alle Ebenen herunter bricht, ❖ Pläne testet, bewertet und verbessert, ❖ Überprüft, ob den Mitarbeitern die Politik und Strategie bewusst ist.
2d. Politik und Strategie werden kommuniziert und eingeführt	Ansatzpunkte wie die Organisation ❖ ihre Effektivität ihrer Politik und Strategie bewertet, ❖ ihre Politik und Strategie aktualisiert.

Tab. 4.7

geben. Eine solche Verbindung von EFQM und *Balanced Scorecard* ergibt mehrere Vorteile für das Unternehmen:

- Klare Zuständigkeiten
  - Zielsetzung, Zuständigkeit, Ressourcen
- Integrierte Leistungsmessung
  - Ausgeglichene Messungen
  - Operationsziele, die auf jeder Ebene sichtbar sind
- Aktiv-orientiertes Management
  - Angemessene Entscheidungen auf allen Ebenen
  - Klare Delegation, wenig Überraschungen
- Berichtswesen für den Entscheidungsprozess
  - Relevante Berichte sind an den richtigen Stellen zur richtigen Zeit, es wird prioritätenorientiert gehandelt
- Geschäftssysteme, die relative Daten liefern
  - Der Bedarf gibt die Systemanforderung vor, dies ist in allen Ebenen sichtbar
  - Schlüsseldaten werden automatisch erstellt.

Weitere Informationen zum Thema *Balanced Scorecard* finden Sie auch im Fachbuch *Erfolg ist messbar,* das im Verlag Neuer Merkur erschienen ist. Die Verbindung von EFQM und einem Kennzahlensystem hilft Ihnen, einen gesunden Kreislauf zwischen Planung, Auswertung und Korrektur zu schaffen. Es macht Sie schnell handlungsfähig. Was nützt Ihnen eine Aufstellung des Lebensmitteletats am Jahresende, wenn Sie keine Chance mehr haben, Ihr überschrittenes Budget zu korrigieren. Viel sinnvoller ist es, dass Sie anhand von überprüften Kennzahlen und aufgestellten Leistungsstandards Ihr Budget monatlich überprüfen und jederzeit Ihre Ergebnisse durch aktuelle Zahlen steuern können.

Allein Ihr Wille wird für eine solche Umsetzung nicht reichen, andere Abteilungen sind für den Erfolg mitverantwortlich. Wenn Sie keine Auswertungen erhalten, können Sie nicht handeln. Folglich müssen sich alle Abteilungen der Tragweite ihres Tuns und Nichttuns voll bewusst sein. Dies setzt wiederum eine klare, schnelle und vollständige Informationspolitik voraus. Es entsteht eine Verflechtung von Information und Wissen.

4.6.1 Die RADAR-Bewertungsmatrix

Die RADAR-Bewertungsmatrix hilft Ihnen, die Qualitätsschritte zu definieren. RADAR liefert Ihnen damit einen geschlossenen Regelkreis (nach Deming), siehe Erläuterungen zur ISO 9001:2008.

4.6.2 Das Prinzip der Selbstbewertung

Das EFQM-Modell beruht auf dem Prinzip der Selbstüberprüfung (Assessment). Grundsätzlich können Sie sich also unabhängig von externen Beratern selbst überprüfen. Sie können aber auch eine neutrale Fremdbewertung durchführen lassen.

EFQM und ISO 9001:2000 haben unterschiedliche Ansätze, was aber nicht heißt, dass sie sich ausschließen. In vielen sozialen Organisationen wird mit der ISO als Qualitätsmodell begonnen und dann oft mit einem Selfassessment (Selbstbewertungssystem) wie EFQM weiter gearbeitet. Die Diskussion,

Results (Ergebnisse)	Bestimmen Sie Ihre Ergebnisse, die Sie durch den Einsatz von Politik und Strategie erzielen möchten.
Approach (Vorgehen)	Dazu müssen Sie Ihre Vorgehensweise entwickeln und planen.
Deployment (Umsetzung)	Die Umsetzung Ihrer Planung muss ebenfalls systematisch erfolgen.
Assessment (Bewertung)	Durch Überwachungsinstrumente, deren Auswertung und lernorientierte Maßnahmen können Sie Ihre Ergebnisse bewerten und je nach Bedarf Verbesserungsansätze finden, planen und einführen.
Review (Überprüfung)	Prüfen Sie, ob die Überwachungsinstrumente gegriffen haben.

Tab. 4.8

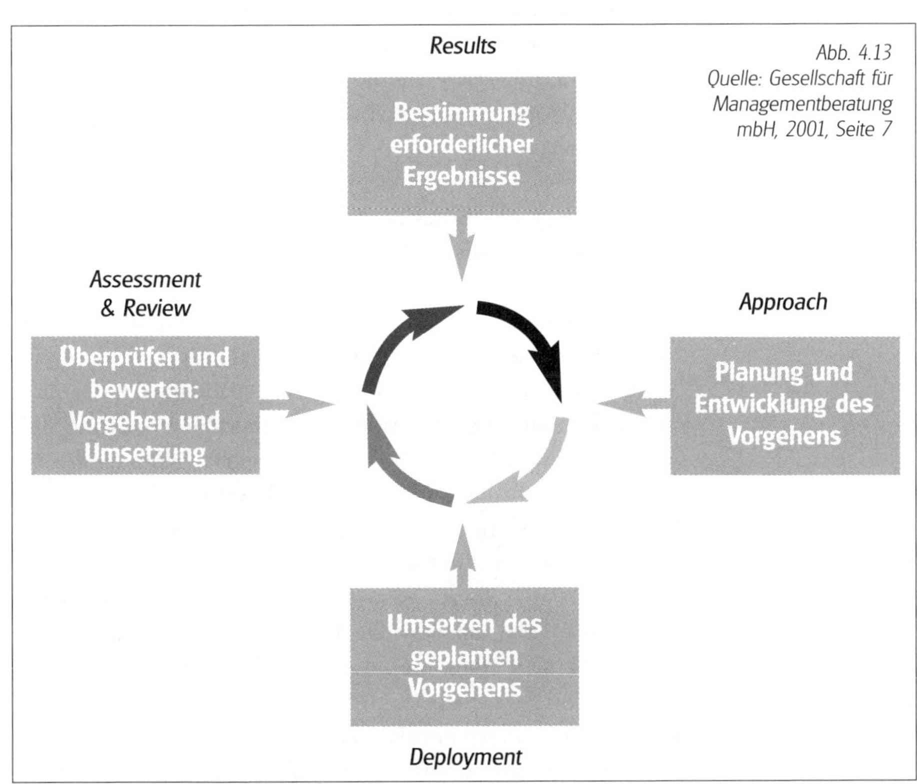

Abb. 4.13
Quelle: Gesellschaft für Managementberatung mbH, 2001, Seite 7

welches System Sie für Ihre Einrichtung auswählen wollen, sollte aufgrund von Prioritäten, die Sie gemeinsam im Leitungskreis definieren, geführt werden. Aufgrund von gesetzlichen Forderungen ist es im Bereich der Altenhilfe üblich, mindestens in Anlehnung der Forderungen der DIN EN ISO 9001:2008 mit der Qualitätsentwicklung zu beginnen. Der Gesetzgeber fordert beispielsweise in den SGB III, V, VIII, IX und XI verbindlich die aktive Arbeit an der Qualitätssicherung. Hier ist auch der Bereich Hauswirtschaft gefragt. Auch Sie müssen Ihre Leistungen anhand von Leistungsmerkmalen definieren und die Zielerreichung überprüfen und dabei Ihre Feststellungen dokumentieren.

Selbstbewertung (Selfassessment) ist eine umfassende, regelmäßige und systematische Überprüfung von Tätigkeiten und Ergebnissen eines Unternehmens anhand eines Modells für Business Excellence. Stellen Sie sich vor, Sie haben Ihre Schlüsselprozesse definiert und überprüfen diese nun regelmäßig auf Erfolg. Hier könnte eine Ihrer Fragen zum Finden Ihres Qualitätsniveaus (Selbstbewertung = Selbsteinschätzung) lauten:

> Was sagt die Statistik der Seminargästebewertung über die Wohnlichkeit der Gästezimmer aus?

Angenommen, Sie haben festgelegt, volle Zufriedenheit sind 100 Punkte. Die Auswertung Ihrer Statistik sagt aus, dass Ihre Gäste im Durchschnitt zu 34 % mit der Wohnlichkeit des Zimmers zufrieden sind, dann wissen Sie, dass Sie etwas zur Steigerung der Wohnlichkeit unternehmen müssen, um die Gästezufriedenheit anzuheben und keine Gäste zu verlieren.

Wenn die gleichen Gäste bei der Auswertung zur Verpflegungssituation im Durchschnitt bei 81 % liegen, wissen Sie, an welchem Thema Sie zuerst arbeiten sollten. Leider tappen wir gern in die Falle, an dem zu arbeiten, was uns mehr Spaß macht, als sich dem momentan Nötigen zu widmen. Der Selbstbewertungsprozess ermöglicht es Ihnen, Ihre Stärken und Verbesserungspotenziale eindeutig festzustellen und hilft Ihnen, weitere Verbesserungsaktivitäten zu planen und deren

Fortschreiten zu überwachen, um den Prozess später wieder selbst neu zu bewerten.

Sie sehen, das Durchführen von Selbstbewertungen bringt wirklich Vorteile mit sich, denn:

- Die Bewertungsgrundlagen sind Fakten und keine Vermutungen.
- Die Mitarbeiter werden in die Prozesse aktiv einbezogen, sie erhalten eine Aufwertung.
- Durch die Selbstbewertung ergeben sich für Sie konkrete Verbesserungsansätze. Die Stärken werden bestimmt und die Schwächen können gezielt bearbeitet werden.
- Sie haben ein Instrument zur Messung des jeweils erzielten Fortschritts. Es entsteht ein Zyklus von bewerten – handeln – bewerten.
- Die Selbstbewertung ist in allen Einrichtungsbereichen und Ebenen anwendbar.
- Sie können eine direkte Verbindung zwischen Aktivitäten und Ergebnissen erstellen und können damit ihre Qualitätspolitik immer wieder neu ausrichten und anpassen.

Wenn Sie schon etwas vertrauter mit EFQM sind und das erste Selfassessment durchführen wollen, helfen Ihnen Fragebögen, Checklisten, Workshops und Assessoren weiter. Assessoren sind EFQM-ausgebildete Fachleute, die diese Bewertungen anhand von Fragekatalogen vornehmen und eine entsprechende Punktezahl für jedes Kriterium vergeben. Würden z. B. mehrere Altenhilfeeinrichtungen das gleiche System anwenden, wären sie in der Lage, sich mit den anderen zu vergleichen. Die jeweils mit niedrigen Punktzahlen abgeschnittenen Kriterien könnten bei den anderen, die gut abgeschnitten haben, hinterfragt werden. So erfahren Sie, was dort besser gemacht wird. Lebendiges Lernen könnte damit stattfinden.

4.6.3 Fachbegriffe des EFQM

Zum Schluss dieser EFQM-Übersicht erhalten Sie die *Übersetzungen* von Fachbegriffen in den alltäglichen Sprachgebrauch.

Wenn Sie die *Übersetzung* kennen, wird Ihnen sicher das eine oder andere noch viel deutlicher in den Forderungen und Fragen der Selbstbewertung und des Geltungsbereichs.

Antwortzeit
Reaktionszeit von Kundenaufforderungen einer Dienstleistung. Hier ist die Zeit gemeint, die der Kunde warten muss, bis sein Wunsch erfüllt wird.

Finanzielle Ressourcen
Täglicher Betrieb = kurzfristige Mittel
Längerfristige Finanzierung = Geldmittel

Führungskräfte
sind Mitarbeiter, die die Interessen aller koordinieren und ausgleichen.

Führungsteams
sind alle Führungskräfte mit Teamleiterfunktion.

Geschäftsergebnisse
sind die Leistungen, die im Hinblick auf die gesetzlichen Auflagen erreicht werden. Sie richten sich nach Politik und Strategie der Einrichtung und können finanzielle (Messgröße Budget) sowie nichtfinanzielle Ergebnisse meinen.

Gesellschaft
sind alle Personen, die von Produkten, Dienstleistungen, Prozessen der Organisation betroffen sind oder glauben es zu sein.

Informationsressourcen
sind geschäftliche und technische Daten, Informationen jeglicher Art.

Interessengruppen
sind alle, die finanzielle oder andere Interessen an den

Tätigkeiten und Leistungen der Organisation haben, z. B. Lieferanten, Bürger, Politiker.

Kunden
sind hingegen Nutznießer im weitesten Sinne der Organisationstätigkeiten.

Lieferanten
sind die Bereitsteller von Gütern und Dienstleistungen, egal ob intern oder extern geliefert.

Material
bedeutet physische (also körperliche) Gegenstände jeglicher Art.

Mitarbeiter
sind alle Einzelpersonen, Voll- und Teilzeitkräfte, befristete Mitarbeiter, Honorarkräfte und Ehrenamtliche.

Organisation
meint alle wirtschaftlichen Bereiche wie

- Dienstleistungsunternehmen,
- Staatliche und kommunale Unternehmen,
- Erziehungs- und Ausbildungsinstitutionen,
- Gesundheitsinstitutionen.

Organisationszweck
klärt die Frage der Daseinsberechtigung der Organisation.

Parameter
sind messbare quantifizierbare Eigenschaften oder Merkmale.

Partnerschaft
charakterisiert eine langfristige Arbeitsbeziehung zwischen zwei oder mehreren Parteien.

Politik und Strategie
geben die Rahmenvorgaben der höchsten Organisationsebene; Stichwörter sind hier Mission, Werte, Vision, Ziele, Strategien.

Politiker
sind gewählte Vertreter.

Politische Ziele
sind von Regierung und Politikern gesetzte Ziele im Gegensatz zu den Kundenzielen.

Prozesse
sind die Folgen von Schritten, sie betreiben Wertschöpfung. Aus unterschiedlichem Input wird verlangter Output produziert.

Umfassendes Qualitätsmanagement (TQM)
bedeutet die Art und Weise der Organisationsführung und die Beherzigung von Grundprinzipien wie Kundenorientierung usw.

Vision
ist die Formulierung, wie die Organisation gern sein möchte.

Werte
bedeutet die Übereinkunft und die Erwartung des Verhaltens der Mitarbeiter, die Beziehungswerte, auf denen die Organisation beruht.

4.7 KTQ® Kooperation für Transparenz und Qualität

Gesegnet sei, wer etwas Freundliches sagt, dreimal gesegnet, wer es wiederholt.

Arabisches Sprichwort

Dieses Qualitätsmodell beschränkt seinen Wirkungskreis auf den Gesundheitsbereich, also Krankenhäuser, Praxen, Rehabilitationseinrichtungen. Die Abkürzung KTQ steht für: Kooperation, Transparenz und Qualität.

Dieses Konzept ist durch finanzielle Förderung durch das Bundesministerium für Gesundheit, unter Beteiligung von mehreren Referenzkrankenhausern, entwickelt worden. Die aktuelle Version heißt KTQ® Version 4. Diese Version gliedert sich in sechs Kategorien, 20 Subkategorien und Kriterien. Davon werden wiederum 24 als Kernkriterien bezeichnet.

KTQ® dient als Antwort auf die Forderung des SGB V, § 112 und § 137, die Sie schon in der Übersicht der gesetzlichen Qualitätsbestimmungen kennengelernt haben.

Im Dezember 2001 wurde die Kooperation für Transparenz und Qualität im Krankenhauswesen GmbH, kurz KTQ gegründet. Gesellschafter sind die Spitzenverbände der Krankenkassen, die Bundesärztekammer, die Deutsche Krankenhausge - sellschaft e. V., der Deutsche Pflegerat e. V., der Hartmannbund – Verband der Ärzte Deutschlands e. V.

Seinen Ursprung hat das KTQ®-Verfahren im Gesundheits - wesen und hier zunächst im Krankenhausbereich. KTQ® hat sich als Zertifizierungsverfahren inzwischen als Marktführer durchgesetzt.

Sie können sich auf dieses Qualitätssystem auch zertifizieren lassen. Zur inhaltlichen Arbeit nach KTQ® und Vorbereitung einer Zertifizierung gibt es ein KTQ®-Manual 4.0 (Hand - buch) und einen KTQ®-Katalog mit den Einzelheiten.

Die sechs Hauptkategorien im KTQ® sind:

1. **Patientenorientierung**
   Sicherstellung, dass die Patienteninteressen im Krankenhausprozess nicht aus den Augen verloren werden.
2. **Mitarbeiterorientierung**
   Sicherstellung, dass die Mitarbeiterinteressen eine angemessene Berücksichtigung finden.
3. **Sicherheit**
   Gewährleistung einer sicheren Umgebung, einer angepassten Hygiene und der Bereitstellung von Materialien.
4. **Informationswesen**
   Gewährleistung eines sorgfältigen Umgangs mit Patientendaten, deren Weiterleitung und der Nutzung sinnvoller Informationstechnologie.
5. **Krankenhausführung**
   Gewährleistung einer zielorientierten, effektiven und ethischen Arbeitsweise.
6. **Qualitätsmanagement**
   Organisation und Methoden des Qualitätsmanagements sowie Sammlung und Analyse qualitätsrelevanter Daten.

In Anlehnung an den Qualitätskreis von Deming, über den Sie bei der Vorstellung der DIN ISO gelesen haben, ist das Herzstück des KTQ® ein Bewertungsverfahren, das als *PDCA-Zyklus* bezeichnet wird. Die Übersetzung lautet allerdings anders als bei Deming. Hier steht:

P = Plan	für Planung und Ist-Situation
D = Do	für deren Umsetzung
C = Check	für die Überprüfung und
A = Act	für die Ableitung von Verbesserungsmaßnahmen.

Nun zu den Feinheiten.

Mittlerweile sind etwa 25 % der rund 2000 bundesdeutschen Krankenhäuser nach diesem Qualitätsmodell zertifiziert. In der Vergangenheit wurden jeweils spezifische KTQ®-Verfahren für die niedergelassenen Bereiche sowie für Rehabilitationskliniken entwickelt und erfolgreich eingeführt. Seit

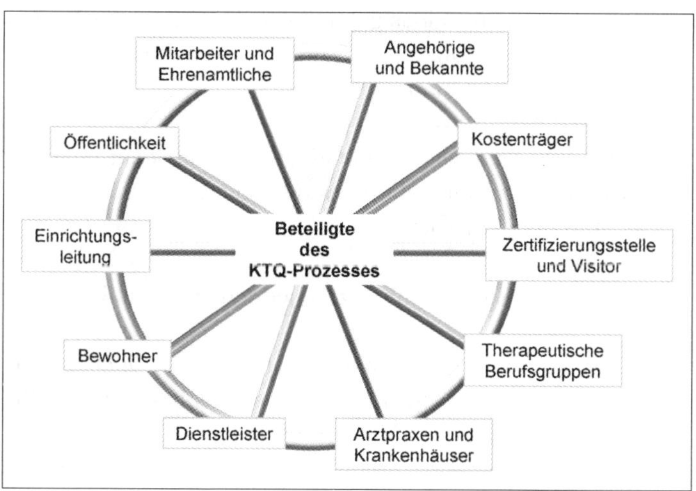

Abb. 4.14 Quelle: KTQ-Praxisleitfaden; IEGUS 2008

2007 steht das KTQ®-Angebot auch für den stationären und ambulanten Pflegebereich zur Verfügung.

Oberstes Ziel bei den KTQ®-Verfahren ist eine Verbesserung der Struktur-, Prozess- und Ergebnisqualität. Das KTQ®-Verfahren selbst basiert nicht auf der Einführung eines eigenen Qualitätsmanagement-Systems. Welches QM-System Sie verwenden möchten, steht Ihnen damit frei. Im Rahmen der Zertifizierung wird das frei gewählte Kundensystem geprüft.

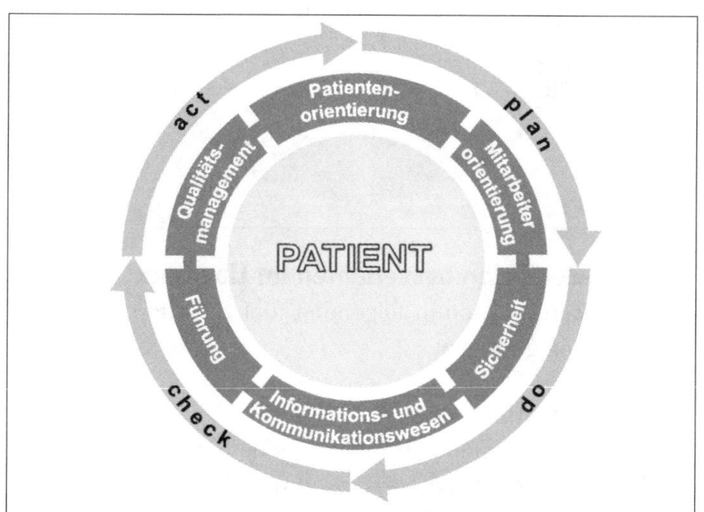

Abb. 4.15 KTQ-Modell Quelle: KTQ-Praxisleitfaden; IEGUS 2008

Das Vorhandensein eines guten Systems bildet deshalb eine Grundvoraussetzung für eine Zertifizierung nach KTQ®.

Unterstützende Elemente wie das:

- Vorhandensein einer Qualitätsmanagement-Beauftragten,
- eines Qualitätsmanagement-Handbuchs,
- Qualitätszirkel, Arbeitskreise

werden von der KTQ® befürwortet, jedoch nicht explizit gefordert.

Mit der Integration des Arbeitsschutzes in das Qualitätsmanagement nach KTQ® wird der prozessorientierte Ansatz für das Management der betrieblichen Arbeitssicherheit und Gesundheitsförderung nutzbar gemacht. Es soll ein *Netzwerk für den Arbeitsschutz* etabliert werden.

Abb. 4.16 Quelle: KTQ-Praxisleitfaden; IEGUS 2008

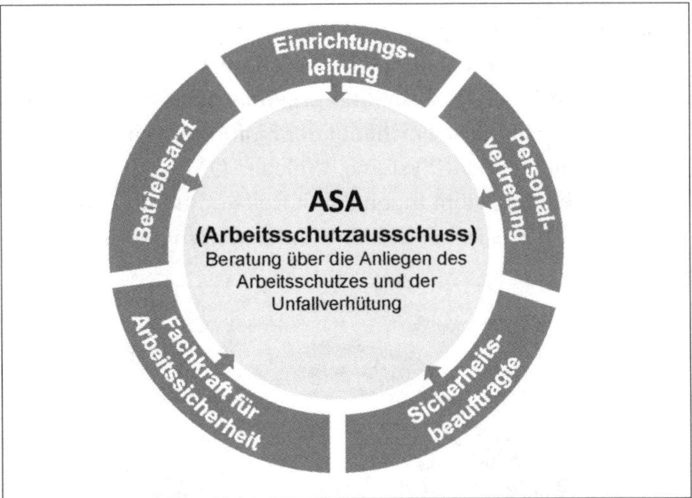

Das KTQ-Zertifizierungsverfahren im Überblick

Eine Einrichtung kann in folgenden fünf Schritten zu KTQ®-Zertifizierung gelangen:

Wichtig: Selbstbewertung

Die Einrichtungen nehmen zunächst eine Selbstbewertung ihrer Strukturen und Prozesse anhand von sechs Kategorien vor:

- Bewohnerorientierung,
- Mitarbeiterorientierung,
- Sicherheit,
- Informationswesen,
- Führung,
- Qualitätsmanagement.

Im Anwendungsbereich für Rehabilitationskliniken lauten diese sechs Kategorien folgendermaßen:

- Patientenorientierung in der Rehabilitationsklinik,
- Sicherstellung der Mitarbeiterorientierung,
- Sicherheit in der Rehabilitationsklinik,
- Informationswesen in der Rehabilitationsklinik,
- Führung,
- Qualitätsmanagement.

Für den Bereich der stationären, teilstationären und ambulanten Pflegeeinrichtungen sowie Hospize und alternativer Wohnformen werden die KTQ®-Kriterien folgendermaßen definiert:

- Bewohner, Patienten, Klienten, Gäste oder Mieterorientierung,
- Mitarbeiterorientierung,
- Sicherheit,
- Informationswesen,
- Führung,
- Qualitätsmanagement.

In Tabelle 4.9 ist eine Übersicht des KTQ-Katalogs, Version 1.0 zu sehen.

1. Schritt

Aufgrund der Beantwortung eines Fragenkatalogs durch Arbeitsgruppen der Einrichtung erfolgt eine Gesamtdarstellung der Prozessabläufe. Dieser Fragenkatalog dient zugleich als Checkliste für den Selbstbewertungsbericht.

Kategorie	Subkategorie		Kriterium	
1 Bewohner-orientierung	1.1	Organisation der Aufnahme	1.1.1	Vorbereitung der Aufnahme
			1.1.2	Gestaltung der Aufnahme
			1.1.3	Orientierungshilfen
			1.1.4	Bewohnerbetreuung in der teilstationären Tages-/Nachtpflege
	1.2	Organisation und Durchführung der individuellen Pflege	1.2.1	Erhebung der Anamnese/Biografie
			1.2.2	Essen und Trinken
			1.2.3	Planung und Durchführung einer aktivierenden Pflege
			1.2.4	Leitlinien/Standards
			1.2.5	spezifische Betreuung bei Menschen mit gerontopsychiatrischer Beeinträchtigung
			1.2.6	Kooperation mit externer Partnern
			1.2.7	Pflege Sterbender
	1.3	Organisation von zusätzlichen Angeboten	1.3.1	Erhebung zusätzlicher Bedürfnisse
			1.3.2	Einsatz von Ehrenamtlichen
2 Mitarbeiter-orientierung	2.1	Personalplanung	2.1.1	Vorhaltung des Personals im Rahmen gesetzlicher Vorschriften
	2.2	Personaleinsatz-planung	2.2.1	Sicherstellung der Personalpräsenz
			2.2.2	Einarbeitung neuer Mitarbeiter
	2.3	Personalentwick-lung	2.3.1	Systematische Personalentwicklung
			2.3.2	Organisation der Fort- und Weiterbildung
			2.3.3	Kooperation mit externen Einrichtungen/Ausbildungs-stätten
	2.4	Berücksichtigung der Mitarbeiter-bedürfnisse	2.4.1	Umgang mit Mitarbeiterideen, Mitarbeiterwünschen und Mitarbeiterbeschwerden
3 Sicherheit	3.1	Gewährleistung einer sicheren Umgebung	3.1.1	Verfahren zur Gewährleistung einer sicheren Umgebung
			3.1.2	Leitlinien, Standards und Dienstanweisungen für Notfallsituationen
			3.1.3	Bewohnersicherheit
	3.2	Hygiene	3.2.1	Einhaltung von Hygienerichtlinien
			3.2.2	Planung und Durchführung hygienesichernder Maßnahmen
	3.3	Umgang mit Arzneimitteln	3.3.1	Beschaffung, individuelle Bereitstellung und Verabreichung von Arzneimitteln
			3.3.2.	Anwendung von Arzneimitteln
	3.4	Umgang mit Pflegehilfsmitteln	3.4.1	Beschaffung und individuelle Bereitstellung von Pflegehilfsmitteln
			3.4.2	Verfahrensanweisungen zum Gebrauch von Pflegehilfsmitteln
4 Informati - onswissen	4.1	Bereitstellung von Informations-material	4.1.1	Bereitstellung von Informationsmaterial
	4.2	Datenschutz	4.2.1	Dokumentation und Archivierung von Bewohnerdaten

Tab. 4.9 Tabellarische Übersicht des KTQ-Katalogs Version 1.0 Quelle: KTQ Praxisleitfaden, IEGUS 2008

Kategorie	Subkategorie		Kriterium	
	4.3	Informations-weitergabe	4.3.1	Teaminterne Informationsweitergabe
			4.3.2	Teamübergreifende Informationsweitergabe
			4.3.3	Informationsweitergabe zwischen Einrichtung und Angehörigen/Lebenspartner/Vorsorgebevollmächtigten und ggf. gesetzlichem Betreuer
			4.3.4	Öffentlichkeitsarbeit
	4.4	EDV	4.4.1	Aufbau und Nutzung einer Informationstechnologie
5 Führung	5.1	Unternehmens-philosophie	5.1.1	Entwicklung und Umsetzung einer Unternehmensphilosophie
			5.1.2	Entwicklung und Umsetzung eines Leitbilds
			5.1.3	Mitarbeiterorientierter Führungsstil
			5.1.4	**Ethische Aspekte**
			5.1.6	**Berücksichtigung des Umweltschutzes**
	5.2	Zielplanung	5.2.1	Kontinuierliche Zielplanung
			5.2.2	Festlegung einer Organisationsstruktur
			5.2.3	Entwicklung eines Finanz- und Investitionsplans
	5.3	Organisation	5.3.1	Sicherstellung einer effektiven Arbeitsweise innerhalb der Führung
	5.4	Kooperation	5.4.1	Kooperation mit Einrichtungen des Gesundheitswesens
6 Qualitäts-manage-ment	6.1	Internes und externes Qualitäts-management	6.1.1	Organisation des Qualitätsmanagements
			6.1.2	Maßnahmen der internen Qualitätssicherung
			6.1.3	Vorbereitung der externen Qualitätssicherung
	6.2	Qualitätsrelevante Daten	6.2.1	Erhebung und Analyse qualitätsrelevanter Daten
			6.2.2	Befragungen

Tab. 4.9 Tabellarische Übersicht des KTQ-Katalogs Version 1.0 (Fortsetzung)
Quelle: KTQ Praxisleitfaden, IEGUS 2008

2. Schritt

Antrag auf eine KTQ®-Zertifizierung

Nach der durchgeführten Selbstbewertung hat die Einrichtung, wenn sie mindestens 55 % der Gesamtzahl pro Kategorie erreicht hat, die Möglichkeit, einen Antrag auf eine Zertifizierung einer unabhängigen (aber von der KTQ GmbH akkreditierten) Zertifizierungsstelle zu beantragen. Dieser Antrags - stellung ist eine Aufzählung der Selbstbewertung, der Qualitätsbericht sowie ein Strukturerhebungsbogen beizufügen.

3. Schritt

Fremdbewertung durch ein Visitorenteam. Nach der Eingangs - prüfung der Einrichtungsunterlagen durch die Zertifizierungs - stelle beauftragt diese ein sogenanntes Visitorenteam. Die ausführliche Prüfung der Unterlagen durch Visitoren wird als erster Teil der Fremdbewertung bezeichnet. Nach dieser positiven Prüfung vereinbart die Zertifizierungsstelle einen Termin vor Ort. Das Besondere am Prozess der Visitation ist der *kollegiale fachliche Dialog.*

4. Schritt
Empfehlung zur Zertifikatsvergabe. Anhand der erreichten Punktzahl wird eine Zertifizierung befürwortet. Die Weiterleitung des Qualitätsberichts an die KTQ® zur Freigabe folgt.

5. Schritt
Zertifikatsvergabe und Veröffentlichung des Qualitätsberichts. Bei einer Freigabe des Qualitätsberichts veröffentlichen die KTQ® und die Einrichtung den Qualitätsbericht auf ihrer Homepage, parallel dazu erfolgt die Verleihung des Zertifikats an die zertifizierte Einrichtung. Dieses Zertifikat verliert nach drei Jahren seine Gültigkeit.

Das Prinzip der Selbstbewertung möchten wir Ihnen an dieser Stelle genauer vorstellen.

Da aus Sicht des Qualitätsmanagements der einzelne Mitarbeiter die wichtigste Ressource für den Unternehmenserfolg ist, ist eine auf der Einschätzung der Mitarbeiter durchgeführte Selbstbewertung eine konsequente Umsetzung dieser Überlegung. Bei Selbstbewertungen handelt es sich um umfassende, strukturierte und regelmäßige Überprüfung der Prozesse und Ergebnisse einer Einrichtung. Hier werden die Stärken, aber auch die Verbesserungspotenziale deutlich erkennbar. Im Fall des KTQ®-Konzepts wird ein Fragenkatalog zu Selbstbewertung vorgegeben. Ziele der Selbstbewertung sind:

- kritische Auseinandersetzung mit der eigenen Qualität innerhalb der Einrichtung,
- Erkennen eigener Stärken und Schwächen (Verbesserungspotenziale),
- Schärfung des eigenen Qualitätsbewusstseins,
- Nutzen des Mitarbeiterpotenzials,
- Zusammenfassung von Detailwissen in einer Datenbank.

Durch die Selbstbewertung bestimmt die Einrichtung ihren eigenen Status quo.

Die bereits erwähnten sechs Kategorien werden wiederum in insgesamt 51 Unterkriterien unterteilt. Innerhalb der Kriterien findet dann eine Differenzierung bezüglich ihrer Gewichtung statt. 24 der Kriterien werden als Kernkriterien bezeichnet. Sie werden für das Erreichen einer hohen Qualität als unverzichtbar angesehen und erhalten damit aus diesem Grund eine Gewichtung mit dem Faktor 1,5. Im Zuge Ihrer Selbstbewertung müssen Sie anhand des vorgegebenen Fragenkatalogs alle Kriterien dahingehend bewerten, inwiefern sie mit den verschiedenen Phasen des PDCA-Zyklus erfüllt werden. Sie erinnern sich an den Kapitelanfang. Hier haben wir Ihnen den PDCA-Zyklus vorgestellt. Dieser PDCA-Zyklus bildet die Grundlage der KTQ®-Bewertungssystematik. Durch ihn wird abgefragt, inwiefern ein planvolles und systematisches Vorgehen in der Einrichtung vorliegt. Bei einer Selbstbewertung nach KTQ® erhält der Arbeitsschritt maximal neun Punkte, alle anderen drei Schritte maximal drei. Für die Ermittlung der gesamten Punktzahl werden alle Punkte aus den einzelnen Schritten addiert. Damit sind für ein Kriterium maximal 18 Punkte möglich. Bei den Kernkriterien muss jedoch die Gewichtung mit dem Faktor 1,5 beachtet werden, sodass diese Kernkriterien auf maximal 27 Punkte kommen können. In der Gesamtheit aller bewerteten Kriterien können maximal 1134 Gesamtpunkte erreicht werden.

Das Berechnungsmodell erscheint zunächst erstmal völlig undurchsichtig. Es wird aber mit etwas Übung und einer entsprechenden Vorlage schnell anwendbar.

Den maximalen Erreichungsgrad können Sie vergeben, wenn sämtliche PDCA-Schritte enthaltenen Anforderungen erfüllt sind. Der maximale Durchdringungsgrad (D) ist gerechtfertigt, wenn die Kriterienerfüllung in allen relevanten Bereichen der Einrichtung gegeben ist. Mit dem Erreichungsgrad wird die Umsetzungstiefe bzw. Intensität oder Qualität der geforderten Verhaltensmaßnahmen beschrieben. Der Durchdringungsgrad beschreibt die Umsetzungsbreite der Verhaltensmaßnahmen in allen Bereichen Ihrer Einrichtung. Ein Beispiel:

		Anforderungen sind …											
	Erreichungsgrad	nicht erfüllt			ansatzweise erfüllt			teilweise erfüllt			umfassend erfüllt		
	Durchdringungsgrad	in keinem Bereich umgesetzt			in wenigen Bereichen umgesetzt			in mehreren Bereichen umgesetzt			in allen Bereichen umgesetzt		
plan	Erreichungsgrad		0			1			2			3	
	Durchdringungsgrad		0			1			2			3	
do	Erreichungsgrad		0		1	2	3	4	5	6	7	8	9
	Durchdringungsgrad		0		1	2	3	4	5	6	7	8	9
check	Erreichungsgrad		0			1			2			3	
	Durchdringungsgrad		0			1			2			3	
act	Erreichungsgrad		0			1			2			3	
	Durchdringungsgrad		0			1			2			3	

Abb. 4.17
Quelle: KTQ-Praxisleitfaden; IEGUS 2008

PDCA-Schritt	maximal erreichbare Punkte **jeweils für (E) und (D)**	Erreichungsgrad (E)	Durchdringungsgrad (D)	**Ergebnis**
plan	3	E:	D:	1/2 (E+D):
do	9	E:	D:	1/2 (E+D):
act	3	E:	D:	1/2 (E+D):
check	3	E:	D:	1/2 (E+D):
Summe	18			
Gewichtung als Kernkriterium	mal 1,5			
Endergebnis	max 27			

Abb. 4.18
Quelle: KTQ-Praxisleitfaden; IEGUS 2008

Wie bereits am Kapitelanfang vorgestellt, genießt das KTQ® Qualitätsmodell immer stärkere Akzeptanz. Es kann für Sie darum sinnvoll sein, sich mit diesem Modell näher zu beschäftigen.

5 Prozessmanagement

Und als sie ihr Ziel aus den Augen verloren hatten, verdoppelten sie ihre Anstrengungen.

Mark Twain (1835 – 1910), amerikanischer Schriftsteller

Auch die Fragestellung des Wirtschaftlichkeitsgrads eines Qualitätsmanagements ist mittlerweile aufgegriffen worden. In Österreich hat man sich dieser Frage angenommen und die ÖNorm 10014: 2006 *Qualitätsmanagement – Leitfaden zur Erzielung finanziellen und wirtschaftlichen Nutzens* entwickelt. Diese Norm soll der obersten Leitung helfen, die aufgestellten Managementgrundsätze der ISO 9001:2008 umzusetzen. Sie kombiniert den prozessorientierten Ansatz, die acht Managementgrundsätze der ISO 9000 und die PDCA-Methode (Deming-Kreis).

Sie erinnern sich, die acht Managementgrundsätze lauten:

- Kundenorientierung,
- Führung,
- Einbeziehung der Personen,
- prozessorientierten Ansatz,
- systemorientierter Managementansatz,
- ständige Verbesserung,
- sachbezogener Ansatz zur Entscheidungsfindung und
- Lieferantenbeziehungen zum gegenseitigen Nutzen.

Die ÖNorm (Österreich) enthält zu jedem dieser Grundsätze Fragen zur Selbsteinschätzung in Form eines Fragebogens. Ergebnis dieses Reviews (Rückblicks) ist eine Stärken/Schwächenbeurteilung.

Allen acht Managementgrundsätzen wird ein Reifegrad zugeteilt. Die Grundsätze, die eine eher schlechte Bewertung erreicht haben, sollten die Grundsätze sein, an denen Sie verstärkt weiterarbeiten. Hierzu können Sie die PDCA-Methode nutzen. Alle acht Grundsätze erhalten dann jeweils einen eigenen PDCA-Zyklus.

Abbildung 5.1 zeigt ein Radardiagramm der acht Grundsätze mit einer Bewertung, wie sie bei einer internen Qualitätsbewertung eingeschätzt werden. Je höher die Zahl, desto besser die Entwicklung.

Abb. 5.1
©KlöberKASSEL 2010

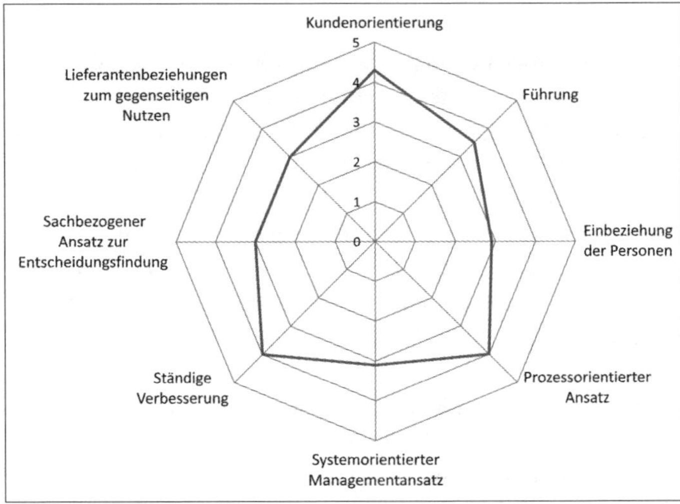

Die grafische Darstellung der acht Grundsätze wird eine gute Gesprächsgrundlage für Sie als Qualitätsbeauftragte oder Qualitätsmanagerin und die Abteilung Controlling sein. Vielleicht kann hier durch ein engeres Zusammenarbeiten der Bereiche Qualitätswesen und Controlling eine Brücke geschlagen werden, die beide Perspektiven – das Qualitätsmanagement selbst und auch die betriebswirtschaftliche Blickrichtung – besser verzahnen. Das gegenseitige Verständnis wird sicherlich verbessert.

Nun kommen wir zum Schwerpunkt innerbetrieblicher Qualitätsbetrachtungen, dem Management der Prozesse.

Die Forderung, die Geschäftsprozesse stärker in das Qualitätsstreben einzubeziehen, ist auch in der aktuellen ISO 9001: 2008 – Fassung vorhanden. Der Begriff des GPM (**G**eschäfts - **p**rozess**m**anagement) hat sich in den Unternehmen etabliert. Alle GPM brauchen klar formulierte Zielvorgaben und eine konsequente Verknüpfung mit den Geschäftsbereichen und dem Geschäftszweck selbst. Fehlt die Zielstellung, kann der Prozess nicht optimiert werden. Ungelenkter Tatendrang verschlingt dann nur unnötig Ressourcen.

Gefragt ist Methodenkompetenz statt Meeting-Power. Nur mit den richtig ausgewählten Methoden können einzelne Prozesse in den Bereichen auf ihre Effizienz hin analysiert werden. Prozessmanagement wird somit selbst ein Werkzeug zur übergeordneten Zielerreichung. Analyse von Prozessen wird aber sicher nicht Ihre tagtägliche Hauptaufgabe im Betrieb sein. Das schlichte Abarbeiten vom Tagesgeschäft verlangt auch sein Daseinsrecht. Wenn es Ihnen allein schon gelingt, eine Diskussion über die Arbeitsabläufe (Prozesse) in ihrer Mitarbeiterschaft zu fördern, wird sich die allgemeine Qualität der Arbeitsergebnisse steigern. Auch dann, wenn kein konkretes Ziel genannt wurde. Bisweilen entstehen klare Ziele nämlich erst während des Analyseprozesses und nicht früher.

Sehr konkrete Aufgaben, die im Vorfeld definiert werden, schränken ggf. den Ideenreichtum der Mitarbeiterinnen ein. Die Fähigkeiten des Gesamtunternehmens und auch die der Mitarbeiterinnen müssen langsam aber stetig gefördert werden. Das Zutrauen zur Sache selbst muss wachsen können. Prozessmanagement darf kein Selbstzweck werden. Mitarbeiter müssen davor geschützt werden, im Rahmen ihrer Möglichkeiten und des allgemeinen Tatendrangs alle kleinen Stellschräubchen zur Restrukturierung ihrer Arbeit zu bemühen. Die wirklich großen Potenziale finden sich besonders in den abteilungsübergreifenden Prozessen, also in der Schnittstellenproblematik.

5.1 Detailwissen zum Prozessmanagement

Ziel und Zweck von Prozessmanagement bestehen darin, dass Sie Ihre Strukturen, Prozesse und Ergebnisse systematisch analysieren und darauf aufbauend Ihre Qualitätsverbesserungschancen nutzen können. Sie können sowohl Ihre Dienstleistungen, Ihren Service als auch Ihre hergestellten Produkte neutral bewerten und sie den tatsächlichen Kundenwünschen anpassen. Ein Kreislauf der Prüfung und Anpassung entsteht. Es läuft immer wieder auf den PDCA-Zyklus hinaus, so einfach wie praktikabel.

Bevor es inhaltlich weitergeht, folgt eine kleine Geschichte, die zeigt, warum Prozessmanagement recht sinnvoll ist.

Ein Spaziergänger geht durch den Wald und begegnet einem Waldarbeiter, der hastig und mühselig damit beschäftigt ist, einen bereits gefällten Baumstamm in kleine Teile zu zersägen. Der Spaziergänger tritt näher heran, um zu sehen, warum der Holzfäller sich so abmüht, und sagt dann: „Entschuldigen Sie, aber mir ist da etwas aufgefallen: Ihre Säge ist ja ganz stumpf! Wollen Sie sie nicht einmal schärfen?" Darauf stöhnt der Waldarbeiter erschöpft auf: „Dafür habe ich keine Zeit – ich muss sägen!" (Quelle: Lothar J. Seiwert, Das neue 1 x 1 des Zeitmanagements).

5.2 Definitionen Prozessmanagement

Durch die Novellierung der DIN EN ISO 9000 ist deutlich mehr Gewicht auf die Gestaltung und Steuerung von Prozessen gelegt worden. In der Qualitätsmanagement-Sprache werden einzelne Begriffe mit klaren Definitionen hinterlegt, damit die Begriffe nicht willkürlich interpretiert werden können. Wir möchten Ihnen die gängigen Übersetzungen des Begriffs *Prozess* vorstellen. In der Küchen- und Hauswirtschaftssprache haben wir bislang den Begriff *Arbeitsablaufplanung und -organisation* eingesetzt. In vielen Fällen können Sie diese Begriffe gegen *Prozess und Prozessmanagement* austauschen. Es ist nur eine Veränderung im Sprachgebrauch nötig, nicht in der Sache selbst, denn diese wird ja seit Jahren praktiziert.

Die folgenden Definitionen sollen Ihnen einen Überblick geben, in welchem Qualitätsmodell der Begriff *Prozess* wie eingesetzt und verstanden wird. Das vereinfacht in der Praxis die Umsetzung der jeweiligen Forderungen, die ggf. durch die Betriebsleitung an Sie gestellt werden. Vielleicht holen Sie sich jetzt erst einmal eine gute Tasse Tee.

Der Begriff *Prozess (procedere)* kommt aus dem Lateinischen. Der Begriff der Prozedur ist uns bekannt, er steht für eine *Gesamtheit von in Wechselbeziehung stehenden Abläufen, Vorgängen und Tätigkeiten, durch welche Werkstoffe, Energien oder Informationen transportiert oder umgeformt werden.*

Unter *Prozess* im Qualitätssinne versteht man einen *Satz, von in Wechselbeziehung stehenden Mitteln und Tätigkeiten, die Eingaben in Ergebnisse umwandeln*, soweit die Definition nach DIN EN ISO 9000:2000.

Ein gewünschtes Ergebnis lässt sich effizienter erreichen, wenn Tätigkeit und dazugehörende Ressourcen als Prozess geleitet und gelenkt werden (DIN EN ISO 9001:2008). Schon einfacher.

Prozess nach EFQM: *Ist die Folge von Schritten, welcher aus einer Reihe von Inputs ein Output erzeugt und dadurch einen Mehrwert schafft.*

Suchen Sie sich für Ihre Zwecke bitte die passendste Übersetzung aus.

In einer Einrichtung gibt es immer ein Netzwerk von Prozessen, die jeweils durchgeführt und immer verbesserungsfähig sind. Unternehmenswichtige Prozesse müssen identifiziert werden. Wenn sie Abteilungs- und Funktionsgrenzen überschreiten, müssen sie besonders beachtet werden.

Unter der Begrifflichkeit *Prozessorientierter Ansatz oder Prozessorientierung* versteht die DIN EN ISO 9000:2000: *Damit sich Organisationen wirksam betätigen können, müssen sie zahlreiche miteinander verknüpfte und in Wechselwirkung zueinander stehende Prozesse erkennen und handhaben. Oft bildet das Ergebnis des einen Prozesses die direkte Eingabe für den nächsten. Das systematische Erkennen sowie Handhaben dieser verschiedenen Prozesse innerhalb einer Organisation, vor allem aber der Wechselwirkungen zwischen solchen Prozessen, wird als* prozessorientierter Ansatz *bezeichnet.*

Im Prozessmanagement werden also Prozesse definiert, beschrieben, systematisch dokumentiert, bewertet und verbessert. Der Begriff des Managements hat seinen Ursprung auch im Lateinischen und leitet sich von *manus = Hand* ab. Beim

Managen sprechen wir von der Handhabung einer Aufgabe. Je weiter die Prozessarbeit in der Organisation entwickelt ist, umso größer wird das unternehmerische Potenzial. Um permanent erfolgreich zu sein, müssen wichtige Punkte beachtet werden:

- klare und messbare Ziele,
- die Selbstverpflichtung vom Management zur stetigen Verbesserung,
- Mitarbeiter als wertvolle Informationsquellen positiv nutzen,
- aktive Einbindung der Mitarbeitenden in die Qualitätsarbeit,
- Akzeptanz von Mitarbeiterideen zu Prozessänderungen,
- schnelle, klare und vollständige interne Kommunikation.

So verstanden und gelebt ist Prozessmanagement auch ein Aktivposten zur Kostenoptimierung. Es hilft:

- Vorlaufzeiten zu reduzieren,
- Kosten zu senken,
- interne Effizienz zu steigern,
- Qualität zu heben,
- Kunden- und Mitarbeiterzufriedenheit zu erhöhen.

Die Prozessqualität selbst meint die Planung und Koordination (Leitungsprozesse), die Ausführung (Wertschöpfungs - prozesse) und die Dokumentation von Prozessen. Zur Planung setzen Sie sicher gern u. a. folgende Planungshilfen ein:

- Verfahrensanweisungen,
- qualitätsbezogene Zielvereinbarungen,
- Arbeitsanweisungen,
- Checklisten und
- Arbeits- und Zeitpläne.

Sie kennen den Begriff der Prozessqualität ja bereits aus den drei Dimensionen der Qualität im Bereich der Altenhilfe, wo das einfachste Qualitätsmodell der Struktur-, Prozess- und Ergebnisqualität beschrieben wird. Mit der Prozessqualität sind die Effizienz der Arbeitsabläufe und das Zusammenspiel der daran beteiligten Mitarbeiter gemeint. Ebenso die Koordination der Zusammenarbeit von Abteilungen. Dies bedeutet einen schnelleren und vollständigeren Informationsaustausch für die Planung, Lenkung und Prüfung neuer Prozesse während und nach der Leistungserstellung.

Prozessmanagement soll nicht das Denken der Mitarbeiter ersetzen, sondern nur Struktur in deren Vorgehen bringen. Dies heißt wiederum, dass sich die *Prozessdesigner* sehr gut mit den zu beschreibenden Prozessen auskennen müssen, um sie erfolgreich zu gestalten und optimieren zu können. Die Gestaltung eines hauswirtschaftlichen Prozesses muss die in einem Hauswirtschaftskonzept aufgestellten Ziele erfüllen können. Hierbei helfen Instrumente wie Checklisten und grafische Beschreibungen, um die zu erfassenden Daten vollständig und mengenmäßig beziffern zu können.

Prozesse können unterschiedlich dargestellt werden. Einige Beispiele für die Darstellung von Prozessen können sein:

- Prozesslandkarten (der Prozess aus der Vogelperspektive),
- Projektbeschreibungen (Ziel, Zeit, Termine, Kosten etc.),
- Checklisten für Ressourcen (welche Ressourcen werden in welcher Menge benötigt?),
- Schnittstellenmatrix eines Prozesses,
- Maßnahmenkatalog für Verbesserungspotenziale.

Die vollständigste Darstellung der Komplexität eines Prozesses ist die Prozesslandkarte. In ihr findet man alle in Verbindung stehenden Führungs-, Wertschöpfungs-/Schlüssel- und Hilfsprozesse. Abbildung 5.2 zeigt Ihnen unsere eigene Prozesslandkarte.

Es gibt aber noch andere Prozess-Definitionen im Sprachgebrauch – je nach Stand der Technik, Branche, Wissenschaft und Organisationsentwicklungssicht (Tabelle 5.1).

Bei all diesen Definitions- und Unterscheidungsmerkmalen müssen wir uns die Frage stellen, ob es wirklich Sinn hat, den

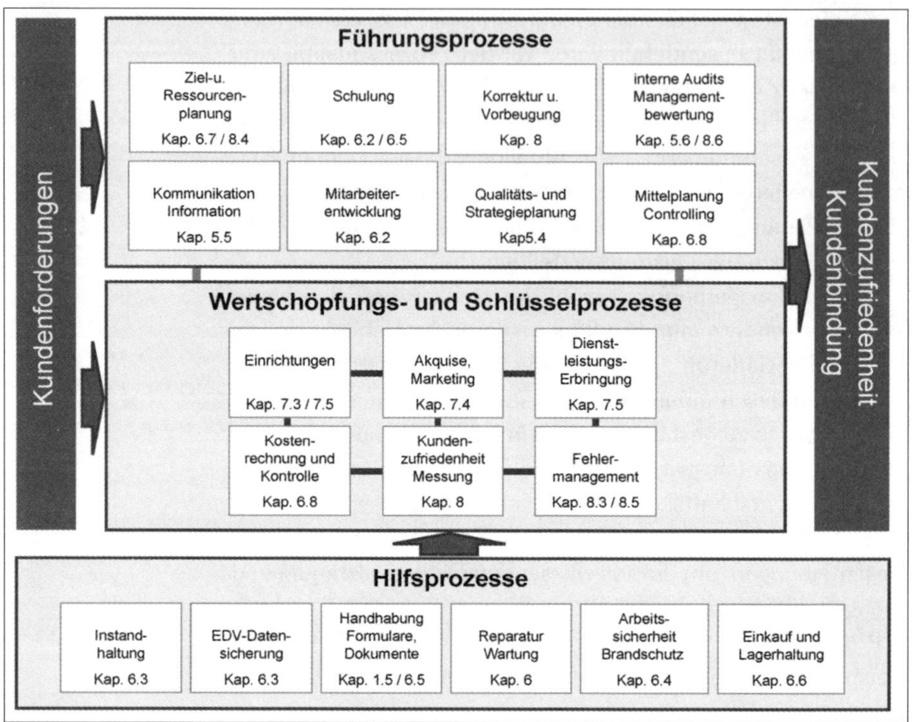

Abb. 5.2
©KlöberKASSEL 2009

Prozess so differenziert zu beschreiben. Generell sollte es doch das Ziel jedes Handelns sein, direkt im Geltungsbereich des Prozesses anzusetzen, in der Aufforderung zur Erfüllung der Kundenerwartung.

In jedem Fall ist es wichtig, dass Sie die Zielsetzung eines Prozesses klar vor Augen haben, wenn Sie effektiv und effizient arbeiten wollen.

Ein Beispiel eines Unternehmensbesuchs

Zum Wochenende werden in einem Altenheim die Wurst- und Käsesorten in der Freitagsfrühschicht für Freitagabend, Samstag und Sonntag vorgeschnitten, also eine Menge an Aufschnitt. Die Mitarbeiterin holt aus der Kühlung gleich zu Arbeitsbeginn alle dafür vorgesehene Wurst- und Käsesorten. Da der Prozess des Ausschneidens bei der benötigten Menge recht lang (über zwei Stunden) dauert, werden die gerade

Geschäftsprozesse	Sind alle Aktivitäten (Vorgänge, Abläufe), mit denen Unternehmen Geschäfte mit Kunden und Lieferanten abwickeln und die der Wertschöpfung sowie der Erhöhung des Kundennutzens dienen. In der Literatur haben Geschäftsprozesse fünf Aspekte: Steuerung, Organisation, Information, Sicherheit, und Kontrolle. Hier wird dann in strategische Prozesse und operative Prozesse unterteilt.
Kernprozesse oder Schlüsselprozesse	Sind die Prozesse, die von erstrangiger Bedeutung für das Unternehmen sind und den Unternehmenszweck erfüllen. Sind solche Kernprozesse die ein spezielles Unternehmens-Know-how darstellen. Die Schlüsselprozesse ergeben in ihrer Gesamtheit das Abbild und das Ziel einer Organisation. Durch sie werden die wesentlichen Regelungen der Organisation festgelegt.
Wertschöpfungsprozesse	Sind alle Kern- und Schlüsselprozesse, die der direkten Wertschöpfung dienen, also vom Kundenwunsch bis zu dessen Erfüllung.
Managementprozesse Unterstützungsprozesse	Dies sind Prozesse, die die Durchführung von Managementaufgaben gewährleisten. Die MP zeichnen sich durch Planungs- und Entscheidungscharakter aus. Sind wiederum solche Prozesse, die die Kern- und Schlüsselprozesse unterstützen und die notwendige Infrastruktur sicherstellen, wie z. B. die Wartungsdurchführung der Küchengeräte.

Tab. 5.1

nicht benötigten Sorten in der warmen Küche immer wärmer. Selbst zur Pause hin werden die bereits aufgeschnittenen Sorten nicht in die Kühlung gebracht.

Wenn in Schlüsselprozessen wesentliche Regelungen der Organisation festgelegt werden, ist es besonders wichtig, dass auch die Regelungen der internen Kommunikation durch einen Prozess klar strukturiert werden. Wenn Sie bedenken, dass das gesamte Prozessmanagement davon lebt, dass aus Schnittstellen Kontaktstellen werden, erklärt es sich von selbst, dass die Kommunikationskultur und -struktur definiert sein muss, besser noch: entsprechend vorgelebt wird. Was als Schlüsselprozess bezeichnet wird, wird derzeit meist noch durch die Leitung definiert. Wird Prozessmanagement als Unternehmenskonzept wirklich gelebt, werden in diesen Definitionsprozess natürlich alle Betroffenen einbezogen.

Hauswirtschaftliche Schlüsselprozesse sind z. B. in

- der Speisenversorgung,
- der Reinigungssicherstellung,

- der Wohnumfeldgestaltung,
- der hauswirtschaftlichen Betreuung,
- der Wäscheversorgung und
- dem Technischen Dienst

zu finden.

Sie alle tragen zur mittelbaren Wertschöpfung der Einrichtung bei. Nehmen Sie nun den Schlüsselprozess Speisenversorgung. Sie können ihn weiter in Teilprozesse wie Beschaffung, Produktion, Verteilung, Entsorgung, Hygienesicherung etc. differenzieren.

5.3 Darstellung von Prozessen

Zur Darstellung von Prozessen eigenen sich auch Ablaufdiagramme (Flussdiagramm oder Flow-Charts) sehr gut. Die Darstellungstiefe sollten Sie so auswählen, dass der gewünschte Ablauf von den Mitarbeitern erkannt wird. Das Ablaufdiagramm enthält also lediglich die Abfolge der Prozessschritte mit den entsprechenden Verzweigungen und Schleifen. Existieren zur Prozessgestaltung noch andere Hilfsmittel wie Checklisten, Arbeitsanleitungen etc., werden diese auf dem Ablaufdiagramm vermerkt.

Von besonderer Bedeutung ist die Tatsache, dass selten ein Prozess nur innerhalb einer Abteilung stattfindet. Daher müssen Sie besonderes Augenmerk auf die Gestaltung der Naht- bzw. Schnittstellen legen. Hinzu kommt, dass abteilungsübergreifende Prozesse häufig nicht aus den unterschiedlichen Perspektiven betrachtet werden, sondern häufig nur aus der eigenen Position. Dies führt dazu, dass das Verständnis für die andere Abteilung oft nicht aufgebracht wird und künstlich Reibungsverluste entstehen, was weder der Wirtschaftlichkeit noch der Ergebnisqualität einer Abteilung dient.

5.4 Prozesssteuerung

Diese neue Sicht bedeutet einen Richtungswechsel in der Organisationsstruktur von Einrichtungen. Bisher passten sich die Prozesse eher den Strukturen an, heute müssen sich die Strukturen der bestmöglichen Prozesssteuerung anpassen. Damit erhalten auch die im (Arbeits)Prozess stehenden Mitarbeiter eine stärkere Einbindung in die Qualitätsentwicklung, Bearbeitung und Sicherung. Sie werden zum Prozesseigentümer und sind damit viel stärker in die tatsächliche Umsetzung involviert.

Im Sozialbereich trifft man allerdings noch häufig auf eher funktionsorientierte Betrachtungsweisen von Aufgabenstellungen. Damit gehen bisweilen heftige Schnittstellenprobleme, Abgrenzungsdiskussionen und festgezurrte Organisationsprofile, die meist ausschließlich hierarchisch aufgebaut sind, einher. Dies ist der Wertschöpfung und der Zielerreichung für die Kunden nicht dienlich. Im Prozessmanagement werden alle Abläufe zusammen mit ihren Zuständigkeiten dargestellt. Die Einrichtungen sind nun gefragt, ein für sie passendes Prozessmodell auszusuchen und umzusetzen. Hier bieten z. B. die ISO 9001:2008 und das EFQM-Modell entsprechende Möglichkeiten. Ein modernes Prozessmanagement beinhaltet folgende Aspekte:

- Prozesskenntnisse, ggf. Neugestaltung oder Optimierung von Prozessen (z. B. stellen Sie bei einer Überprüfung des Speisenrücklaufs aus den Wohnbereichen fest, dass sehr viel Essen zurückkommt, es wird überproduziert).
- Kennzahlenermittlung und Festlegung (Messung von Prozessen in Bezug auf Effektivität und Effizienz, Zielerreichung), z. B. Festlegung eines Schöpfplans mit Mengenangaben, um zu verhindern, dass zu viel Essen in einen Wohnbereich geliefert wird und später entsorgt werden muss und damit unnötige Kosten entstehen.
- Monitoring, also die laufende Überwachung der Prozesse zur Steuerung. Hier ist das *Hinschauen* gemeint, ob der Schöpfplan eingehalten wird.

Erhält der Mitarbeitende eine stärkere Verantwortung, müssen Sie ihm auch die spezifischen Eigenheiten eines Prozesses verdeutlichen. Ein guter Prozess:

- hat einen Prozessverantwortlichen,
- wird von allen Beteiligten verstanden,
- ist kundenorientiert,
- wird durch festgelegte Kennzahlen beurteilt sowie
- kontinuierlich verbessert und
- erhöht damit den Wert der Dienstleistung und/oder des Produkts.

Die Mitarbeiter wissen, dass Prozesse einen definierten Anfang und ein definiertes Ende haben. Sie wissen, dass der Prozess aus logisch aufeinander aufbauenden Schritten besteht und die eigenen Aktivitäten und Materialien in Dienstleistungen, Produkte und Service umwandelt. In jedem Fall ist es wichtig, dass Sie die Zielsetzung eines Prozesses klar vor Augen haben, wenn Sie effektiv und effizient arbeiten wollen (Abbildung 5.3).

Abb. 5.3
Quelle: DQS, 2000

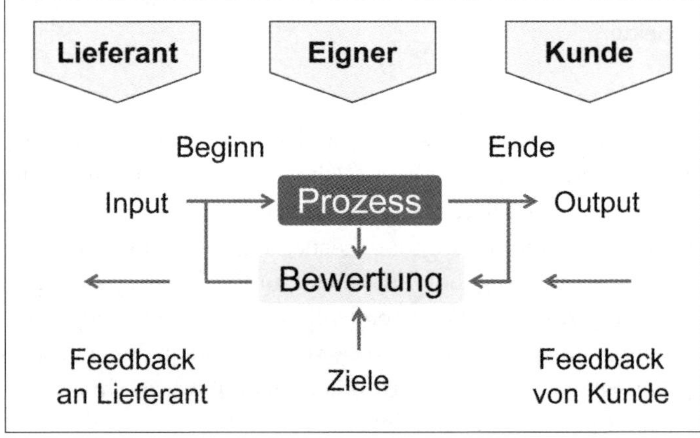

5.5 Prozessarten

Innerhalb des Aufbaus oder der Weiterentwicklung eines Qualitätsmanagement-Systems in einer Einrichtung muss an eine geeignete Struktur der Prozesse gedacht werden. Prozesse lassen sich differenziert aufschlüsseln in:

Führungsprozesse, wie z. B.
- Leitbildentwicklung,
- Qualitäts- und Strategieplanung,
- Personalentwicklung,
- Verbesserungsmanagement.

Informations- und Dokumentationsprozesse, wie z. B.
- Erstellung und Lenkung von Dokumenten,
- Datensicherung und Schutz,
- Rückverfolgbarkeit von Leistungen,
- interne und externe Kommunikationsstruktur.

Prozesse der Leistungserbringung, wie z. B.
- Verpflegungsplanung,
- Wäschekreislauf,
- Verwaltungsmanagement.

Unterstützende Prozesse, wie z. B.
- Einkauf/Materialwirtschaft,
- Lagerhaltung,
- externe Dienstleistungen,
- Fehlermanagement.

Warum wird nun so viel Wert auf die kritische Prozessbetrachtung gelegt?

Ziele der schriftlichen Prozessdarlegung sind:

- Orientierungshilfe für die Kunden über das Leistungsangebot,
- Herstellung von Transparenz und Vergleichbarkeit der angebotenen Leistungen,

- Herstellung von Transparenz, was den Mittel- und Ressourceneinsatz innerhalb des Prozesses betrifft,
- Selbstverpflichtung der Organisation bzw. des Unternehmens, ihre vereinbarten und dargelegten Leistungen zu erbringen,
- Gewährleistung einer mindestens gleichbleibend guten Qualität und deren Besicherung,
- Über die stärkere Kundenzufriedenheit eine dauerhafte Bindung an die Organisation zu erzeugen und damit
- die Wirtschaftlichkeit zu steigern.

Es gilt, mit den Mitarbeitenden den Sprung in die Prozess-Praxis zu schaffen. Einige Fragen, die Sie hierbei unterstützen können sind:

1. Was bringt das Arbeiten im Qualitätsprozess für mich, meine Bewohner/Gäste/Kunden und für unser gesamtes Unternehmen?
2. Welche Rahmenbedingungen sollten sich/wie verändern, damit die Qualitätsverbesserung in unserer Abteilung gelingt?
3. Bei welchen Tätigkeiten könnte unsere Abteilung ein bisschen besser werden, z. B. kundenorientierter oder wirtschaftlicher?
4. An welchen Stellen oder mit welchen Abteilungen treten immer mal wieder *Störungen* auf?
5. Wie ist die Außenwirkung unserer Abteilung? Und was sind meine Ideen, um sie noch besser zu machen?

Mit den gewonnenen Ideen können Sie direkt in die Prüfung bisheriger Prozessabläufe einsteigen und ggf. Verbesserungs - möglichkeiten entwickeln.

5.6 Formale Kriterien für die Prozessbeschreibung

Alle Prozessbeschreibungen aller Abteilungen sollten in einem einheitlichen Layout dargestellt werden. In welcher Form dies passieren soll, können Sie selbst festlegen. Im Muster in Abbildung 5.4 möchten wir das darstellen.

Prozessbeschreibung		
Name des Prozesses		
Prozesseigner	Prozessbeteiligte	Prozesskunden
Zielsetzung und Zweck des Prozesses		
Anwendungsbereich		
Kurzbeschreibung		
Begriffe		
Zielkontrolle / Bewertung / Kennzahlen		
Bezug auf Normen und Vorschriften	DIN EN ISO 9001	Vorschriften / andere Normen
Inhaltsverzeichnis	1. Ablauf 2. mögliche weitere Themenschwerpunkte 3. Dokumentation 3.1 Vorgabedokumente 3.2 Nachweisdokumente	
Verteiler		

Abb. 5.4

Im ersten Moment scheint es wieder einmal viel Formalismus zu sein. Ist es aber nicht; Sie müssen nur einmal ein Grundstammblatt erstellen und abspeichern. Danach können Sie jeden Prozess, den Sie exakt definieren möchten, darin beschreiben.

Wie können Sie nun Ihre Prozesse beschreiben?

1. Einleitung

- Sicherstellung der Beherrschbarkeit des Prozesses durch die Feststellung der Ziele und Vorgaben,

- Sicherstellung der Qualität der Mittel (Management, Mensch, Material, Methode),
- Sicherstellung der Nachvollziehbarkeit und Reproduktion des Prozesses seitens der Mitarbeiterschaft,
- Sicherstellung der Einfachheit und Eindeutigkeit des Prozesses.

2. Ziel der Prozessbeschreibung
Hier erklären Sie, was Sie mit dem Prozess erreichen wollen und wie Sie dies sicherstellen werden, z. B. durch

- Eindeutigkeit der Prozessbeschreibung,
- Regelung der Verantwortlichkeiten,
- Regelung des Ressourceneinsatzes,
- Erreichen von Wertschöpfung und
- Mitarbeiterorientierung.

3. Geltungsbereich
Unter diesem Punkt listen Sie alle Mitarbeiter auf, auf deren Arbeitsgebiet die Prozessbeschreibung Einfluss hat.

4. Zuständigkeit/Prozesseigentümer
Hier ist die Person zu benennen, die die Verantwortung für die Steuerung und die Sicherung der Arbeitsergebnisse trägt.

5. Mitgeltende Unterlagen
Unter dieser Rubrik halten Sie fest, welche Dokumente für die Prozessgestaltung, Steuerung, Durchführung und Kontrolle eingesetzt werden.

6. Dokumentation
Die Entwicklungsschritte zum neuen Soll-Prozess werden entsprechend dokumentiert, der Soll-Prozess letztlich natürlich auch. An dieser Stelle müssen Sie auch überlegen, mit welchen Kennzahlen und sonstigen Instrumenten Sie den definierten Prozess im Alltag auf seine Zielerreichung hin prüfen wollen.

7. Verteiler
Die Arbeitsergebnisse müssen an die qualitätsrelevanten Stellen weitergeleitet werden. Im Verteiler wird dieser Kreis festgelegt, z. B. Qualitätsbeauftragter oder Prozessbetroffene.

8. Prozessbeschreibung (Arbeitsablauf)
So können Sie mit ihrem Team beginnen, ein Prozess-Stammblatt zu entwickeln. Die folgende Aufzählung können Sie als Ablaufplanung zu Hilfe nehmen:

- Festlegung eines Moderators, der Arbeitsweise der Gruppe und der Art der Dokumentation aller Arbeitsergebnisse,
- Festlegung des Prozessnamens zur fehlerfreien Identifizierung im späteren Arbeitsalltag.
- Gemeinsam werden alle Schlüsselprozesse in Ihrer Einrichtung zu einer Prozesslandkarte zusammengetragen. Hieraus erkennen alle am Prozess Beteiligten, wo welche Wechselwirkungen stattfinden. Die Reihenfolge der Definition der einzelnen Prozesse können Sie nun gemeinsam nach festgelegten Prioritäten festlegen.
- Definition des Anfangs und des Endes des zu beschreibenden Prozesses,
- Identifizierung und Nennung der am Prozess beteiligten Menschen,
- die Prozessschritte werden einzeln gesammelt, dann in eine logische Reihenfolge gebracht und schriftlich fixiert.
- Je nach Komplexität des Prozesses können Sie nun die nötigen Einzelaktivitäten der Prozessschritte genauer definieren. Wenn an dieser Stelle z. B. Formulare weiterhelfen, können Sie auf diese verweisen. Hilfsfragen sind u. a.:
  - Welche Voraussetzungen müssen im Vorfeld erfüllt sein, um den Prozessschritt tun zu können?
  - Welche Kennzahlen sind vorgegeben?
  - Wie wird der Prozess gelenkt?
  - Welche Dokumente werden hierzu eingesetzt?
- Festlegung des Prozesseigentümers. Seine Aufgaben sind:
  - Ansprechpartner sein,

- Anregungen geben, dass nicht mehr in Abteilungsgrenzen gedacht wird, sondern ganzheitlich (zielorientiert),
- Regelmäßiges Kontrollieren des erfolgreichen Prozessablaufs,
- Festgestellte Verbesserungsmöglichkeiten initiieren, Kontakt und Austausch mit anderen Prozesseigentümern halten, Abgleich mit der Qualitätsbeauftragten herstellen.

- Aufnahme des Ist-Prozesses. Hier wird geprüft,
  - ob er das gesteckte Ziel erreicht,
  - ob Verbesserungspotenziale darin stecken,
  - ob die Kundenerwartungen erfüllt werden können und
  - ob der Prozess wertschöpfend ist.
- Entwicklung des Soll-Prozesses. Nach einer Probephase werden die gewonnenen Erkenntnisse bearbeitet, der Prozess modifiziert und abschließend dokumentiert.

Alle diese genannten Schritte ergeben das sogenannte Design des Prozesses. Nachdem dieses feststeht, kann der Prozess nach einem Probelauf etabliert werden.

5.7 Der Prozesskreislauf

Abb. 5.5
©KlöberKASSEL 2008

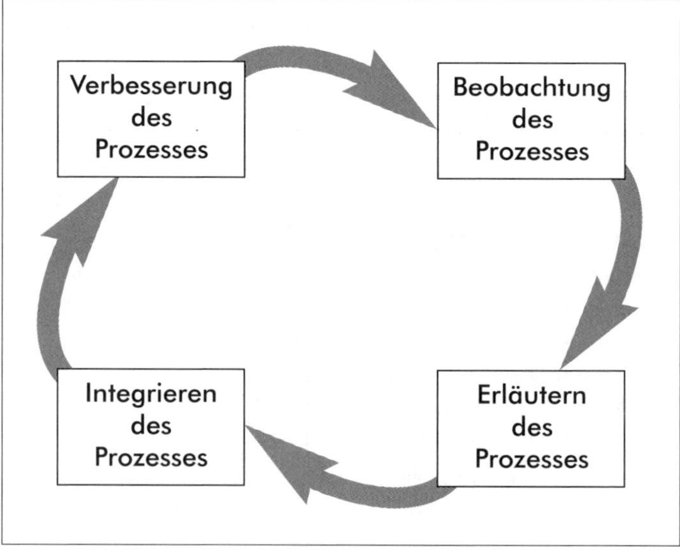

5.8 Dokumentation der Prozesse

Hier geht es nicht darum, mit Macht und Fülle Papier zu produzieren. Hier sollten vielmehr die festgelegten Prozesse in einem ihnen angemessenen Umfang in der jeweils geeigneten Art dokumentiert werden. Diese Prozessdokumentation sollte enthalten:

- Rahmenbedingen wie Zweck, Beziehung zu anderen Prozessen, Geltungsbereich, Prozesseigner,
- Eingaben in den Prozess,
- Lenkung des Prozesses,
- Ergebnisse des Prozesses.

Anweisungen, die zum Prozess gehören, sollten schriftlich dargestellt sein, um

- für die Mitarbeiter einen klaren Handlungsrahmen für die Abläufe vorzugeben,
- den für den Prozess optimalen Zeitpunkt zu fixieren,
- in neuen oder veränderten Prozessen weniger geübten Mitarbeitern einen klaren Leitfaden der Bearbeitung in die Hand zu geben.

Schriftlich fixierte Kennzahlen sind auch eine große Hilfe, um den Prozess richtig zu steuern. Diese Kennzahlen erlauben einen schnellen Überblick über die Güte bzw. Leistung des Prozesses. Kennzahlen können u. a. sein:

- Mengentabellen beim Schöpfen,
- Zeitanteile pro Arbeitsgang,
- Wareneinstand pro Gast,
- Produktionszeit pro Einheit.

Im Zeichenprogramm Ihres PCs finden Sie die im Kapitel 13 unter *Gestaltung mit Flussdiagrammen* dargestellten nötigen Symbole, um relativ schnell Ablaufdiagramme gestalten zu können. Sie machen die Gestaltung von Abläufen einfacher, müssen aber nicht zwangsweise eingesetzt werden.

Je weiter die Prozessarbeit in der Organisation entwickelt ist, umso größer sind die Chancen, Ressourcen gezielter einsetzen zu können. Personal steht zur richtigen Zeit am richtigen Ort zur Verfügung. Benötigte Materialien sind in der richtigen Menge vorhanden und Wissen über benötigte Leistungen steht zur richtigen Zeit zur Verfügung. Um diesen Zustand halten zu können, müssen wichtige Punkte beachtet werden:

- Ziele müssen klar und messbar sein,
- der aufgestellte Etat ist allen bekannt und wird regelmäßig auf seine Einhaltung geprüft,
- die Selbstverpflichtung vom Management wird wahrgenommen,
- die Abteilungsführung nimmt sich bei Verbesserungsmaßnahmen nicht aus und akzeptiert auch sachliche Kritik aus der Mitarbeiterschaft,
- Mitarbeiter werden als wertvolle Informationsquellen genutzt,
- Kundenorientierung,
- Mitarbeiter werden aktiv in die Qualitätsarbeit eingebunden.

So wird Prozessmanagement zum Aktivposten für Kosten - optimierung, Mitarbeiter- und Kundenorientierung sowie Qualitätssicherung. Es hilft:

- Vorlaufzeiten zu reduzieren,
- Kosten zu senken,
- interne Effizienz zu steigern,
- Qualität zu heben und
- Kunden- und Mitarbeiterzufriedenheit zu erhöhen.

Sie haben ein sehr umfangreiches Kapitel bzw. Thema hinter sich gebracht. Im Arbeitsalltag und mit Routine ist Prozess - management aber viel einfacher. Lassen Sie sich also nicht von den vielfältigen *Prozess-Möglichkeiten* entmutigen. Entschei -

dend ist, dass Sie beginnen, mit einer konstanten Methode Ihre Abteilungsprozesse regelmäßig auf Sinn und Zielerreichung hin zu überdenken und zu prüfen. Sobald Sie Veränderungsmöglichkeiten erkennen, wird alles Weitere fast wie von selbst starten.

6 Benchmarking

Toleranz ist der Verdacht, dass der Andere Recht hat.

Kurt Tucholsky (1890-1935), deutscher Journalist und Schriftsteller

Benchmarking bedeutet Lernen voneinander und erfordert den Mut, über den Tellerrand zu schauen und wahrzunehmen, was bei Anderen los ist. Durch Benchmarking sollen Sie neue Ideen und Impulse bekommen, Veränderungsprozesse zu aktivieren.

Die oberste Zielsetzung, die das Benchmarking verfolgt, ist, durch die Erhöhung der Qualität von Produkten und Dienstleistungen sowie die Optimierung von Geschäftsprozessen Branchenführer zu werden. Auch wenn das nicht Ihr Ziel ist: Schon allein eine neutrale Prüfung, wo und vor allem warum andere besser sind als Sie, führt meist zu wichtigen Verbesserungen. Unabhängig vom Endziel liegt der Gewinn des Benchmarkings in der Erkenntnis, wie eine überdurchschnittlich hohe Leistungsfähigkeit möglich wird.

Was aber heißt Benchmark eigentlich genau? Früher bezog sich der Begriff auf die Arbeitsweise der englischen Handwerker: Auf ihrer Werkbank *(engl.: (work) bench)* markierten sie *(engl.: to mark)* die benötigten Abmessungen, sodass sie nicht ständig mit dem Maßband hantieren mussten. Heute wird der Begriff mit *Orientierungswert* übersetzt und bezeichnet einen Standard, an dem etwas gemessen wird. Daraus ergibt sich für Sie die Definition:

> Benchmarking ist der methodische Vergleich von Prozessen und Produkten, die mittels aufgestellter Benchmarks betrachtet werden.

Benchmarking als Qualitätssteuerungsmodell gibt es erst seit den 80er Jahren des 20. Jahrhunderts. In Europa ist 1994 durch die Initiierung eines europäischen Benchmarking-Preises, des *European Best Practice Benchmark Awards*, die Verbreitung des Benchmarkgedankens weiter vorangetrieben worden.

In der Industrie müssen noch einige Besonderheiten berücksichtigt werden, um ein sinnvolles Benchmarking durchzuführen. Um eine Vorstellung zu entwickeln, was mit Benchmarking gemeint ist und wie Sie es für Ihre eigenen Bedürfnisse herunterbrechen können, sind Sie aber mit diesem theoretischen Hintergrundwissen ausreichend gerüstet.

Wie sieht Benchmarking nun in der Praxis aus, wenn das Prinzip *Lerne von den Besten* lautet? Der eigene Standard bzw. Prozess wird der *Best Practice* gegenübergestellt. Anschließend werden die eigenen Leistungslücken und natürlich deren Ursachen ermittelt. Dieser Datenaustausch führt dazu, dass das Verständnis für den Prozess verbessert wird. Die nächste Aufgabe besteht dann darin, für die eigene Praxis neue Ideen und Lösungen zu finden, um sich den Besten anzunahern.

Eine Art Benchmarking führt die Bank für Sozialwirtschaft regelmäßig durch. Interessierte aus dem Bereich der ambulanten und der stationären Altenhilfe sowie aus Werkstätten für Behinderte können gegen eine Gebühr von 100 bis 200 Euro ihre themenbezogenen Daten dort bearbeiten und bewerten lassen.

Bei der Suche nach Schwachstellen ist es wichtig, dass Sie nicht vorschnell einzelnen Personen die Schuld zuschreiben. Es geht auch hier, wie im ganzen Qualitätsbereich, generell immer um die Frage, *wie konnte es passieren ...,* nicht darum *wer hat das getan ...*

Außerdem gibt es noch das sogenannte interne Benchmarking. Hierbei werden innerhalb einer Einrichtung ähnliche Tätigkeiten oder Funktionen verglichen. Internes Benchmarking lässt sich auch anwenden, wenn Ihre Arbeitsstätte zu einem Träger mit mehreren vergleichbaren Einrichtungen gehört.

7 Umweltmanagement

Hat ein Unternehmen nicht auch eine gesellschaftliche Verantwortung? Hat ein Unternehmen, dessen Erfolg von der Gesellschaft abhängt, nicht auch die Pflicht, ihr etwas zurückzugeben?

Anita Roddick (geb. 1942),
engl. Unternehmerin, Gründerin von The Body Shop

Unterscheidet sich Umweltmanagement in einem Wirtschaftsbetrieb von der umweltgerechten Leitung einer sozialen Organisation? Im Kern nicht, da sind wir uns sicher einig. Ob Krankenhaus, Kinder-, Behinderten-, Alten- oder Pflegeheim, Jugendhaus oder eine andere soziale Einrichtung, für die Leitung der Organisation gilt im Allgemeinen als oberstes Ziel, das Wohlbefinden der Kunden zu sichern. Zeitgleich werden allerorts die finanziellen Mittel knapper. Kostendeckendes Wirtschaften hat höchste Priorität und entscheidet vielerorts über das Überleben oder die Schließung der Organisation. Damit stehen oft genug ökonomische, soziale und ökologische Belange als Zielkonflikt einander gegenüber.

Muss man sich trotz der Zwänge dritter Instanzen um den Umweltschutz Gedanken machen?

In der freien Wirtschaft sind bei vielen Unternehmen die Verbesserungen der Umweltauswirkungen inzwischen schon in die Unternehmensziele integriert worden. Zum einen sind die Unternehmen verpflichtet, Fragen des Umweltschutzes in ihr Wirtschaften aufzunehmen, z. B. durch das Kreislaufwirtschafts- und Abfallgesetz (KrW-/AbfG), zum anderen haben die Unternehmen entdeckt, dass der betriebliche Umweltschutz auch in hohem Maße finanzielle Vorteile bringen kann. Auch Imagegründe spielen oft eine große Rolle. Umweltfreundlichkeit als Qualitätsmerkmal zu betrachten – dies kann auch ein Ansatz zur ökologischen Weiterentwicklung einer sozialen Organisation sein.

Es gibt viele Einrichtungen und Organisationen die ihr Umweltmanagementsystem nach der Umweltnorm ISO 14000 definieren und einrichten. Alternativ zu diesem Vorgehen kann ein eigenständiges Umweltmanagementsystem entwickelt und implementiert werden.

Die Bedeutung, die Umweltschutzmaßnahmen für Industrieunternehmen haben, bestehen in abgewandelter Form ebenso für soziale Organisationen. Auch hier können Ökologie und Ökonomie Hand in Hand gehen. Bei einer sorgfältigen Prüfung werden Sie Einsparpotenziale entdecken, die zum einen die Wirtschaftlichkeit des Hauses verbessern, zum anderen die Wohn- und Lebensqualität für die Kunden Ihres Unternehmens erhöhen. Nichtsdestotrotz ist zum umweltbewussten Handeln viel Überzeugungsarbeit zu leisten.

Vorteile einer ökologischen Umgestaltung:

- finanzielle Einsparpotenziale und erhöhte Wirtschaftlichkeit,
- Beitrag zum aktiven Umweltschutz,
- Förderung eines umweltbewussten Verhaltens aller Beteiligten,
- höhere Lebensqualität für Mitarbeiter und Kunden,
- positive Außenwirkung, höhere Attraktivität des Hauses,
- erleichterte Zusammenarbeit mit externen Partnern,
- Möglichkeit der Anerkennung der geleisteten Arbeit durch die Validierung oder Zertifizierung des Umweltmanagementsystems (nach Öko-Audit-Verordnung oder nach DIN ISO 14001) durch einen unabhängigen Umweltprüfer.

7.1 EMAS-Verordnung

Das EMAS-Siegel *(Eco-Management Audit Scheme)* ist ein Umweltmanagementsystem, das 1993 von der Europäischen Gemeinschaft entwickelt wurde. Die neue EMAS-Verordnung (EMAS III) wurde am 22. Dezember 2009 im Amtsblatt der EG veröffentlicht und trat am 11. Januar 2010 in Kraft.

Dieses Gemeinschaftssystem für das freiwillige Umweltmanagement und dessen Betriebsprüfung ist gerade für Tagungs- und Familienfreizeitstätten, Altenhilfeeinrichtungen, Kindergärten, Akademien, Hotels und Jugendherbergen etc. ein sehr gut geeignetes Instrument, um die Umweltleistungen zu verbessern.

Die Neuerungen umfassen folgende Punkte:

- Möglichkeit längerer Validierungszyklen (validieren = überprüfen) für kleinere Organisationen (bis zu vier Jahre),
- Einführung von Kernindikatoren für die Umweltaussagen,
- Einführung von Branchenleitfäden, die der Umweltgutachter bei der Validierung beachten muss, Möglichkeit der Anerkennung von Vorleistungen in anderen Umweltmanagementsystemen,
- Einführung einer internationalen Sammelregistrierung,
- Einführung der Option für ein globales EMAS.

Aufgehoben wurde zugleich die Verordnung EG Nummer 761/2001, die ehemals die Grundlage für EMAS bildete. Organisationen können in diesen Fällen im Einvernehmen mit dem Umweltgutachter und der zuständigen Registrierungsstelle die Frist für die nächste Begutachtung bis zu sechs Monate verlängern. Neue Anträge müssen seitdem auf Basis von EMAS III gestellt werden.

EMAS ist ein geprüftes Umweltmanagementsystem. Den zertifizierten Organisationen wird bestätigt, dass sie zur kontinuierlichen Verbesserung der Umweltleistungen ein Umweltmanagementsystem nach der EG-Verordnung Nummer 761/2001 und EN ISO 14001:2004, Abschnitt 4, anwenden.

Zertifizierte Unternehmen müssen regelmäßig eine Umwelterklärung veröffentlichen; das Umweltmanagementsystem und die Umwelterklärung werden von einem zugelassenen unabhängigen Umweltgutachter begutachtet. Außer den Zusatzqualifikationen Qualitätsmanagement-Beauftragte oder Managerin können Sie für Ihre Arbeit im Hauswirtschaftsbereich auch die Aspekte der Nachhaltigkeit und des Umweltschutzes aktiv in Ihr Tagesgeschäft aufnehmen und beispielsweise Umweltmanagementbeauftragte werden.

Ausführliche Informationen können Sie beim Umweltgutachterausschuss (UGA) beim Bundesministerium für Umwelt, Naturschutz und Reaktorsicherheit in Berlin erhalten. Im Internet finden Sie Informationen unter: www.uga.de, www.EMAS.de oder auch unter www.wir-fuer-emas.de.

Die Gliederung eines Umweltmanagement-Konzeptes kann folgendermaßen aussehen:

1. Umwelterklärung.
2. Umweltpolitik.
3. Aufbau der Einrichtung.
4. Rechtsbezüge: Abfallsatzung, Abwassersatzung, Unfallsicherheit und Gesundheitsschutz.
5. Statistik: Strom, Gas und Wasser, Abfallentsorgung, Nutzflächenmanagement, Übernachtung und Verpflegung.
6. Kundeninformationen.
7. Umweltprüfung.

Ein alternatives Inhaltsverzeichnis könnte folgendermaßen aussehen:

1. Umweltpolitik der Einrichtung.
2. Grundlagen des Umweltmanagements.
   a) indirekte Umweltauswirkungen (Abfall, Gefahrenstoffe, Mobilität, Regionalität),
   b) direkte Umweltauswirkungen (Strom, Wärme, Wasser).
3. Zahlen und Fakten.
4. Geplante Maßnahmen.
5 Gültigkeitserklärung.

Was versteht man unter einer Umwelterklärung?
Im Handbuchkapitel Umweltpolitik können Sie Ihren Umgang bezüglich des Ressourcenverbrauchs und -einsatzes beschreiben. Gerade im Bereich Hauswirtschaft sind die natürlichen und begrenzten Ressourcen wie Wasser und Energie, Einsatz von Reinigungschemie sowie das Abfallmanagement unter ökologischen Gesichtspunkten ein sehr großes Betätigungs - feld.

Leider ist das EMAS-Modell im Sozial- und Gesundheitsbereich sowie bei Non Profit-Organisationen noch nicht sehr verbreitet. Wenn in Ihrer Einrichtung bereits ein QM-System etabliert wurde, wäre es ein Leichtes, sich dieser sinnvollen Aufgabe zu widmen. Hier können Sie im Sinne der Nachhaltigkeit wirklich etwas bewegen.

7.2 Umweltbeauftragten-Verordnung

Hätten Sie gedacht, dass es eine Umweltbeauftragten-Verordnung gibt? Diese Verordnung beschreibt das Aufgabenprofil und die Anforderungen an die Fachkundigkeit von zu bestellenden Umweltbeauftragten für ein Unternehmen. Auch in der DIN EN ISO 19011:2002 ist ein Qualifikationsanforderungsprofil für Umweltauditoren hinterlegt. Dies ist ein Leitfaden für Audits von Qualitäts- bzw. Umweltmanagementsystemen.

In der Umweltbeauftragten-Verordnung werden *Berechtigungen und Pflichten* des Umweltbeauftragten dargelegt. Zu den Beratungsaufgaben gehören:

- Entwicklung, Einführung, Verbesserung und Anwendung umweltfreundlicher Verfahren (= Veränderungsmanagement),
- Mitwirkung an der Entwicklung und Einführung umweltfreundlicher Verfahren und Erzeugnisse, insbesondere durch Begutachtung derselben,
- Einhaltung der maßgeblichen Umweltrechtsvorschriften und Erfüllung erteilter Bedingungen und Auflagen, insbesondere durch Kontrolle der Betriebsstätte,
- Aufklärung der Betriebsangehörigen über verursachte schädliche Umweltveränderungen und die sich daraus ergebende Verpflichtung.

Umweltbeauftragte haben die Umweltschutzleistungen unter der Perspektive der Einhaltung der Rechtskonformität zu gewährleisten. Interne oder externe Umweltauditoren haben ähnliche Aufgaben zu bewältigen. Die Umweltauditoren beschäftigt die Frage der betrieblichen Organisation des gesamten Umweltschutzes und dessen stetiger Verbesserung.

7.3 Responsible Care, Sustainable Development

Unter *Responsible Care, Sustainable Development* (verantwortliches Handeln, nachhaltige Entwicklung) wird eine weltweite Initiative für den Willen zur ständigen Verbesserung von Sicherheit, Gesundheit und Arbeitsschutz (unabhängig von den gesetzlichen Vorgaben) verstanden. Durch sie verpflichten sich alle einzelnen Mitarbeiter eines Unternehmens, sich persönlich zum Nutzen von Mensch und Umwelt einzusetzen.

Responsible Care behandelt die Themen:

- Umweltschutz,
- Produktverantwortung,
- Arbeits- und Gesundheitsschutz,
- Anlagensicherheit und Gefahrenabwehr,
- Transportsicherheit und
- Dialog.

Ökologische Umgestaltung als dauerhafter Unternehmensprozess

Die Planung einer ökologischen Umgestaltung ist zunächst Aufgabe der Leitung. Der Wille zum umweltverträglichen Handeln muss sich aber durch alle Betriebsebenen hindurchziehen. In der Alltagsarbeit bedeutet dies für Sie, dass Sie alle Prozesse Ihres Aufgabengebiets nach ökologischen Gesichtspunkten überprüfen und entsprechend verändern. Dies ist ein dauerhafter Prozess, der sich auf alle Bereiche des Unternehmens auswirkt.

Da die personellen Ressourcen im Allgemeinen knapp sind, ist bei einem Umweltprojekt bei der Umgestaltung darauf zu achten, dass der Aufwand der einzuführenden Maßnahmen in einem vertretbaren Rahmen bleibt. Eine Überforderung aller Beteiligten und Betroffenen lässt eine gut gemeinte Idee schnell zur Eintagsfliege werden. Um eine dauerhaft umweltgerechte Umgestaltung des Betriebs zu erreichen, bedarf es der sorgfältigen Planung eines solchen Projekts.

Ohne Wissen und Wollen geht es nicht

Die Grundlage für eine erfolgreiche und auch dauerhafte Umgestaltung einer sozialen Organisation bildet die Motivation aller Beteiligten. Der Umgestaltungsprozess muss von allen als Bereicherung empfunden werden. Hierin liegt also Ihre erste und wahrscheinlich schwierigste Aufgabe. Sie müssen es schaffen, eine positive Grundstimmung für das Projekt zu bilden und diese zu erhalten.

Um eine Akzeptanz, besser noch Identifikation der Mitarbeiter und Nutzer der Organisation mit dem Projekt zu erreichen, ist ständige Information über den Stand des Prozesses und der durchgeführten Maßnahmen erforderlich. Hier können Sie all Ihre Kommunikationssysteme einsetzen, z. B. die Info-Wand, Plakate, die Hauszeitung, das Intranet. Nicht nur eine gut gemachte Informationspolitik ist wichtig, sondern auch die Anregung aller Beteiligten, sich mit ihren Ideen aktiv an dem Prozess zu beteiligen. Hierzu könnten Sie beispielsweise eine Ideenbörse einrichten, in der die besten Ideen in regelmäßigen Abständen prämiert werden. Auf diese Weise lässt sich zum einen das *Potenzial der vielen kreativen Köpfe* nutzen, die für ihren Zuständigkeits- oder Nutzungsbereich Experten sind. Zum anderen kann durch diese Maßnahme deutlich gemacht werden, dass der Umgestaltungsprozess als eine gemeinsame Aufgabe verstanden wird und die Beiträge der einzelnen Mitwirkenden Wertschätzung erfahren. Mit ins Boot gehören auch Ihre Dienstleister und Lieferanten. Der verschärfte Blick auf den Einsatz umweltverträglicher Produkte bringt Konsequenzen mit sich.

Angenommen, Sie haben sich mit Ihrem Team als Ziel gesetzt, das Abfallvolumen zu reduzieren, dann ergeben sich daraus Konsequenzen für die Beschaffung der nötigen Produkte. Recherchen werden beginnen: Welche Lieferanten bieten die gesuchte Verpackung, wer liefert verpackungsarm an und wie viele Kilometer sind die Güter auf der Straße unterwegs? Gibt es regionale Anbieter und Lieferanten? Ein ökologisch ausgerichtetes Managementsystem muss Sorge tragen, dass hier Entscheidungen nach Kriterien der Umweltverträglichkeit der Produkte getroffen werden. Dies bedeutet auch, dass die Produkte aufgrund von Langlebigkeit, Reparaturfreundlichkeit, Recyclingfähigkeit und geringem Abfallvolumen (Verpackung) ausgewählt werden. Ge- und Verbrauchsartikel, Einrichtung und technische Ausstattung der Räume, aber auch die Lebensmittel sollten in die Auswahl nach ökologischen Gesichtspunkten einbezogen werden. Die Auswahl- oder auch Ausschlusskriterien können in den jeweiligen Abteilungen erstellt und später bei den Beschaffungsvorbereitungen eingesetzt werden.

Bei der Durchführung von Maßnahmen, z. B. zum Strom- oder Wassersparen, ist immer zu bedenken: Motivation, z. B. durch humorvolle Sprüche, Plakate oder Handzettel, bewirkt mehr als der erhobene Zeigefinger. Um die Motivation dauerhaft zu erhalten, sollte in regelmäßigem Abstand, mindestens jedoch einmal pro Jahr, Bilanz gezogen werden: Wo wurden die gesteckten Ziele bereits erreicht, wo besteht weiterhin Handlungsbedarf? Diese Bilanz sollte allen Beteiligten zugänglich gemacht werden, um die Suche nach weiteren Ideen anzuregen und das Verantwortungsgefühl für den Erfolg des Prozesses zu erhalten.

Die konkrete Umsetzung

Die drei Hauptkategorien Energie, Wasser, Abfall bilden die Säulen, die es zu Beginn eines solchen Projekts genau zu betrachten gilt.

Energie

Innerhalb einer Umweltprüfung im Betrieb sollte der Stromverbrauch aller Anlagen über einen längeren Zeitraum täglich geprüft und statistisch erfasst werden. So können die Hauptverbraucher und die zeitlichen Verbrauchsspitzen herausgefunden werden. Leider fehlt es vielerorts an Zwischenzählern, womit die Zuordnung erheblich einfacher wäre, besonders auch aus Sicht der Betriebswirtschaft. Für die verschiedenen Energiequellen Strom, Gas, Öl sollten getrennt Energieverbrauchs- und Energiekostenstatistiken geführt werden. Mithilfe von Experten (Umweltberater, Berater der Stromversorgungsunternehmen) können dann Einsparpotenziale entwickelt werden.

Beispielsweise kann die Absenkung der Raumtemperatur um 1 °C eine Energieeinsparung von 5 % bedeuten, Wasser lässt sich mit Gas fünfmal günstiger auf 60 °C erwärmen als mit Strom.

Eine Möglichkeit, ohne Investitionskosten eine energiesparende Anlage zu installieren, sind Contractor-Modelle, die es möglich machen, die neue Anlage durch die eingesparten Energiekosten zu finanzieren.

Wasser

Der Wasserverbrauch sollte ähnlich wie der Energieverbrauch von den verschiedenen Bereichen so differenziert wie möglich aufgenommen werden. Damit kann festgestellt werden, an welchen Stellen der Verbrauch am höchsten ist. Hier dürfte es im Betriebsalltag sehr viele einfache Möglichkeiten des aktiven Wassersparens geben. Ob in der Küche und der Wäscherei in den Außenanlagen, dem Pflegebereich oder dem Fahrzeugpark.

Abfall

Laut § 4 Kreislaufwirtschafts- und Abfallgesetz sind Abfälle *in erster Linie zu vermeiden, insbesondere durch die Verminderung ihrer Menge und Schädlichkeit.*

Der erste Schritt, den Sie hier tun können, ist eine konsequente Erfassung der verschiedenen Abfallfraktionen, um eine Bestimmung des größten Reduktionspotenzials zu ermöglichen. Werden die Abfälle nicht ausreichend sauber getrennt, sind hierfür die entsprechenden Strukturen zu schaffen (erforderliche Behälter in ausreichender Zahl an geeigneten Stellen platzieren) und/oder verstärkt Aufklärungsarbeit zu leisten. Zu dieser Aufgabenstellung können Sie Verknüpfungen zum Lebensmittelhygienekonzept oder des Hygienemanagements herstellen. Entscheidend ist es, dass Sie innerhalb einer Qualitätskonzeption die Fragestellung des Umgangs mit Abfall aufgreifen und bearbeiten. Wenn Sie eine Übersicht eines Abfallkonzepts suchen, werden Sie in der TRBA 250 fündig.

Tabelle 7.1 zeigt einen Auszug aus dem Abfallplan einer Altenhilfeeinrichtung.

Version: 0 Stand. Nr.:	**Standard**	
Mitarbeiter Hauswirtschaft	Abfall- und Entsorgungsplan	Stand:12/08 Entwurf

Entsorgungsweise	Abfallarten	Sammlung / Zwischenlagerung	Wann?	Wer?	Entsorgung / Abholung
Blaue Säcke **Abfallschutz** **18 01 04** **Gruppe B** Standort • WB / Pflegearbeitsraum, • Abfallkeller, • Containerplatz.	• Hausmüll und hausmüllähnliche Abfälle, die nicht bei den unmittelbaren gesundheitlichen Tätigkeiten anfallen, zerschlissene Textilien. • Abfälle, an deren infektionspräventiver Sicht keine besonderen Anforderungen gestellt werden, die mit Blut, Sekreten, Urin, Stuhl behaftet sind (z. B. Wundverbände Gipsverbände, Einwegwäsche, Stuhlkontinenzartikel (Beutel), Einwegartikel.	• Sammeln in reißfesten, feuchtigkeitsbeständigen und dichten Behältnissen / Säcken. • Transport nur in sorgfältig verschlossenen Säcken. • Kein Umfüllen, Sortieren oder Vorbehandeln. • Keine Zwischenlagerung!!! • Nach Abholung aus den Wohnbereichen direkte Lagerung in den dafür bereitstehenden Containern.	• Nach Beendigung der Pflege. • Werktäglich. • Sonn-+ Feiertage.	• Mitarbeiter Technik • MA Pflege	• 1 x wöchentlich durch autorisiertes Unternehmen. • Container werden einer zugelassenen Abfallverbrennungsanlage (HMV) oder Deponierung, solange noch zulässig zugeführt. • Abholung Containerplatz. • Verantwortlich Haustechnik.
Einwegbehältnisse **Stich- und bruchfeste, verschließbare, undurchsichtig, keimdichg, feuchtigkeitsbeständig bis ¾ voll gesammelt3** **Abfallschutz** **18 01 01** **Gruppe B** Standort • Dienstzimmer, • Containerplatz.	• Gesamter Bereich der Versorgung der BewohnerInnen • Skalpelle, Kanülen von Spritzen und Infusionssystemen, BZ-Lanzetten, Ampullen • Gegenstände mit ähnlichem Risiko für Schnitt.- und Stichverletzungen	• Erfassung am Abfallort in stich- und bruchfesten Einwegbehältnissen. • Kein Umfüllen, Sortieren, oder Vorbehandeln !!!	• Wenn das Behältnis ¾ voll ist erfolgt Entsorgung. • Werktäglich.	• MA Pflege	• Autorisiertes Unternehmen. • Entsorgung gemeinsam mit Abfällen des Abfallschutz 18 01 04. • Abholung Containerplatz. • Verantwortlich Haustechnik

Freigegeben durch:	Datum:	Revision: 0	Seite 1 von 6

Version: 0 Stand. Nr.:	**Standard**	Sankt NIKOLAUS Hospital
Mitarbeiter Hauswirtschaft	Abfall- und Entsorgungsplan	Stand:12/08 Entwurf

Entsorgungsweise	Abfallarten	Sammlung / Zwischenlagerung	Wann?	Wer?	Entsorgung / Abholung
Gelbe Säcke **Abfallschutz** **15 01 01 bis 07** **Gruppe A** Standort • Pflegearbeitsraum, • Abfallkeller, • Sammelbehälter Containerplatz, • Küche.	Duales System • Aluminium z. B. Tuben, Joghurtbecher-Folien, Schokoladenfolie, Verpackungsfolie. • Kunststoffbehälter z. B. Margarinebecher, Joghurtbecher, Schamponflaschen, Spülflaschen. • Metalle z. B. • Getränkedosen. Konservendosen • Verbundmaterialien z. B. Milchtüten, Safttüten, Kaffeevakuumverpackungen.	• Sammeln in den gelben Säcken in den vorgegebenen Ständern • Transport nur in sorgfältig verschlossenen Säcken • Kein Umfüllen, Sortieren • Nach Abholung aus den Wohnbereichen Lagerung in den dafür bereitstehenden Containern	• Werktäglich	• werktäglich Mitarbeiter Technik • alle MA Pflege	• alle 4 Wochen durch • Fa. Freitag Recycling • Container werden einer zugelassenen Abfall-Wertstoffanlage zugeführt. • Abholung Containerplatz • Verantwortlich Haustechnik
Alt-Arzneimittel **Abfallschutz** **18 01 09** **Gruppe D** Standort • Verschließbarer Schrank, • im Dienstzimmer des Wohnbereich.	• Alt-Arzneimittel(**Verfalldatum überschritten**), z. B. Tabletten, Infusionslösungen	• Getrennte Erfassung • Zugriffsichere Sammlung, um missbräuchliche Verwendung auszuschließen • Im Medikamentenschrank verschlossen aufzubewahren mit deutlichem Sperrvermerk	• Jeden Dienstag	• MA Pflege	• 1 x wöchentlich • Rückführung zu den zuliefernden Apotheken • Abholung vom Wohnbereich • Verantwort. Wohnbereichsleitung

Freigegeben durch:	Datum:	Revision: 0	Seite 2 von 6

Version: 0 Stand. Nr.:	**Standard**	Sankt NIKOLAUS Hospital Altenwohn- und Krankenheim mit angeschlossenem Wohnstift
Mitarbeiter Hauswirtschaft	Abfall- und Entsorgungsplan	Stand:12/08 Entwurf

Entsorgungsweise	Abfallarten	Sammlung / Zwischenlagerung	Wann?	Wer?	Entsorgung
Infektiöse Abfälle **IfSG** **Stich- und bruchfeste, verschließbare, undurchsichtig, keimdichg, feuchtigkeitsbeständig** **Abfallschutz** **18 01 03** **Gruppe C** Standort • Abfallkeller, • Schwarze Tonne mit gelbem Deckel.	• Abfälle, an deren Sammlung und Entsorgung aus infektionspräventiver Sicht besondere Anforderungen gestellt werden. • Lt. IfSG Gegenstände die mit meldepflichtigen Erregern behaftete sind z. B. Blut, Gewebe, Liquor, die mit HIV Virus, Virushepatitis, Creuzfeld Jakob, Cholera usw. infiziert sind).	• Keine Verwertung, Verdichtung oder Zerkleinerung. • Entsorgung als besonders überwachungsbedürftigen Abfall kennzeichnen. • Nachweisdokument der Autorisierten Entsorgungsfirma.	• Werktäglich. • Sonn-+ Feiertage.	• werktäglich Mitarbeiter Technik. • alle MA Pflege.	• Die Entsorgung der Tonne erfolgt durch ein autorisiertes Unternehmen. • Müllbehälter werden einer zugelassenen Sonderabfallverbrennungsanlage zugeführt. • Abholung aus dem Abfallkeller. • Verantwortlich Haustechnik.
Chemikalien **Abfallschutz** **180106** **Gruppe D** **Standort** • Abfallkeller, • Abgabe bei der Haustechnik.	• Säuren, Laugen, Lösemittel, , Desinfektions- und Reinigungsmittelkonzentrate, Formaldehydlösungen.	• Getrennte Sammlung der Einzelfraktionen unter eigenem Abfallschutz. • Entsorgung ist ein besonders überwachungsbedürftiger Abfall. • Nachweisdokument der autorisierten Entsorgungsfirma.	• 1 x im Quartal.	• Alle MA Pflege. • Mitarbeiter Technik	• Die Entsorgung der Chemikalien erfolgt durch ein autorisiertes Unternehmen. • Müllbehälter werden einer zugelassenen Sonderabfallverbrennungsanlage zugeführt. • Abholung und verantwortlich Haustechnik.

Freigegeben durch:	Datum:	Revision: 0	Seite 3 von 6

Version: 0 Stand. Nr.:	**Standard**	Sankt NIKOLAUS Hospital Altenwohn- und Krankenheim mit angeschlossenem Wohnstift
Mitarbeiter Hauswirtschaft	Abfall- und Entsorgungsplan	Stand:12/08 Entwurf

Entsorgungsweise	Abfallarten	Sammlung / Zwischenlagerung	Wann?	Wer?	Entsorgung
Glastonne **Abfallschutz** **15 01 07** **Gruppe A** Standort • Teeküche, • Abfallkeller, • Produktionsküche, • Abfallkeller.	• Altglas: Braunglas / Grünglas / Weißglas.	• Sammeln in den Mülltonnen für je Braunglas / Grünglas / Weißglas. • Transport nur in verschlossenen Tonnen. • Kein Umfüllen, Sortieren oder Vorbehandeln. • Nach Abholung aus den Wohnbereichen Lagerung in den dafür bereitstehenden Containern.	• Nach Terminabsprache mit Entsorger	• Mitarbeiter Technik.	• 1 x wöchentlich durch Haustechnik. • Öffentl. Glascontainer. • Verantwortlich Haustechnik.
Glasscherben **Abfallschutz** **15 01 07** **Gruppe A** Standort • Teeküche • Abfallkeller • Containerplatz	• Glasscherben, • Porzellanscherben, Keramikscherben sind Hausmüll.	• Sammeln in bruch- und stichfesten Plastikeimern mit Deckel. • Transport nur in verschlossenen Plastikeimern. • Kein Umfüllen, Sortieren oder Vorbehandeln. • Nach Abholung aus den Wohnbereichen Lagerung in den dafür vorgegebenen Müllbehältern.	• Nach Terminabsprache mit Enstsorger.	• Mitarbeiter Technik. .	• 1 x wöchentlich durch • Haustechnik • Öffentl. Glascontainer • Verantwortlich Haustechnik
Altpapiertonne **Abfallschutz** **15 01 01** **Gruppe A** Standort • Teeküche • Abfallkeller • Müllgarage	• Altpapier, Pappe z. B. Schreibpapier, Zeitungen, Kartons, Kataloge.	• Sammeln in den dafür vorgegebenen Sammelkisten. • Lagerung erfolgt im Container Pappe / Papier im Abfallkeller.	• 1 x wöchentlich Mittwoch.	• Mitarbeiter Technik.	• 1 X wöchentlich durch Fa.Freitag Recycling. • Müllbehälter werden einer zugelassenen Abfall-Wertstoffanlage zugeführt. • Abholung Müllgarage. • Verantwortlich Haustechnik.

Freigegeben durch:	Datum:	Revision: 0	Seite 4 von 6

Version: 0 Stand. Nr.:	Standard	Sankt NIKOLAUS Hospital Altenwohn- und Krankenheim mit angeschlossenem Wohnstift
Mitarbeiter Hauswirtschaft	Abfall- und Entsorgungsplan	Stand:12/08 Entwurf

Entsorgungsweise	Abfallarten	Sammlung / Zwischenlagerung	Wann?	Wer?	Entsorgung
Plastik-/Edelstahleimer mit Deckel verschließbar Standort • Teeküche, • Essensresttonne, • Containerplatz, • Biotonne.	• Essensabfälle, gekocht.	• Sammeln in den dafür vorgegeben verschließbaren Plastikeimern. • Sammelstelle ist die Essensresttonne. • Konviskatkühler.	• Täglich.	• täglich Mitarbeiter der Hauswirtschaft. • alle MA Pflege.	• 2 x wöchentlich Montag u. Donnerstag durch Fa. Pöhler Recycling. • Essensresttonne wird einer zugelassenen Wertstoffanlage zugeführt. • Abholung Containerplatz. • Verantwortlich Haustechnik. Lizenz: siehe HACCP-Konzept.
Batterien Standort • Haustechnik.	• Alle Arten.	• Bei der Haustechnik erfolgt die Wertstoffabgabe. • In den Behältern für Batterieabfall.	• Bei Bedarf, • werktäglich.	• Mitarbeiter Technik .	• Bei Bedarf durch autorisiertes Unternehmen. • Müllbehälter werden einer zugelassenen Abfall-Wertstoffanlage zugeführt. • Abholung bei der Haustechnik. • Verantwortlich Haustechnik.
Leuchtstoffröhren Standort • Haustechnik.	• Alle Arten z.B. Energiesparbirnen, Neonröhren.	• Bei der Haustechnikerfolgt die Wertstoffabgabe. • In einem bruchsicheren Behältern.	• Bei defekt, • werktäglich.	• Mitarbeiter Technik.	• Bei Bedarf durch autorisiertes Unternehmen. • Müllbehälter werden einer zugelassenen Abfall-Wertstoffanlage zugeführt. • Abholung bei der Haustechnik. • Verantwortlich Haustechnik

Freigegeben durch:	Datum:	Revision: 0	Seite 5 von 6

Version: 0 Stand. Nr.:	Standard	Sankt NIKOLAUS Hospital Altenwohn- und Krankenheim mit angeschlossenem Wohnstift
Mitarbeiter Hauswirtschaft	Abfall- und Entsorgungsplan	Stand:12/08 Entwurf

Entsorgungsweise	Abfallarten	Sammlung / Zwischenlagerung	Wann?	Wer?	Entsorgung / Abholung
Grünabfälle	• Alle Arten.	• Bei der Haustechnik erfolgt die Sammlung. • Zeitnahe Entsorgung.	• Nach Schnitt, • werktäglich.	• Mitarbeiter Technik.	• Bei Bedarf durch Fa. Freitag Recycling. • Kompostierung. • Verantwortlich Haustechnik.
Elektrogeräte Standort • Haustechnik.	• Alle Arten.	• Sammlung siehe oben Austragung aus der Inventurliste!	• Bei Erkennen des irreparablen Defektes. • Täglich.	• Mitarbeiter Technik.	• Bei Bedarf durch autorisiertes Unternehmen. • Müllbehälter werden einer zugelassenen Abfall-Wertstoffanlage zugeführt. • Autorisiertes Unternehmen. • Verantwortlich Haustechnik.
Toner von Druckern Standort • Haustechnik.	• Alle Arten.	• Sammlung erfolgt im Keller oder Garage.	• Bei Bedarf, • werktäglich.	• Mitarbeiter Technik.	• Bei Bedarf durch autorisiertes Unternehmen • Müllbehälter werden Einerzugelassenen Abfall-Wertstoffanlage zugeführt. • Autorisiertes Unternehmen. • Verantwortlich Haustechnik
	•	•	•	•	

Ein Lageplan der Abfallbehälteraufstellorte wird erstellt (Termin 03.2009)

Die Lagerplätze sind so ausgesucht, dass sie keiner vollen Sonneneinstrahlung ausgesetzt sind.
Das Material der Behälter ist entsprechend ihrem Inhalt ausgewählt. Unnötig langes Bereitstellen für die Abholung durch die jeweiligen Entsorgungsunternehmen wird vermieden. Dies stellt auch einen aktiven Schutz gegen Nagetiere etc. dar.

Freigegeben durch:	Datum:	Revision: 0	Seite 6 von 6

Tab. 7.1

Bitte vergessen Sie nicht: Die Umorientierung zu einem ökologisch bewusst handelnden Unternehmen ist kein einmaliger Kraftakt, sondern ein dauerhafter Prozess, der kontinuierlich bearbeitet und betreut sein will.

Die Verbraucherzentralen aller Bundesländer halten Materialien zu Themen rund um Energiesparen und umweltorientierte Beschaffung bereit. Beim Bundesministerium für Wirtschaft werden Sie ebenfalls fündig.

8 Six Sigma

**Wenn der Mensch zu viel weiß, wird das lebensgefährlich.
Das haben nicht erst die Kernphysiker erkannt,
das wusste schon die Mafia.**

Norman Mailer (1923 – 2007), US-amerikanischer Schriftsteller

Six Sigma ist der Name einer Qualitätsmanagement-Methodik und gleichzeitig ein statistisches Qualitätsziel. Ihr Kernelement ist die Beschreibung, Messung, Analyse, Verbesserung und Überwachung von Geschäftsvorgängen mithilfe statistischer Mittel. Wenn Sie sich erinnern, einer der acht Qualitätsgrund - sätze lautet: systematische Datenanalyse anhand von statistischen Werten. Die Qualitätsmanagement-Methodik orientiert sich dabei an finanzwirtschaftlich wichtigen Kenngrößen des Unternehmens und an den Kundenbedürfnissen (Voice of the Customer). Ursprünge des Six Sigma-Prinzips stammen aus den Lehren der Qualitätsvordenker W. Edwards Deming (den kennen Sie ja nun schon zur Genüge) und Josef Juran. Das Besondere am System Six Sigma liegt darin, dass es nicht ausschließlich nach Qualität strebt, sondern nur dann, wenn auch der Wert für den Kunden und das Unternehmen durch das Qualitätsbestreben gesteigert wird. Am häufigsten wird bei der Six Sigma-Methode der sogenannte DMAIC-Zyklus eingesetzt.

D	=	Define	=	definieren
M	=	Measure	=	messen
A	=	Analyze	=	analysieren
I	=	Improve	=	verbessern
C	=	Control	=	steuern.

Sie erkennen hier den Regelkreisansatz nach Deming (PDCA-Zyklus), er steht hinter diesem Modell. Der DMAIC-Kernprozess wird eingesetzt, um bereits bestehende Prozesse messbar zu machen und sie nachhaltig zu verbessern.

D = Was ist das Problem?
M = Wie lassen sich die Auswirkungen messen?
A = Das sind die Kernursachen für das Problem?
I = Wie lässt sich das Problem beseitigen?
C = Wie wird die Lösung langfristig in der Organisation verankert?

Six Sigma ist ein systematisches Vorgehen zur Prozessverbesserung unter Anwendung analytischer und statistischer Methoden. Das Besondere daran im Vergleich zu anderen Prozessverbesserungsmethoden ist der mathematische Ansatz. Der derzeit vorherrschende Run auf das Six Sigma-Konzept könnte sich dadurch erklären, dass hier viele bekannte Konzepte wie *Business Processes Engineering (BPE)*, Benchmarking, klassische Qualitätsmethoden sowie Change-Management integriert werden. Zum Change-Management kommen wir noch im Anschluss.

Aus der Anzahl der erkannten Fehler innerhalb eines Prozesses lässt sich mithilfe von Tabellen bzw. statistischen Auswertungsprogrammen das Sigma-Niveau ermitteln. So bedeutet *drei Sigma*, dass bei einer Million Fehlermöglichkeiten 66.807 Fehler auftreten können. Ein Niveau von sechs Sigma hingegen bedeutet rechnerisch weniger als vier Fehler pro einer Million Fehlermöglichkeiten, was dann einer 0-Fehler-Produktion entsprechen würde.

Was kann nun Six Sigma für Sie bedeuten? Sofern Ihr Unternehmen sich nicht dieses Qualitätsmodell ausgesucht hat, bleiben Sie entspannt. Wird in Besprechungen darüber beraten, welches QM-Modell und/oder statistisches Modell für Ihr Unternehmen eingeführt werden soll, können Sie sich hier über die Hintergründe von Six Sigma und seinen statistischen Ansatz informieren. Sie werden einen wirklichen Wissensvorsprung haben.

Jetzt noch etwas Historie zum Modell selbst. Die Six Sigma-Methode ist beim Unternehmen Motorola erfunden worden. Motorola selbst gewann später den bekannten Qualitätspreis *Malcolm Baldrige-Award*. Aufmerksamkeit und Verbreitung fand das System ab Mitte der Neunzigerjahre, als bei General

Electric unter diesem Namen ein unternehmerisches Veränderungsprogramm initiiert wurde. Das System Six Sigma beruht auf dem Erkennen von Standardabweichungen nach dem Prinzip der Gaußschen Normalverteilung der Gaußschen Glocke. Es handelt sich dabei um eine spezielle Glockenkurve, die nach Carl Friedrich Gauß (1777 – 1855) benannt wurde, und in der Statistik eine große Bedeutung hat.

Es handelt sich bei der Glockenkurve um eine Dichtefunktion. Genau am Mittelwert, also dem Scheitelpunkt der Kurve, ist das Eintreten von Ereignissen, also auch Qualitätsaussagen-Erkenntnissen, am wahrscheinlichsten. Je weiter man sich nach oben (rechts) oder unten (links) vom Mittelwert entfernt, desto unwahrscheinlicher wird das Eintreten von Ereignissen. Sie gilt für eine Vielzahl von möglichen Merkmalen: Warte - zeiten in der Kassenschlange, Anzahl nachgefragter Dienstleistungen, Reklamationen aus dem gleichen Grund etc.

Wenn der Messzeitraum entsprechend lang ist, hat die grafische Darstellung der Ergebnisse immer die Form einer Glocke. Der Mittelwert liegt genau in der Mitte der Glocke. Mit einem Tabellenkalkulationsprogramm können Sie solche grafischen Auswertungen erstellen.

Gesehen haben wir sowohl Carl Friedrich Gauß als auch die Glockenkurve alle schon, und zwar auf den alten Zehnmarkscheinen.

Abb. 8.1 Quelle: Monika Lutz, Cornelius Malerczyk, FH MND, FH Giessen-Friedberg

Diese Gaußsche Glocke wird im Qualitätsmanagement häufig bemüht. Letztlich kann man bei jeder statistischen Auswertung feststellen, dass es diese Verdichtung von Merkmalen gibt und außerhalb der Glocke nur vereinzelte Merkmale zu finden sind. Dies wird optisch in einem Histogramm darstellbar. Histogramme sind Grafiken, die eine Verteilungskurve bildlich darstellen.

9 Risiko- und Notfallmanagement

Du kannst nicht mehr ändern, was gestern war; aber du kannst alles ändern, was morgen sein wird, durch das, was du heute lernst.

Stella Terrill Mann (amerikanische Schriftstellerin)

Die 8-D-Methode ist als eine spezielle Methode für die Beherrschbarkeit eines effektiven Risikomanagements zwischen Kunden und Lieferanten entwickelt worden. Im großen und mittleren Unternehmen wird diese Methode zunehmend eingesetzt. Nach einer Studie der Hochschule Pforzheim erscheint das Verfahren kleinen Betrieben bislang jedoch als zu aufwändig. Im Folgenden sehen Sie ein 8-D-Musterformular, welches innerhalb dieser Studie entwickelt wurde. Das Reklamationsmanagement soll mit diesem einfachen Formular eine schnelle Fehlerursachenfindung und Beseitigung ermöglichen. Ähnliche Formulare kennen Sie sicher aus dem Bereich des Beschwerdemanagements im Sinne einer schnellen unbürokratischen Lösung von Qualitätsdefiziten, die dem Kunden aufgefallen sind. Für das hauswirtschaftliche Risiko- oder Reklamationsmanagement könnte ein solcher 8-D-Report wie in Abbildung 9.1 aussehen.

Nach dem Ausfüllen des 8-D-Reports gilt es gründlich zu prüfen, worin die Fehlerursachen liegen und eine Beseitigung der derselben voranzubringen. Schuldzuweisungen sind hier fehl am Platz. Wenn für die Zukunft Fehlerquellen frühzeitig erkennbar sind, können die Prozesse entsprechend optimiert werden. Dadurch können wiederum Kosten und Risiken, die durch Qualitätsfehler entstehen, bereits im Ansatz vermieden werden. Die Steigerung der Kundenzufriedenheit und natürlich auch damit einhergehend eine Minimierung der Fehlerquellen und Kosten dürften einen echten Wettbewerbsvorteil für Sie und Ihr Unternehmen darstellen.

8 D Report			
Report Nr.	Beanstandung/Problem:		
02\10	Wäsche kommt zu nass aus der Maschine		
Bereich	Produkt	Menge	Datum
Wäscherei	Wäsche 90°	20 Kg	16.03.2010
1.Team	Name	Funktion	Telefon
	Fr. Drawig	MA Wäscherei	384-26
	Teamleitung		Telefon
	Frau Koch		384-25
2. Problembeschreibung	Die Wäsche aus der Maschine Electrolux WE 120 ist nach dem Schleudern noch sehr nass		
3. Sofortmaßnahme(n)	Flusensieb kontrollieren		
	verantwortlich	Termin	Erledigungsdatum
	Frau Heinrich	16.03.2010	16.03. [illegible]
4. Fehlerursache(n)	Das Flusensieb ist verstopft, die Abstände der Reinigung sind zu lang		
5. geplante Abstellmaßnahmen	Kontrollintervalle kürzen		
	Verantwortlich	Termin	Erledigungsdatum
	Frau Koch	1.4.2010	30.3.2010 [illegible]
6. Umgesetzte Abstellmaßnahmen und Wirksamkeitsprüfung	Verantwortlich	Termin	Erledigungsdatum
	Frau Koch	1.7.2010	
7. Fehlerwiederholung vermeiden	Die Intervalle der anderen Maschinen angleichen		
	Verantwortlich	Termin	Erledigungsdatum
	Frau Koch	1.4.2010	30.3.2010 [illegible]
8. Abschluss und Würdigen der Teamleistung			
		Abschlussdatum	30.3.2010
		Erstellt von	Frau Koch

Abb. 9.1 ©KlöberKASSEL

Notfallmanagement

Gesetz zur Kontrolle und Transparenz im Unternehmensbereich

Am 1. Mai 1998 ist das Gesetz zur Kontrolle und Transparenz im Unternehmensbereich (KonTraG) als verbindliche Grundlage durch den Gesetzgeber geschaffen worden. In diesem Gesetz geht es darum, angemessene Reaktionen auf eintretende Notfälle für das eigene Unternehmen zu planen. Ein strukturiertes Notfallmanagement hilft der Vermeidung oder wenigstens Minimierung von Sach- und Personenschäden. Aber auch die sich aus den Schäden ergebenden unerwarteten Kosten für das Unternehmen sollen möglichst gering bzw. steuerbar sein. Eine gute Notfallplanung sichert bei einer eintretenden Notsituation sicherlich nicht nur den Fortbestand eines Unternehmens, sondern erhöht auch das Vertrauen der Kunden in die Zuverlässigkeit des Unternehmens.

Die Aufgabe der Entwicklung eines umfassenden Notfallmanagements kann in die Bereiche Notfallplanung und Notfallbewältigung aufgeteilt werden. Damit sind zentrale Themen des Notfallmanagements und die unternehmerische Vorbereitung auf eventuell eintretende Notfälle zu bearbeiten. Die Einschätzung von Eintrittswahrscheinlichkeiten von Risiken sind zu bewerten, Notfallabläufe sind bestmöglich zu planen und ebenso wie ihre Einübung und das Reagieren beim Auftreten von Notfällen.

Grundlage eines gut durchführbaren Notfallmanagementsystems ist das Vorhandensein einer guten Informationsstruktur und Kommunikationspolitik im Unternehmen. Im Notfall muss das erforderliche Wissen schnell abrufbar sein. Zeit für Recherche bleibt keinem Mitarbeiter. Deswegen bedeutet eine gute Notfallplanung immer auch Wissensmanagement. Hier geht es um das abrufbare Wissen, wann einzelne Prozesse und Maßnahmen eingeleitet werden müssen. Dieses Spezialwissen darf nicht bei einzelnen Personen angesiedelt sein. Es muss auf andere Personen im Unternehmen und auf andere Unternehmensbereiche übertragen werden können.

Wann ist der richtige Zeitpunkt für ein Notfallkonzept?
Ein Notfallkonzept sollte immer dann entwickelt werden, wenn gerade keine Not besteht. So kann blinder Aktionismus am besten vermieden werden. Bitte achten Sie darauf, dass Ihr Notfallmanagement turnusmäßig von Ihnen überprüft wird, sodass es auf einem aktuellen Stand gehalten wird. Klären Sie, ggf. in einer Verantwortlichkeitsmatrix, innerhalb des Unternehmens, wer die Verantwortung für welche Teilbereiche trägt. Bedenken Sie auch, dass bei dem plötzlich eintretenden Notfall vielleicht gerade Wissensträger nicht im Betrieb erreichbar sind. Überprüfen Sie darum regelmäßig, ob die Erreichbarkeiten der Hauptwissensträger aktuell sind, z. B. E-Mail-Adresse, Telefonnummer, Mobiltelefonnummer usw. und ob die Speicherung dieser Daten für Notfälle mit den Forderungen Ihres innerbetrieblichen Datenschutzkonzeptes übereinstimmt.

Das Notfallkonzept wird sich in aller Regel in vier Teilschritte aufteilen.

1. Schritt: Risikoanalyse durchführen
Um überhaupt ein Notfallkonzept aufstellen zu können, gehört die Bestandsaufnahme mit Blickrichtung auf die möglichen Gefahren und die Potenziale im Unternehmen an den Start der Gesamtplanung. Die Frage lautet: Welche Arten von Gefahren können drohen? In diesem Zusammenhang können z. B. Personal, Maschinen, EDV/Computerbereich, Unternehmensgelände, Lieferanten etc. Einflussfaktoren sein.

2. Schritt: Durchführen der Risikobewertung
Nach der Erstellung der Risikoanalyse erfolgt deren Bewertung. Mittels einer Risikobewertung können Sie jetzt Prioritäten festlegen. Das Kriterium der Wahrscheinlichkeit des Notfalleintritts wird eine maßgebliche Perspektive hierzu sein, ebenso das mögliche Ausmaß des Notfalls und seine Auswirkungen auf den Betriebsablauf. Eine Risikobewertung kann immer erst dann erfolgen, wenn der vorgeschaltete Schritt des Erstellens einer Risikoanalyse vollständig abgeschlossen wurde. Hier sind natürlich auch die normativen und betriebsspezifischen Vorgaben zu berücksichtigen.

3. Schritt: Notfallplanung
Aufgestellte innerbetriebliche Notfallpläne tragen immer den betriebsbedingten Belangen Rechnung. Der Notfallplan enthält ganz konkrete Maßnahmen bzw. Prozessbeschreibungen. In der Notfallplanung werden die Reihenfolge und der Ablauf von einzelnen Handlungsschritten festgelegt. Da im Notfall keiner viel Zeit zum Lesen hat, bietet es sich an, mit sehr kurzen Texten und guter Visualisierung zu arbeiten. Aus einzelnen erstellten Notfallplänen setzt sich das betriebsinterne Notfallhandbuch zusammen. Fast immer wird es ein roter Ordner sein. Das Ziel, die normalen Betriebsabläufe möglichst schnell wieder anlaufen zu lassen, darf dabei nicht aus den Augen verloren werden. Achten Sie darauf, dass Ihre Notfallpläne immer sehr übersichtlich für den Anwender bleiben und bedenken Sie, dass der Anwender im Notfall ggf. nicht logisch denkt und handelt. Ihr Notfallplan darf auch nicht nur in EDV-geführter Version vorliegen, denn wäre der Notfall das Versagen des Stromnetzes, kämen Sie an keine Informationen. Das heißt, alle Notfallpläne sollten von Ihnen auch in ausgedruckter Form in einem kompakten Handbuch zusammengefasst sein. Soll-Handlungsweisen für Notfälle können Sie z. B. in Form von Standards oder Checklisten erstellen.

Überlegen Sie, wie Sie die einzelnen Notfallpläne Ihren Mitarbeitenden regelmäßig vermitteln können, um Sicherheit für den Ernstfall zu vermitteln. Hier dürften Schulungen und Simulationsübungen eine gute Unterstützung darstellen. Wenn Ihnen bei den Simulationsübungen Fehler oder Schwächen des Notfallplans auffallen, überarbeiten und optimieren Sie Ihre Notfallpläne umgehend.

4. Schritt: Notfallbewältigung
Die Notfallbewältigung ist ein fortdauernder Prozess. Die Notfallbewältigung will für den akuten Notfall Standards und Abläufe aufzeigen, um in der akuten Situation schnell und sicher für die Gesundheit der Mitarbeitenden und der ggf. gefährdeten Bevölkerung Sorge zu tragen. Sie richtet sich aber auch an die Sicherung des Maschinen- und Geräteparks bzw. der voll-

ständigen Infrastruktur des Unternehmens. Eine weitere Perspektive bildet die Umweltsicherheit.

Fazit

Wenn Sie alle Mitarbeitenden in ihrem Unternehmen im Hinblick auf die erkannten Gefahrenpotenziale in einer Notfall - situation regelmäßig schulen und sensibilisieren, wird schon allein dieser Sensibilisierungsprozess dafür Sorge tragen, dass Notsituationen bewusst vermieden werden können bzw. gar nicht erst entstehen.

10 Kaizen

**Wer immer tut, was er schon kann,
bleibt immer das, was er schon ist.**

Henry Ford (1863 – 1947), amerikanischer Ingenieur und Unternehmer

Die vielen Rückrufaktionen der letzten Monate und Jahre belegen, dass trotz aller Qualitätsbemühungen wohl doch einige Dinge in Sachen Qualitätsbestreben im Argen liegen. Die Kosten, die für den entstandenen Imageschaden, für die Rückruf- und PR-Aktionen für fehlerhafte Produkte anfallen, hätten sicher besser in die Qualitätsentwicklung gesteckt werden können.

Den Begriff des Kaizen werden Sie wahrscheinlich schon häufig gehört haben. Der folgende Abschnitt fasst die wichtigsten Punkte dieser fernöstlichen Philosophie zusammen.

Kaizen setzt sich aus den japanischen Worten *Kai = Veränderung* und *Zen = zum Besseren* zusammen. Ursprünglich wurde er in der Produktion angewendet, heute ist er auf alle Prozesse, die in einem Unternehmen vorkommen, anwendbar. Es geht um das konsequente Verbessern, nicht um den schnellen Erfolg. Sie kennen den Begriff des *kontinuierlichen Verbesserungsprozesses (KVP)* ja bereits, er ist in Deutschland gebräuchlicher. Kaizen versteht alle Prozesse als wertschöpfend, Betriebswirtschaftler sehen dies sicher etwas anders. Aber genau da liegt der Gedankenunterschied. Kaizen meint den *guten Weg*, und der muss nicht geradlinig ans Ziel führen, sondern darf auch mal um Ecken gehen. Die Veränderung soll in kleinen, aber stetigen Etappen erfolgen. Erreicht werden eine höhere Kunden- und vermutlich auch eine höhere Mitarbeiterzufriedenheit. Eine Gewinnoptimierung ist im Kaizen-Sinne nur durch zufriedene Kunden machbar.

Es gibt *3 Mu*, die unbedingt beachtet werden sollen.

- Muda, die Verschwendung,
- Muri, die Überlastung von Mitarbeitenden und Maschinen,
- Mura, die Unregelmäßigkeit von Prozessen.

Sie haben sicher aus dem Stand für jedes *Mu* sofort ein hauswirtschaftliches Beispiel zur Verbesserung parat. Und in der Tat, so einfach wäre es: erkennen und handeln.

Die fernöstliche Qualitätslehre hat außerdem noch sieben Verschwendungsarten benannt. Sie sollen minimiert oder besser noch ganz vermeiden werden:

1. Überproduktion.
2. Zu hohe Bestände.
3. Fehler und Reparaturen durch präventive Maßnahmen vermeiden.
4. Wartezeiten.
5. Flächen, die nicht bedarfsgerecht genutzt werden.
6. Unnötige Wege vom Mitarbeitenden und Materialien.
7. Zu lange und zu viele Transporte.

Stellen Sie sich vor, Sie haben als Jahresziel 2011 die Aufgabe, den Küchenablauf zu verbessern. Mit der Bearbeitung dieser sieben Stichwörter haben Sie einen sehr guten Leitfaden, um jede Menge Verbesserungspotenziale zu finden. Noch einfacher wird es, wenn Sie Ihre Mitarbeiterinnen mit einbeziehen, denn sie sind die Experten vor Ort. Diese Ansicht stammt auch aus der Kaizenphilosophie und bewahrheitet sich täglich in unserer Beratungspraxis.

Aus diesen Gedanken heraus hat der Autohersteller Toyota seinerzeit ein Produktionssystem (TPS) entwickelt, das höchst effizient arbeitet und Fehler frühestmöglich aufspürt. Dieses TPS gilt in der Wirtschaft als Fachbegriff für ein Qualitäts - konzept. Auch wenn es aus der Automobilindustrie kommt und derzeit nicht vom Glück verfolgt ist, möchten wir Ihnen deren System vorstellen, denn viele der TPS-Ansätze sind sehr gut auf hauswirtschaftliche Prozesse übertragbar.

Fünfmal *Warum*

Das Grundprinzip lautet: *Fehler werden direkt vor Ort behoben und nicht vom Schreibtisch aus.* Es sollen alle Fehler - symptome immer wieder hinterfragt werden, um an den Kern des Fehlerproblems zu gelangen. Der Titel *Fünfmal Warum* steht für das ständige Hinterfragen der Aktionen und Abläufe.

Visualisieren

Ablageplätze für Werkzeug, Geräte etc. werden angezeichnet, so fällt sofort auf, wenn etwas fehlt. Eine schöne Vorstellung für eine immer aufgeräumte Putzkammer oder einen korrekt bestücken Reinigungswagen. Verabredete Standards sollen optisch dargestellt und eingehalten werden.

Mitarbeiterqualifizierung

Bei Toyota wird auf die Mitarbeitenden gesetzt und einiges in ihre Weiterqualifizierung investiert. Auch in hauswirtschaftlichen Abteilungen ist es wichtig, dass die Mitarbeitenden auf der Höhe der Zeit sind und ständig weiterqualifiziert werden. In allzu vielen Einrichtungen finden aber solche Mitarbeiterqualifizierungen nicht statt.

Vermeidung von Verschwendung

Just-in-time-Produktion ist für die Hauswirtschaft sicher im ersten Moment kein Gedanke. Vielleicht aber doch, wenn wir beispielsweise an zu frühe Produktionsprozesse in der Küche denken oder an Verpflegungsleistungen, die vormittags produziert und abends erst benötigt werden. TPS wird im allgemeinen Sprachgebrauch als *schlanke Produktion – Lean Production* bezeichnet.

Die angesprochenen Veränderungs- bzw. Verbesserungsprozesse (Kaizen) können in folgenden Ebenen stattfinden:

- Management (Einbeziehung der Manager und Spezialisten),
- Gruppen/Abteilungen (Qualitätszirkelarbeit, Gruppenschulungen etc.) und
- bei individuellen Personen (jeder Mitarbeiter an seinem Arbeitsplatz).

Auf den Punkt gebracht will Kaizen:

- ein lernendes Unternehmen, welches seine Potenziale zum Wohle der Kunden und Mitarbeiter erschließt,
- dass alle Mitarbeitenden ein Kaizen-Bewusstsein erreichen sollen,
- dass alle Mitarbeitenden Verbesserungsvorschläge in die Organisation einbringen,
- eine sinnhafte Veränderung, um Stillstand vorzubeugen und eine negative Routine auszuschließen,
- die Arbeit als Prozesse sehen, nicht nur die Arbeitsergebnisse,
- ein Klima des Vertrauens etablieren, denn jedes Mitarbeiterbemühen ist so wichtig wie das Ergebnis selbst und
- Technik zum Erkennen von Problemen anbieten.

11 RAL-Gütezeichen

Es gibt nicht Gutes – außer man tut es.
Erich Kästner (1899 – 1974), deutscher Schriftsteller

Das Kürzel RAL leitet sich von dem früheren Namen der Organisation her: *Reichs-Ausschuss für Lieferbedingungen.* Heute heißt sie *RAL Deutsches Institut für Gütesicherung und Kennzeichnung e. V.*, sodass die Bezeichnung des Gütesiegels dieselbe geblieben ist. In diesem Dachverband RAL finden Sie z. B. die Gütegemeinschaft Gebäudereinigung e. V., die auch eine Gütegemeinschaft für Catering einschließt, oder die Gütegemeinschaft sachgemäße Wäschepflege e. V. Die einzelnen Gütegemeinschaften haben Anforderungskriterien erarbeitet, die ein Caterer oder Gebäudereiniger erfüllen muss, will er das RAL-Gütezeichen bekommen. Das Dienstleistungsunternehmen bewirbt sich um das Gütezeichen und wird vom Deutschen Qualitäts-Überwachungs-Verein e. V. (QÜV) vor Ort unabhängig und nach bestimmten Qualitätskriterien geprüft. Schwerpunkte der Prüfung sind zum einen der kaufmännisch-betriebswirtschaftliche Teil und zum anderen der technische Teil. Auch die Einhaltung aller branchenrelevanten Gesetze und Verordnungen wird geprüft. Des Weiteren erstreckt sich die Qualitätsprüfung natürlich auf die produzierte Verpflegungs-, Reinigungs- oder Textilqualität sowie die dazugehörigen Prozessabläufe.

Wenn Sie mit einem Cateringunternehmen zusammenarbeiten, welches das RAL-Gütezeichen trägt, sind folgende Themen (Auszug) geprüft worden:

- Angebotsgestaltung, z. B. Vertrag oder Leistungsverzeichnis,
- Forderungen an die Leistungserbringung, z. B. gesetzliche Vorschriften und Bestimmungen sowie Forderungen an die Betriebsorganisation,
- Forderungen an die Leistungsprozesse, z. B. Warenanlieferung, Speisenverteilung oder Entsorgung,

- Systematik zur Qualitätssicherung und Qualitätskontrolle, z. B. Eigenüberwachung oder Leistungsbestätigung,
- Prüfbestimmungen: Erstprüfung sowie Prüfungsprotokolle und Kosten.

Was nützt Ihnen ein solches RAL-Gütesiegel? Sofern Sie mit einem Cateringunternehmen zusammenarbeiten, können Sie als Lieferbedingung, vor Vertragsabschluss, das vorhandene Gütesiegel als gewünschte Voraussetzung ansetzen. Sie können bei eigenen Qualitätskontrollen und bei behördlichen Kontrollen Ihre Pflichterfüllung einer sorgfältigen Lieferanten - auswahl belegen. Wenn Sie in Eigenregie kochen, können Sie sich selbst einer Gütesiegelprüfung unterziehen und sozusagen überprüfen, ob Ihre eigenen Leistungen in Bezug auf Qualität und Wirtschaftlichkeit mit dem freien Markt konkurrieren könnten (Tabelle 11.1).

Im Folgenden sehen Sie eine Übersicht exemplarischer hauswirtschaftsrelevanter RAL Gütezeichen:

- Gebäudemanagement RAL-GZ 902
- Wäschepflege RAL-GZ 992/1 Objektwäsche, -GZ 992/2 Krankenhauswäsche, -GZ 992/3 Wäsche aus Lebensmittelbetrieben
- Diät und Vollkost RAL-GZ 110
- Kompetenz richtig Essen RAL-GZ 110/1
- Catering RAL-GZ 111
- Küchen- und Badmöbel RAL-GZ 430/2
- 50 plus Hotel RAL-GZ 119.

Anschrift Catering und Gebäudemanagement:
RAL Gütegemeinschaft Catering e.V. im Qualitätsverband Gebäudemanagement e. V., Zettachring 6, 70567 Stuttgart

Anschrift Wäschepflege:
Gütegemeinschaft sachgemäße Wäschepflege e. V.
Schloss Hohenstein, 74357 Bönningheim

	Anforderungen	Feststellungen/Bemerkungen	Erfüllung	
	HACCP-System und allgemeine Hygienemaßnahmen (gem. GPB Ziff. 3.3.2 und 3.3.2.1)		**JA**	**NEIN**
1	Gefahrenanalyse			
	Die Gefahrenanalyse berücksichtigt folgende Risiken	❖ biologische ❖ chemische ❖ physikalische		
	Identifizierung der CCPs			
	Festlegen kritischer Grenzen			
	Einrichtung wirksamer Prüf- und Überwachungsmaßnahmen	Prüfmethoden, Prüfplan, verantw. Mitarbeiter, Dokumentation		
	Festlegen von Korrekturmaßnahmen			
	Überprüfung der Gefahrenanalyse und der Festlegungen regelmäßig, sowie bei Änderungen	HACCP-Checklisten?		
2	**Reinigung/Desinfektion** Regelmäßige Reinigung und ggf. Desinfektion	❖ Reinigungs- bzw. Desinfektionspläne ❖ Durchführung nachweisbar		
	Anweisungen und Anwendung der Reinigungs- und Desinfektionsmittel	Verdünnung etc.		
	Betriebsanweisungen gem. § 20 GefStoffV	Sichtbar am Arbeitsplatz ausgehängt		
	Separate Aufbewahrung der Reinigungs- und Desinfektionsmittel sowie der Reinigungsgeräte			
	Reinigungsgeräte	Sauber geeignet		
3	Schädlingsbekämpfung ❖ Interne Fachkraft ❖ Externe Fachkraft	❖ Maßnahmen zur Befallserkennung (Begehungen, Köder o. ä.) ❖ Sachgerechte Bekämpfung ❖ Gem. Infektionsschutzgesetz zugelassene Mittel (Liste kostenlos beim BgVV erhältlich) ❖ Vermeidung von Kontaminationen der Lebensmittel, Arbeitsgeräte etc. durch die Schädlingsbekämpfung		

Tab. 11.1
Quelle: Deutscher Qualitäts-Überwachungsverein, RAL-GZ 111 Gütesicherung Catering, Stuttgart 02/2002

Das RAL Deutsche Institut für Gütesicherung und Kennzeichnung e. V. hat seinen Sitz in St. Augustin, Siegburger Straße 39, 53757 St. Augustin, www.RAL.de.

Qualitätssiegel BAGSO

BAGSO ist die Bundesarbeitsgemeinschaft der Seniorenorganisation. Sie verleiht das Qualitätssiegel *Seniorengerechtes Leben und Wohnen*. Wie schon der Name ausdrückt, steht der Altenhilfebereich im Fokus der Qualitätsbemühungen. Die

Prüfung und Vergabe des Qualitätssiegels erfolgt in vier Schritten:

1. Schritt
Das BASIQ (BAGSO-Service-Institut und Qualitätsprüfung) führt eine anonyme Befragung vor Ort durch. Es wird ein Vergleich zu anderen Einrichtungen erstellt.

2. Schritt
Von der BAGSO erhältliche Checklisten werden zur internen Qualitätsüberprüfung ausgefüllt. Innerhalb der BAGSO bilden diese Checklisten die Grundlage für einen Qualitätsbericht, welcher der Verbesserung dient und Potenziale aufzeigt.

3. Schritt
Gutachter der BASIQ führen eine Einrichtungsbegehung durch. Gesprächspartner sind Leitungskräfte, Mitarbeiter, Heimbeirat, Bewohnerinnen und Mitarbeiter des sozialtherapeutischen Dienstes. Anhand der Hausbegehung wird durch die BASIQ ein abschließender Bericht erstellt.

4. Schritt
Wenn die Begutachtung positiv ausgefallen ist, kann die Einrichtung das Gütesiegel beantragen. Dieses Siegel hat eine Gültigkeit von drei Jahren.

12 Auswahl eines Qualitätsmanagement-Systems

Es reicht nicht zu wissen, man muss auch wollen.
Es reicht nicht zu wollen, man muss auch tun.
Johann Wolfgang von Goethe (1749 – 1832), deutscher Dichter

Nun haben Sie sich einen guten Überblick über Qualitätsmanagement-Modelle erarbeitet. Welches Modell für Ihre Zwecke das sinnvollste ist, müssen Sie selbst entscheiden. In vielen Fällen entscheidet der Träger eines Unternehmens oder einer Einrichtung, welches Modell als Basis dienen soll. Oft können Sie selbst aber auch einzelne Bausteine oder Instrumente eines Modells herausgreifen und beginnen, dieses Instrument ein- und umzusetzen. Entscheidend ist, dass Sie methodensicher sind und sich nicht durch die ewig gestrigen Phrasen wie *das war schon immer so* und *das geht hier aber nicht* vom Weg der Verbesserung abbringen lassen.

Wenn Sie an die Arbeit gehen, bedenken Sie, dass alles Neue Veränderung ist. Veränderung hat der Mensch normalerweise nicht gern, denn er weiß nicht, was sie bringen wird. Erklären Sie Ihren Mitarbeitern Ihre Vorhaben. Erklären Sie auch, warum der Qualitätsweg gegangen werden soll und welchen Nutzen er Ihren Mitarbeitern bringt.

Die Perspektive sollte aber nicht nur auf die Mitarbeiter gelenkt werden. Für die Auswahl eines für das Unternehmen sinnvollen Qualitätsmanagement-Systems muss auch die oberste Leitung genug Hintergrundwissen zu den einzelnen QM-Modellen besitzen. Die Auswahlentscheidung sollte auf jeden Fall keine einsame *Grüner-Tisch*-Entscheidung sein. Abteilungsleitung, Stabstelleninhaber und oberste Leitung sollten gemeinsam das Für und Wider der einzelnen Modelle beleuchten und im besten Projektsinne eine nachvollziehbare und den Mitarbeitern vermittelbare Entscheidung treffen.

12.1 Changemanagement

Wer ein Problem lösen will,
muss sich vom Problem lösen.
Paul Watzlawick (1921 – 2007),
österreichischer Philosoph und Psychoanalytiker

Changemanagementprojekte sind Prozesse, durch die ein kultureller Wandel in dem Unternehmen entsteht. Die Mitarbeitenden werden gewohnte Verhaltensmuster und Denkstrategien aufgeben müssen, wenn Sie wirklich aktiv mit Prozessmanagement und Qualitätsweiterentwicklung durchstarten.

Die aktive Gestaltung von QM-Projekten ist kein Selbstläufer. Zwischen Ungeduld, unbekannter Erwartungshaltung und eintretenden Ernüchterungsphasen wird sich das Projekt bewegen. Ohne Beständigkeit aller im Veränderungsprozess stehenden Personen wird die Tragfähigkeit nicht erreicht werden.

Es ist mitunter ein schweres Unterfangen, Verhaltensweisen und Routinen abzulegen. Gewohntes schafft Sicherheit und das nicht nur bei Mitarbeitenden. Auch viele Führungskräfte sind keine Verwandlungskünstler, müssen aber bei nötig werdenden Veränderungsprozessen als Vorbilder vorangehen.

Sie selbst als Führungskraft gelten den Mitarbeitenden in Ihrem eigenen Verhalten als Vorbild. Nur wenn Sie selbst signalisieren, dass die Veränderung nötig ist und an ihr kein Weg vorbeiführt, wird die nötige Energie, die für den Veränderungsprozess nötig ist, erzeugt werden können. Veränderungsprozesse bedeuten nicht automatisch, dass alle auf der Gewinnerstraße ankommen werden. Jede Veränderung produziert auch Verlierer. Gehen Sie ehrlich mit ihren Mitarbeitenden um, lassen Sie ihnen Raum, um ihre Sorgen artikulieren zu können. Vielleicht geht es Ihnen selbst mit dem Veränderungsprozess ähnlich. Alle Führungskräfte, die von einem Changeprojekt betroffen sind, sollten bei Entscheidungsfindungen aktiv eingebunden werden.

Die *Charta des Veränderungsmanagements* besteht aus acht Grundsätzen, die sich gegenseitig ergänzen und die Sie alle gleichzeitig im Blick haben sollten:

1. Zielorientierte Führung. Dies bedeutet systematische Planung, Steuerung und Kontrolle.
2. Keine Maßnahme ohne vorherige Diagnose bzw. Analyse der Ist-Situation, das heißt:
3. Ganzheitliches Denken und Handeln, wobei die Strukturen, das Verhalten von Menschen untereinander – also ihre Kultur – beobachtet werden sollen.
4. Beteiligung der Mitarbeiter zur Entwicklung von praxisgerechten Lösungen sowie der Motivation und Identifikation mit den anstehenden Aufgaben.
5. Hilfe zur Selbsthilfe. Die Unterstützung der Teams in Blickrichtung auf deren selbstständige Handlungskompetenz.
6. Prozessorientierte Steuerung. Hiermit sind die Tempodosierung und laufende Entstörung von Arbeitsprozessen gemeint, also der Abschluss eines Arbeitsschritts vor dem Start des nächsten.
7. Sorgfältige Auswahl von Schlüsselpersonen. Diese Personen dienen als Multiplikatoren von Entscheidungs- und Veränderungsprozessen.
8. Lebendige Kommunikation. Gemeint ist hier eine stringente Informationspolitik für eine umfassende Überzeugungsarbeit unter Einhaltung des Interesses für den Veränderungsprozess.

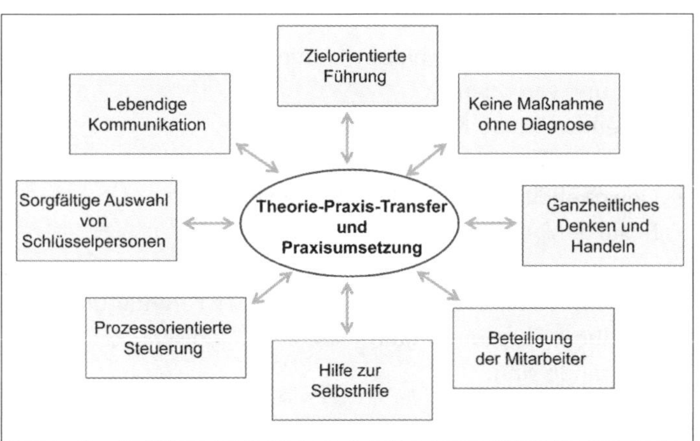

Abb. 12.1
Quelle: Doppler /Lauterburg

Diejenigen, die das Projekt managen sollen, müssen wissen, welche Auswirkungen ihre getroffenen Entscheidungen und Handlungen auf die Mitarbeitenden und die ganze Organisation haben. Changeprojekte erfordern bewertete Führungskräfte. Alle Mitarbeitenden müssen durch sie auf dem Weg der Veränderung mitgenommen werden. Dies bedeutet für Sie, dass die Geschwindigkeit des Veränderungsprozesses nicht ausschließlich von Ihrer eigenen Geschwindigkeit abhängt, sondern von der Energie, die die Mitarbeitenden aufbringen können. Mitarbeiterinnen, die in ihre alten Verhaltensmuster zurückkehren, müssen aufgefangen und aufgepäppelt werden. Wer kennt nicht die Killerphrase *das ging früher aber einfacher*?

Es gilt, mit aufkommenden Widerständen umzugehen, sie sind eine normale Begleiterscheinung, wenn sich ein Betrieb in einer Veränderungsphase befindet. Widerstand bedeutet, dass Maßnahmen und Entscheidungen nicht ohne allzu kritische Prüfung angenommen werden. Gut und weniger gut nachvollziehbare Bedenken werden artikuliert, offensichtliche und unterschwellige Blockaden werden entwickelt. Informelle Führer können Veränderungsprozesse sowohl positiv als eben auch negativ beeinflussen.

Den Wandel hemmende Faktoren sind (Quelle: KTQ):

- fehlende Zuversicht,
- Sinnlosigkeit,
- Ängste und Unsicherheit bei Neuerungen,
- Führung von oben,
- fehlende direkte Kommunikation,
- fehlende Beteiligung und Einbeziehung,
- Gewohnheit, Trägheit, Bequemlichkeit,
- Besitzdenken.

Wie können Sie erkennen, wie es mit der Veränderungsfreudigkeit Ihrer Abteilungsmitarbeiter steht? Typische Zeichen für Widerstände sind:

- gestiegene Fehltage,
- höherer Krankenstand,
- angestiegene Mitarbeiterfluktuation,
- Gerüchtebildung,
- latente Unruhe,
- jeder wird über alles informiert (großer Infoverteiler),
- Fehlerhäufung.

Für den gesamten Prozess ist es sinnvoll, kleine Etappenziele festzulegen. Diese sogenannten Meilensteine sollten bewusst mit den Mitarbeitenden festgelegt werden. Würdigen Sie die erreichten Leistungen Ihrer Mitarbeitenden und sparen Sie bei Changeprojekten nicht mit angemessenen Möglichkeiten des Lobes. Insgesamt gilt es, den Standpunkt des Mitarbeiters zu verstehen, wollen Sie ihn von dort wegbewegen.

Stellen Sie sich die Frage, warum der Mitarbeiter seinen Standpunkt nicht verlassen will und was diesen Standpunkt ausmacht.

Unsichere Mitarbeiter müssen anders behandelt werden als sichere!

- Weg von Recht haben müssen, hin zu Ideen entwickeln.
- Weg von Prestige und Gesichtsverlust, hin zu offenen Fragen und Dialog, Ziel- und Maßnahmenplanung.
- Weg von *Sie müssen mich doch auch verstehen*, hin zu Be - gründungen liefern.

Versuchen Sie besonders bei Negativgesprächen die Übereinstimmungspunkte zu finden und darauf aufzubauen!

Verärgerte oder zurückgelassene Mitarbeiter werden zu Leistungsverweigerern. Die 1999 veröffentlichte Coverdale Studie zeigt die zehn häufigsten Vorgesetztenfehler auf:

1. Versucht, alles selbst zu bestimmen
   Engagement wird zu Bevormundung, Handlungsfreiräume werden zur kurzen Leine und führen zur Anpassung.

2. Geheimniskrämerei
   Falsche Kommunikation führt zu Informationsdefizit/Verlust und der Mitarbeiter weiß nicht, was wann wie geplant ist. Deswegen: eindeutige Aussagen machen!

3. Entscheidungsschwäche
   Verhindert die konsequente Beseitigung von Unsicherheiten, führt zu *Dienst nach Vorschrift*.
   Stattdessen: klare Verhältnisse statt *Hörensagen*, denn eindeutige Aussagen verhindern Tratsch.

4. Unberechenbarkeit
   Statt *Hü und hott* brauchen Ihre Mitarbeiter Glaubwürdigkeit; setzen Sie Lob und Kritikverteilung nicht nach Lust und Laune ein!

5. Sprunghafter Zielwechsel
   Konzentration auf ein Ziel fördert Kreativität und Leistung und der Sinn des Tuns muss klar sein.

6. Taube Ohren
   Vorgesetztenmonologe sind Totengräber für das Engagement, Mitarbeiter wollen Gespräche führen und gehört werden. Leistung entwickelt sich im Dialog!

7. Konfliktscheue
   Konflikte auszutragen ist wichtig, denn positive Auseinandersetzungen sorgen für einen offenen Umgang. Beim Vorgesetzten ist Prozesskompetenz statt Sturheit gefragt!

8. Misstrauen
   Vertrauen lässt das Spannungsfeld *Versuch und Irrtum* gelten, sofort korrigierte Fehler signalisieren dem Mitarbeiter dagegen, er sei unfähig.

9. Klugs.... meierei
   Der Mitarbeiter will etwas infrage stellen können, ohne bevormundet zu werden oder als Besserwisser dazustehen.

10. Selbstbeweihräucherung
    Teamgeist, Leistung wird aus dem Umfeld heraus generiert. Steht dagegen der Vorgesetzte im Vordergrund, droht das abrupte Leistungsende der Gruppe statt gegenseitiger Anerkennung und Gemeinschaftserlebnis.

Sprechen Sie die gleiche Sprache wie die Mitarbeiter? Gute Kommunikation mit Ihren Mitarbeitern ist viel wert. Vorgesetzte unterschätzen oft das Informationsinteresse ihrer Mitarbeiter. Zu Defiziten in der Kommunikation gehören:

- mangelhafter Infofluss,
- zu schnell und zu viele Informationen,
- Konflikte durch unterschiedliche Wahrnehmung des Gesprächsinhalts,
- Widersprüche zwischen verbaler und nonverbaler Kommunikation (Double-blind-Situation),
- Desinteresse, Abstumpfung,
- zu wenig Transparenz.

Als Fazit lässt sich daraus erkennen:

- Sender und Empfänger einer Nachricht sollten auf der gleichen *Werte-Frequenz* senden,
- im Gespräch die Ich-Form benutzen und
- Rückkopplungsfragen zulassen, denn sie ergeben einen Wirkungszyklus (Abbildung 12.2).

Mitarbeiter können bei anstehenden Veränderungsprozessen nur Re-Agieren. Die Veränderungen werden von oben bestimmt, dadurch sind die Rollen an sich klar.

Aggressionen entstehen schon oft nur durch diesen Sachverhalt! Ihr konstruktiver Umgang mit Bedenkenträgern und Widerstand wird ein wesentlicher Erfolgsfaktor sein. Es muss eine neue Vertrauensbasis geschaffen werden.

Abb. 12.2
Wirkungszyklus
©KlöberKASSEL 2010

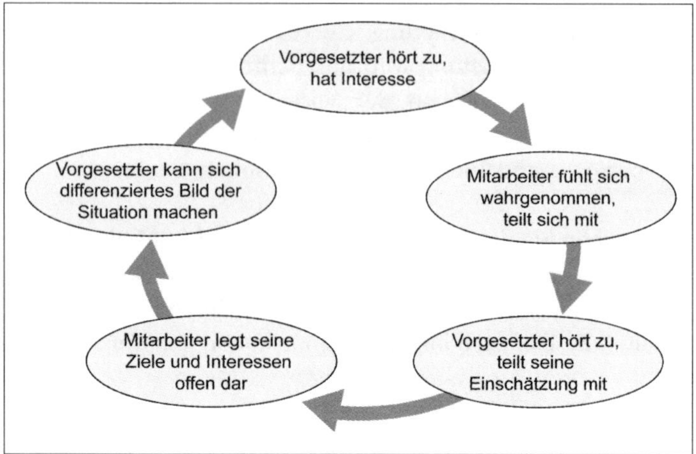

Das einzig Konstante ist der stetige Wechsel von Ebbe und Flut.

Ute Krützmann (1968), 2. Vorsitzende Berufsverband Hauswirtschaft e. V.

Mit diesem Zitat wünschen wir Ihnen viel Erfolg beim Umsetzen Ihrer Qualitätsbestrebungen!

13 Qualitätsmanagement-Handbuch

Alles muss so einfach wie möglich, aber nicht einfacher sein.

Albert Einstein (1879 – 1955), deutsch-amerikanischer Physiker

13.1 Erstellen des Qualitätsmanagement-Handbuchs

Zu jedem Qualitätsmanagement-System gehört eine ordentliche Dokumentation. Im Allgemeinen werden diese Dokumente, Formulare, Checklisten usw. in einem Handbuch zusammengefasst. Häufig werden in der betrieblichen Praxis aus vielen Handbüchern, die man sich organisiert hat, solche Dokumentvorlagen herauskopiert und mehr oder weniger erfolgreich im eigenen Betrieb eingesetzt. Als Ideengeber eignen sich diese Dokumente sicher. Sie selbst kommen aber nicht daran vorbei, Ihre eigenen Arbeitsunterlagen für Ihre speziellen Bedürfnisse zu entwickeln. Auch die fertigen Handbücher, die oft von der Industrie angeboten werden, sind nicht generell geeignet, den eigenen Betrieb mit seinen Qualitätsbestrebungen korrekt darzustellen.

- Ein Qualitätsmanagement-Handbuch ist ein Dokument, das die Qualitätspolitik, das Qualitätssicherungs-System und die qualitätsrelevanten Vorgehensweisen einer Organisation darlegt.
- Ein Qualitätsmanagement-Handbuch kann sich auf die Gesamtheit der Tätigkeiten einer Organisation oder nur auf einen Teil davon beziehen.
- Der Anwendungsbereich eines Qualitätsmanagement-Handbuchs wird durch den Titel und die im Qualitätsmanagement-Handbuch erwähnten Qualitätsziel (Qualitätspolitik) widergespiegelt.

- Das Handbuch dokumentiert vollständig das Qualitätsmanagement-System des Unternehmens.
- Das Handbuch hat die Funktion eines Nachschlagewerkes. Überlegen Sie genau, wie sie gezielten Zugriff auf Informationen und schnelles Wiederfinden gestalten. Nur wenn die Handhabung einfach ist, wird es ein Handbuch und kein Schrankbuch.
- Das Handbuch unterliegt genau wie das Unternehmen selbst einer ständigen Anpassung und Bearbeitung. Der Austausch von Elementen und Seiten des Handbuchs muss einfach zu handhaben sein. Daher ist das Handbuch in Ordnerform aufzubauen.
- Das Qualitätsmanagement-Handbuch wird sowohl im Unternehmen in den Abteilungen verteilt, wie auch im Rahmen der Akquisition oder Kundenpflege an Externe ausgegeben. Da im zweiten Fall ein Missbrauch (z. B. die Weitergabe des Textes an Wettbewerber) nicht ausgeschlossen werden kann, muss die unerwünschte Offenlegung von firmenspezifischem Know-how verhindert werden.

Der im Unternehmen benannte Qualitätsmanagement-Beauftragte ist für alle inhaltlich relevanten Daten wie Arbeitsanweisungen, Verfahrensanweisungen oder Organigramme verantwortlich. Er ist ebenfalls verantwortlich für die korrekte Weiterleitung von Änderungen an die Qualitätsmanagement-Handbuchbesitzer, die die Änderung betreffen.

Wenn Sie nach der ISO 9001:2008 arbeiten, ist ein Qualitätsmanagement-Handbuch verbindlich. Auch dessen Aufbau und Gliederung ist eindeutig in einem speziellen Leitfaden (ISO 10013) geregelt. Für andere Qualitätsmodelle sind Sie in der Gestaltung offener. Die Aufgabe des Handbuchs besteht immer darin, das betriebliche Qualitätssicherungs-System, die Qualitätspolitik und das Qualitätsmanagement-System einer Organisation schriftlich und schlüssig für Dritte (intern und extern) darlegen zu können.

Im Qualitätshandbuch finden sich die Grundsätze, Qualitätsziele, die Struktur und die Verantwortlichkeiten wieder. Ferner enthält es alle gültigen Verfahren und Prozesse auf der

Grundlage des zugrunde liegenden QM-Systems, z. B. der DIN ISO-Norm mit speziellen Verfahrens- und Arbeitsanweisungen. Im Pflichtenheft sind in erster Linie die verbindlichen Leistungen beschrieben. Das Qualitätsmanagement-Handbuch beschreibt nicht mehr und nicht weniger als die Gesamtheit der qualitätsrelevanten Vorgänge eines Unternehmens. Hierzu gehört:

- die Qualitätspolitik,
- die Verantwortungen und Befugnisse sowie die gegenseitigen Beziehungen von Mitarbeitern in leitender, ausführender oder überprüfender qualitätsrelevanter Tätigkeit,
- die Verfahren und Anweisungen im Qualitätssicherungs-System (QS-Verfahren und QS-Anweisungen),
- eine Festlegung zur Überprüfung, Aktualisierung und Überwachung des Qualitätsmanagement-Handbuchs,
- die Darstellung der unternehmerischen Zielsetzungen in puncto Qualität,
- die Darlegung des Stellenwerts der Qualitätsbestrebungen im Wertegefüge des Unternehmens,
- die Beschreibung der Aufbau- und Ablauforganisation,
- die Festlegung von Verantwortlichkeiten und Zuständigkeiten,
- Ausführungen zu der Organisation von Arbeiten und bereichsübergreifenden Tätigkeiten.

Das Qualitätsmanagement-Handbuch ist somit das zentrale Dokument eines Qualitätssicherungs-Systems. Ohne dieses Handbuch kann ein System weder dargelegt noch seine Funktionsfähigkeit nachgewiesen werden. Es spielt eine grundlegende Rolle bei dem Vorgang der Zertifizierung.

13.2 Hauswirtschaftshandbuch

Das Hauswirtschaftshandbuch ist ein wesentlicher Teil des gesamten Qualitätsmanagement-Systems. Es macht transparent, wie vielfältig und unterschiedlich die Anforderungen sind, die der Betreuungsalltag an die Hauswirtschaftsmitarbeiterinnen stellt. Darüber hinaus wird ihnen eine Hilfe in die Hand gegeben, mit der sie den Versorgungsalltag leichter bewältigen.

13.3 Struktur des Qualitätsmanagement-Handbuchs

Die Form eines Handbuchs ist nicht exakt vorgeschrieben. Sie sollte allerdings vor dem Beginn der Qualitätsaufzeichnungen bedacht und festgelegt werden. Ist einmal die Struktur gegeben, kann immer mit dem gleichen Grundmuster parallel in allen Abteilungen gearbeitet werden. Es muss nichts umgeschrieben oder angepasst werden. Ziel des Handbuchs ist es, dass alle Qualitätsaktivitäten und verbindlichen Aussagen gebündelt in einem Werk nachlesbar, also dokumentiert sind. Je nach Arbeitsgebiet, z. B. Altenhilfe, ist es gesetzlich verpflichtend, dass diverse Qualitätssicherungs-Maßnahmen schriftlich dokumentiert werden. Leider ist es besonders häufig in diesem Bereich so, dass die Dokumentation ein reiner Selbstzweck wird und Sie nur noch mit dem Verwalten von Dokumenten beschäftigt sind. Dokumentation soll schnell gehen, einfach und übersichtlich sein. Lassen Sie sich nicht von unterschiedlichsten externen Aussagen in die Irre führen. Prüfen Sie selbst und kritisch, ob das, was Sie dokumentieren, in der Lage ist, Ihr Qualitätskonzept schlüssig abzubilden.

Wichtig bei der Gestaltung des Qualitätsmanagement-Handbuchs ist eine gute, klare Strukturierung. Der Nutzer soll sich schnell orientieren können. Eine neutrale, allgemeingültige Reihenfolge des Aufbaus können wir Ihnen nicht geben, sie muss betriebsintern erstellt werden.

Es taucht bei der Gestaltung von Qualitätsmanagement-Handbüchern und hauswirtschaftlichen Abteilungshandbüchern immer wieder die Frage auf, was wohin gehört.

Mögliche Aufteilungen zeigen Ihnen die Abbildungen 13.1 und 13.2.

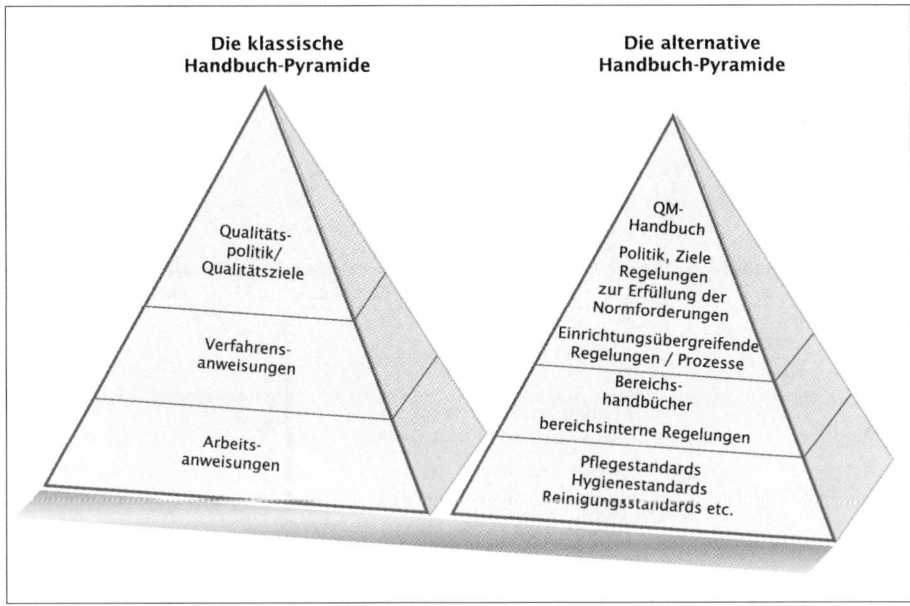

Abb. 13.1
©KlöberKASSEL 2007

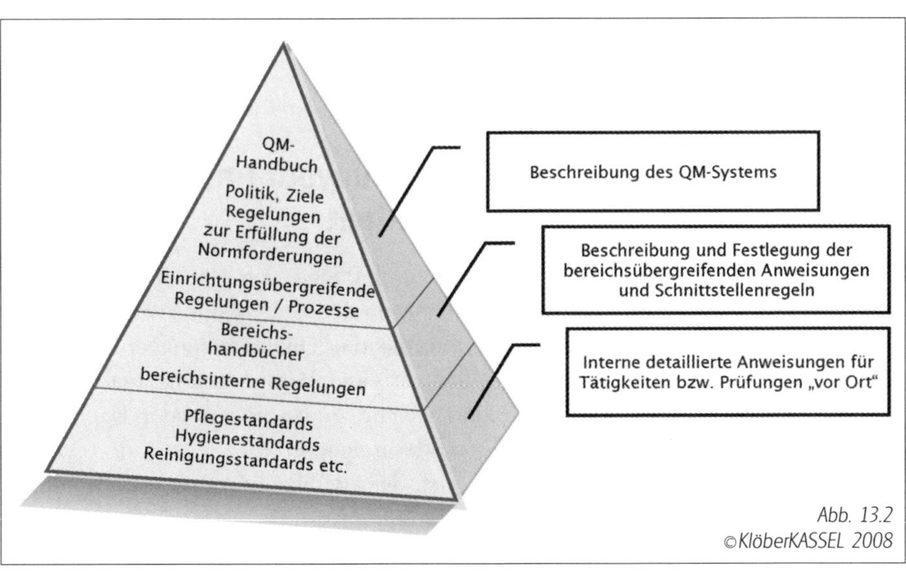

Abb. 13.2
©KlöberKASSEL 2008

Das Organigramm (Abbildung 13.3) stellt eine mögliche Gliederungsart für ein Gesamthandbuch mit Teilbereichen und/oder Bereichshandbüchern dar.

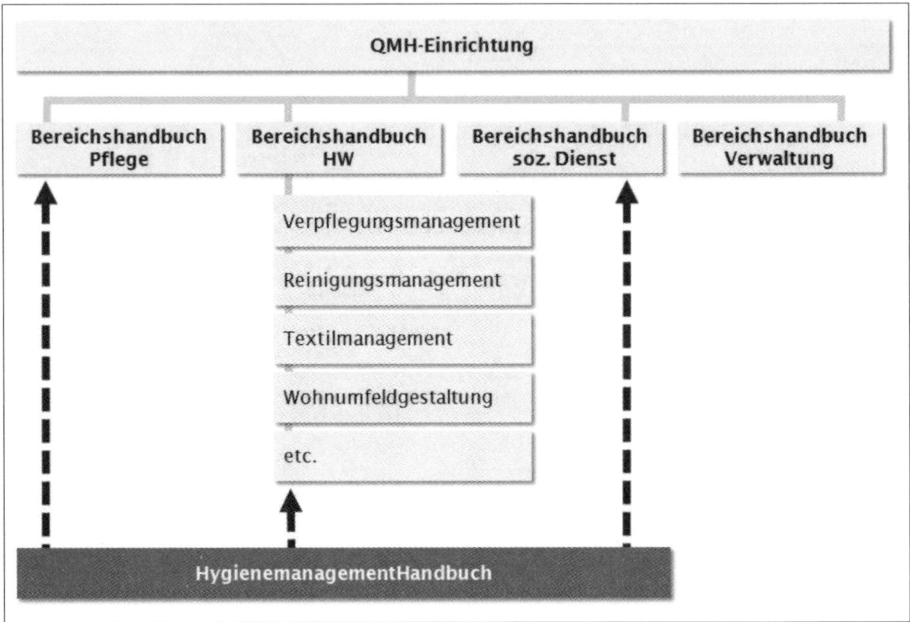

Abb. 13.3
©KlöberKASSEL 2010

13.3.1 Dokumentenlayout und Begriffsklarheit

Handhabungshinweise und Pflege des Handbuchs gehören vor das Inhaltsverzeichnis an den Anfang des Werks.

Verantwortlichkeiten, die das Qualitätsmanagement-Handbuch betreffen, sollten in einer Verantwortungsmatrix fixiert sein, z. B.: Wer darf welche Anweisungen oder Kapitel des Handbuchs erstellen oder freigeben?

Besonders wichtig ist, dass wirklich nur offizielle *Papiere* in das Handbuch aufgenommen werden.

Um jedes Dokument sicher in das richtige Kapitel zuordnen zu können, benötigen alle Dokumente:

- den Unternehmensnamen,
- das Erstellungsdatum (wann es entwickelt wurde),
- das Änderungsdatum (wann es überarbeitet wurde),
- den Ersteller,
- den Geltungsbereich,
- den Kapitelnamen,
- eine Nummerierung (z. B. bei Arbeitsanweisungen).

Alle Arten von Formularvorlagen, Checklisten, Dokumentationen können im Kapitel der mitgeltenden Unterlagen oder in einem separaten Formularhandbuch systematisch abgeheftet werden.

Achten Sie bitte darauf, dass jedes Kapitel in sich abgeschlossen ist. Ein neues Kapitel erhält wieder die Seitenzahl 1. Eine durchlaufende Nummerierung würde es Ihnen unmöglich machen, einzelne Seiten zu entfernen. Hiermit ist auch sichergestellt, dass einzelne Kapitel im Rahmen des Änderungsdienstes leicht ausgetauscht werden können. Die Seiten werden innerhalb eines Kapitels fortlaufend nummeriert. Die Anzahl der Kapitelseiten wie auch der aktuelle Ausgabestand muss auf jeder Seite des Handbuchs sichtbar sein. Sogenannte Revisionsstand-Tabellen werden geführt, um den Verlauf von Veränderungen im Qualitätshandbuch nachzuvollziehen. Diese Tabelle muss sehr sorgfältig geführt werden.

Eine einheitliche Strukturierung der einzelnen Kapitel erhöht die Lesbarkeit und ermöglicht ein schnelles Auffinden der gewünschten Information.

Bei der Erstellung der Handbuchtexte erleichtert ein einheitliches Gliederungsschema ein schnelles Ein- und Zuordnen der gesammelten Unterlagen und Vorgangsbeschreibungen und verhindert, dass Texte wiederholt werden oder unstimmig sind. Die Tiefe der Gliederungsebenen ist ein Thema für sich. Ab drei Ebenen wird es sehr unübersichtlich und immer schwerer, die Gliederungsnummern richtig fortzuführen. Sinnvoll kann die Anwendung von Buchstaben für Kapitel und Zahlen für die Gliederungsebenen sein.

Gehen Sie bewusst mit Begrifflichkeiten um. Feststehende Begriffe sollten korrekt genutzt werden. Wenn z. B. ein Feuerwehrmann im Einsatz seinen Kollegen zuruft, dass er einen Schlauch braucht, wird er ihm ganz genaue Angaben zurufen, etwa *ich brauche ein C-Rohr* und nicht *bring mal 'nen Schlauch*. Auf der anderen Seite liest man in vielen hauswirtschaftlichen Standards Begriffe wie *Flitschen* statt Abzieher oder *Schrubblumpen* statt Wischbezüge. Fachmänner und -frauen benutzen Fachbegriffe. Wenn Sie etwas Spezielles ausdrücken möchten, tun Sie es exakt!

Begriffe und Abkürzungen, die sich allgemein auf Qualitätssicherungsverfahren beziehen, werden im ersten Teil des Qualitätsmanagement-Handbuchs entsprechend erläutert.

Die Änderungsstände der einzelnen Handbuchkapitel und des gesamten Handbuchs auf dem aktuellen Stand zu halten, ist ein akribisches Unterfangen. Versuchen Sie, Änderungen nicht pausenlos vorzunehmen, sondern konsequent nur zu bestimmten Terminen. Nur so werden aus der Erfassung der Änderungsstände keine Selbstläufer. Folgende Verzeichnisse werden in der Regel im QM-Handbuch geführt:

- Verzeichnis des Änderungsstands kann entweder über Datumsangaben oder über einen Index gesteuert werden. Die korrekte Ausführung von Änderungen wird durch Unterschrift entweder im Handbuchkapitel selbst oder in diesem Verzeichnis bestätigt.
- Verzeichnis der aktuellen Änderungsstände der Verfahrens- und Arbeitsanweisungen,
- Verzeichnis der Handbuchkapitel mit Nennung von Ersteller, Prüfer und Anzahl der Seiten,
- Verzeichnis der Verteiler des Handbuchs. Der Empfang eines Handbuchs wird in dieser Liste durch Unterschrift bestätigt,
- Verzeichnis der Ausgabestände der im Handbuch zitierten Normen und Richtlinien.

In tabellarischer Form wird diese Hürde am Einfachsten zu handhaben sein.

Ein Qualitätsmanagement-Handbuch ist üblicherweise dreiteilig aufgebaut.

13.3.2 Teil 1 des Qualitätsmanagement-Handbuchs

Dieser Teil macht Angaben zur Organisation, zum Gebrauch, zur Herausgabe und zur Pflege des Handbuchs. Der erste oder offizielle Teil des Handbuchs dient der Kommunikation und Werbung bezüglich der Qualitätsfragen für den Kunden. Er repräsentiert das Unternehmen, nimmt Stellung zur Qualitätspolitik und Philosophie des Unternehmens. Ferner enthält er allgemein gefasste Grundlagen, Strukturen und Organigramme. Also all die Bestandteile, die auch für die Veröffentlichung bzw. Ausgabe an Dritte (Neukundenwerbung, Unternehmenswerbung, etc.) möglich sind, ohne dass Betriebsinterna veröffentlicht werden.

1. Inhaltsverzeichnis.
2. Erklärung zur Qualitätspolitik.
3. Herausgabe und Änderung des Qualitätsmanagement-Handbuchs.
4. Aufbau und Struktur des Qualitätsmanagement-Handbuchs.
5. Begriffserläuterungen.
6. Verzeichnis der Änderungsstände.

Stellenbezeichnungen und Hierarchieebenen sollen transparent dargestellt werden. Eine namentliche Stellenbezeichnung ist hingegen eher hinderlich; spätestens wenn die Stelleninhaber wechseln, müsste das Dokument gewechselt werden. Über das Organigramm können Sie zusätzlich Verteiler- und Kommunikationswege darstellen. Um das Organigramm zu perfektionieren, sollten Verantwortlichkeiten von Funktionsträgern klar niedergeschrieben sein, soweit ihre Funktion in Zusammenhang mit der Qualität von Produkten und Dienstleistungen steht. Es hilft ferner, eine Besprechungsübersicht mit Teilnehmern und Orten transparent darzustellen.

Ein kleiner Tipp: Wenn Sie im Handbuch mit Grafiken und Schaubildern arbeiten, vergewissern Sie sich, dass Ihre Mitarbeiter solche Schaubilder lesen und inhaltlich für ihre Arbeit einsetzen können. Optisch werden Organigramme in der Regel von oben nach unten designt. Drehen Sie das Organigramm einfach um und Sie sehen, wer an der Basis des Unternehmens und damit an der Schnittstelle zum Kunden steht: Ihr Mitarbeiter.

Fachausdrücke und Abkürzungen

Nicht jeder Mitarbeiter und Leser kann alle Fachausdrücke und Abkürzungen kennen, die im Unternehmen eingesetzt werden, ebenso wenig die neue Terminologie, die das QM-System mit sich bringt. Eine Übersicht der häufig im Unternehmen verwendeten Abkürzungen und Fachausdrücke gehört auch an den Anfang des Qualitätsmanagement-Handbuchs.

13.3.3 Teil 2 des Qualitätsmanagement-Handbuchs

Hier werden die zugrunde liegenden Qualitätselemente/Prozesse erläutert, Verfahrens- sowie Arbeitsanweisungen und Prozeduren erklärt.

In diesem allgemeinen Teil des Handbuchs ist alles niedergeschrieben, was das Hauswirtschaftsleitbild prägt und seine Umsetzung ermöglicht und qualitativ sicherstellt. Der zweite Teil des Qualitätsmanagement-Handbuchs dient u. a. den Mitarbeitern als Nachschlagewerk. Er kann in folgende Teilbereiche gegliedert werden:

- Verpflegungsmanagement,
- Reinigungsmanagement,
- Textilmanagement,
- Haustechnik,
- Personalmanagement,
- Wohnumfeldgestaltung etc.

Alternativ kann die Gliederung entsprechend der Abarbeitung der Qualitätselemente, z. B. nach ISO 9001:2008, erstellt werden. Ist die Zertifizierung im Sinne der ISO ein erklärtes Qualitätsziel, ist es naheliegend, die Gliederungsstruktur im

Rahmen der ISO-Norm, für die sich das Unternehmen entschieden hat, in das Handbuch zu übernehmen. Eine normkonforme Handbuchstruktur vereinfacht das Prozedere der Zertifizierung. Ein ausgebildeter Auditor muss zwar in der Lage sein, die Darstellung des Qualitätssystems in beliebig aufgebauten Handbüchern zu bewerten, jedoch ist dies mit einem ungleich höheren zeitlichen Aufwand verbunden und kann das Zertifikat entsprechend verteuern.

Die DIN-Norm berücksichtigt jedoch Themen wie *Qualität & Kosten* oder *Umweltschutz* derzeit nur am Rande. Hier müssen Sie selbst entscheiden, ob Sie ergänzende Kapitel mit Ihren QM-Themen schaffen.

Tabelle 13.1 stellt die acht Kapitel der ISO 9001:2008 dar.

Werden Sie von unterschiedlichen kontrollierenden Behörden geprüft, ist es sinnvoll, am Anfang des Handbuchs eine Matrix zu entwickeln, aus der schnell zu ersehen ist, welche rechtlichen Forderungen in welchem Kapitel zu finden sind. Tabelle 13.2 zeigt Ihnen einen solchen Matrixauszug aus einem zentralen Qualitätsmanagement-Handbuch einer Altenhilfeeinrichtung.

Wenn Sie Teilhandbücher für andere Zwecke, z. B. Ihr *betriebliches Eigenkontrollkonzept* für den Verpflegungsbereich, erstellt haben, können solche Teilkonzepte in das Gesamthandbuch eingepflegt werden oder Sie verweisen im Qualitätsmanagement-Handbuch einfach auf dieses Teilhandbuch. Fangen Sie erst gar nicht damit an, doppelte Bücher/Ablagen zu erstellen.

13.3.4 Teil 3 des Qualitätsmanagement-Handbuchs (Anhänge)

Der dritte Teil organisiert die Anlagen (Verfahrensanweisungen, Arbeitsanweisungen, Belege, Formblätter, mitgeltende Dokumente, Auflistungen der zitierten Normen und Richtlinien etc.):

1. Zitierte Dokumente, die nicht Bestandteil des Handbuchs sind,

1	**Anwendungsbereich**
2	**Normative Verweisungen**
3	**Begriffe**
4	**Qualitätsmanagement-System**
4.1	Leiten und Lenken von Systemen und Prozessen
4.2	Dokumentation
4.3	Anwendung von Qualitätsmanagement-Grundsätzen
5	**Verantwortung der Leitung**
5.1	Allgemeine Anleitung
5.2	Erfordernisse und Erwartungen interessierter Parteien
5.3	Qualitätspolitik
5.4	Planung
5.5	Verantwortung, Befugnis und Kommunikation
5.6	QM-Bewertung
6	**Management der Ressourcen**
6.1	Allgemeine Anleitung
6.2	Personen
6.3	Infrastruktur
6.4	Arbeitsumgebung
6.5	Informationen
6.6	Lieferanten und Partnerschaften
6.7	Natürliche Ressourcen
6.8	Finanzen
7	**Produktrealisierung**
7.1	Allgemeine Anleitung
7.2	Prozesse bezüglich interessierter Parteien
7.3	Entwicklung
7.4	Beschaffung
7.5	Produktion und Dienstleistungserbringung
7.6	Lenkung von Prüfmitteln
8	**Messung, Analyse und Verbesserung**
8.1	Allgemeine Anleitung
8.2	Messung und Überwachung
8.3	Lenkung von Fehlern
8.4	Datenanalyse
8.5	Verbesserung

Tab. 13.1

Gliederung im Qualitätsmanagement-Handbuch		Diakonie Siegel Pflege Version 2	DIN EN ISO 9001:2008
L	**Leitungshandbuch**		
L 2	**Sicherheit und Gesundheitsschutz**		
L 2.1	Hygienemanagement	F 4.5	6.4
L 2.2	Arbeitsschutz	F 4.2	5.1, 6.4
L 2.3	Brandschutz	F 4.3	5.1, 6.4
L 2.4	Wartungs- und Kontrollsystem, Einweisungen und Reparaturen	F 4.4	5.1, 6.3, 7.6
L 2.5	Gebäude- und Geländesicherheit	F 4.6	5.1, 6.4
L 4	**Qualitätsmanagement**		
L 4.1	Maßnahmen internes Qualitätsmanagement	F 3.1	4.1, 4.2.2, 5.2, 5.6.1
L 4.2	Maßnahmen externes Qualitätsmanagement	F 3.1	8.4, 8.5.1
L 4.3	Schnittstellen	Nicht enthalten	4.1
L 4.4	Lenkung von Dokumenten und Aufzeichnungen	F 3.2	4.2.3, 4.2.4
L 4.5	Internes Audit	F 3.6	8.2.2
L 4.6	Verbesserungsmanagement		
L 4.6.1	Umgang mit Fehlern	F 3.3	8.4, 8.5.1, 8.5.2, 8.5.3
L 4.6.2	Beschwerdemanagement	F 3.5	7.2.3, 8.4, 8.5.1, 8.5.2
L 4.6.3	Kontinuierlicher Verbesserungsprozess	F 3.4	8.5.1
L 4.7	Managementbewertung	F 1.5	5.6
L 4.8	Bewohnerinnen- und Mitarbeiterinnenbefragungen	F 3.7	5.2, 7.2.3, 8.2.1
L 6	**Aus-, Fort- und Weiterbildung**		
L 6.1	Ausbildung	F 2.3.3	6.2.1, 6.2.2
L 6.2	Fortbildung	F 2.3.4	6.2.1, 6.2.2
H	**Hauswirtschaftshandbuch**		
H 1	Verpflegungskonzept	K 2.3	4.2.1, 6.2.1, 7.2.3, 7.5
H 2	Reinigungskonzept	K 2.4	6.3, 6.4, 7.1, 7.5.1
H 3	Textilversorgungskonzept	K 2.5	5.2, 6.3, 7.1, 7.5.1
H 4	Wohnraumgestaltungskonzept	K 2.2	5.2, 6.3
H 5	Hauswirtschaftliche Betreuungskonzept	K 3	7.1, 7.5.1

Tab. 13.2

2. Übersicht der Dokumente, die Bestandteil des Handbuchs sind,
3. QS-Verfahrensanweisungen,
4. QS-Arbeitsanweisungen,
5. QS-Formulare und mitgeltende Unterlagen.

Diese Dreiteilung vereinfacht die Herausgabe und Verteilung des Handbuchs. Die Teile I und II werden an Führungskräfte des Unternehmens oder gezielt an Externe ausgegeben. Dokumente des Teils III stehen den Mitarbeitern der ausführenden Ebene zur Verfügung. In diesem Teil werden präzise Angaben zu Abläufen und technischen Verfahren gemacht, die auch schützenswertes Know-how enthalten. Es wird auch oft von den *mitgeltenden Unterlagen* in diesem Zusammenhang gesprochen.

13.4 Stufen der Handbucherstellung

Ein Qualitätshandbuch ist ein Handbuch – und kein Schrankbuch. Gestalten Sie es anwendungsfreundlich. Es ist ein Hilfsmittel zur qualitätsorientierten Arbeit und keine Waffe gegen Mitarbeiter. Bereits beim Layout können Sie Ihre unternehmerische Qualitätsauffassung unter Beweis stellen:

- Alle eingesetzten Papiere sollten Ihr Unternehmenslogo tragen,
- die gewählte Schrift soll gut lesbar, die Seiten übersichtlich gestaltet sein,
- hilfreich ist der Einsatz von Textverarbeitung,
- mengenmäßig sollen der Leser und Anwender mit den Informationen nicht *vollgestopft* werden. Weniger ist mehr!
- Wählen Sie eine gute und klare Strukturierung.

Ist die Entwicklung des hauswirtschaftlichen Qualitätsmanagement-Handbuchs eine reine Führungsaufgabe oder können die Mitarbeiterinnen einbezogen werden? Natürlich Letzteres! Sobald Sie Betroffene zu Beteiligten machen, steigt die Eigenverantwortlichkeit. Erstellen Sie als Erstes einen Projektplan. Sie wissen ja: ohne Plan kein Ziel. Grundlagen eines Projektplans finden Sie als kostenlosen Download auf unserer Homepage www.kloeber-kassel.de.

Sobald das Projekt *Entwicklung eines hauswirtschaftlichen Qualitätsmanagement-Handbuchs* offiziell seinen Segen hat, können Sie die Entwicklung des Handbuchs in einzelne Projektabschnitte gliedern:

1. Bildung einer Arbeitsgruppe.
2. Sammlung und Sichtung der qualitätsrelevanten Unterlagen, die schon vorhanden sind.
3. Erstellung des organisatorischen Teils.
4. Erster Entwurf einer Beschreibung der Elemente des QS-Systems.
5. Durchsicht und Prüfung des Entwurfs.
6. Abschließende Bearbeitung des Textes.
7. Freigabe und Verteilung des Handbuchs.

Die Inhalte der Arbeitsschritte werden im Folgenden weiter detailliert.

13.4.1 Bildung einer Arbeitsgruppe

In der Regel ist das Handbuch ein bereichsübergreifendes Dokument mit einem unternehmensweiten Gültigkeitsbereich. Deswegen sollte es nicht von einer Person (z. B. dem Beauftragten der obersten Leitung/Qualitätsmanagerin) alleine, sondern immer von einem Team bearbeitet werden, das sich aus Vertretern der wichtigsten Aufgaben- und Funktionsbereiche zusammensetzt. Vielleicht haben Sie sich auch schon zur Qualitätsmanagement-Fachkraft in der Hauswirtschaft weitergebildet. Wenn Sie mehr über diese Weiterbildung erfahren möchten, finden Sie Details am Ende des Buches oder auf unserer Homepage.

13.4.2 Sammlung der qualitätsrelevanten Unterlagen

Die vorhandenen qualitätsrelevanten Unterlagen werden durch das Team zusammengetragen und gesichtet. Hierbei sind zuerst einmal die Fragen zu klären, ob die Unterlagen einem Kapitel des Handbuchs oder den Verfahrens- und Arbeitsanweisungen zugehörig sind und ob sie für die geplante Darstellung des Qualitätsmanagement-Systems ausreichen.

Bei der Beantwortung der Fragen ist es hilfreich und notwendig, die Texte der entsprechenden Normen aus der Reihe DIN ISO 9000 ff. heranzuziehen und die vorhandenen Dokumente diesbezüglich zu prüfen. Fragelisten zur Systembewertung, wie sie von Zertifizierungsgesellschaften verwendet oder von Fachverbänden ausgegeben werden, sollten Sie für diese Beurteilung heranziehen – immer vorausgesetzt, dass Sie das Handbuch im Sinne der ISO aufbauen wollen.

Ihr Ergebnis ist ein Verzeichnis aller benötigten *Papiere* wie Dokumente, Belege und Arbeitsabläufe. Entscheiden Sie nun:

1. ist vorhanden und kann ohne Änderungen übernommen werden oder
2. ist vorhanden und kann mit Anpassung übernommen werden oder
3. ist nicht vorhanden und muss neu erstellt werden.

Es kann durchaus Sinn machen, auch noch die Kategorie

4. ist vorhanden, wird aber nicht (mehr) benötigt

einzuführen. Verlieren Sie dabei Ihr Ziel der Transparenz nicht aus den Augen und denken Sie immer daran, Einfachheit und Klarheit statt Bürokratisierung zu schaffen.

13.4.3 Erstellung des organisatorischen Teils

Bevor mit der eigentlichen Beschreibung der Qualitätssicherungs-Elemente begonnen wird, empfiehlt es sich:

1. den organisatorischen Rahmen für das Handbuch und für die Lenkung der Dokumente festzuschreiben,
2. die Verantwortlichkeiten und Aufgaben innerhalb des Projektteams zu bestimmen,
3. die Verantwortlichkeiten für Erstellung und Prüfung der Handbuchkapitel zu bestimmen,
4. die Zuständigkeiten für Erstellung, Änderung, Prüfung, Freigabe, Verteilung und Archivierung der QS-relevanten Unterlagen festzulegen und
5. die der Verantwortlichkeiten für Erstellung und Prüfung der QS-Verfahrens- und QS-Arbeitsanweisungen zu bestimmen.

Ihr erster Meilenstein ist erreicht, wenn Sie das Projekt und dessen Grobgliederung Ihrer Leitung vorstellen und Sie sie später über den Fortgang des Projekts auf dem Laufenden halten.

13.4.4 Entwurf von Teil 2 des Qualitätsmanagement-Handbuchs

Kapitelweise wird nun durch die Projektgruppenmitglieder ein erster Entwurf des Handbuchs erstellt. Besondere Beachtung gilt den normativen und gesetzlichen Anforderungen. Diese Anforderungen und die betrieblichen Gegebenheiten des Unternehmens (hier besonders die Aufbau- und Ablauforganisation) sind in dem Entwurf so miteinander zu verknüpfen, dass eine brauchbare, verständliche und transparente Dokumentation eines sowohl normkonformen als auch unternehmensspezifischen Qualitätssicherungs-Systems entsteht. Mit einem einfachen Abschreiben der Norm oder eines vorgefertigten Musterhandbuchs ist die Aufgabe sicher nicht erfüllt. Erziehen Sie sich und die Projektgruppenmitglieder zum kritischen Hinterfragen, ob die Forderung für die Einrichtung relevant, ob sie durch den Ist-Zustand bereits erfüllt ist und ob zusätzlicher Handlungsbedarf besteht. Produzieren Sie Klasse statt Masse.

In regelmäßigen Abstimmungssitzungen werden der Fortschritt der Arbeiten abgeglichen und offene Fragen geklärt. Hier wird allen Prozessbeteiligten schnell auffallen, dass es recht schwer ist, an der richtigen Stelle und Tiefe mit den Beschreibungen Schluss zu machen. Sobald Sie den Arbeitsbereich anderer Abteilungen berühren oder erkennen, dass hier zwei oder mehrere Parteien die Aufgaben lösen sollen, nehmen Sie Kontakt auf. Abteilungsisolierte Handbücher und damit verbundene Prozessbeschreibungen funktionieren in der Regel nicht sonderlich gut.

Durchsicht und Prüfung des Entwurfs

Mit dem ersten Entwurf liegt nun zum ersten Mal das gesammelte Wissen als Gesamtdokument des Qualitätsmanagement-Handbuchs vor. Es besteht aus den Teilen I und II und einem Verzeichnis der benötigten Anlagen des Teils III.

Jedes Projektgruppenmitglied muss nun das Handbuch (nicht nur die von ihm erstellten Kapitel) hinsichtlich Korrektheit, Verständlichkeit, Vollständigkeit und Wiederholungen prüfen. Verbesserungswünsche werden am besten in einer Tabelle zusammengetragen und nach deren Prüfung im Team können die Änderungen umgesetzt werden. Dann erfolgt eine vorerst letzte Prüfung der Texte.

Freigabe und Verteilung des Handbuchs

Die Freigabe des Qualitätsmanagement-Handbuchs erfolgt durch die Qualitätsmanagement-Beauftragte und die Geschäftsführung durch deren beider Unterschriften. Die Verantwortlichen der Erstellung und Prüfung der Handbuchkapitel bestätigen durch ihre Unterschrift, dass das entstandene Gesamtwerk korrekt und vollständig ist. Das Inkrafttreten und die Verteilung der Handbücher werden den Mitarbeitenden des Unternehmens durch eine angemessene Informationspolitik bekannt gemacht.

13.4.5 Pflege des Qualitätsmanagement-Handbuchs

In aller Regel wird das Original des Qualitätshandbuchs im Büro der Qualitätsmanagement-Beauftragten aufbewahrt. Von dieser Stelle werden auch die Vervielfältigung und Verteilung des Handbuchs gemäß dem im Handbuch festgelegten Verteilerschlüssel organisiert. Um zu erkennen, dass nur offizielle Vervielfältigungen im Umlauf sind, ist es gängige Praxis, dass Ident-Nummern vergeben werden. Unerlaubtes Kopieren bzw. das Erkennen von nicht offiziell erstellten Kopien kann durch ein farbiges Firmenlogo oder eine Farbmarkierung auf jeder Seite sichergestellt werden. Bei der Ausgabe der Qualitätsmanagement-Handbücher werden üblicherweise zwei Arten differenziert:

1. Exemplare, die dem Änderungsdienst unterliegen

Diese Qualitätsmanagement-Handbücher werden an die Funktionsinhaber der Einrichtung ausgegeben, die in einer Verteilerliste registriert werden. Die Empfänger sind verpflichtet, ihre Mitarbeiter über die Existenz des Handbuchs umgehend und angemessen zu informieren und zur Anwendung zu verpflichten. Exemplare, die nicht mehr benötigt werden, werden an die Qualitätsverantwortlichen zurückgegeben.

2. Informationsexemplare, die nicht dem Änderungsdienst unterliegen

Diese Art von Qualitätsmanagement-Handbücher wird deutlich gekennzeichnet, z. B. mit dem Vermerk *zur Information*. Sie können nur für einen begrenzten Zeitraum außerhalb des Unternehmens benutzt werden. Sie sind mit dem Ausgabedatum gültig, unterliegen aber keinem Änderungsdienst. Die Empfänger dieser Informationsexemplare werden ebenfalls in einer separaten Verteilerliste registriert. Die Informationsexemplare dürfen ohne Genehmigung nicht vervielfältigt oder Dritten zugänglich gemacht werden. Sie bleiben Eigentum der Einrichtung.

Die Genehmigung und Freigabe von Änderungen ist von der Qualitätsbeauftragten, der Beauftragten der obersten Leitung, in großen Unternehmen von der Leitung des Qualitätswesens durch Datum und Unterschrift in einer Revisionsstands-Tabelle zu bestätigen. Alle Änderungen werden an die Inhaber aller dem Änderungsdienst unterliegenden Qualitätsmanagement-Handbücher verteilt. Sie werden geprüft und gemeinsam mit der Geschäftsführung verabschiedet. Die Empfänger, z. B. Abteilungsleitungen, sorgen dafür, dass ihre Mitarbeiter über die Änderungen im Handbuch umgehend und umfassend informiert werden. Dass eine Rückverfolgbarkeit des Revisionsstands sichergestellt sein muss, versteht sich von selbst.

Sofern sich keine sehr wichtigen und somit einzupflegenden Änderungen ergeben, sollten Sie sich an einen Rhythmus des jährlichen Reviews halten. Diesen Prozess einzuleiten obliegt wieder dem Qualitätsmanagement-Beauftragten. Am Review nehmen die Geschäftsführung, der Leiter des Qualitätswesens und die Leiter aller betroffenen Geschäftsbereiche teil.

13.4.6 Aufwand und Nutzen

Unterschätzen Sie nicht die Arbeitsstunden, die für das Texten des Handbuchs und der Überarbeitung nötig sind. Lassen Sie sich andererseits aber davon auch nicht allzu stark beeindrucken. Es gehört zu Ihren Aufgaben, daher müssen Sie sich die nötige Zeit freischaufeln. Der Spruch: *Was soll ich denn noch alles machen?* zählt nicht. Vermeiden Sie übertriebene Tiefe und Detailverliebtheit in den Dokumenten. Die Mitarbeiterinnen benötigen ein angemessenes Maß an Strukturen und Vorgaben. Sie benötigen sicher keine kleinkarierten Textwüsten, die ihnen alles exakt vorgeben, sodass sie ihr zum Teil jahrelang erworbenes Fachwissen nicht mehr bemühen müssen. Stufen Sie die Tiefe und Darstellungsform, speziell die Arbeitsanleitungen dem intellektuellen Vermögen ihrer Mitarbeiter entsprechend ab. Viele QM-Systeme und entsprechende Qualitätsmanagement-Handbücher haben dazu geführt, dass ehemals fitte Mitarbeiterinnen in geistige Agonie verfallen und bei Unsicherheiten nicht mehr selbst entscheiden, sondern nur noch fragen: *Wo steht das?* Sie brauchen sicher mündige und entscheidungsfreudige Mitarbeiterinnen, die sich etwas zutrauen und Eigenverantwortung übernehmen.

13.5 Layout von Handbüchern

Damit es für Sie recht schnell geht Ihre Dokumente zu entwerfen, stellen wir Ihnen hier abschließend einige Tipps für gut les- und nutzbare Formulare/Dokumente vor.

Grundsätzliche Tipps

- Wenn möglich die nötigen Formulare auf dem PC erstellen. So können Sie sie schnell anpassen und immer mit dem aktuellen Datum versehen. Die Schreibarbeit wird weniger, die Ordnung größer.
- Verwenden Sie immer das gleiche Outfit für die Dokumente. Wenn Sie ein offizielles betriebliches Qualitätsmanagement-Handbuch erstellen, benötigen Sie dies sowieso.
- Nummerieren Sie Formulare sinnvoll. So können Sie sie schnell identifizieren und wissen, wo sie hingehören.
- Nennen Sie auf jedem Formular den Ablageort/Ordner.

- Erklären Sie auf jedem Formular, wie lange es archiviert werden soll.
- Nennen Sie die Zuständigkeit und den Geltungsbereich des Formulars.
- Wählen Sie immer das gleiche Schriftbild aus und benutzen Sie immer die gleiche Anrede.
- Gestalten Sie das Formular übersichtlich und benutzen Sie mindestens eine 12 Punkt Schrift.
- Denken Sie daran, dass Mitarbeiter in manche Spalte oder Zeilen Eintragungen vornehmen müssen, dafür muss auch Platz sein.
- Lassen Sie die Logik Ihrer Formulare von möglichst Abteilungsunwissenden checken, ob sie damit klarkommen, wenn nicht, verbessern Sie das Formular und bringen es erst dann in Umlauf.

Mit dieser Arbeitsgrundlage werden Sie schnell gute Formulare entwerfen. Wenn Ihre Einrichtung bereits einen Qualitätsbeauftragten hat, stimmen Sie grundsätzlich Formulare mit ihm ab. Es gehen keine Formulare in Umlauf, die der Qualitätsbeauftragte nicht kennt. Das soll aber nicht dazu führen, dass der Qualitätsbeauftragte Ihnen Ihre Arbeit abnimmt oder sie versucht zu regeln.

Prüf-Checklisten

- Sie werden in Frageform geschrieben.
- Die Fragen müssen so gestellt sein, dass z. B. die JA-Antwort positiv ist. Wenn JA und NEIN abwechselnd als positiv zu bewerten sind, verwirrt und erschwert das die Auswertung.
  So bitte nicht:
  Liegt das Betthupferl auf dem Nachtschrank?
  Fehlt das Willkommensgetränk?
- Immer nur exakt eine Frage stellen, Doppelpackfragen können nicht einheitlich beantwortet werden.
  So bitte nicht:
  Sind die Fenster sauber und die Blumen gegossen?
- Kopfdaten einfügen:

  - Ort der Prüfung,
  - Datum der Prüfung,
  - Prüfer und Beteiligte,
  - Ergebnis der Prüfung (Bewertungsschlüssel),
  - Maßnahmen nach der Prüfung,
  - Termin für Nachkontrolle.
- Immer das gleiche Layout einsetzen, dies vereinfacht die Identifikation der Prüflisten.
- Die Mitarbeiter, die mit Prüflisten arbeiten, müssen gut trainiert sein, damit möglichst viele subjektive Bewertungen ausgegrenzt werden können.
  Beispielfrage: *Ist das Waschbecken sauber?* Hier muss der prüfende Mitarbeiter wissen, was in seiner Einrichtung *sauber* bedeutet.
- Die einfachste Bewertungsskala ist Ja/Nein. Eine tiefere Skala sollte maximal in vier Stufen unterteilt sein. Ungerade Einteilungen verleiten dazu, dass das Ergebnis in der neutralen Mitte angesiedelt wird. Damit kann das tatsächliche Prüfergebnis verwischt werden.

Außer Ja-Nein-Checklisten können Sie natürlich auch Checklisten zur einfacheren und vollständigen Erfassung von Daten entwickeln.

Fotografische Dokumentation

Bilder und Fotos helfen oft, den gewünschten Zustand darzustellen und zu dokumentieren. Sie haben den Zusatznutzen, dass leseungeübte Mitarbeiter mit den Aufzeichnungen auch etwas anfangen können. Folgendes ist dabei zu beachten:

- Fotografieren Sie neutrale Situationen, ohne Mitarbeiter - erkennung,
- kennzeichnen Sie auf dem Foto, worauf es Ihnen ankommt,
- für Schulungsmaterial können Sie Negativbilder (so wie es nicht sein soll) einsetzen, für die Dokumentation werden nur Positivbilder eingesetzt.

Arbeitsplatzgestaltung einer Wohnbereichsküche für die Zubereitung des Frühstücks

Arbeitsplatzbeschreibungen

Abb. 13.4 Arbeitsplatz Frühstücksvorbereitung

1. Die Brötchen werden auf einem extra Tablett geschnitten, nicht in der Luft, sondern auf dem Tablett liegend. Arbeitsmittel ist ein Sägemesser.
2. Für die Marmeladebehältnisse werden extra Löffel benutzt und bereitgelegt.
3. Für das Ausfüllen der Marmeladen und des Quarks werden genügend Portionsschälchen bereitgestellt.
4. Standort für die Brötchen- und Brotmittelteller.
5. Für das Bestreichen der Brot- und Brötchenhälften werden extra Messer für Butter, Streichwurst und Käse eingesetzt.
6. Die Tabletts werden im Sitzen vorbereitet.

Gestaltung mit Flussdiagrammen

Um lange Texte und Interpretationsspielräume zu vermeiden, werden Qualitätsaussagen alternativ durch Flussdiagramme (Flow-Charts) dargestellt. Die Symbole sind im Arbeitsbereich Hauswirtschaft seit Jahren etabliert, da in der Arbeitsorganisationslehre mit den gleichen Symbolen gearbeitet wird. Egal, für welche schriftliche Darstellung von Prozessen Sie sich entscheiden, Sie müssen sicherstellen, dass diejenigen, die mit den Anweisungen arbeiten werden, sie auch verstehen, lesen und interpretieren können (Abbildung 13.5).

Symbol	Bedeutung
	Beginn/Ende Anfang eines Ablaufs. Ende eines Ablaufs, wenn er nicht in einen Prozess mündet.
	Dokument Zu Tätigkeiten und Prüfungen werden die jeweiligen Dokumente zugeordnet.
	Prozess Wenn weiterführende Detailregelungen für die Prozessausführung nötig werden, muss darauf hingewiesen werden.
	Alternativer Prozess (runde Ecken)
	Vordefinierter Prozess (Schnittstelle) Schnittstellen sind Übergänge zu anderen Prozessen. Sie lösen Folge- oder Teilfolgeprozesse aus.
	Verzweigung/Entscheidung Bei zu treffenden Entscheidungen müssen klare Entscheidungskriterien bestehen.
	Prüfung Für eine Prüfung müssen die Prüfkriterien, Art der Prüfmittel, Prüfzeitpunkt, Prüfablauf, Dokumentation des Prüfergebnisses festgelegt werden.
	Pfeil Er zeigt die Richtung des Flussdiagramms an.

Abb. 13.5 Standardsymbole

Nutzen von Flussdiagrammen

- Komplexe Aufgaben lassen sich vereinfacht darstellen,
- wenig Text, der zu Verwirrung führen könnte,
- unabhängig voneinander können mehrere Prozesse auf die gleiche Art beschrieben werden,
- in Schulungssituationen können Abläufe und Zusammenhänge gut erklärt werden,
- es wird erkennbar, an welchen Stellen im Flussdiagramm, also im Prozessablauf, Informationen fehlen.

Wenn Sie selbst noch ungeübt in der Erstellung von Flussdiagrammen sind, ist das nicht schlimm. Hier einige Handlungsschritte wie Sie sich verbessern können.

- Legen Sie den Prozessanfang und das Ende klar fest.
- Legen Sie fest, wie detailliert das Diagramm werden soll. Sie können es so gestalten, dass nur große Prozessschritte dargestellt werden, oder so detailliert, dass es jede Handlung und jeden Entscheidungspunkt wiedergibt.
- Beginnen Sie lieber mit einem groben Diagramm, feiner können Sie werden, wenn Ihnen das Mittel vertraut geworden ist. Benutzen Sie am Anfang eher wenige Symbole.
- Stellen Sie alle Flussrichtungen mit Pfeilen dar. Einheitlichkeit siegt: Führen Sie z. B. alle Ja-Pfeile nach unten und alle Nein-Pfeile nach rechts.
- Prüfen Sie zum Abschluss, ob Sie alles richtig gemacht haben.
  - Richtige Symbole eingesetzt?
  - Alle Prozessschritte sind richtig identifiziert?
  - Führen alle Schleifen zu einem nächsten Schritt?
  - Führt von einem Prozessrechteck immer nur ein Pfeil weg? Wenn nein, ergänzen Sie das Rechteck durch eine Entscheidungsraute.
  - Können abteilungsfremde Mitarbeiter das Flussdiagramm richtig lesen?

Haben Sie alle Fragen mit einem Ja beantwortet? Gratulation! Sie können starten. Mit diesem Kapitel der Handbucherstellung haben Sie sich durch ein *großes* Thema gearbeitet. Damit Sie sicher differenzieren können zwischen Qualitätsmanagement-Handbuch und hauswirtschaftlichem Konzept geht es mit dieser Fragestellung gleich weiter.

14 Hauswirtschaftskonzept

Wie kannst du ein Haus lieben, das ohne Gesicht ist und in dem deine Schritte keinen Sinn haben?

Antoine de Saint-Exupéry (1900-1944), französischer Schriftsteller und Flieger

Es stellt sich vielen Kolleginnen die Frage, worin der Unterschied zwischen einem hauswirtschaftlichen Qualitätshandbuch und einem Hauswirtschaftskonzept liegt. Eine berechtigte Überlegung. Der Übergang ist in der Praxis fließend. Um die Differenzierung einfacher zu machen, sollte zunächst geklärt werden, was ein Konzept und eine Konzeption ist.

Ein **Konzept** ist die *gedankliche Zusammenfassung/Vorstellung von Gegenständen und Sachverhalten, die sich durch gemeinsame Merkmale auszeichnen* (Duden).

Damit ist ein Konzept eine Idee oder ein Plan bzw. eine zugrunde liegende Anschauung, eine Aussage zum Menschenbild.

Eine **Konzeption** ist hingegen *eine umfassende Zusammenstellung von Informationen und Begründungszusammenhängen für ein größeres Vorhaben oder umfangreiche Planungen* (Duden).

Eine Konzeption ist in Tiefe und Breite sehr viel umfassender und detaillierter als ein Konzept. Konzeptionen sollten schriftlich niedergelegt und in regelmäßigen Zeitabständen überprüft werden.

Im Hauswirtschaftskonzept wird den Kunden dargelegt, welche Leitidee dem Handeln der Mitarbeiter zugrunde liegt und nach welchen Gesichtspunkten diese umgesetzt wird. Das Hauswirtschaftskonzept ist eingebettet in die Gesamtkonzeption der Einrichtung.

14.1 Zielfindung – Strategieentwicklung

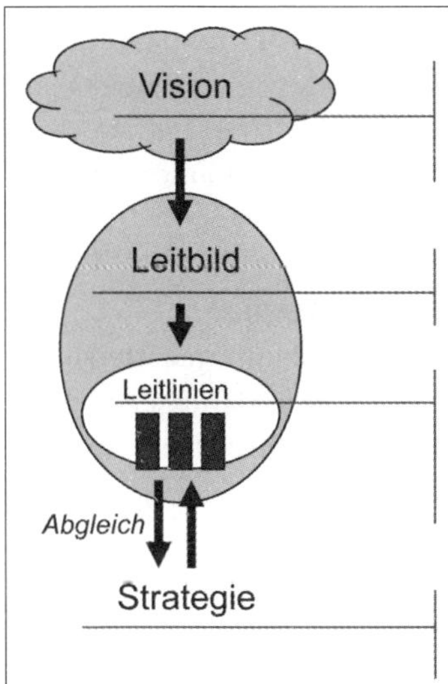

Abb. 14.1
©KlöberKASSEL 2007

Visionen werden im unternehmerischen Bestfall mit den Mitarbeitenden gemeinsam erarbeitet. Das Aus-Leben der Visionen im Arbeitsalltag kann nur dann geschehen, wenn sie auf einer wirklich breiten Mitarbeiterbasis stehen. Durch die Entwicklung der Unternehmensvision wird ein Bild der Zukunft und der gemeinsamen Wertevorstellung gestaltet. Diese Wertevorstellungen und langfristigen Ziele bilden die Grundlage für alle gestalterischen Aktivitäten. Durch das entstehende *Wir-Gefühl* können Energien freigesetzt werden, von deren Vorhandensein man häufig keine Ahnung hat. Qualität wird u. a. durch diese gemeinsamen Werte, Visionen und klaren Grundsatzziele geschaffen. Sie bilden die Grundlage für den Umgang mit Kunden, Kollegen, Partnern, Lieferanten und Ressourcen.

Leitziele der Einrichtung spiegeln sich in den hauswirtschaftlichen Zielen und in dem Angebot von hauswirtschaftlichen Dienstleistungen zur Unterkunft und Verpflegung wider.

Die Leitziele oder Leitidee bedeuten, es ist noch etwas *Anderes* da. Das Hauswirtschaftskonzept steht nicht isoliert innerhalb einer Einrichtung da. Die Mitarbeiter sind ein wichtiger Bestandteil zur Konzeptumsetzung, es mit Leben zu füllen. Damit ist ein Konzept keine reine Arbeitsbeschreibung, vielmehr veranschaulicht es, auf welche Art und Weise bestimmte Dienstleistungen erbracht werden sollen. Aber auch wenn die Gesamteinrichtung kein Leitbild hat, hat sie doch eine Grundidee, die Sinn und Zweck der Einrichtung beschreibt. Zum Leitbild kommen wir etwas später.

Wozu überhaupt Hauswirtschaftskonzepte?

Durch ein gut gestaltetes und klar strukturiertes Hauswirtschaftskonzept können die vielseitigen Anforderungen von außen bestmöglich dargestellt und umgesetzt werden.

Anforderungen

1. Kundenerwartung, z. B.:
   gleichbleibend gute Zuverlässigkeit,
   individuelle Leistungserbringung,
   kostengünstige Dienstleistungsangebote,
   steigende Qualitätsanforderungen.

2. Wettbewerb, z. B.:
   ständiger Kostendruck,
   wachsender Markt an Mitbewerbern,
   kürzere Innovationszyklen.

3. Unternehmensziele, z. B.:
   hohes Image,
   gute wirtschaftliche Stabilität.

4. rechtliche Forderungen, z. B.:
   Verbraucherschutz,
   Gesundheitsschutz,
   Qualitätssicherung (soziale Gesetzgebung).

Hauswirtschaftskonzepte dienen folglich vielen Aufgaben - stellungen:

- Abteilungsüberblick,
- Definition des eingesetzten QM-Systems,
- Mitarbeitermotivation,
- Eigendarstellung,
- Verbesserung der Qualität,
- Kalkulationsgrundlage,
- Definition der Leistungs- und Qualitätsvereinbarungen.

Das Hauswirtschaftskonzept bildet damit die Basis für die Gestaltung Ihrer Arbeitsprozesse:

- Es definiert Ihre Ziele,
- es beschreibt die Arbeitsbedingungen: Räume, Ausstattung, Mittel, Mitarbeiter,
- es präsentiert Ihr Dienstleistungsangebot,
- es legt die Nahtstellen fest,
- es verpflichtet zur Qualitätsprüfung und -weiterentwicklung,
- es legt die Art der Prozessdokumentation fest.

Die Gesamtgestaltung des Hauswirtschaftskonzeptes beinhaltet nicht nur die Leistungsbeschreibungen, sondern auch die Rahmenbedingungen. Damit ist der Übergang in ein QM-Konzept fließend zu sehen. Es muss nicht an zwei einzelnen Konzepten gearbeitet werden. Es gilt vielmehr die Konzepte zusammenzuführen, wo es Sinn macht.

Das Hauswirtschaftskonzept lebt in der Umsetzung durch Ihre Mitarbeiter. Deshalb kann das Konzept nicht am grünen Tisch entstehen, sondern nur gemeinsam mit Ihren Mitarbeitern. Was bedeutet das für Sie? Nicht jeder Mitarbeiter kann bei der Entwicklung gleich stark beteiligt werden. Alle hauswirtschaftlich Mitarbeitenden müssen das Hauswirtschaftskonzept zumindest gut kennen, die Inhalte verstehen und begründen können. Die Struktur selbst muss durch Sie, als verantwortliche Hauswirtschaftsleitung, vorgegeben werden.

14.2 Leitbild

Fragen, die ein Leitbild beantwortet:

1. Was ist das Besondere, das Unverwechselbare unseres Unternehmens?
2. Was ist der Zweck unseres Unternehmens?
3. Was ist unser Hauptanliegen, unser übergeordnetes Ziel unseres Handelns?
4. Welche Wirkung hat unsere Arbeit?
5. Wie gehen wir miteinander um?
6. Welche Wertvorstellungen haben wir?
7. Was macht uns einzigartig?

Diese Fragen können sehr gut mit einem hauswirtschaftlichen Team besprochen werden, wenn es um die Konzeptentwicklung und die Schaffung bzw. Klärung der eigenen Rahmenbedingungen geht.

Elemente eines Leitbilds

- Wurzeln, aus denen wir kommen,
- Grundsätze, für die wir eintreten,
- Ziele, die wir verfolgen,
- Menschen, für die wir da sind,
- Menschen, die mit uns/bei uns arbeiten,
- Leistungen, die wir erbringen,
- Lebensräume, die wir mitgestalten.

Warum ist nun im Qualitätszusammenhang die Entwicklung eines Leitbilds wichtig? Beschränken wir uns auf die Innenwirkung eines Leitbilds:

- Zielfunktion: Unternehmensziele klären und festlegen,
- Orientierungsfunktion: Orientierungshilfe für Mitarbeiter und Unternehmen,
- Motivierungsfunktion: Mitarbeiter durch Zielvereinbarungen motivieren,

- Kommunikationsfunktion: Führung und Kommunikation erleichtern,
- Rahmenfunktion: Unternehmerische Rahmenbedingungen festlegen,
- Identifikationsfunktion: Identifikation mit dem Unternehmen erhöhen,
- Planungsfunktion: Vorgaben für die strategische Planung liefern.

Ein definiertes Leitbild muss

- realitätsnah,
- vorstellbar,
- wünschenswert,
- fassbar,
- kommunizierbar,
- flexibel und
- korrekt in seinen Aussagen sein.

Als Führungsinstrument hat es für jeden Arbeitsplatz Bedeutung und spiegelt (wenn es richtig gemacht ist) das *wirkliche Leben* der Einrichtung wieder. Ihre Aufgabe innerhalb des Qualitätsentwicklungsprozesses ist es, Vision und Leitbild als Handlungsstrategie im betrieblichen Alltag mit Leben zu füllen.

Abb. 14.2 Überblick ©KlöberKASSEL 2007

HW-Konzept	QM-Konzept	HW-Gewinn
Fortlaufende Anpassung des Konzeptes auf die sich ändernden Bedürfnislagen der Bewohner Konzepte kommunizieren	Die Aussagen der drei Qualitätsebenen - Struktur-, - Prozess- und - Ergebnisqualität abwandeln	Alltags-gestaltende Tätigkeiten erfahren eine wertschätzende Akzeptanz, da sie immer stärker gebraucht werden

Die Qualitätsvorgaben und das Hauswirtschaftskonzept müssen

- handlungsorientiert,
- zielgerichtet,
- einfach,
- übersichtlich und
- transparent sein.

Sie müssen dafür Sorge tragen, dass Ihre QM-Vorgaben in Ihrer Abteilung

- definiert,
- geschult und
- geprüft sind.

Aus Kundensicht sind sie

- gewollt und
- akzeptiert.

Seitens der Verwaltung

- sind sie finanzierbar und
- halten die normativen Forderungen ein.

15 Qualitätsmanagement – ein Zusatzjob

Es ist fast unmöglich, die Fackel der Wahrheit durch ein Gedränge zu tragen, ohne jemanden den Bart zu sengen.

Georg Christoph Lichtenberg (1742 – 1799), deutscher Schriftsteller

Qualitätsmanager haben prinzipiell mehr als ausführende und qualitätssteuernde Aufgaben in einem modernen Unternehmen, ohne dass sie in Konkurrenz mit der obersten Leitung treten. Qualitätsmanager können eine interne Beraterrolle gegenüber dem Unternehmen einnehmen. Im Jahr 2008 hat die Deutsche Gesellschaft für Qualität eine QM-Spezialstudie in Auftrag gegeben, bei der 700 Entscheider befragt wurden, um zu ermitteln, welches die Zukunftsthemen aus Sicht der Unternehmensentscheider und Qualitätsmanager sind. Auf die Frage, welche Themen für Unternehmen in den nächsten fünf Jahren am wichtigsten werden, haben sich fünf Themenfelder herauskristallisiert.

Diese Themenkategorien sind:

- Externe Einflüsse (Globalisierung, Marktentwicklung, Wettbewerbsdruck),
- Operational Excellence (Fähigkeiten-Kernkompetenzen, Flexibilität, Kundenverständnis, Kundenorientierung, Qualität, Zusammenarbeit mit Partnern),
- Führung und Strategie (Führung, Motivation, Investition, Strategie, Umstrukturierung und Wachstum),
- Innovation,
- Personal (Mitarbeiterkompetenzen, Eignung). Hier wird zeitgleich die Sorge nach geeigneten Mitarbeitern zum Ausdruck gebracht und auf die Bindung und Weiterentwicklung der Mitarbeiter in den Unternehmen.

Unter dem Begriff *Operational Excellence* versteht man die Themen Fähigkeiten, Flexibilität, Kundenverständnis und Kundenorientierung, Qualität und QM-System sowie Zusammenarbeit mit Partnern.

Als zentraler Erfolgsfaktor wird die Kundenorientierung, die tief im Qualitätsmanagement verankert ist, gesehen. Produkt- und Dienstleistungsqualität werden selbstredend als Erfolgsfaktoren der Zukunft gewertet. Sie werden aber nur dann wieder im Arbeitsalltag forciert, wenn Mängel auftreten. Der Punkt *Fähigkeiten* beschreibt das Können des Unternehmens als Ganzes, seine Leistungsfähigkeit, seine Kernkompetenzen, seine Professionalität und die Beständigkeit seiner Leistungen.

Die Kunst besteht darin, Fähigkeiten und Prozesssicherheit, aber auch Flexibilität so einzubringen, dass die Wirtschaftlichkeit des Unternehmens in den Mittelpunkt der Bestrebungen rückt. Die Strukturierung dieser Aufgaben ist Teil des internen Qualitätsmanagements. Die Wege, die für die Kreativitätsentfaltung geschaffen werden müssen, bewegen sich ggf. außerhalb des internen QM-Regelwerks. Die Qualitätsbeauftragte kann es erreichen, die Wege und Denk-Freiräume zu entwickeln, die für diese Arbeit nötig werden.

Zeitgemäß arbeitende Qualitätsbeauftragte verstehen sich aber auch darauf, nicht nur beharrlich an Regelwerken festzuhalten, sondern mit Methodenvielfalt und Kompetenz die nötigen Prozesse nach vorn zu bringen. Gegenüber der Leitung bedarf es einer guten Portion Darstellungskraft und positiver Beharrlichkeit, die nötigen Aktivitäten entsprechend zu verkaufen. Es zeichnet sich ab, dass der Qualitätsmanager der Zukunft die Funktion eines internen Beraters in Sachen Operational Excellence übernehmen wird.

Business Excellence umfasst alle Bereiche des Unternehmens.

Zurück zur Frage, was die Aufgaben des Qualitätsmanagers von heute sind. Ebenso wie andere Fachdisziplinen hat er oder sie qualitätssichernde Prozesse zu initiieren, die für das Fortkommen des Unternehmens wichtig sind und die erkannten Zukunftsthemen bedienen. Die erkannte Innovationskultur benötigt Strukturen, in denen sie sich entwickeln kann. Hier stecken Aufgaben für die Qualitätsmanagerin. Große Bedeutung haben die Produktenstehungsprozesse, deren Effektivität und Effizienz häufig noch nicht gesteuert werden.

Die Deutsche Gesellschaft für Qualität e. V. (DGQ) führte 2008 auch eine repräsentative Studie durch, die sich mit den Fragen des Berufsbilds, der Qualifikation und dem Image von Qualitätsmanagern beschäftigte.

Diese Frage wurde von Qualitätsmanagern und Führungskräften so beantwortet:

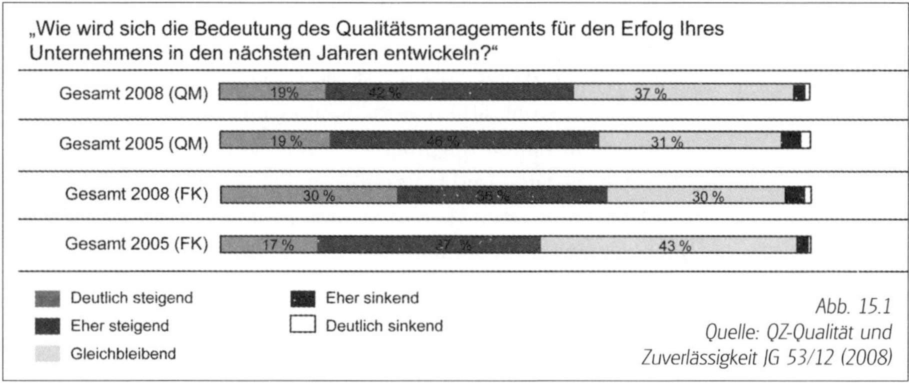

Abb. 15.1
Quelle: QZ-Qualität und Zuverlässigkeit JG 53/12 (2008)

19 % der Qualitätsmanager sehen die Bedeutung des Qualitätsmanagements ansteigend, Führungskräfte sogar zu 30 %.

Für die Praxis ist die folgende Frage bedeutsam.

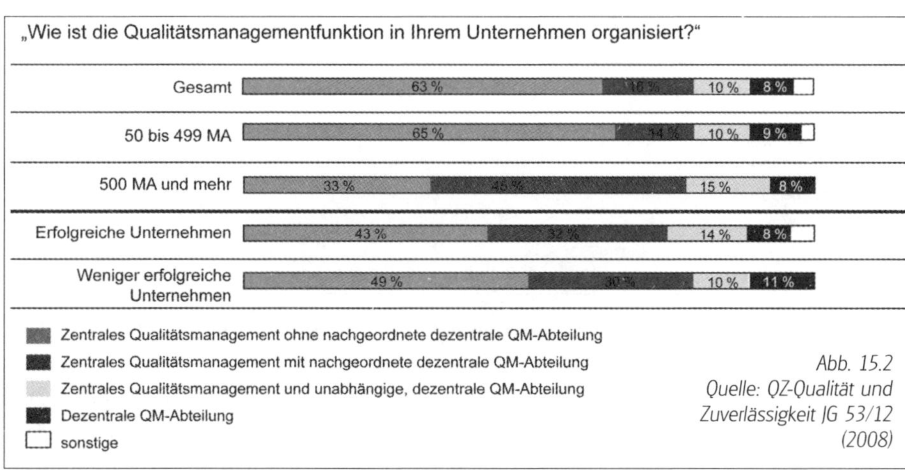

Abb. 15.2
Quelle: QZ-Qualität und Zuverlässigkeit JG 53/12 (2008)

Betrachten wir eine Betriebsgröße von 50 bis 499 Mitar - beitern, so wird deutlich, dass mehr als 60 % der Befragten ein zentrales Qualitätsmanagement ohne nachgeordnete dezentrale Abteilungen praktizieren. Erfolgreiche Unternehmen haben seltener ein zentral aufgebautes Qualitätsmanagement. Sie gehen in die betriebliche Breite mit nachgeordneten dezentralen Qualitätsabteilungen und noch weiter zu unabhängigen dezentralen Qualitätsabteilungen.

In der Bevölkerung wurde eine weitere Umfrage gestartet, mit der Fragestellung zu den Aufgaben eines Qualitätsmanagers. Die Befragten sehen zu fast 50 % die Aufgaben im reinen Prüfen der Qualität. Prozessabläufe zu designen, Standards zu entwickeln halten nur noch 6 % der Befragten für ein Aufgabenfeld. Beraten und Unterstützen, Führen und Ausbilden rangiert mit nur noch 4 – 6 % ganz hinten. So sieht die Wirklichkeit sicher nicht aus!

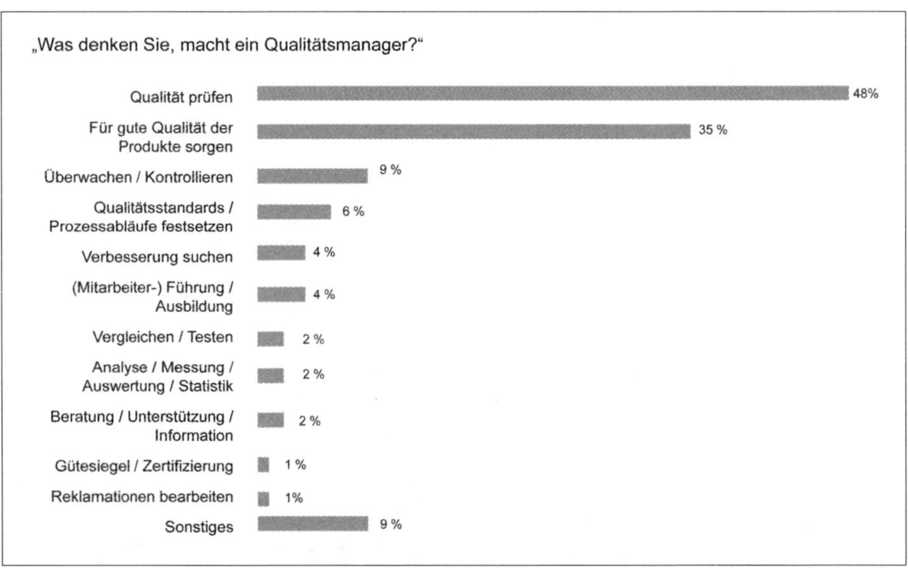

Abb. 15.3
Quelle: QZ-Qualität und Zuverlässigkeit JG 53/12 (2008)

Die nächste Frage wurde an die Qualitätsmanager selbst gestellt.

Die dunklen Balken zeigen, welche Themen im Jahr 2008 wie häufig in Anspruch genommen wurden. Unternehmensführung und Management sind deutlich gestiegen. Interne Audits und Auditorenausbildung, Kommunikation und Sprachen sowie Arbeitsschutz und das Modell Six Sigma wurden erstmalig aufgegriffen. Es hat den Anschein, dass im Fortbildungsbereich das Methodentraining zwar noch an erster Stelle steht, aber eher abnimmt und die Managementfragen an Bedeutung gewinnen.

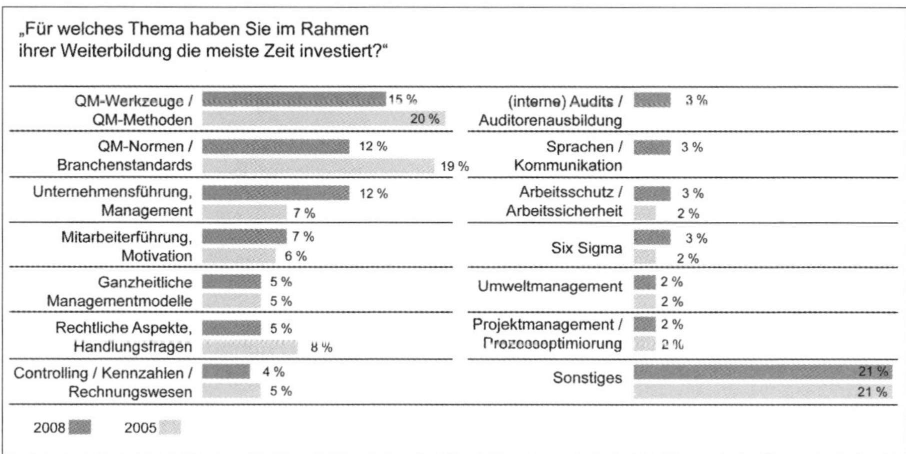

Abb. 15.4
Quelle: QZ-Qualität und Zuverlässigkeit JG 53/12 (2008)

Eine gute Sicherung der Prozesse wird von Qualitätsmanagern (87 %) und Führungskräften (83 %) gleichermaßen hoch bewertet. Die Notwendigkeit der Sicherung von Servicequalität sehen nicht einmal drei Viertel der befragten Qualitätsmanager; bei den Führungskräften sind es immerhin sechs Prozent mehr. Kunden hätten hierzu mit Sicherheit eine andere Meinung.

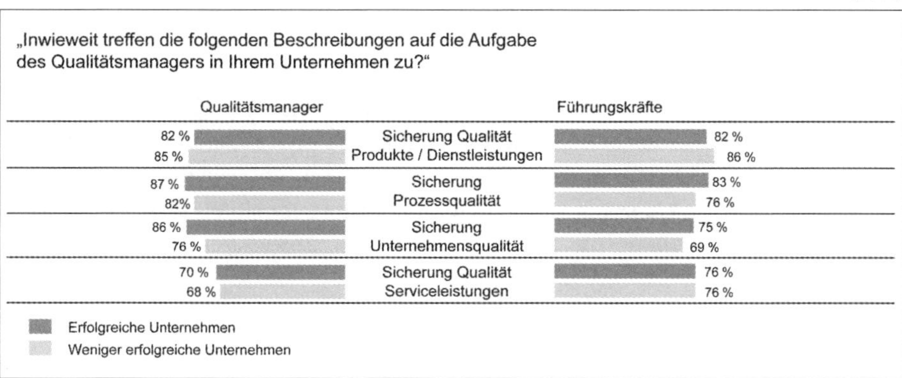

Abb. 15.5
Quelle: QZ-Qualität und Zuverlässigkeit JG 53/12 (2008)

Ob die Möglichkeiten, die sich einem Unternehmen durch eine pfiffige Qualitätsmanagerin eröffnen, wirklich von der obersten Leitung erkannt werden, möchten wir aus unserer Erfahrung heraus infrage stellen. Oft genug wird diese Schlüsselposition mehr als Alibiposten besetzt denn als echte Potenzialstelle. Für eine entsprechende Weiterbildung werden wirtschaftliche und zeitliche Ressourcen, die der tatsächlichen Aufgabenstellung angemessen wären, oftmals nicht bereitgestellt.

Und dabei fällt doch der Qualitätsmanagementbeauftragten die wichtige Rolle der Inputgeberin zu! Sie kann

- bei QM-Entscheidungen beraten,
- Qualitätsverbesserungsprozesse initiieren,
- Qualitätszirkel moderieren,
- das Qualitätsmanagement-Handbuch erstellen, betreuen und weiterentwickeln,
- Standards, Verfahrensanweisungen sowie Arbeitsanweisungen erstellen,
- qualitätssichernden Maßnahmen koordinieren und steuern,
- präventive Maßnahmen zur Verhinderung von Qualitätsproblemen durchsetzen,
- Mitarbeiter über den aktuellen Stand der Qualität informieren,
- regelmäßigen Qualitätsaudits durchführen,
- qualitätssichernde Maßnahmen vorschlagen,
- Qualitätsaufzeichnungen archivieren und
- die Qualität externer Dienstleiter beurteilen.

Zum Abschluss dieses Thema folgt hier eine exemplarische Musterstellenbeschreibung. Mit etwas Geduld finden Sie im Internet gute Beispiele, an denen Sie sich für die Erstellung einer entsprechenden Stellenbeschreibung orientieren können.

Ziele der Stelle Die Stelle stellt sicher, dass die Anforderungen der Geschäftsführung bezüglich Wirtschaftlichkeit und Qualität in das QM-System umgesetzt werden. Die Stelle übernimmt die Verantwortung für die Darlegung, Pflege und Überwachung des Qualitätsmanagement-Systems und der dazugehörigen Prozesse auf der Grundlage prioritärer Vorgaben der Geschäftsführung. Die Stelle stellt strukturell sicher, dass Vorbeugungs-, Korrektur- und Verbesserungsmaßnahmen von den zuständigen Abteilungsleitern – gemäß der Vorgaben der Geschäftsführung – effizient und effektiv vorbereitet und durchgeführt werden. Die Stelle sorgt auf der Basis klarer unternehmerischer Zielvorgaben für die strukturelle Anpassung der Darlegung des QM-Systems an die mittel- und langfristigen internen und externen Anforderungen. Die Stelle arbeitet vertrauensvoll mit allen Diensten und Gremien des Unternehmens, seiner internen und externen Kundschaft und anderen Kooperationspartnern zusammen. Die Stelle weckt auf der Basis der Unternehmensvorgaben zur Betriebsphilosophie das betriebsseitig gewollte Qualitätsbewusstsein der Mitarbeiterinnen. Die Stelle sorgt – auf der Basis von Unternehmensphilosophie und sonstiger prioritärer Vorgaben der Geschäftsführung – für die persönliche und professionelle Entfaltung der Mitarbeiterinnen und kann ein freiwilliges internes Serviceangebot für die unterschiedlichen Geschäftsbereiche anbieten.
Stellung innerhalb der Aufbauorganisation Die unmittelbar vorgesetzte Stelle ist die Geschäftsführung. Der Stelleninhaber wird vertreten von der Geschäftsführung bzw. nach erfolgter Delegation durch die stellv. Pflegedienstleitung. **Spezielle Befugnisse** Auf der Grundlage unternehmerisch zu erfolgender Festlegung ist dem Stelleninhaber abteilungsübergreifend Zugang zu sämtlichen Vorgabe- und Nachweisdokumenten zu gewähren. Ausnahme: betriebsbezogene Unterlagen von Geschäftsführung und Buchhaltung im weitesten Sinne. Durchführung von Qualitätsaudits in sämtlichen Bereichen und Kostenstellen gemäß QM-Handbuch und Festlegungen der Bereichshandbücher.
Fachliche Qualifikation Der Stelleninhaber ist Fachkraft und hat erfolgreich an Weiterbildungen zum Qualitätsbeauftragten und Qualitätsmanager teilgenommen. Diese Stellenbeschreibung definiert einerseits den Status des Qualitätsmanagers als Stabsstelle (siehe auch betriebliches Organigramm) und regelt andererseits seine Aufgaben und Kompetenzen innerhalb der Organisation bzw. innerhalb des Qualitätsmanagement-Systems. Durch Delegation durch die Geschäftsführung, die gemäß Kapitel 4 und 5 der DIN-ISO 9000:2000 für den Aufbau des QMS und die Qualitätsfestlegungen im Bereich der kundenbezogenen Prozesse verantwortlich zeichnet, wird der

Tab. 14.1 Muster Stellenbeschreibung/Qualitätsmanager

<table>
<tr><td colspan="2">Stelleninhaber ermächtigt, selbständig bereichsübergreifende Maßnahmen von Reviews und/oder sonstiger Analyse- und Verbesserungsprojekte einzuleiten und durchzuführen.
Über die Ergebnisse dieser Maßnahmen ist die Geschäftsführung umgehend zu informieren; dies gilt insbesondere dann, wenn sich in oder aus der Tätigkeit des QM heraus wesentliche Abweichungen von den Inhalten und Vorgaben dieser Stellenbeschreibung oder aber wesentliche Konsequenzen für die Organisation ergeben.</td></tr>
<tr><td colspan="2">Verantwortung in der Ablauforganisation
Situationsbeschreibung:
Primär hat der Stelleninhaber keinerlei Führungsfunktion; zentraler Aufgabenschwerpunkt ist vielmehr derjenige der Beratung gemäß Stabsstellenfunktion.</td></tr>
<tr><td>Leitung</td><td>Beratung der Leitung(en), um Anregungen zur Verringerung qualitätsbezogener Verluste und zum Erhalt oder zur Erhöhung qualitätsbezogener Gewinne beizutragen.
Beratung der obersten Leitung hinsichtlich der Minimierung von Qualitätskosten.</td></tr>
<tr><td>Einstellung und Stellenbesetzung</td><td>Mitwirkung gemäß Stabstellenfunktion bei der Erstellung von Qualifikationsprofilen.
Mitwirkung bei Evaluation, Realisierung, Verbesserung und fortlaufender Weiterentwicklung der Einarbeitungs- und Beurteilungskonzepte.</td></tr>
<tr><td>Motivation und professionelle Entwicklung der Mitarbeiterinnen</td><td>Gemäß Festlegungen zum Stabsstellenstatus
- erfolgt die Zusammenarbeit mit Fachbereichsleitung und Fortbildungsbeauftragten bei der Gestaltung der einrichtungsssspezifischen Fort- und Weiterbildungskonzeption für die Einrichtung,
- können auf Veranlassung der obersten Leitung hin abteilungsübergreifend geltende Vorschläge zur Personalentwicklung erarbeitet werden/nach Zustimmung der Geschäftsführung muss die Realisierung seitens der zuständigen Abteilungsleitungen erfolgen.

Im Rahmen der seitens der obersten Leitung definierten Unternehmens- und Qualitätsziele hat der Stelleninhaber darüber hinaus ein Vorschlagsrecht für Qualifizierungsmaßnahmen von Mitarbeiterinnen – hier: insbesondere von AuditorInnen, die für den Aufbau, die Pflege, Überwachung und Anpassung von Prozessen verantwortlich sind.</td></tr>
<tr><td>Kommunikationsstruktur</td><td>Auf der Grundlage von Stabsstellenfunktion und definierten Zielsetzungen (siehe auch oben) kann der Stelleninhaber
- zur Sicherstellung der Struktur eines geeigneten Informations- und Kommunikationssystems über Fragen des Qualitätsmanagements und der Qualitätssicherung innerhalb des Gesamtbetriebs,
- Vorschläge zum Aufbau eines systematischen und zielgerichteten Besprechungswesens (incl. Nachweispflicht etc. ...),
- durch Förderung und ggf. Leitung von Qualitätsforen und -zirkeln beitragen.

Basierend auf Festlegungen der obersten Leitung hin, besteht für den Stelleninhaber
- Berichtspflicht gegenüber Geschäftsführung über strukturelle Probleme und Verbesserungspotenziale der Prozesse.</td></tr>
</table>

	- Abstimmungspflicht hinsichtlich struktureller Veränderungen von Prozessen und QM-Systemen mit der Geschäftsführung, - die Verantwortung für die Leitung und Förderung von Qualitätsforen und Qualitätszirkeln.
Leistungsdesign	
Allgemeine Konzeptionen	- Übergeordnete Mitverantwortung für die Umsetzung der von der Geschäftsführung definierten Qualitätsziele. - Mitverantwortung/Verantwortung für die Darlegung des Qualitätsmanagement-Systems; die Gesamtverantwortung für Aufbau und Weiterentwicklung des Qualitätsmanagement-Systems verbleibt bei der obersten Leitung. - In Abhängigkeit von Festlegungen der obersten Leitung kann der Stelleninhaber fachliche Impulse für die weitere Verbesserung der Prozesse für interne und externe Kundinnen einbringen. - Auf der Basis definierter Qualitätsziele sorgt der Stelleninhaber für die Pflege und Entwicklung der QM-Vorgabedokumentation der Einrichtung; die diesbezügliche Interaktion mit anderen Abteilungen und Abteilungsleitungen erfolgt auf der Basis eines Vorschlagsrechts.
Kundenbezogene Konzeptionen	Auf der Grundlage definierter betrieblicher Qualitätsziele hat der Stelleninhaber sicherzustellen, dass die Mitarbeitenden der Einrichtung die QM-Dokumentation verstehen und akzeptieren.
Marketing	Vorschlagsrecht gegenüber der Geschäftsführung hinsichtlich der Übernahme von externen gesetzlichen Vorgaben bzw. von Vorgaben zur Anpassung und Verbesserung der Darlegung des QM-Systems. Positive Darstellung des QM-Systems in der Öffentlichkeit.
Dokumentation/ Rückverfolgbarkeit	Der Stabsstelleninhaber zeichnet verantwortlich/mitverantwortlich - für die Pflege der Qualitätsmanagement-Dokumentation in Form von QM-Handbuch und Bereichshandbüchern, - für die strukturelle Sicherstellung der Freigabe, der Aktualität und Erfassung von Formularen, - für die strukturelle Sicherstellung der Archivierung von Qualitätsaufzeichnungen.
Handhabung von Rechten und Eigentum von Kundinnen	Gemäß der definierten Unternehmenszielsetzungen erfolgt die strukturelle Sicherstellung des Beschwerdemanagements; kann ein QM-konformes Mitarbeiter- und Kundenbefragungsmanagement aufgebaut werden.
Prozesslenkung	Gemäß verbindlicher Vorgaben der Geschäftsführung kann der Stelleninhaber – durch Anregungen und Mithilfe bei steuernden Eingriffen – zur Erreichung abteilungsübergreifend gültiger, effizienter Prozesse beitragen.
Durchführung der Maßnahmen/jeweils gemäß Stabsstellenfunktion	
Einhaltung der Standards und anderer Vorgaben	- Sicherstellung der Planung, Durchführung und Auswertung interner Qualitätsaudits. - Strukturelle Sicherstellung der Maßnahmen aufgrund von internen Qualitätsaudits, ggf. Durchführung von Nachaudits.

	- Gemäß definierter Unternehmens- und Qualitätsziele soll eine Beratung von Geschäftsführung und Abteilungsleitungen über die Darlegung des QM-Systems erfolgen.
Beurteilungen der Qualität	Verwertung der internen und externen Auditberichte über die Qualität der Prozesse des QM-Systems abteilungsbezogenen Leistungsgeschehen in der Einrichtung. Erhebung und Bewertung von Fehlern, Abweichungen und Verbesserungsvorschlägen, sowie Sicherstellung der Weiterverfolgung in den entsprechenden Leitungsgremien.
Korrekturmaßnahmen	Vorschläge und Kontrolle von Zielsetzungen im Zusammenhang mit der Darlegung des QM-Systems. Die Verantwortung für die Steuerung und Budgetierung des Qualitätswesens verbleibt bei der Geschäftsführung; nach erfolgter Delegation übernimmt der Stelleninhaber die Mitverantwortung für die Steuerung innerhalb des von der obersten Leitung definierten monetären Spielraums. Beratung der Geschäftsführung über die Struktur systematischer Vorbeuge- und Korrekturmaßnahmen im Einsatz-, Einfluss- und Wirkungsbereich des Pflegepersonals in der Einrichtung.
Analyse, Innovation und Verbesserung der Leistungen	Gemäß betrieblicher Festlegungen zu den Unternehmens- und Qualitätszielen ist der Stelleninhaber verantwortlich für die Vorbereitung von QM-Reviews. In Abhängigkeit organigrammspezifischer Festlegungen kann der Stelleninhaber für die strukturelle Bereitstellung eines Systems von Maßstäben und Kennzahlen zur Vorbereitung von QM-Reviews verantwortlich zeichnen. Nach erfolgter Identifikation neuer Kundenerwartungen und sonstiger Erfordernisse, die auf der Grundlage des ganzheitlichen Dienstleistungs- und QM-Kreislaufs ermittelt werden, kann der Stelleninhaber nach erfolgter Autorisierung Konzeptionen für zukünftige Herausforderungen im Bereich des Qualitätswesens entwickeln. Hierbei sind immer die organigrammgestützt erfolgten Festlegungen zur Interaktion mit den anderen, die kundennahen Pflegeprozesse unterstützenden Abteilungen zu beachten.

Abschließende Erklärung von Stelleninhaber und Geschäftsführung zur Gültigkeit der Stellenbeschreibung für den Qualitätsmanager

Mit der nachfolgenden Unterschrift dokumentiert der Stelleninhaber sein Einverständnis mit den Inhalten und Kriterien dieser Stellenbeschreibung bzw. mit dem vorhergehend definierten Anforderungs- und Verantwortungsprofil.

....

Ort, Datum und Unterschrift des Qualitätsmanagers (Name)

Seitens der Geschäftsführung wird durch die Unterschrift die Gültigkeit dieser Stellenbeschreibung dokumentiert. Der vorhergehend definierte Aufgaben- und Verantwortungsbereich kann dem Stelleninhaber infolge einzelner oder mehrerer Verstöße gegen Inhalte und Zielvorgaben dieser Stellenbeschreibung entzogen werden.

....

Ort, Datum und Unterschrift Geschäftsführung (Name)

16 Audits und Zertifizierung

Probleme werden am besten dadurch gelöst, indem man sie erkennt, bevor sie zu Problemen werden.

Erich Zahn (1940), deutscher Wirtschaftswissenschaftler*

16.1 Audits

Audits sind sozusagen die Vorstufe der Zertifizierung Ihres Qualitätsmanagement-Systems. Wenn Sie sich zertifizieren lassen möchten, läuft dies über eine Zertifizierungsstelle bzw. ein externes Unternehmen. Unternehmen, die Zertifizierungen durchführen, benötigen eine Zulassung. Hierüber können Sie im Anschlusskapitel Genaueres nachlesen.

Zum Einstieg in das Thema Audit sollte noch geklärt werden, was Audit eigentlich bedeutet. Die Übersetzung des Begriffs lautet: *Eine systematische und unabhängige Untersuchung, um festzustellen, ob die qualitätsbezogenen Tätigkeiten und die damit zusammenhängenden Ergebnisse den geplanten Anordnungen entsprechen und ob diese Anordnungen wirkungsvoll verwirklicht und geeignet sind, die Ziele zu erreichen.*

Das Wort Audit leitet sich vom lateinischen *audire = hören* ab. In einem Audit soll folglich den Auskünften der Befragten zugehört werden. Doch vor das Hören gehören die sinnvollen Frageformulierungen und der Aufbau einer guten Gesprächs - atmosphäre.

In einem Audit wird eine sogenannte Auditfeststellung ge - troffen, das ist *ein während eines Qualitätsaudits festgestellter oder durch Nachweis belegter Sachverhalt.*

Diese externe Prüfung Ihres QM-Systems kann auf drei Ar - ten durchgeführt werden.

16.1.1 Auditarten

Systemaudit

Das QM-System der Institution wird auf Vollständigkeit, Zweckmäßigkeit und praktische Umsetzung überprüft und beurteilt. Im Blick sind auch die Zweckmäßigkeit und Angemessenheit aller QM-Maßnahmen innerhalb des gesamten Systems.

Das Systemaudit gilt dem Nachweis der Erfüllung der Normenforderungen und gibt interne Schwachstellen preis.

Prozessaudit

Die Personalqualifikation, Einhaltung und Zweckmäßigkeit der angewandten Verfahren werden überprüft und beurteilt. Sie haben das Ziel, Schwachstellen im Prozess zu finden, aber auch durch eine Validierung den Prozess freizugeben.

Heute werden verstärkt Prozessaudits durchgeführt, da ja die ISO 9001:2008 ihren Schwerpunkt von einzelnen Elementen auf die Prozessqualität verlagert hat. Eine Prozessfreigabe bedeutet, dass zukünftig nach dem geprüften und für richtig befundenen Verfahren gearbeitet wird.

Produktaudit

Ein Produktaudit dient zur Begutachtung der Erfüllung von Qualitätsforderungen an das Produkt. Es wird getestet, ob das Produkt oder die Dienstleistung der Spezifikation entspricht. Eine Produktprüfung ist quasi ein Teil eines Prozessaudits.

Die Endprodukte und Dokumentationen werden untersucht und beurteilt, um Fehler in Fertigungs- und Prüfanlagen festzustellen.

Bei Audits ist immer wichtig, dass eine Information und deren Richtigkeit bewiesen werden kann. Die Informationen basieren auf Tatsachen, die durch Beobachtungen, Messung, Untersuchung oder durch andere Ermittlungsverfahren gewonnen werden.

Mit einer Nichtkonformität wird *die Nichterfüllung festgelegter Forderungen* beschrieben.

Diese Konformität oder Nichtkonformität wird durch den Qualitätsauditor als *eine zur Durchführung von Qualitätsaudits qualifizierte Person* erstellt.

Ein gut gemachtes Audit betrachtet auch die Kostensituation. Wie sieht es mit den Fehlerkosten aus, was werden die Maßnahmen zur Fehlerbeseitigung kosten? Die Zielbewertung

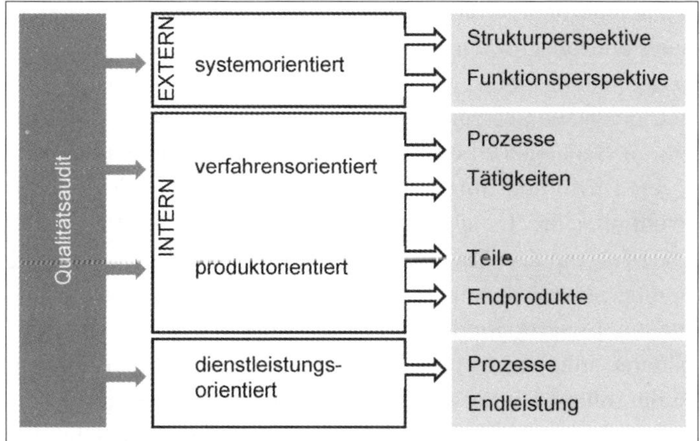

Abb. 16.1
©KlöberKASSEL 2008

ist eine andere Aufgabe. Hier werden schriftlich fixierte Vereinbarungen mit der Geschäftsführung getroffen.

Zum Beispiel: Zukünftig werden die Reklamationen schriftlich erfasst, statistisch ausgewertet und der Geschäftsführung quartalsmäßig vorgelegt.

Ein modernes Audit ist heutzutage eine Hinführung zur Lösung. Der Auditor betrachtet die Aufgabenstellung ganzheitlich und unternehmenserfolgsbezogen. Er ist damit eher Coach als Prüfer. Ein Audit ist immer geprägt von Ethik, Wissen, Toleranz, Objektivität und Professionalität. Auditoren sollten einige *Tugenden* mitbringen, wie z. B. soziale Kompetenz, Empathie, Loyalität, Fach- und Methodenkompetenz, Offenheit und Objektivität.

Dies liest sich alles sehr formalistisch. Aber keine Angst, in der Prüfungssituation geht es normaler zu, es werden auch nicht stur diese Übersetzungen bemüht.

Warum werden Audits durchgeführt? Ziel eines Audits ist die Feststellung, ob

- die gesetzten Ziele erreicht wurden,
- Schwachstellen vorhanden sind,
- das QM-System funktionsfähig ist und angewendet wird,
- eine Qualitätsverbesserung eingetreten ist und
- die Vorbereitung des Unternehmens zur Zertifizierung.

Die internen Auditintervalle können frei bestimmt und je nach Betriebsgröße festgelegt werden. Es empfiehlt sich aber in der Anfangsphase eines eingeführten QM-Systems, je nach Betriebsgröße alle sechs Monate, ein internes Audit durchzuführen. Sensible Prozeduren/Prozesse können einen noch kürzeren Rhythmus nötig machen. Bei gefestigten Prozeduren reicht ein jährlich angesetztes internes Audit in der Regel aus.

Die internen Audits liegen vor den externen (Zertifizierungs-) Audits; sie werden in der Regel durch den Qualitätsbeauftragten, Beauftragte der obersten Leitung und anderen ausgebildeten internen Mitarbeitern durchgeführt. Für ein internes Audit sollten immer zwei Auditoren festgelegt werden (Vier-Augen-Prinzip). Zweckmäßigerweise besitzt einer der beiden Fachkompetenz aus dem zu auditierenden Bereich, aber man setzt keine Fachvorgesetzten oder Mitarbeiter aus der zu auditierenden Abteilung ein. Die Auditleiter planen und führen das Audit verantwortlich durch. Auditoren werden innerhalb des Unternehmens gezielt ausgesucht, von der Geschäftsführung benannt und auf ihre Aufgaben systematisch durch Weiterbildung vorbereitet. Der Hauptauditor wird oft auch als Leadauditor bezeichnet. Die Auditoren können aber auch von externer Seite kommen.

Die Aufgaben eines Auditleiters sind folgende:

- Tragen der Gesamtverantwortung für die Planung, Durchführung und schriftliche Fixierung des Audits,
- Bildung des Auditteams,
- Ausfertigung des Auditplans,
- Federführung bei der Durchführung,
- Erstellung des Auditberichts und Fixierung von gefundenen Abweichungen,
- Durchführung eines Nachaudits.

In der Qualitätsfachsprache werden für die verschiedenen Audits unterschiedliche Begriffe benutzt:

- Internes Audit = Erstparteienaudit (durch Mitarbeiter).
- Externes Audit = Zweitparteienaudit (durch Externe).

Im internationalen Sprachgebrauch werden die Auditarten folgendermaßen tituliert:

First-Party-Audit = internes Audit (eine Partei)
Second-Party-Audit = Lieferantenaudit (zwei Parteien)
Third-Party-Audit = Zertifizierungsaudit (unabhängiger Dritter)
Witness-Audit = unabhängiger Dritter beobachtet Auditoren und deren Verfahren.

16.1.2 Planung eines Audits

Damit die Audits gut strukturiert ablaufen, empfiehlt es sich, sie gründlich zu planen. Die Erstellung eines Leitfadens für die komplette Organisation und Durchführung eines Audits ist hierzu zweckmäßig. Die eingesetzte Zeit wird sich bei jedem gut durchgeführten Audit amortisieren.

Dieser Leitfaden kann regeln:

- Festlegung des zu auditierenden Bereichs/Abteilung, Abteilung und Termin,
- Kontaktherstellung zum entsprechenden Bereich/Abteilung, schriftliche Information über das geplante Audit,
- Festlegung des Auditteams, welche Auditoren führen das Audit durch (kleine Betriebe haben meist nur einen Auditor, oft die QM-Beauftragte),
- Festlegung des Fragenkatalogs, Checklisten bei der Beantwortung; Auswertungen sind hier zur objektiveren Vergleichbarkeit sinnvoll,
- Bereitstellung der Arbeitsmittel, z. B. Laptop, tragbarer Drucker, Formulare,
- Prüfung der bereitgestellten Unterlagen, z. B. QM-Handbuch, Verfahrens-, Prüf-, Arbeitsanweisungen.

An dieser Stelle folgen einige Tipps zur Durchführung von internen Audits. Vielleicht bekommen Sie Lust und lassen sich ja zur internen Auditorin ausbilden? Die Tipps helfen aber auch, sich auf ein angesetztes Audit gut vorzubereiten.

- Prüfen Sie Ihre Abteilung bereits vor einem angesetzten Audit, sozusagen probehalber. Nutzen Sie dazu Checklisten, denn diese können Sie immer wieder einsetzen und neutral auswerten.
- Verfahrens- und Arbeitsanweisungen enden in ihrer Tiefe (Darstellung) dort, wo das Fachkraftwissen einsetzt.
- Auditfragen (Checkfragen) sollen konkret und klar sein, ihre Beantwortung muss im Auditbericht nachvollziehbar sein.
- Das Audit sollte mit den Formalismen beginnen, z. B. durch Abprüfen, ob die Daten korrekt eingetragen sind, die Unterschriften auf den zur Prüfung vorgelegten Dokumenten richtig sind oder der Revisionsstand stimmt.
- Wenn Auditfragen frei gestellt werden, ist das authentischer, als wenn sie stumpf abgelesen werden. Das erfordert allerdings Routine.
- Es muss nicht jedes Qualitätselement geprüft werden.
- Bei einem Gespräch ist es wichtig, die Befragten bei ihrem Namen zu nennen und gut zuzuhören (der Begriff Audit kommt schließlich von audire = hören). Fragen und sprechen Sie ruhig bildhaft. Halten Sie Augenkontakt und beginnen Sie nicht zu diskutieren, das erhöht nur die Spannung und den Druck. Halten Sie persönliche Distanz auf eine angenehme Weise.
- Treffen Sie keine Schuldzuweisungen. Ziel ist es, Lösungen zu finden.
- Schlüsselfragen können beispielsweise sein:
  a) Welche übergeordneten Normen, Gesetze sind Ihnen bekannt und werden eingesetzt?
  b) Gibt es *diese* Verfahrensanweisung, ist sie in Kraft gesetzt und kennt sie der einzelne Mitarbeiter?
  c) Sind die Arbeitsanweisungen vor Ort an den Maschinen angebracht?
  d) Werden sie wirklich gelebt oder sind sie nur vorhanden?

Bitte beachten Sie, dass ein Audit keine Beratung ist. Dieser Sachverhalt muss sehr klar getrennt werden.

16.1.3 Der Auditplan

Um einen Überblick zu erhalten, wann welche Abteilung auditiert werden soll, ist die Erstellung eines Auditplans sinnvoll. Der Auditplan wird meist über zwölf Monate erstellt, wobei nicht das Kalenderjahr zugrunde gelegt werden muss. Achten Sie darauf, dass der Auditplan immer auf dem neuesten Stand ist.

Wenn geplante Audits verschoben werden müssen, sollten die Gründe und der neue Termin sowie die Genehmigung der Geschäftsleitung zur Verschiebung schriftlich dokumentiert werden. Im Sinne der ISO sind System-, Prozess- und Produktaudits verbindlich durchzuführen. Ziel ist es hierbei, dass die

- gesteckten Ziele überprüft werden,
- Schwachstellen und deren Verbesserungspotenziale identifiziert werden,
- Funktionsfähigkeit des Systems gecheckt wird.

Planung allein reicht nicht aus, damit ein Audit gut und störungsfrei ablaufen kann. Die Durchführung des Audits bedarf ebenfalls einiger Sorgfalt. Jeder Mitarbeiter, der weiß, dass heute in seiner Abteilung ein Audit stattfindet, ist verständlicherweise nervös und hat etwas Angst, dass er Fragen nicht *richtig* beantwortet und damit den Sieg nach Punkten schmälert. Dementsprechend sensibel müssen Auditoren bei der Befragung vorgehen – zwar nicht mit Samthandschuhen zugreifen, aber respektvoll handeln.

Gespräche sollen in einer entspannten Atmosphäre geführt werden können. Während des Audits sollte die Gesprächsrunde auch nicht gestört werden. Leiten Sie z. B. Telefonate auf einen anderen Arbeitsplatz um und schieben Sie keine anderen Termine *mal eben* dazwischen.

- Einzelne Mitarbeiterinnen der Abteilung können befragt werden, z. B.: *Frau Müller, erklären Sie uns bitte, wie Sie die Einscheibenmaschine aufrüsten.*
- Auch Unterlagen, die in der Abteilung eingesetzt werden, werden geprüft, z. B.: *Sind die Dosieranweisungen bekannt und ausgehängt?*

Auditjahresplan für 2010 2)														
Lfd. Nr. 1)	Auditteam	Zu auditierende Abteilung	Jan 3)	Feb	Mrz	Apr	Mai	Jun	Jul	Aug	Sep	Okt	Nov	Dez
			4)											
Erstellt am:		Genehmigt am:					Platz für Erläuterungen							
Unterschrift QM-Beauftragte		Unterschrift Geschäftsleitung												

Tab. 16.1 Beispiel für einen Auditplan

1) – Die gleiche Nummerierung wie bei den Auditbereichen ist sinnvoll.
2) – Format am besten DIN A4 quer.
3) – Anstatt Monaten können Sie auch Wochen verwenden, dies macht den Plan allerdings recht groß, die Übersicht geht leicht verloren.
4) – Wollen Sie etwas genauer arbeiten, können Sie hier auch die KWs (Kalenderwochen) eintragen.

- Es folgen stichprobenartige Prüfungen von nach dem Zufallsprinzip ausgewählten Vorgängen, z. B.: *Zeigen Sie uns bitte Ihre ausgefüllte Lieferantencheckliste über den Lieferanten Weber.*
- Mit dem Abschlussgespräch endet der praktische Teil des Audits, z. B.: *Wir können feststellen, dass ... okay ist.*

Kleine Fehler können mit einem Berichtigungstermin belegt werden und müssen nicht ausdrücklich im Auditbericht festgehalten werden. Alle anderen festgestellten Mängel werden besprochen und protokolliert. Es werden Verantwortliche und Termine zur Fehlerbeseitigung festgelegt.

Anschließend wird der offizielle Auditbericht erstellt. Er wird in der Regel durch den QM-Beauftragten der obersten Leitung (BOL) geschrieben. Die Ergebnisse werden bewertet, aber nicht kommentiert. Neutralität ist das Zauberwort. Bei internen Audits ist das besonders schwer einzuhalten, da man ja genau die Schwachstellen kennt und natürlich auch genau weiß, wie es besser ginge. Die Bewertungsskala umfasst in der Regel:

1	=	erfüllt
2	=	akzeptiert
3	=	nicht erfüllt
4	=	nicht vorhanden.

Aufgrund der Bewertung kann der Auditbericht exakt geschrieben werden.

Die festgestellten Abweichungen werden dargestellt, die entsprechenden Korrekturmaßnahmen notiert. Welche Korrekturmaßnahmen eingeleitet werden, muss von einem Verantwortlichen (der auditierten Abteilung) festgelegt werden. Die Auditoren geben keine Vorschläge ab. In jedem Fall werden die Korrekturmaßnahme, der Erfüllungszeitpunkt und der dafür Verantwortliche schriftlich fixiert. Wenn einzelne Dokumente nicht in Ordnung sind, ändert dies in der Regel der Ersteller. Ist hingegen die Umsetzung nicht passend, verändert dies der zuständige Bereich. Es ist wichtig, dass bei Abweichungen gute Kompromisse gefunden werden. Nicht immer ist die Auffassung des Auditors deckungsgleich mit der Meinung der geprüften Abteilung.

Um einzelne Auditberichte vergleichbar und objektiv zu gestalten, sind auch hier wieder einheitliche Vordrucke recht sinnvoll. Zum Beispiel folgender Formularinhalt:

- die Seriennummer des durchgeführten Audits,
- die auditierte Abteilung/Bereich/Dienstleistung/Prozedur,
- die Grundlage des Audits (welches QM-Regelwerk wurde zugrunde gelegt), die Teilnehmer des Audits, die Nennung der Abweichungsberichte, die Auditoren,
- die zusammenfassende Bewertung des Audits, den Termin für ein eventuelles Re-(Wiederholungs-)Audit,
- das Datum des Audits,
- die Unterschrift des ersten Auditors (Leadauditor),

- den Hinweis: der Geschäftsleitung zur Kenntnis und Unterschrift vorgelegt.

Der fertige Auditbericht wird der Geschäftsleitung zur Kenntnis gegeben. Die auditierte Abteilung erhält auch ein Exemplar. Sie muss ja ggf. noch Einiges abarbeiten.

Alles muss seine Ordnung haben, also werden auch die festgelegten Korrekturmaßnahmen überwacht. Dies wird Ihnen aus der Umsetzung der Lebensmittelhygieneverordnung sehr bekannt vorkommen.

Außergewöhnliche Ereignisse erfordern außergewöhnliche Maßnahmen, sagt der Volksmund. So können auch außerplanmäßige Audits durchgeführt werden. Dies ist der Fall, wenn

- sich beispielsweise Kundenreklamationen häufen,
- eine negative Qualitätsentwicklung bemerkt wird,
- Veränderungen in der Organisationsstruktur erfolgen
- oder unverhältnismäßig hohe Kosten auflaufen.

Dass es interne und externe Audits gibt, wissen Sie bereits. Für externe Audits gelten im Prinzip die gleichen Parameter wie für das intern durchgeführte Audit. Externe Audits sind oft Kunden-Lieferanten-Beurteilungen oder sie werden zum Zwecke der Zertifizierung des QM-Systems durch eine unabhängige Institution durchgeführt.

Abschließend kann festgehalten werden, dass Audits sehr gute und weitgehend neutrale Erfassungsinstrumente sind, wenn sie sauber geplant, durchgeführt und dokumentiert werden. Die Betroffenen sollten wissen, dass ein Sachverhalt geprüft und nicht der einzelne Mitarbeiter bloßgestellt werden soll. Diese Sicherheit zu vermitteln wird in der Qualitätsumsetzung eine Ihrer Aufgaben sein.

Mit einem externen Audit erlangt man noch keine Zertifizierung. Sie ist auch nicht immer angestrebt oder gewollt. Innerhalb eines solchen Audits werden Schwachstellen aufgedeckt und Anregungen zu Verbesserungen erkannt. Audits dienen der Überwachung von eingeleiteten Tätigkeiten, die sich aus vorherigen Audits und Maßnahmenplänen ergeben haben.

Ein Audit liefert Informationen für das Management über den Grad der Zielerreichung.

Ein weiteres Ziel von Audits ist es, zu überprüfen, ob gesetzliche Anforderungen und vertragliche Vereinbarungen anforderungsgerecht verwirklicht und angestrebt werden.

Auditoren haben meist einen guten Riecher, wenn es um das Finden von Schwachstellen und das Aufstöbern von Liegengebliebenem geht. Ärgern Sie sich darüber nicht. Sie können sich trotzdem auf ein Audit recht gut vorbereiten, wenn Sie im Vorfeld eines Audits Ihr Augenmerk außer auf den schriftlichen Bereich auch auf den ersten Eindruck in der Praxis bei einer Begehung legen. Denn in der Praxis wird schnell auffallen, wenn

- aushängende Pläne nicht aktuell sind, ihre Aussagen nicht mehr stimmen,
- chaotische Räumlichkeiten vorhanden sind,
- eine Vermischung von Einzelprozessen stattfindet,
- die Lagerung von Materialien, Geräten und Vorräten nicht in den dafür vorgesehenen Bereichen und/oder Behältnissen passiert,
- wahrzunehmen ist, dass das Erleben am Audittag nicht die Realität, sondern einen geschöntes Vorführen ist,
- sich eine positive Linie durch die Einrichtung zieht,
- Berge von Unterlagen Ihren Schreibtisch zieren,
- Altgeräte, Akten, Bemusterungsartikel etc. im Büro herumstehen und liegen,
- Staub, Abfall, alte Blumen keinen guten ersten Eindruck machen,
- Lampen nicht funktionieren und die einsehbaren Arbeitsumgebungen und Bedingungen nicht ansprechend sind.

Präsentieren Sie sich *aufgeräumt*.

Wie können Sie sich und Ihr Team auf ein Audit gut vorbreiten? Mit der Vorbereitung sollten Sie nicht erst eine Woche vor dem Termin beginnen.

Eine Auditsituation ist für alle Beteiligen der Einrichtung ungewöhnlich und nicht alltäglich. Darum sind eine große Portion Nervosität und Anspannung normal. Das sollten sie auch zulassen. Aber achten Sie darauf, dass niemand in Panik verfällt. Signalisieren Sie durch Ihr Verhalten, dass alles gut vorbereitet ist und einen guten Verlauf nimmt. Es ist auch kein einzelner Mitarbeiter schuld, wenn eine Abteilung nicht gut abschneidet.

- Besprechen Sie mit Ihrem Mitarbeitenden die Qualitätsziele und die Qualitätspolitik des Unternehmens.
- Stehen Sie jederzeit für Rückfragen der Mitarbeiter zur Verfügung und zeigen Sie, dass Sie selbst einem Audit bzw. der Zertifizierung positiv gegenüberstehen.
- Überprüfen Sie alle relevanten Dokumente und Aufzeichnungen:
  - Sind Ihre abteilungsrelevanten Dokumente vorhanden, griffbereit und auf dem gültigen Revisionsstand?
  - Haben diese Dokumente keine unautorisierten Veränderungen?
  - Sind alle nötigen Verfahren, Standards etc. komplett und auf dem aktuellen Stand?
  - Wurden alle unautorisierten Verfahren, Standards etc. komplett aussortiert und entfernt?
  - Sind alle Aufzeichnungen in Ordnung und ist alles leicht aufzufinden?

16.2 Zertifizierung

Die Zertifizierung eines Qualitätsmanagement-Systems erfolgt durch ein autorisiertes und akkreditiertes Zertifizierungsunternehmen. Das Zertifizierungsunternehmen überprüft und bestätigt mit einem Zertifikat, ob eine Organisation die Forderungen des von ihr gewählten Qualitätsmanagement-Systems erfüllt. In Industrie und Handel sind Zertifizierungen mittlerweile weit verbreitet.

16.2.1 Der Sinn einer Zertifizierung

So wie die Konjunktur Auf- und Abwärtswellen hat, so stellt

sich immer wieder die Frage, ob das Zertifizieren von Qualitätsmanagement-Systemen überhaupt sinnvoll ist. Erschwert wird die Diskussion durch zum Teil nur oberflächliches Wissen der Diskutierenden und Entscheider, was unter einem Qualitätsmanagement-System und einem Zertifikat verstanden wird. Kritisch betrachtet bedeutet ein zertifiziertes System nicht gleichzeitig ein wirkungsvolles System. Eine Zertifizierung kann suggerieren, dass es sich um ein besseres System handelt, als bei einem nicht zertifizierten Qualitätssystem. So einfach ist die Frage aber nicht zu beantworten. Ein zertifiziertes Qualitätssystem hat gegenüber einem unabhängigen Dritten bewiesen, dass die Grundlagen für eine qualitätsbewusste Arbeit gegeben sind. Ob sie auch genutzt werden, bleibt zu diesem Zeitpunkt noch dahingestellt. Ein nicht zertifiziertes Qualitätssystem kann ebenso effektiv und effizient arbeiten. Zurzeit steht die Idee einer *Selbsterklärung auf Vertrauensbasis* als Alternative zu einer externen Zertifizierung wieder hoch im Kurs.

Seit zwei Jahren existiert die zweiteilige internationale Norm ISO/IEC 17050. Damit kann ein Unternehmen in Eigenverantwortung die Konformität seines QM-Systems mit der ISO 9001 bescheinigen. Liegt ein akkreditiertes QM-System-Zertifikat im Unternehmen schon vor, kann sich das Unternehmen auch seine über die Forderungen der ISO 9001 hinausgehenden Aktivitäten, z. B. gemäß eines *Business Excellence*, bescheinigen.

Für Unternehmen, die Managementsysteme auditieren und zertifizieren dürfen, gibt es die ISO/IEC 17021. Sie richtet sich auch an die Stellen, die wiederum Zertifizierungsunternehmen akkreditieren (zulassen). Hier treffen Sie z. B. auf die Regeln der KTQ im Gesundheitswesen. Im Kapitel 4.7 ist das Qualitätsmodell der KTQ beschrieben.

In Deutschland existierte bis 2010 der Deutsche Akkreditierungsrat (DAR). Er wurde von einer nicht gewinnorientierten Behörde abgelöst. Auf europäischer und weltweiter Ebene gibt es für diese Aufgaben das *European Cooperation for Accreditation (EA)* bzw. das *International Accreditation Forum (IAF)*. Der Markt an Zertifizierungsgesellschaften in Deutschland ist groß, über 100 DAR-akkreditierte Anbieter sind präsent. Für Sie bedeutet dies im Falle einer gewünschten Zertifizierung, dass Sie sich einen guten Markt-, besser noch branchenbezogenen Überblick verschaffen müssen. Leistungen, Preise und das Vorgehen der Anbieter sollten von Ihnen gut studiert werden, bevor ein Auftrag vergeben wird. In jüngster Zeit stehen einige Zertifizierungsgesellschaften in Misskredit, weil sie ihre Zertifikate recht großzügig vergeben haben. Das Zertifizierungsgeschäft ist ein großer umkämpfter Markt.

Wollen Sie die Frage einer Zertifizierung beantworten, müssen Sie ermitteln, ob aus rechtlichen Forderungen heraus eine nachweisliche Zertifizierung nötig wird oder ob beispielsweise Fördergelder nur vergeben werden, wenn Sie ein zertifiziertes Qualitätssystem vorweisen können.

Die Entwicklung der Rechtsprechung und der Gesetzgebung im Verbraucherschutz zielen in der Tat immer stärker auf die Forderung nach einem nachweislich geprüften Qualitätssystem ab, mindestens aber nach einer anerkannten Qualitätssicherungsmethode. Erinnern Sie sich nur an das betriebliche Eigenkontrollkonzept für Ihre Küche, welches in der EG 852/2004 gefordert wird. Es scheint doch ökonomischer zu sein, auf ein neutral ermitteltes Zertifikat zu vertrauen, als jeden Lieferanten selbst unter die Lupe nehmen und auditieren zu müssen.

Jedes Unternehmen ist in seiner Entscheidung, ob es sich nach DIN ISO 9001 oder nach der ISO/TS 16949 oder durch ein Self-Assessment nach dem EFQM-Modell zertifizieren bzw. bewerten lassen will, frei. Wichtig ist, dass die Art der Zertifizierung zum Qualitätssystem und dem Unternehmen selbst passt.

Wir sind uns sicher einig, dass im Prinzip jedes Unternehmen auf die eine oder andere Art Qualitätsmanagement betreibt, sonst wäre es wohl nicht mehr auf dem Markt attraktiv und überlebensfähig. Schwieriger ist die Frage zu beantworten, wie fachlich oder eben nicht fachlich versiert Auditoren ans Werk gehen. Hier erleben wir in unserer Beratungspraxis gelegentlich unglaubliche Fragestellungen und Aufforderungen, die an die zu prüfende Einrichtung gestellt werden. Ab-

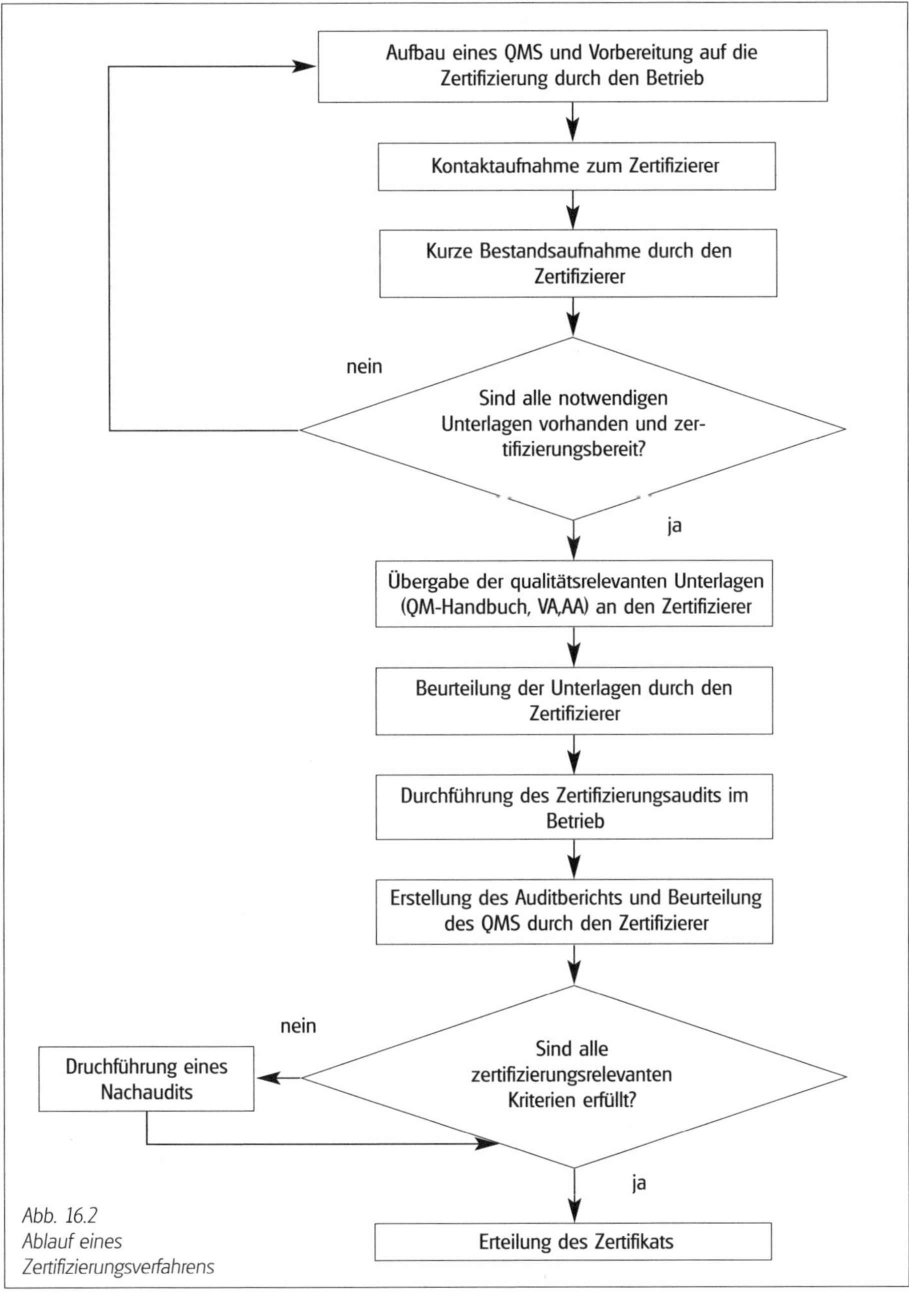

Abb. 16.2
Ablauf eines Zertifizierungsverfahrens

bildung 16.2 zeigt ein Flussdiagramm mit dem Ablauf einer Zertifizierung.

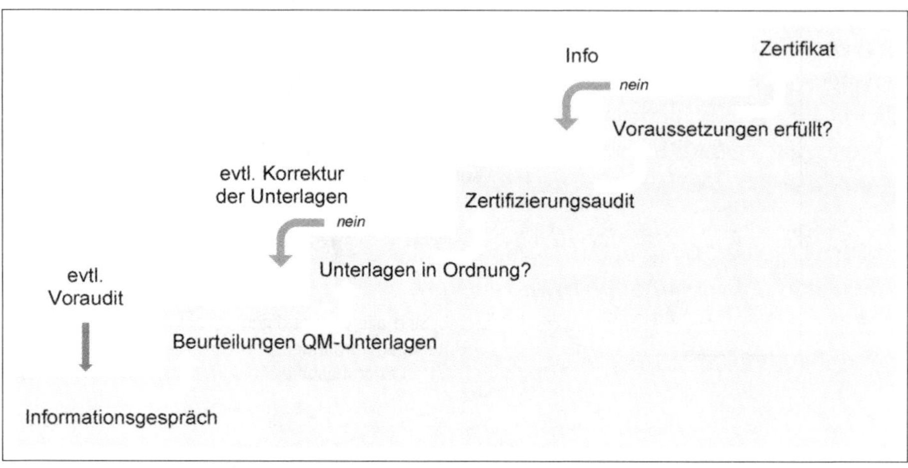

Abb. 16.3
©KlöberKASSEL 2008

In vereinfachter Form verläuft die Zertifizierung wie in Abbildung 16.3.

Die Zertifizierung bescheinigt den Nachweis der Wirkung des geprüften QM-Systems. Sie enthält

- Name und Anschrift der zertifizierten Organisation/Unternehmen,
- Identifizierung der Organisationseinheit,
- die geprüften Normen,
- Ausstellungsdatum,
- Unterschrift der Zertifizierungsgesellschaft,
- Funktion des Unterzeichners.

Wenn die Urkunde übergeben worden ist, kann sie natürlich gut sichtbar als Werbeträger präsentiert werden. Ein Lob für alle Mitarbeiter sollten Sie nicht vergessen, denn es ist nicht einfach, diesen langen Weg von der Auswahl, Einführung und Umsetzung eines Qualitätsmanagement-Systems bis hin zu einer erfolgreichen Zertifizierung durchzuhalten. Zumal die Zertifizierung neben dem eigentlichen Kerngeschäft Ihrer Abteilung lief. Die Zertifizierung hat, je nach Systemgrundlage, eine Gültigkeit von durchschnittlich drei Jahren. In der Regel wird nach der Erstzertifizierung nach einem Jahr das erste Reaudit durchgeführt.

Im sozialen Bereich arbeiten viele Organisationen nach einem Qualitätsmanagement-System – sei es, weil es gesetzlich verlangt wird oder auf freiwilliger Basis – jedoch scheuen viele die Kosten zur Durchführung der Zertifizierung.

Wenn man sich für eine Zertifizierung entscheidet, sind die Gründe meist:

- Schaffung und Sicherung von Kundenzufriedenheit,
- Schaffung eines Marketinginstruments,
- Vorteilsschaffung gegenüber den Mitbewerbern,
- Kundendruck,
- Sicherung einer besonderen Produktqualität,
- Entwicklung von Mitarbeitermotivation.

16.3 Weltqualitätstag

Qualität findet täglich statt. Insofern benötigt sie eigentlich keinen Gedenktag. Um darüber hinaus auf ihre Bedeutung hinzuweisen, hat die *World Alliance for Quality (WAQ)* im letzten Jahr den 12. November 2009 zum internationalen Weltqualitätstag erklärt. Organisationen und Unternehmen in mehr als 70 Ländern organisierten an diesem Tag besondere Veranstaltungen zum Thema Qualität: So fanden zeitgleich auf allen Kontinenten Kongresse, Konferenzen und Seminare unter Mitwirkung von Millionen Qualitätsmanagern, Auditoren, Wissenschaftlern, Unternehmern und Qualitätsfachpersonal statt, die sich alle im weitesten Sinn mit der Verbesserung von Qualität beschäftigten.

Die WAQ ist ein Zusammenschluss der *European Organization for Quality (EOQ), American Society for Quality (ASQ), Asian Network on Quality (ANQ), Asia Pacific Quality Organization (APQO),* der *International Academy for Quality (IAQ)* und der *Union of Japanese Scientists and Engineers (JUSE).* Sie hat sich zum Ziel gesetzt, Qualität als Grundlage einer harmonisierten Gesellschaftsentwicklung zu etablieren und somit zu einer allgemeinen Verbesserung der Lebensqualität weltweit beizutragen. Zu diesem Zweck entwickelt sie internationale Projekte. Aktuell sind das:

- Best Practices of National Quality Organizations,
- Development of Quality in Education for Children,
- World Information on Quality,
- Development of a Community of Transformation and Others.

Und wenn Sie eben von Verbesserung der Leistungsqualität gelesen haben, fühlen Sie sich sicher genau wie wir an das hauswirtschaftliche Credo: *Hauswirtschaft schafft Lebensqualität* erinnert. Zeigen Sie Ihre Qualitäten!

Mehr Informationen finden Sie unter www.dgq.de oder unter http://waq.asq.org.

17 Grundlagen der Qualitätsverbesserung

Funktionierende Qualitätsmanagement-Systeme unterliegen ständigen Veränderungen, sowohl von interner Seite (z. B. neue Zielsetzung, organisatorische Veränderungen), als auch von externer Seite (neue Gesetze oder Kundenanforderungen). Wenn diese Veränderungen systematisch in Form von Verbesserungsprojekten durchgeführt werden, spricht man von Qualitätsverbesserungen.

Innovation und kontinuierliche Verbesserung

Um den ständig wachsenden Anforderungen des Marktes gerecht zu werden, müssen sich Organisationen weiterentwickeln. Hierbei hilft die Kombination aus Innovation und kontinuierlicher Verbesserung. Innovation ist die Weiterentwicklung und Entwicklung neuer Produkte, Verfahren und Technologien.

Unter kontinuierlicher Verbesserung ist die Weiterentwicklung gemeint, die sich aus stetigen kleinen Verbesserungen ergibt.

Innovation ist die Weiterentwicklung in großen Schritten.

Kontinuierliche Verbesserung ist eine Vielzahl kleiner Verbesserungen.

Korrektur- und Vorbeugungsmaßnahmen

Korrekturmaßnahmen sind Tätigkeiten, die für die Ermittlung und Beseitigung einer Ursache oder eines vorhandenen Fehlers unternommen werden. Ziel ist es, ein erneutes Auftreten des Fehlers zu unterbinden.

Vorbeugungsmaßnahmen sind alle Tätigkeiten, die der Vermeidung eines möglichen Fehlers dienen. Durch die Änderung einer bestehenden Situation wird das Entstehen eines Fehlers zukünftig verhindert.

Korrekturmaßnahmen sind die Ermittlung und Beseitigung einer Fehlerursache.

Vorbeugungsmaßnahmen sind die Tätigkeiten zur Vermeidung eines möglichen Fehlers.

17.1 Qualitätskosten

Nach Meinung der Sozialisten ist es ein Laster, Gewinne zu erzielen. Ich bin dagegen der Ansicht, dass es ein Laster ist, Verluste zu machen.

Winston Churchill (1874 – 1965),

britischer Premierminister und Literaturnobelpreisträger

Nach der alten Fassung der DIN ISO 8402 werden qualitätsbezogene Kosten folgendermaßen definiert: Es sind *Kosten, die durch das Sicherstellen zufriedenstellender Qualität und durch das Schaffen von Vertrauen, dass die Qualitätsforderungen erfüllt werden, entstehen, sowie Verluste infolge des Nichterreichens zufriedenstellender Qualität.*

Die Qualitätskosten stellen ein Steuerungsinstrument dar. Sie entstehen mitunter durch die aufgestellten Qualitätsanforderungen seitens der Kunden und internen Prozesse. Sie setzten sich im Wesentlichen zusammen aus:

- Qualitätslenkungskosten,
- Qualitätsverbesserungskosten,
- Fehlerverhütungskosten,
- Prüfkosten,
- externen Darlegungskosten und
- Fehlerkosten (Abweichungskosten).

Zu den Fehlerverhütungskosten zählen:

- Leistungsentwicklung/Designlenkung,
- Qualitätsplanung,
- Prüfplanung,
- Organisation des Prüfwesens,
- Systemaudit,
- Leitung der Organisationseinheiten des Qualitätswesens,

- Qualitätsförderungsmaßnahmen,
- Mitarbeiterschulung,
- Lieferantenbeurteilung und Beratung,
- Benchmarking und sonstige Fehlerverhütungsmaßnahmen.

Fehlerkosten sind Kosten, die aufgewendet werden, um Fehler bereits vor ihrem Entstehen zu vermeiden. Die Fehlerverhütungskosten stellen sich in der Regel als geringer dar, als die Kosten der Fehlerbehebung. Denken Sie nur an die vielen Rückrufaktionen der Automobilindustrie in der letzten Zeit.

Unter Prüfkosten fallen beispielsweise:

- Qualitätsprüfungen, z. B. medizinischer und pflegerischer Versorgungsleistung,
- Kosten für unterstützende und steuernde Prozesse,
- Qualitätsprüfungen bei Fallpauschalen, Sonderentgelte,
- Endprüfungen (Kunden- und Mitarbeiterbefragungen),
- Audits,
- Laboruntersuchungen,
- Teilnahme an externen Qualitätsprüfungen,
- Wareneingangsprüfung,
- Fehlbelegungsüberprüfungen oder
- sonstige Überprüfungen, z. B. durch den MDK.

Prüfkosten entstehen durch quantitative und qualitative Kontrollen. Die Kosten, die zur Prüfmittelinstandhaltung aufgewendet werden, fallen ebenfalls in diesen Bereich.

Der Kosteneinteilung liegen drei Leistungsdimensionen zugrunde:

1. Sicherstellung der Qualitätsfähigkeit
   Schaffung und Erhalt der Fähigkeiten zur Erfassung, Beurteilung, Sicherung und Verbesserung der Qualität,
2. Sicherstellen der Effektivität
   Optimierung der Relation zwischen Abweichungs- und Übereinstimmungskosten,
3. Sicherung der Erlösfähigkeit
   Kurz-, mittel- und langfristige Absicherung der Erlöse.

Kostenstellenrechnung	Erfassung der Prüfkosten sowie der Qualitätsplanungs- und -lenkungskosten
Kostenartenrechnung	Erfassung der Personal-, Material-, Anlagekosten etc. sowie Kosten externer Dienstleistungen
Kostenträgerrechnung	Die Kosten der Leistungserbringung dient als Bezugsgröße zur Bestimmung der Fehlerkosten

zur Ermittlung von Basisdaten für eine längerfristige Planung und Steuerung der qualitätssichernden Maßnahmen

Abb. 17.1
©KlöberKASSEL 2006

Die Erfassung der Qualitätskosten dient

- der Erstellung einer Kostentransparenz,
- dem Herausfinden der Kostenverursacher/Kostentreiber,
- dem Aufzeigen wirkungsvoller Ansätze zur Kostensenkung und
- der Planung und Durchführung von Maßnahmen.

Durch den immer höher werdenden Kostendruck nehmen die Maßnahmen zur Fehlervermeidung an Bedeutung zu. Die Einführung einer Qualitätskostenrechnung als Controllinginstrument, in der die qualitätsbezogenen Kosten erfasst, aufgeschlüsselt und analysiert werden, könnte dazu beitragen, Optimierungspotenziale eher zu erkennen und aufzugreifen. Nur wenn bekannt ist, wo welche Kosten in welcher Höhe entstehen, können Sie agieren. Diese Rechnung kann als Nebenrechung zur traditionellen Kostenrechnung geführt werden. Voraussetzung hierfür ist aber das Praktizieren einer funktionierenden Kostenarten- und Kostenstellenrechnung. Leider erhalten Hauswirtschaftsverantwortliche noch immer viel zu selten die nötigen Zahlen, was die Verantwortlichkeit für diesen Kostenblock unmöglich macht. Qualitätskennzahlen wie z. B. die Summe der Qualitätskosten im Verhältnis zu den Gesamtkosten der Einrichtung oder der Anteil an Fortbildungskosten im Verhältnis zu den Gesamtlohnkosten oder die Kosten für die Qualitätsbeauftragte können sonst nicht ermittelt werden. Ein Steuerungsinstrument geht verloren.

Eine Kosten-Nutzen-Bilanz kann, wenn keine Zahlentransparenz herrscht, nicht aufgestellt werden. Die Kosten-Nutzen-Bilanz des Qualitätsmanagements soll den Nutzen des Qualitätsmanagements soweit wie möglich in Zahlen und Fakten messbar darstellen und belegen.

Abb. 17.2
©KlöberKASSEL 2006

Nicht alle Leistungen sind immer kostenbezogen bewertbar. Bei all den klaren betriebswirtschaftlichen Aufforderungen und sinnvollen Argumenten zur Planung, Steuerung und Kontrolle der qualitätsbezogenen Kosten bleibt ein Gedanke auf der Strecke. Wie wollen Sie Freude, Versorgungssicherheit und eine gute Lebensqualität von Kunden monetär bewerten? Was sind sie uns und der Gesellschaft wert? Sie werden im Sinne der Erfassung und Zuordnung zu den Qualitätskosten nicht berücksichtigt und bei unternehmerischen Entscheidungen, die die Lebensqualität betreffen, meist ignoriert.

17.2 Qualitätsverbesserungs-instrumente

17.2.1 Qualitätszirkel

Keine Veränderung ohne Information. Die Mitarbeiter unterstützen nur das, woran sie selbst beteiligt sind. Jede Veränderung erzeugt Widerstand, selbst eine Veränderung zum Besseren.

Josef Schmidt (1934), Management-Trainer*

Qualitätszirkel bilden sich, wenn ein Problem eines Mitarbeiters an einem Arbeitsplatz vorliegt, welches nicht allein gelöst werden kann. Qualitätszirkelarbeit ist ein bewährtes Qualitätsinstrument.

Maßnahmen zur Erreichung von dauerhaft und qualitativ hochwertigen hauswirtschaftlichen Dienstleistungen werden umso wirksamer, je motivierter Mitarbeiterinnen an diesen Prozessen beteiligt sind. Ein Qualitätssicherungs-System für Kunden und Mitarbeiterschaft ist darauf angewiesen, dass ein ständiger Prozess der Verbesserung etabliert ist.

Im engen Zusammenhang damit stehen die Philosophie und die Umsetzung des Kaizen, wie in Kapitel 10 beschrieben. Es sind zuerst die Mitarbeiter auszubilden, ihnen Problemlösungsmethoden beizubringen, Wege zu zeigen und/oder Ziele zu geben und dann die gefundenen Lösungen zu standardisieren. Die Leistungen des Vorgesetzen oder eines Moderators bestehen dann darin, den Prozess der Problemlösung zu stimulieren und zu honorieren. Ein geeignetes Instrument dieser problemorientierten und innovationsgerichteten Zusammenarbeit ist der Qualitätszirkel.

Um aktiv mit dem Instrument Qualitätszirkel zu arbeiten, sind einige Vorarbeiten nötig:

1. Betriebsrat/MAV über die Initiative informieren.
2. Mitarbeiter schulen, die Qualitätszirkel leiten und strukturieren können.

3. Bereitstellen von Arbeitsmöglichkeiten.
4. Schaffung von Regeln und Erfüllen von Rahmenbedingungen.

Diese Rahmenbedingungen gliedern sich wie folgt:

Gruppengröße

Die maximale Gruppengröße liegt bei acht Mitarbeitern, die minimale bei vier. Gruppen mit mehr als acht Mitarbeitern werden uneffektiv. Es entsteht dann wahrscheinlich ein großer Zeitaufwand.

Freiwilligkeit der Teilnahme

Ein Mitarbeiter in einem Qualitätszirkel kann nur erfolgreich und zufrieden sein, wenn er ein inneres Bedürfnis zur Problemlösung besitzt, sich mit der Zielsetzung nach mehr Effektivität identifiziert, selbst Probleme erkennt und diese auch formulieren kann. Ein Zwang zur Zirkelteilnahme ist weder dem Mitarbeiter noch dem Zirkel dienlich.

Arbeit mit dem Moderator

Ein Moderator ist diejenige Person im Zirkel, die den Diskussionsablauf in einer Gruppe steuert, ohne den Teilnehmern die eigene Meinung aufzudrängen. Schwierig kann die inhaltliche Arbeit werden, wenn der Moderator Vorgesetzter von Teilnehmern des Zirkels ist. Innerhalb eines Qualitätszirkels sollten deshalb keine Hierarchien herrschen.

Selbst gewählte Probleme aus dem (eigenen) Arbeitsbereich

Die Idee der Zirkelarbeit geht davon aus, dass sich die Gruppe ein Thema selbst wählt, das ein Problem der Arbeitsentwicklung darstellt. Dadurch wird eine starke Eigenmotivation erzielt. Ist die Gruppe nicht in der Lage, ein Thema selbst zu wählen, so kann der Gruppe ein Rahmenthema vorgegeben werden, und die Gruppe leitet daraus ein zu bearbeitendes Problem ab. Wird der Gruppe dagegen ein stark eingegrenztes

Problem vorgegeben, entsteht eine Situation, mit der sich die Gruppenmitglieder nicht identifizieren wollen oder können.

Regelmäßigkeit der Sitzungen

Eine Zirkelsitzung sollte maximal 60 Minuten in Anspruch nehmen. Dies ist aus zweierlei Gründen zu empfehlen. Einerseits ist eine Freistellungsmöglichkeit während der Arbeitszeit nur begrenzt möglich. Andererseits können längere Zirkelsitzungen zum Abweichen vom Thema und zu einer Konzentrationsschwäche der Teilnehmer führen. Es besteht jedoch die Notwendigkeit mehrfacher Sitzungen. Solange sich während der Sitzungen noch wichtige Erkenntnisse gewinnen lassen, sollte die Zusammenkunft nicht unterbrochen werden.

Zeitpunkt der Sitzung

Da die Zirkelteilnehmer kreativ tätig sein sollen, empfiehlt sich eine Tageszeit mit hoher Leistungsstärke. Die günstigste Tageszeit liegt zwischen 8.00 und 11.00 Uhr. Durch eine Pause vor Sitzungsbeginn kann ein leichter Abstand von der Tagesarbeit geschaffen werden.

Zielsetzung effektives und lösungsorientiertes Arbeiten

Effektiv arbeiten bedeutet, dass die Mitarbeiter ihre Aufgaben wirkungsvoll und ergiebig ausführen können. Bei den Methoden zur Problemlösung innerhalb von Qualitätszirkeln können Kreativitätsmethoden und statische Methoden eingesetzt werden.

Kreativitätsmethoden sind Methoden, die die kreativen Ideen und die Fantasie der Mitarbeiter anregen sollen. Statistische Methoden werden eingesetzt, wenn es um Ursache-Wirkungszusammenhänge geht.

Kurz zusammengefasst:

- Kleine Gruppengröße, vier bis maximal zehn Teilnehmende,
- die teilnehmenden Mitarbeiter arbeiten partnerschaftlich miteinander,
- ihre Teilnahme ist freiwillig,
- sie arbeiten verbindlich mit und sind verlässlich,
- die Aufgabenstellung ist klar definiert,

- das Gesamtzeitbudget und die einzelne Sitzungsdauer sind definiert,
- entwickelte Lösungen werden von der Gruppe umgesetzt,
- Vorgesetzte helfen und unterstützen bei der Umsetzung,
- Vorgesetzte erkennen Leistungen an (im Sinne der Motivation, nicht in Geldwert).

Bei Qualitätszirkelarbeit wird die Problembearbeitung durch Sach- und Fachkundige unterstützt. Die Verbesserung kommt aus den eigenen Reihen, damit eine höhere Akzeptanz für Lösungen erzielt wird. Das Qualitätsniveau wird von den Mitarbeitern durch ihre Erfahrung ermöglicht. Lösungen, die in der Praxis wirklich angewendet werden, motivieren die Mitarbeitenden. Eine *hierarchiefreie* Zone innerhalb der Qualitätszirkelarbeit fördert die Kreativität und Fantasie, die zur innovativen Problemlösung so oft nötig ist. Während der Qualitätszirkelarbeit erlernen die Teilnehmer neue soziale Kompetenzen und Gruppenarbeitstechniken, die sie auch in ihrer Abteilung einsetzen können. Ein wesentlicher Pluspunkt von Qualitätszirkelarbeit ist auch das Erleben, was abteilungsübergreifendes Denken und Handeln bewirken kann. Wichtig ist, dass erarbeitete Problemlösungen auch umgesetzt und nicht infrage gestellt werden. Nicht umgesetzte Problemlösungen führen die Qualitätszirkelarbeit ad absurdum und demotivieren die Teilnehmer.

Qualitätszirkel sollten unbedingt von einem kompetenten Moderator geleitet werden.

Durch ihr Qualitätswissen und ihre Methodenkompetenz können sie Gruppen führen und leiten, aber auch kritische Gruppenprozesse steuern und auflösen.

Die nötigen Lernprozesse der Teilnehmer werden von einem guten Moderator unterstützt und vermittelt. Die Ergebnisse der Zirkelarbeit können durch den Moderator oder die Moderatorin für die Präsentation gegenüber Dritten visuell aufbereitet werden. Bei allem Qualitäts-Know-how und ggf. auch internem Wissen darf es dem Moderator während der Arbeit nicht an Neutralität mangeln. Von seiner Fachlichkeit hängt der Erfolg der gesamten Arbeitsgruppe ab.

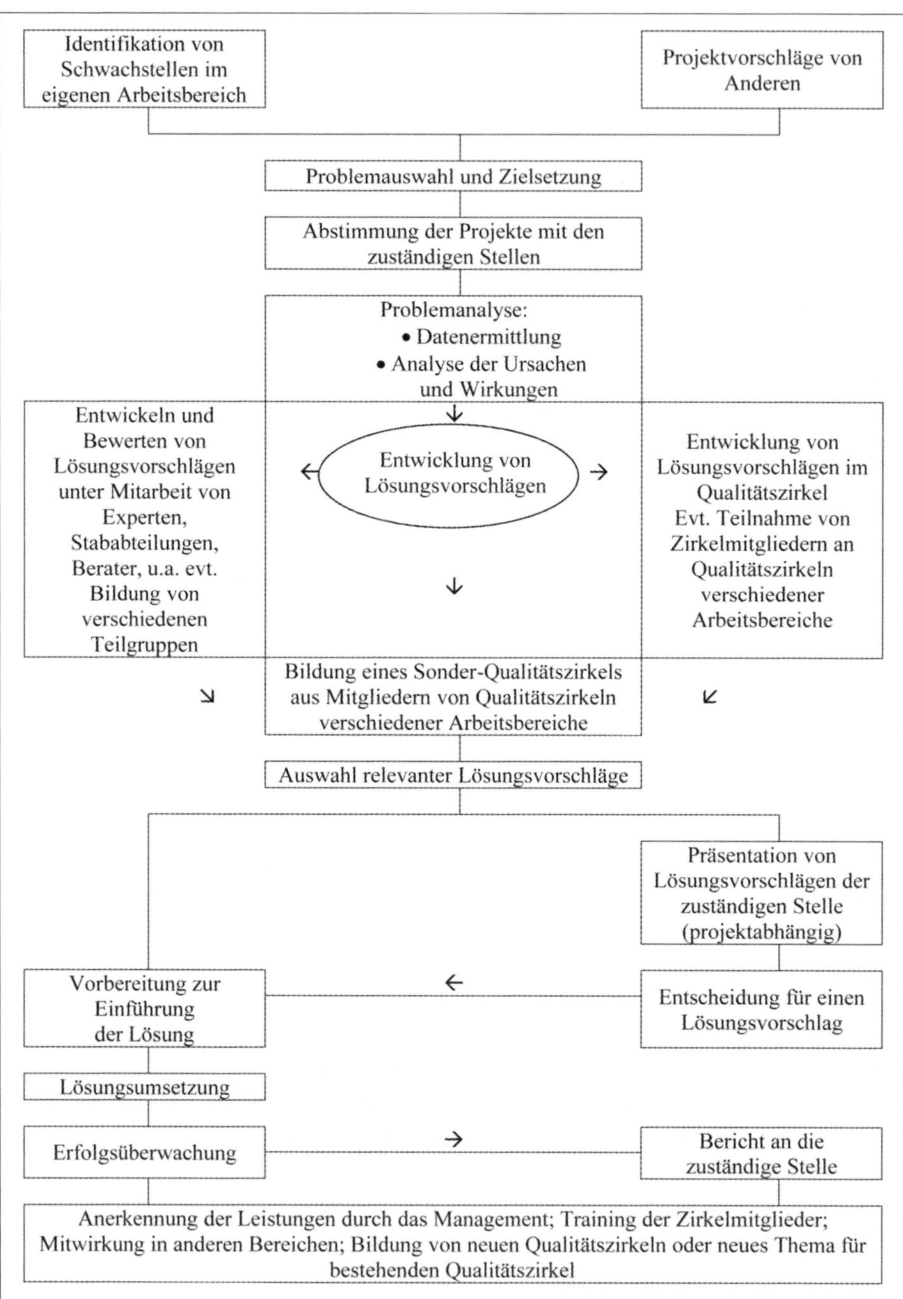

Abb. 173 Ablauf der Qualitätszirkelarbeit

17.2.2 Qualitätswerkzeuge und Methodenkompetenz

Die nachfolgend dargestellten Methoden bzw. Werkzeuge zur Qualitätsverbesserung sind einfach anzuwenden, und die daraus resultierenden Ergebnisse sind allgemein leicht verständlich. Die Erfahrung zeigt jedoch, dass auch solch einfache Methoden in der Praxis oft falsch bzw. ineffektiv eingesetzt werden.

Wie bei jedem Werkzeug hängt der Nutzen der Anwendung davon ab, wie sicher der Anwender damit umgehen kann. Unsicherheiten bei der Anwendung können dazu führen, dass der Einsatz eines falschen Werkzeugs oder der falsche Einsatz eines richtigen Werkzeugs den Ablauf eines Qualitätsverbesserungsprojekts behindert.

Nur wer über eine ausreichend umfangreiche Methodenkompetenz verfügt, kann die richtige Auswahl einer Methode für einen bestimmten Anwendungsfall treffen und wird einen deutlichen Nutzen aus der Anwendung der Werkzeuge zur Qualitätsverbesserung ziehen.

Über die Anwendung von Werkzeugen zur Qualitätsverbesserung sollte sich Gedanken machen, wer sich bei Besprechungen und Workshops darüber ärgert, dass

- auch lange Diskussionen zu keinem Ergebnis führen,
- immer im Kreis herum diskutiert wird,
- Missverständnisse die Diskussion behindern, da die Teilnehmer über einen unterschiedlichen Kenntnisstand verfügen,
- Entscheidungen nicht auf Basis von Fakten, sondern oft nur aus der Stimmung heraus getroffen werden.

Die nachfolgend betrachteten Methoden stellen eine Auswahl der in der Praxis häufig und erfolgreich angewendeten Werkzeuge zur Qualitätsverbesserung dar.

1. Fehlermöglichkeits- und Einflussanalyse (FMEA)

Anwendungsbereich

FMEA ist eine Methode zur Fehlervermeidung; potenzielle Fehler werden vor ihrem Auftreten ermittelt.

- Ermittlung von Risikofaktoren,
- Bewerten von Risikofaktoren,
- Entwickeln von Gegenmaßnahmen.

Methodisches Vorgehen

Bestimmen des Prozesses – Bestimmen des Anlasses – Bestimmen des Ortes – Bestimmen des Fehlers – Bestimmen der Fehlerursache – Beschreiben der derzeitigen Verhütungsmaßnahmen – Bewertung der Auftretenswahrscheinlichkeit – Bedeutung und Gefahr bei Nichtentdeckung – multiplizieren mit der Risiko-Prioritätenzahl – Ermitteln von Maßnahmen zur Fehlervermeidung – Festlegen der Verantwortlichkeit.

Die Erkenntnisse werden in FMEA-Karten eingetragen. Die Häufigkeit des Auftretens eines Fehlers wird in einer 1 – 10er-Kategorie eingestuft (1 = unwahrscheinlich bis 10 = sehr wahrscheinlich).

Die Bedeutung des Fehlers wird von 1 = keine Bedeutung, bis 10 = sehr hohe Bedeutung, skaliert. Die dritte Festlegung ist die Wahrscheinlichkeit einer Nichtentdeckung des Fehlers. Hier geht die Skala von 1 = unwahrscheinlich bis 10 = sehr wahrscheinlich. Multipliziert man Auftreten eines Fehlers mit der Bedeutung des Fehlers und dies dann mit der Wahrscheinlichkeit einer Nichtentdeckung des Fehlers, erhält man die Risiko-Prioritätszahl, kurz RPZ. Je höher die RPZ ist, desto nötiger wird das Handeln.

2. Brainstorming

Anwendungsbereich

Brainstorming wird als Methode im Team angewendet. Es soll dazu dienen, dass in einer bestimmten Zeit zu einem bestimmten Thema möglichst viele Ideen gesammelt und ohne Bewertung aufgeschrieben werden. Brainstorming kann sowohl zur

Ergründung von Problemursachen als auch zum Finden von Problemlösungen eingesetzt werden. Brainstorming ist die Ermittlung von zahlreichen verschiedenen Ideen, Problemlösungen, Ansichten und Meinungen durch Beteiligung mehrerer Personen, die hinsichtlich des zu betrachtenden Themas über unterschiedliche Kenntnisse verfügen bzw. verschiedene Standpunkte und Interessengruppen vertreten. Hierfür gibt es verschiedene Möglichkeiten der Vorgehensweise, von denen nachfolgend eine häufig verwendete dargestellt wird.

Brainstorming heißt übersetzt nichts anderes als *Gedankensturm*.

Methodisches Vorgehen

- Definition des zu behandelnden Problems. zu dem Lösungen gesucht werden.
- Oder mit Kartenabfrage: Alle Teilnehmer schreiben ihre Ideen auf eine Karte und heften sie an die Tafel (pro Karte nur eine Idee).
- Überprüfen der Ideen auf Verständlichkeit und Eindeutigkeit.
- Team und Moderator bestimmen:
  - Die Teammitglieder sollten aus verschiedenen Bereichen stammen, um möglichst viele verschiedene Ideen, Ansichten und Meinungen zu erhalten.
  - Der Moderator sollte neutral bzw. unvoreingenommen gegenüber dem zu betrachtenden Thema eingestellt sein.
- Individuelle Ideen, Ansichten und Meinungen sammeln.
- Karten an jedes Teammitglied verteilen (Anzahl ca. fünf bis acht).
- Jedes Teammitglied notiert seine Ideen (pro Karte eine Idee).
- Im Anschluss an das durchgeführte Brainstorming werden die ermittelten Ideen gemeinsam im Team betrachtet, diskutiert und weiterentwickelt.
- Jeweils eine Idee (Karte) wird von den einzelnen Teammitgliedern vorgestellt und bei Bedarf diskutiert. Die vorgestellten Karten werden für jedes Teammitglied sichtbar an einer Wand angebracht. Dieser Vorgang wiederholt sich so lange, bis keine Karte mehr vorhanden ist. Die Teammit-

glieder können während der Ideenvorstellung weitere Ideen entwickeln. Oder:

- Die Karten (Ideen) werden vom Moderator eingesammelt und vermischt. Im Anschluss werden die Ideen durch den Moderator vorgestellt und bei Bedarf diskutiert. Die weitere Vorgehensweise entspricht dann der bereits beschriebenen. Dieses Vorgehen hat den Vorteil, dass die Ideengeber anonym bleiben können und deshalb auch Ideen kundtun, die eventuell für den Ideengeber ungewollte Diskussionen bedeuten könnten.

Der Einsatz ist dann sinnvoll, wenn die Teilnehmer noch ungeübt sind oder wenn Ideen schnell und ohne Überlegen gefunden werden sollen. Frei nach der Devise: Geht nicht, gibt's nicht.

3. Metaplanmethode/Kärtchenmethode/ Brainwriting/Verwandtschaftsdiagramm (Affinitätsdiagramm)

Anwendungsbereich

Durch das Verwandtschaftsdiagramm bzw. Affinitätsdiagramm wird eine große Anzahl an Ideen, Ansichten oder Meinungen zu einem vorgegebenen Thema wenigen Gruppen zugeordnet. Diese Methode wird häufig im Anschluss an ein Brainstorming angewendet, um die so gesammelten Informationen zu gruppieren. Das Ergebnis kann dann als Input für eine weitere Bearbeitung des betrachteten Themas dienen (z. B. zur weiteren Lösungs-/Ursachensuche).

Methodisches Vorgehen

- Analog zum Brainstorming werden im Vorfeld der eigentlichen Erarbeitung des Verwandtschaftsdiagramms die beschriebenen Schritte des Brainstormings erforderlich.
- Wenn alle Karten beisammen sind, werden die Karten nach und nach angepinnt. Die erste Karte wird auf einer Wand fixiert. Bei den weiteren Karten wird jeweils ermittelt, ob diese den bereits fixierten Karten zugeordnet werden kann oder ob eine neue Gruppe gebildet werden soll.

- Leitkarten für die Gruppen bestimmen: Für jede ermittelte Gruppe von Karten wird eine Leitkarte (Überschrift) ermittelt. Die Leitkarte kann identisch mit einer bestehenden Karte aus der betreffenden Gruppe sein oder neu vom Team definiert werden.
- Ergebnisse auf Papier übertragen: Brainwriting ist sozusagen Brainstorming in schriftlicher Form.

Der Einsatz ist dann sinnvoll, wenn sich die Gruppe nicht treffen kann oder die Gruppenteilnehmer gern Vorschläge kritisieren. Sinnvoll ist die Methode aber auch dann, wenn Sie wissen, dass sich Teilnehmer nicht äußern mögen (z. B. aus Angst vor Schreibfehlern). Durch die Oberbegriffe werden Zusammenhänge gebildet, sogenannte Cluster (Wolken).

4. Baumdiagramm (Organigramm)

Anwendungsbereich

Mithilfe des Baumdiagramms werden Themen, Aufgaben oder Prozesse in verschiedene Detaillierungsstufen gegliedert, wobei Zusammenhänge und Verbindungen zwischen den einzelnen Ebenen aufgezeigt werden. Mit dieser Methode können Teilmengen von komplexen Sachverhalten, Lösungsmöglichkeiten von Problemstellungen oder Einzelschritte von Prozessen systematisch ermittelt und transparent dargestellt werden. Das entstehende Organigramm bietet eine Orientierungshilfe und kann zur Entscheidungsfindung eine grafische Grundlage bilden. In Kalkulationsprogrammen wie Excel können Sie relativ schnell Organigramme erstellen.

Methodisches Vorgehen

- Basis (Thema, Aufgabe, Prozess, ...) und Zielsetzung der Untersuchung eindeutig bestimmen.
- Gliederungsstufen ermitteln.
- Elemente der jeweils vorherigen Stufe zuordnen.
- Struktur und Verbindungen/Zuordnungen des Baumdiagramms prüfen und ggf. korrigieren.

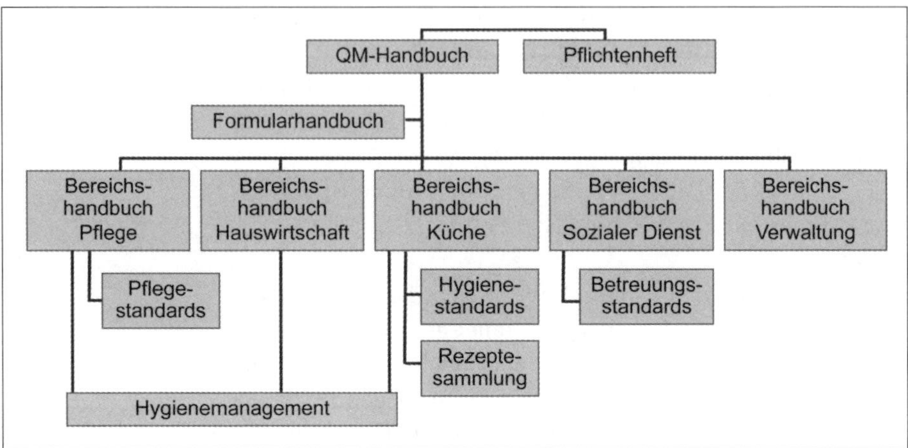

Abb. 17.4
Baumdiagramm

Der Einsatz ist dann sinnvoll, wenn Sie einfach zu verstehende Zusammenhänge und Hierarchieebenen vorstellen möchten. Mitarbeiterinnen können mit diesem Werkzeug gut planen, weil es sehr einfach zu verstehen und anzuwenden ist.

5. Mehr-Punkt-Abfrage

Anwendungsbereich

Sie ist zur Entscheidungsfindung und Bewertung geeignet, wenn es um folgende Fragen geht:

- Welches Thema soll bearbeitet werden?
- Welches Problem ist das dringendste?
- Welche Maßnahme ist die beste?

Methodisches Vorgehen

- Die visualisierten Kriterien werden von den Teilnehmern bewertet.
- Die Anzahl der möglichen Bewertungspunkte orientiert sich an der Anzahl von Kriterien.
- Mehr als sechs Punkte/Striche/Klebepunkte etc. pro Teil - nehmer sollten der Übersicht und Wichtigkeitsfestlegung nicht möglich sein.

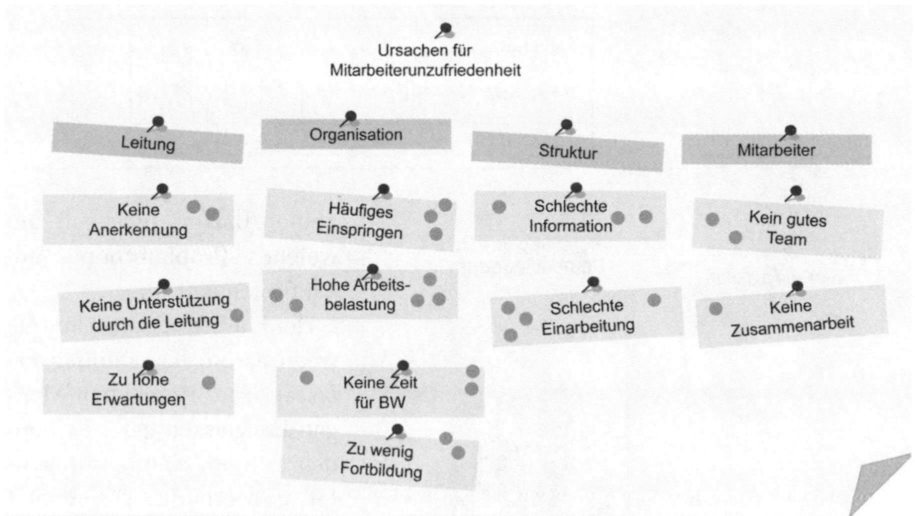

Abb. 17.5
Mehr-Punkt-Abfrage

Der Einsatz ist dann sinnvoll, wenn ein Themenspeicher erstellt werden soll, welche Aufgaben mit welcher Priorität bearbeitet werden sollen. Sie nennen einen solchen Themenspeicher vielleicht auch Maßnahmenplan. In unserem Beispiel hätte die Karte *Hohe Arbeitsbelastung* mit sieben Punkten die höchste Priorität in der Bearbeitung.

6. Strichliste

Anwendungsbereich

Durch die Strichliste können Fehlern in der Häufigkeit ihres Auftretens klar dargestellt werden.

Methodisches Vorgehen

- Festlegen des zu untersuchenden Problems (Spezifizierung des Fehlers).
- Festlegung des Zeitraums der Fehlererfassung.
- Festlegung der erfassenden Person(en).

Die Darstellung erfolgt in einer Tabelle (Abb. 17.6).

Werden die Daten in einem Tabellenkalkulationsprogramm geführt, können daraus Diagramme errechnet werden (macht der Rechner selbst). Das Säulendiagramm zeigt durch die

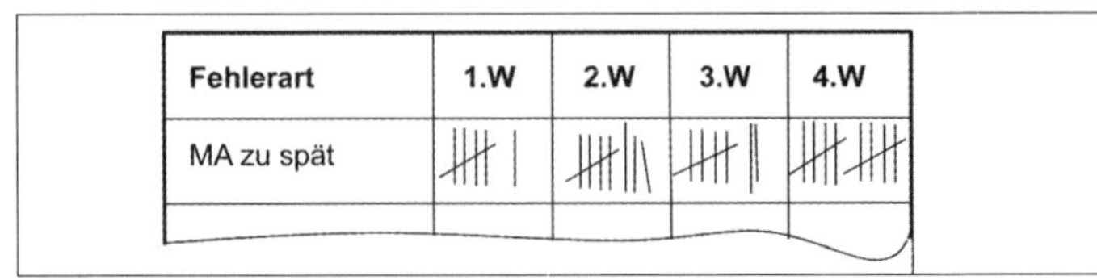

Fehlerart	1.W	2.W	3.W	4.W
MA zu spät	卌 |	卌 ||	卌 ||	卌 卌

Abb. 17.6
Strichliste

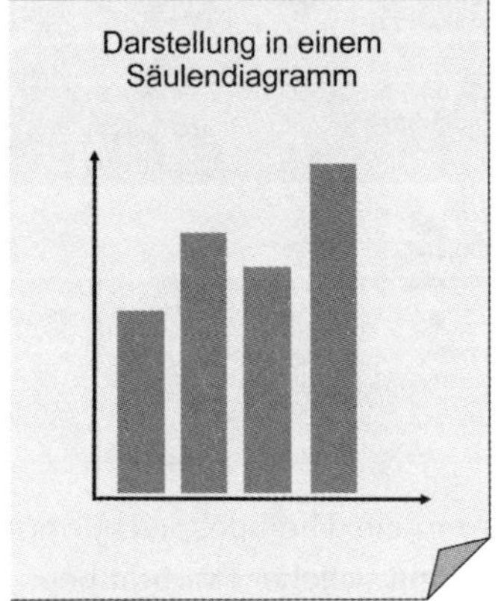

Abb. 17.7
Darstellung in einem Säulendiagramm

Säulen/Balken plastisch an, welches Problemthema am häufigsten auftritt.

Der Einsatz ist dann sinnvoll, wenn es um das stumpfe Erfassen von Problemen/Mengen/Ereignissen geht. Es handelt sich um eine rein quantitative Methode. Die Grafik bietet eine anschauliche Sach - verhaltsdarstellung, um über Ursachen, Verläufe etc. ins Gespräch zu kommen.

Abb. 17.8
Darstellung in einem Säulendiagramm

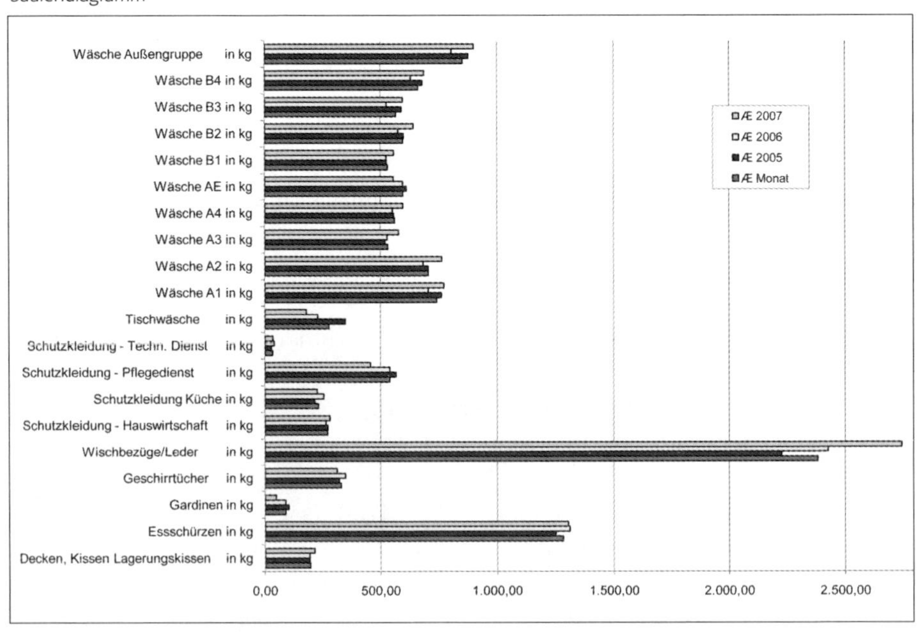

7. Verlaufsdiagramm

Anwendungsbereich

Durch das Verlaufsdiagramm können Tendenzen über einen bestimmten Zeitabschnitt dargestellt werden.

Methodisches Vorgehen

- Messgröße und Zeitverlauf festlegen.
- Sammeln von Daten.
- Grafische Darstellung und Verbinden der Punkte.
- Durchschnitt berechnen.

Fehlerart	1.W	2.W	3.W	4.W
MA zu spät	6	8	7	10

Abb. 17.9 Verlaufsdiagramm

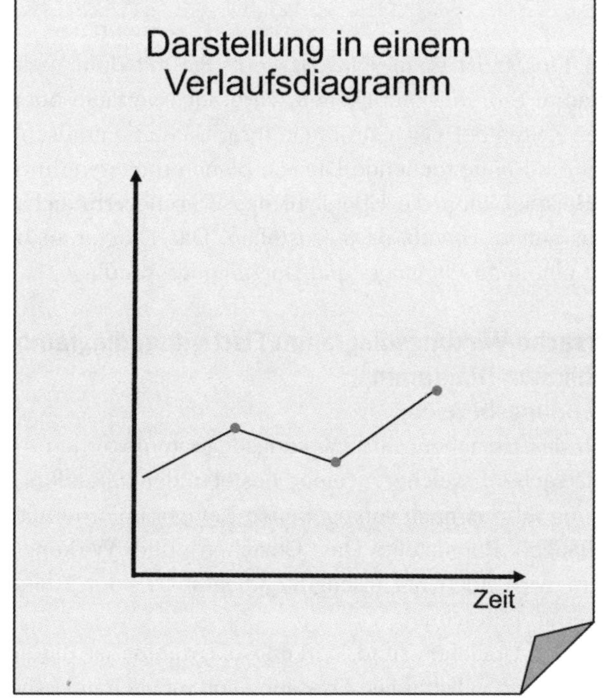

Abb. 17.10 Darstellung in einem Verlaufsdiagramm

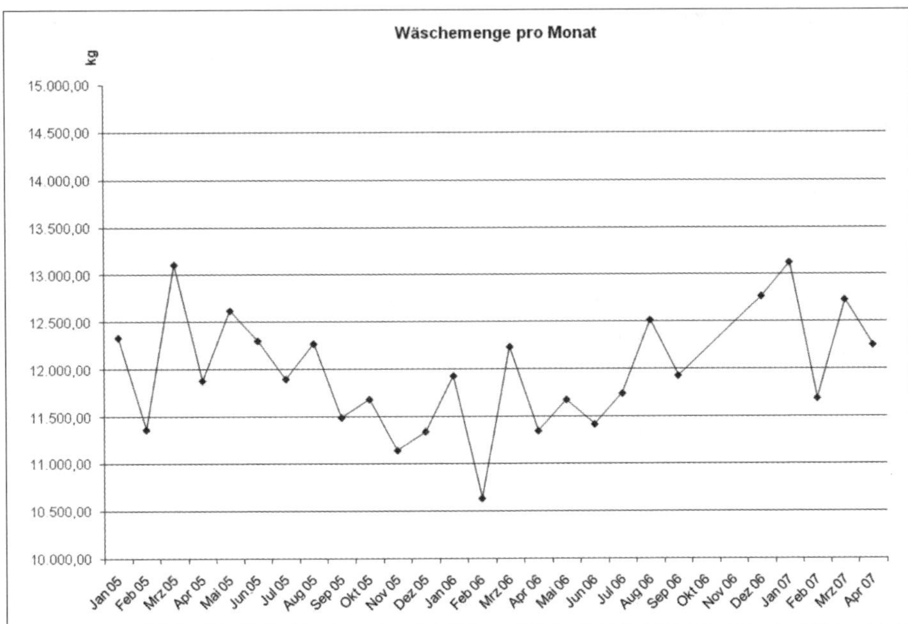

Abb. 17.11 Darstellung in einem Verlaufsdiagramm

Der Einsatz ist dann sinnvoll, wenn Sie mit dem Verlaufsdiagramm Störungshäufigkeiten, Verbrauchsverläufe oder die besten Zeiten der Gästeströme in Ihrer Cafeteria grafisch darstellen und entsprechende Dienste planen möchten. In unserem Beispiel kann die Übersicht des Wäscheverbrauchs pro Monat helfen, Standards aufzustellen. Das Diagramm bietet damit eine gute Planungs- und Darstellungsgrundlage.

8. Ursache-Wirkungsdiagramm/Fischgrätendiagramm/ Ishikawa-Diagramm

Anwendungsbereich

Durch das Ursachen- und Wirkungsdiagramm werden mögliche Ursachen, welche zu einer bestehenden Situation bzw. Wirkung führen, nach vorgegebenen Kategorien ermittelt und anschaulich dargestellt. Das Ursachen- und Wirkungsdiagramm wird auch als Fischgrätendiagramm oder Ishikawa-Diagramm bezeichnet.

Ziel des Ursachen- und Wirkungsdiagramms ist die systematische und vollständige Erfassung von möglichen Ursachen eines Problems. Durch die vorgegebene Struktur bietet es eine gute Diskussionsgrundlage, die bei allen Beteiligten zu einem besseren Verständnis der bestehenden Situation führen kann. Das Ursachen- und Wirkungsdiagramm zeigt keine direkten Handlungsansätze bzw. Lösungsmöglichkeiten auf, sondern dient dazu, eine Situation hinsichtlich Ursachen und Wirkung transparent und überschaubar darzustellen.

Methodisches Vorgehen

- Die möglichen Ursachen eines Problems werden den ausgewählten Haupteinflussgrößen – Ms genannt – Mensch (personenbetreffende Ursachen), Maschine (Geräte, Einrichtungen etc.), Material (gutes – schlechtes, genug – zu wenig etc.), Methode (eingesetzte Standards, korrekte Arbeitsanweisungen, Übung usw.), Mitwelt (Umgebungseinfluss) zugeordnet.
- Diesen werden wiederum Einflussursachen zugeordnet.
- Bei Kenntnis weiterer Detailursachen können diese daraufhin den Einflussursachen zugeordnet werden, sodass zu erkennen ist, welche Problemursachen beseitigt werden müssen, um das Gesamtproblem zum Teil oder ganz zu lösen.

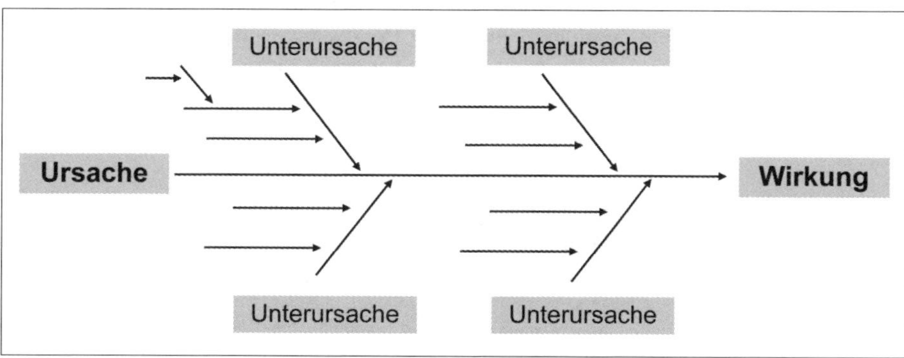

Abb. 17.12 Ursache-/Wirkungsdiagramm

Der Einsatz ist dann sinnvoll, wenn Sie ursächliche Gründe für Fehler bestimmten Bereichen zuordnen wollen bzw. durch die Zuordnung erkennen wollen, welcher Umstand (M) zum Fehler führt. Dieses Qualitätswerkzeug hört sich kompliziert an, ist es aber in der Anwendung ganz und gar nicht. Sie können sich auf einem Blatt die Fischgräte mit den Ms aufzeichnen, blanko kopieren und immer wieder bei einer Problemstellung einsetzen.

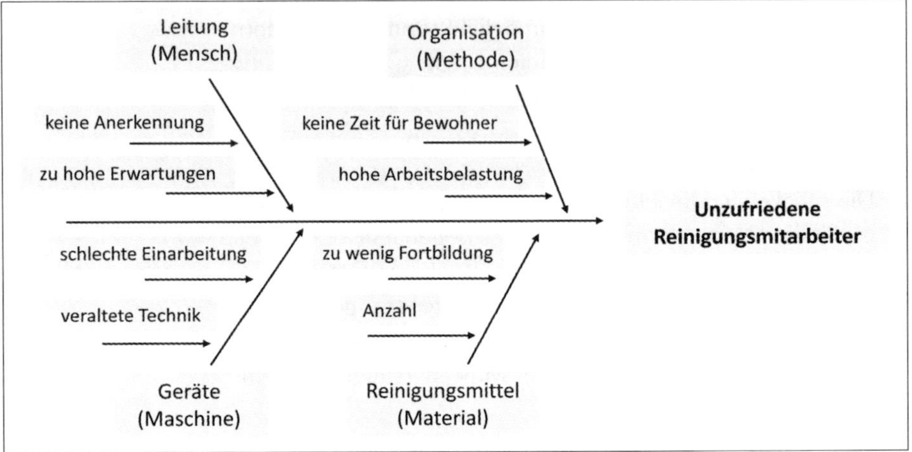

Abb. 17.13 Ursache-/Wirkungsdiagramm

9. Benchmarking

Anwendungsbereich

Benchmarking dient dem Vergleich eines ausgewählten Merkmals, um Gelegenheiten zur Qualitätsverbesserung zu ermitteln. Verglichen werden Prozesse, Produkte und Dienstleistungen mit denen anerkannter Marktführer. Durch Benchmarking werden erprobte Lösungen betrachtet, um Anregungen für die Weiterentwicklung und Optimierung der betrachteten Merkmale in der eigenen Organisation zu erhalten.

Hinter Benchmarking steckt die einfache Grundidee *Lernen von den Besten*. Für die Durchführung von Benchmarkingprojekten wurden in der Praxis verschiedene Vorgehensweisen entwickelt.

Methodisches Vorgehen (vereinfachte Form)

- Die zu betrachtenden Merkmale (Benchmarks) eindeutig festlegen.
- Team für die Durchführung des Benchmarkingprojekts bestimmen.
- Benchmarkingpartner ermitteln (Benchmarkingpartner sind

anerkannte Marktführer hinsichtlich der zu betrachteten Merkmale, wobei sie nicht aus der gleichen Branche stammen müssen.
- Daten sammeln (z. B. Umfrageergebnisse, Geschäftsberichte, Benchmarkingdatenbanken, Firmenbesuche, Messebesuche, persönliche Kontakte etc.
- Daten ordnen und analysieren.
- Auswertung unter der Perspektive der Gelegenheiten zur Qualitätsverbesserung.
- Gezielt Maßnahmen in Form von Verbesserungsprojekten einleiten.

Der Einsatz ist dann sinnvoll, wenn Sie Ideen brauchen, warum es woanders besser läuft als bei Ihnen. Aber auch wenn Ihnen vorgehalten wird, dass andere Abteilungen viel wirtschaftlicher arbeiten als Ihre.

10. Radardiagramm

Anwendungsbereich

Durch das Radardiagramm wird die Betrachtung und/oder Bewertung eines bestimmten Themas anhand mehrerer (Bewertungs-) Kriterien grafisch möglich. Wenn ein Thema mehrfach bewertet wird, z. B. bei einem Zielvereinbarungsgespräch durch Sie als Leitung und die Mitarbeiterin selbst, können die Bewertungsergebnisse anhand des Radardiagramms durch ein *Übereinanderlegen* sehr anschaulich miteinander verglichen werden. Aus den Abweichungen können in Gesprächen neue Zielvereinbarungen getroffen werden.

Methodisches Vorgehen

- Bewertungskriterien bestimmen.
- Bewertungsmaßstab festlegen, z. B. Ring 1 = mangelhaft; Ring 2 = ausreichend; ...; Ring 5 = sehr gut). Der Bewertungsmaßstab kann für die verschiedenen Kriterien unterschiedlich definiert werden, wie z. B. Prozent, Kosten in Euro oder Fehler in Stückzahl.
- Layout des Radardiagramms erstellen (Bewertung über Ta - belle oder direkt im Diagramm).

- Werte in Kalkulationstabelle eintragen und Radargrafik erzeugen.

Abb. 17.14 Radardiagramm

Der Einsatz ist dann sinnvoll, wenn man auf anschauliche und schnell erfassbare Art einen Sachverhalt neutral darstellen möchte. In Gesprächen können Bewertungen und Einschätzungen manuell eingetragen werden und als weitere Gesprächsgrundlage dienen. Radardiagramme werden bevorzugt bei Selbstbewertungsmodellen wie dem EFQM-Modell eingesetzt.

11. Kreis-/Kuchendiagramm/Balkendiagramm

Anwendungsbereich

Durch das Kreis- bzw. Kuchendiagramm werden Ereignisse (Verbräuche, Beschwerden, Umsätze etc.) entsprechend ihrer prozentualen Anteile am Gesamtergebnis grafisch dargestellt.

Methodisches Vorgehen

- Datentabelle im Kalkulationsprogramm erstellen.
- Daten/Zahlen entsprechend ihrer Größe sortieren.
- Ereignisse/Ergebnisse mit sehr geringem Anteil können unter *Sonstige* zusammengefasst werden.

- Für den Fall, dass Sie einmal manuell die Zahlenverhältnisse ermitteln müssen: Alle Daten entsprechen 100 % bzw. dem Vollkreis von 360°. Die einzelnen Daten/Zahlen werden dann mit 100 % ins Verhältnis gesetzt (Dreisatz).
- Kreis-/Kuchendiagramm erstellen.

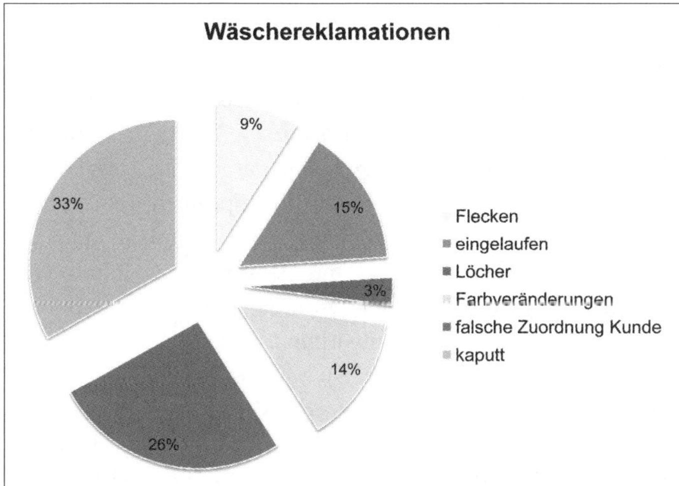

Abb. 17.15 Kreis-/Kuchendiagramm

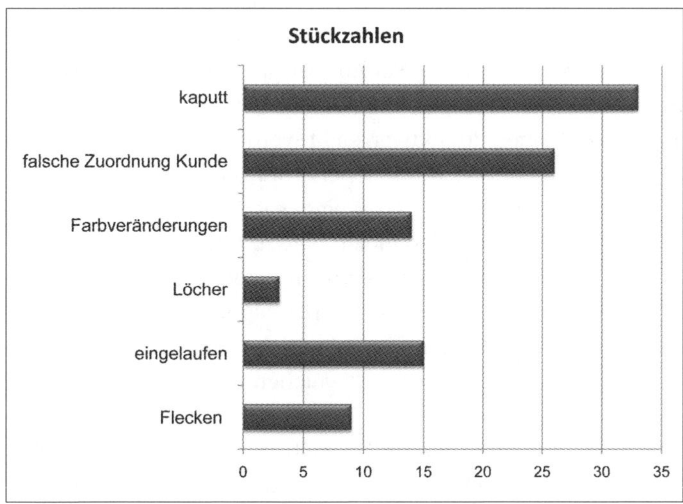

Abb. 17.16 Balkendiagramm

Der Einsatz ist dann sinnvoll, wenn Sie eher wenige Anteilsverhältnisse darstellen möchten. Die *Kuchenstücke* können je nach Wert sehr klein und damit unübersichtlich ausfallen. Wenn Sie etwas eher dramatisch darstellen wollen, können Sie statt des Tortendiagramms ein Balken- oder Säulendiagramm einsetzen. Betrachten Sie die Wirkung und entscheiden Sie selbst, wann Sie welche Darstellung einsetzen würden.

12. Pareto-Diagramm

Anwendungsbereich

Durch das Pareto-Diagramm werden Ereignisse (Fehler, Beschwerden, Verbesserungen, Kosten etc.) entsprechend der Häufigkeit ihres Auftretens grafisch dargestellt. Das Pareto-Diagramm beruht auf dem Pareto-Prinzip, nach dem nur ein geringer Anteil möglicher Ereignisse die Hauptursache für die Mehrzahl bestehender Probleme darstellt. Das Pareto-Diagramm zeigt in absteigender Ordnung den relativen Beitrag jedes Ereignisses zur Gesamtwirkung.

Vilfredo Pareto (1848 – 1923), italienischer Ingenieur, Ökonom und Soziologe, untersuchte die Verteilung des Volksvermögens in Italien und fand heraus, dass ca. 20 % der Familien ca. 80 % des Vermögens besitzen. Banken sollten sich also vornehmlich um diese 20 % der Menschen kümmern, und ein Großteil ihrer Auftragslage wäre gesichert.

Daraus leitet sich das Pareto-Prinzip, auch 80-zu-20-Regel genannt, ab. Sie besagt, dass 80 % der Ergebnisse in 20 % der Gesamtzeit eines Projekts erreicht werden. Die verbleibenden 20 % der Ergebnisse verursachen aber die meiste Arbeit. Andersherum gedacht: 20 % der eingesetzten Zeit bringen 80 % der Ergebnisse. Sie wissen jetzt, was zu tun ist.

Das Pareto-Prinzip kann bei vielen – auch alltäglichen – Fragestellungen beobachtet werden (Abbildung 17.18).

In dieser vereinfachten Darstellung der Häufigkeit eines Fehlers ist schon gut zu erkennen, welchem Fehler Sie sich offensichtlich widmen sollten, um mit einer Lösung viele Reklamationen abzuschaffen. Wenn Sie sich um Fehler 1 und 2, also kaputte und einem falschen Kunden zugeordnete Wäscheteile kümmern, haben Sie bereits 59 % aller Fehler bearbeitet, anstatt sich mit allen Fehlern gleichzeitig zu beschäftigen. Das heißt aber nicht, dass unter Kostengesichtspunkten die men-

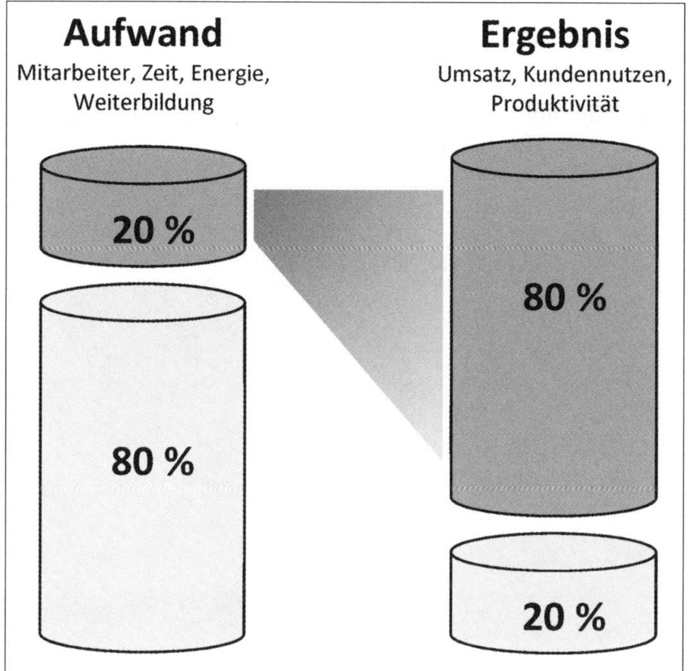

Abb. 17.17
Pareto-Diagramm
©KlöberKASSEL 2010

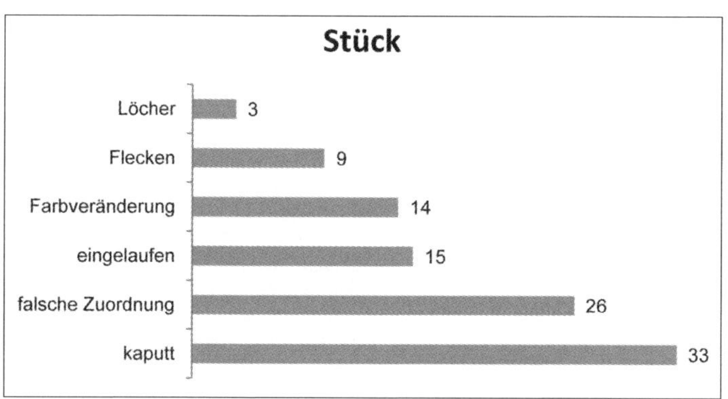

Abb. 17.18
Pareto-Prinzip

genmäßig am häufigsten auftretenden Fehler auch als Erstes bearbeitet werden müssen.

Der Einsatz ist dann sinnvoll, wenn Sie durch die Darstellung der Probleme oder Erkenntnisse im Pareto-Prinzip auf einen Blick die Rangfolge der Problembearbeitung erkennen wollen. Aber aufpassen müssen Sie, wenn Sie den Fehlern ihre Fehler -

kosten zuordnen. So kann es sein, dass dann nicht der anteilig größte Fehler unter diesen Kostengesichtspunkten den besten Erfolg erzielt, sondern ggf. auch ein nur selten auftretender Fehler, der aber teuer in seiner Auswirkung ist und deshalb an erster Stelle bearbeitet werden sollte.

18 Kundenorientierte Prozesse

18.1 Das ABC der Kundenorientierung

Mensch sein ist vor allem die Hauptsache. Und das heißt: fest und klar und heiter sein, ja heiter trotz alledem, denn das Heulen ist das Geschäft der Schwäche.

Rosa Luxemburg (1871 – 1919), deutsche Politikerin

Wissen Sie, warum Kundenorientierung einfach ist und uns damit die beste Gelegenheit bietet, uns von unseren Mitbewerbern positiv zu unterscheiden? Weil es kaum jemand macht.

Das 19. Jahrhundert war das Zeitalter der Landwirtschaft, das 20. Jahrhundert das Zeitalter der Industrialisierung und das 21. Jahrhundert wurde ausgerufen zum Zeitalter der Dienstleistung. Sollte Dienstleistung nicht immer bedeuten: Dienst am Kunden? Aber wie ist die Realität?

Wir alle schimpfen über Gebrauchsanweisungen, die wir nicht verstehen, über Service-Hotlines, die mit Service nicht viel zu tun haben, und die Bedienung eines Fahrscheinautomaten ist in der Regel eine echte Herausforderung.

Es gibt mittlerweile viele Begriffserklärungen für das Wort *Kundenorientierung*, und täglich kommt von irgendwoher eine neue Erklärung hinzu:

Kundenorientierung heißt: Das Einfache besonders machen.

Kundenorientierung ist die Ausrichtung der gesamten Wertschöpfungskette eines Unternehmens an die Bedürfnisse des Kunden.

Kundenorientierung ist die variable, situativ zu beurteilende Grundeinstellung der Mitarbeiter eines Unternehmens zu den Kunden und Kundenbedürfnissen. Es liegt damit nahe, sie als eine der grundsätzlichen Werterhaltungen aufzufassen, welche die Unternehmenskultur prägen.

So geht es weiter und wird dabei von Mal zu Mal komplizierter und wortreicher. Machen wir es also etwas einfacher. Drei Dinge sind bei der Kundenorientierung von besonderer Wichtigkeit:

1. Der Kunde,
2. der Kunde,
3. und der Kunde.

Es ist ja eigentlich eine simple Angelegenheit. Wir alle sind täglich irgendwo Kunden. Bei der Post, im Supermarkt, beim Friseur, auf der Bank, im Autohaus und und und ...

Wir wissen also genau, wie man ab und zu mit uns umgeht und wir wissen noch viel besser, wie wir uns diesen Umgang wünschen. Nehmen wir also einfach diese Wünsche und übertragen sie auf unseren Umgang mit unseren Kunden, Gästen, Bewohnern etc. Behandeln wir sie so, wie auch wir gerne behandelt werden möchten. Niemand zweifelt heute noch daran, dass die Organisationen, welche die Fähigkeit besitzen, wirkliche Kundenorientierung zu installieren, einen Wettbewerbsvorteil für sich verbuchen können.

Bei dem folgenden Kundenorientierungs-ABC steht jedoch nicht der Kunde an erster Stelle, sondern Sie. Sie sind Dreh- und Angelpunkt bei diesem Thema. Sie sind der Schlüssel zu den Kunden Ihrer Organisation.

Alle Hochglanzprospekte und millionenschwere Werbespots nutzen nichts, wenn ein gelangweilter Mitarbeiter dem Kunden durch seine Körpersprache mitteilt, dass er jetzt doch lieber nicht gestört werden möchte.

Ihre Dienstleistungsorganisation kann noch so groß sein, die beste technische Ausstattung haben und das schillerndste Firmendesign. Es lebt jedoch in erster Linie durch seine Mitarbeiter, denn sie sind es, die der Kunde sieht, erlebt und spürt.

Sollten Ihnen beim Lesen andere Wörter einfallen, die Sie mit dem Begriff Kundenorientierung in Verbindung bringen, würde mich das sehr freuen. Nehmen Sie ihr Oktavheftchen (siehe Buchstabe I) und notieren Sie Ihre Gedanken, damit sie nicht verloren gehen. Viel Spaß und neue Erkenntnisse.

A wie Aufmerksamkeit

Ärgert es Sie auch, wenn Sie ein Restaurant betreten und Sie werden nicht wahrgenommen? Sie sitzen schon einige Minuten an Ihrem Tisch, aber der Kellner versucht erst gar nicht, Blickkontakt mit Ihnen aufzunehmen?

Wenn man Menschen nicht beachtet, werden sie leicht zum Gegner.

Den Blick für den Kunden haben bedeutet, mit den Augen des Kunden zu sehen.

Dazu machen Sie doch einmal folgende Übung: Wenn Sie das nächste Mal zur Arbeit gehen, dann stellen Sie sich vor, sie seien kein Mitarbeiter des Hauses, sondern ein Kunde. (In Altenheimen etc. können Sie auch gerne einmal den Angehörigen einer Bewohnerin spielen, oder sagen Sie sich einfach: *Ich bin auf der Suche nach einem Platz für meine Mutter*).

Sie werden sehen, Ihr Haus erscheint in einem anderen Licht. Jetzt sehen Sie Dinge, die Sie vorher übersehen oder nicht mehr registriert haben.

- Sind die Außenanlagen nach meinen Vorstellungen oder stört es mich, auf den Verpackungsmüll der Abteilungen zu schauen?
- Wie sieht der Eingangsbereich des Hauses aus?
- Finde ich auf den Informationstafeln wirklich die Informationen, die für mich wichtig und interessant sind? Sind die Informationen aktuell oder aus dem vergangenen Jahr?
- Wie sieht die Visitenkarte der Küche (Speisenkarte) aus? Kann meine Mutter diese Schriftgröße überhaupt entziffern?
- Erfahre ich, worauf sich meine Mutter freuen kann oder steht da nur ein liebloses: *Versch. Braten mit gem. Salat*?
- Wie wirkt der Speiseraum auf mich? Kann ich dort mein Essen in Ruhe und ohne Geräuschkulisse aus der Küche zu mir nehmen?

So können Sie jede Abteilung, jeden Flur und jede Dienstleistung mit den Augen der Kunden überprüfen und ggf. verbessern.

Stellen Sie sich dabei immer wieder die Frage: Würde mir das als Kunde in meinem Haus gefallen?

Übrigens: Auch Ihre Mitarbeiter können diese *Hausdurchsuchung* durchführen, denn sie sehen vielleicht wieder andere Dinge die verbessert werden können.

Ihre Empathie, also die Fähigkeit, sich in andere hineinzuversetzen, wird durch diese Übung enorm gesteigert.

Aufmerksamkeit bedeutet auch, die kleinen Dinge im täglichen Leben zu sehen. Notieren Sie sich die Vorlieben, die Abneigungen und auch die eine oder andere Marotte Ihrer Kunden. (Wenn Sie die Zusammenarbeit mit Ihren internen Kunden verbessern wollen, dann machen Sie sich doch diese Notizen auch über Ihre Mitarbeiter, Ihre Lieferanten etc.).

Ihre Kunden werden verblüfft und geschmeichelt sein, wenn Sie sich an Kleinigkeiten erinnern und auf diese eingehen.

B wie Berufsehre

Sagen Sie jetzt bitte nicht: *Na ja, ob das Waschen und Bügeln von Kopfkissen oder das Reinigen von Hausfluren eine Lebenserfüllung sein kann ...*

Völlig egal, an welcher Stelle ein Mitarbeiter steht, er trägt durch seine Arbeit dazu bei, dass die Kunden sich wohlfühlen und sie ihre Leistungen, die sie ja schließlich schon im Voraus bezahlt haben, erhalten.

Nehmen wir einmal das Beispiel Spülküche in einem Alten- und Pflegeheim mit 120 Bewohnern. Wenn wir von fünf Mahlzeiten pro Tag ausgehen, so sind die Mitarbeiter der Spülküche pro Jahr für die Sauberkeit des Geschirrs von zweihundertneunzehntausend (219.000) Mahlzeiten verantwortlich.

Ist dies nicht Grund genug, stolz zu sein auf die Arbeit, die man täglich leistet?

Auch wenn man leider häufiger hört: *Ich arbeite nur in der Spülküche*, die Bedeutung für das Haus und die Bewohner bleibt! (Spätestens, wenn die Arbeit nicht getan wird, erkennt man ihren Wert).

Bleiben wir mit unserem Beispiel in der Küche und arbeiten uns zur Küchenleitung vor.

Über die Vorteile und Privilegien in der Gemeinschaftsverpflegung brauche ich an dieser Stelle sicher nicht zu schreiben. Jeder, der die *normale* Gastronomie kennt, weiß die Vorzüge einer Großküche zu schätzen. Und die Zeiten sind wohl vorbei, in denen die Köche auf ihre Kollegen herablassend blicken, die ihre Chance ergriffen haben und in der Gemeinschaftsverpflegung tätig sind.

Die Erfahrung zeigt: Die Berufsehre der Küchenleitungen spiegelt sich in vielen Fragen wieder.

- Ist mein Speiseplan ausgewogen (Rind-, Schweine- und Geflügelfleisch, Fisch, Frischsalate, Gemüse etc.)?
- Wird der ständige Kontakt mit den Bewohnern gepflegt, z. B. durch regelmäßigen Besuch des Speiseraums oder der Wohnbereiche?
- Ist die Speisekarte ansprechend in Wort und Bild gestaltet und für unsere Bewohner lesbar?
- Hängt diese Karte als Werbeträger im Eingangsbereich des Hauses?
- Begrenze ich den Convenience-Anteil auf ein verträgliches Maß?
- Sind meine Mitarbeiter über die heutige Mahlzeit, über Besonderheiten, über die letzte Abteilungsbesprechung informiert?
- Stimmt mein Abteilungsklima, und wenn nicht, warum nicht?
- Stehe ich im ständigen Kontakt mit den anderen Abteilungen, um bei erforderlichen Veränderungen sofort reagieren zu können?
- Stimmen meine wirtschaftlichen Zahlen, oder muss ich reagieren?

Ihnen fallen sicher noch einige spannende Fragen ein. Schreiben Sie sich die Fragen auf, und beantworten Sie diese einmal im Jahresquartal. Sie werden sehen, die Qualität Ihrer Arbeit wird sich steigern und automatisch auch Ihre Berufsehre.

C wie Charme (ohne Schmäh)

Die wörtliche Übersetzung aus dem Duden heißt: *Liebens - würdig-gewinnende Lebensart, ohne Tricks.*

Hierzu ein Beispiel: In einer öffentlichen Bibliothek in den USA Ende der 70er Jahre durfte die Dame, die die Bücher ausgab, für ein Experiment nicht mit den Kunden sprechen; sie sollte ihnen nicht in die Augen sehen, nicht lächeln und sich so neutral wie eben möglich verhalten. Vor der Bibliothek warteten einige Mitarbeiter mit einem Fragebogen. In dem Fragebogen wurde aber nicht gefragt, wie die Kunden gerade behandelt wurden, sondern es waren Fragen, wie:

- War die Beleuchtung in unserer Bibliothek ausreichend?
- Wie kamen Sie mit unserem Buch-Such-System zurecht?
- War das Buch vorrätig?

Die Bewertung fiel äußerst schlecht aus. Die Beleuchtung wurde als zu gering bewertet, das Buch-Such-System wurde stark kritisiert und man war erbost, wenn ein Buch nicht vorrätig war.

Als Nächstes durfte sich die Mitarbeiterin wieder so verhalten, wie man es von Mitarbeitern eines Dienstleistungsunternehmen erwarten kann: Sie schaute ihren Kunden wieder in die Augen, lächelte, als sie den Namen der Kunden nannte, der auf der Leihkarte stand und wünschte einen guten Tag und viel Spaß beim Lesen.

Nach der Befragung dieser Besucher war plötzlich das Licht in Ordnung, mit dem Buch-Such-System konnte man gut arbeiten und wenn das Buch einmal nicht vorrätig war, dann wurde dies nicht als tragisch angesehen.

In diesem Experiment hat also das Verhalten *einer* Mitarbeiterin die Meinung der Besucher über die Bibliothek innerhalb von Sekunden um 180° verändert.

Sie sehen, was für eine Macht jeder einzelne Mitarbeiter hat, egal an welcher Stelle er im Unternehmen steht. Wie heißt es doch so schön: *Lächeln ist eine Macht, vor der die Größten dieser Welt sich beugen müssen.*

D wie Dauerhaft

Da geht es unseren Kunden wie uns selbst. Wir wollen im Warenhaus nicht einmal nett und freundlich bedient werden, sondern jedes Mal, wenn wir das Warenhaus betreten. Wir erwarten eine konstante und dauerhafte Leistung und Qualität. Dabei zeigen wir wenig Interesse für den derzeitigen Urlaubs- oder Krankenstand des Unternehmens, denn wir zahlen ja den gleichen Preis für die Ware.

Also muss die Wäsche dauerhaft in Ordnung sein, das Essen dauerhaft abwechslungsreich und die Waschbecken dauerhaft sauber.

Bei dem Erreichen von optimaler Qualität kann es keine 95 % geben. Diese fehlenden 5 % würden bei unserem vorhin verwendeten Beispiel von 219.000 Mahlzeiten bedeuten, dass täglich 30 Teile Geschirr unsauber zu den Kunden gelangen würden. Also heißt Qualität immer 100 %.

E wie Eigenverantwortung

Verschließen Sie Ihre Eigenverantwortung nicht mit Ihrer Privatkleidung im Personalspind. Sie sind eigenverantwortlich für Ihr Leben. Es gibt niemanden, der Ihnen diese Eigenverantwortung abnimmt. Auch Ihr Berufsleben gehört dazu.

Es ist zwar schön, wenn Ihr Arbeitgeber Sie zu Weiterbildungsmaßnahmen freistellt und bezahlt, aber was ist, wenn er es nicht tut? Heißt das automatisch: *Na gut, dann eben nicht?*

Wie viele Fachbücher haben Sie in den letzten zwölf Monaten gelesen? (Ich meine natürlich außer diesem, das Sie in der Hand halten).

Die Anforderungen an unsere Arbeit verändern sich immer schneller. Wenn wir in dieser Flut von Veränderungen nicht untergehen wollen, müssen wir dafür sorgen, dass wir bei den Entwicklungen, die uns betreffen, *oben auf* sind. Aber auch dafür sind erst einmal wir zuständig und niemand anders.

Schritt zu halten mit dieser neuen Schnelligkeit muss unser ureigenes Interesse sein. Nutzen Sie das Internet, das heute ja in den meisten Häusern zum Standard gehört. Über Suchmaschinen wie www.google.de haben Sie die Möglichkeit, preiswert und ohne viel Aufwand ständig auf dem neuesten

Stand der Dinge zu sein. Suchen sie die neueste Ausgabe der Lebensmittelhygieneverordnung oder des Infektionsschutzgesetzes? Kein Problem.

Brauchen Sie eine Übersicht über die Symbole für Waschen, Reinigen, Trocknen, Bügeln und Bleichen? Das Internet gibt sie Ihnen. Kontakte mit Verbänden und Firmen: alles gar kein Problem.

Sie haben keinen PC? Vielleicht steht ja in einem anderen Büro ein Computer mit Internetanschluss. Sprechen Sie mit Ihrem Vorgesetzten oder Kollegen, ob Sie den PC für eine Stunde im Monat benutzen können. Am besten, Sie legen die Stunde gleich fest auf einen Termin, der gleichbleibend ist. Wie wär's mit jedem ersten Dienstag im Monat, von 14.00 bis 15.00 Uhr?

Eigenverantwortung heißt agieren und nicht erst reagieren. Warten Sie nicht darauf, dass jemand für Sie entscheidet, sondern entscheiden Sie selbst. Wenn Sie wollen, dass sich etwas verändert, dann fangen Sie damit an. Wenn Sie mehr Qualität für Ihre Kunden wollen, dann fangen Sie damit an.

Finden Sie nicht hundert Wege, warum etwas nicht gehen kann (darin sind wir Spezialisten), sondern finden Sie einen Weg, wie es geht. Sie werden sehen, dass Veränderungen machbar sind und keine Ängste verursachen müssen, wenn man sie offen und eigenverantwortlich angeht.

F wie Fachkundig

Vor Kurzem im Fernsehen: Die Beratungsqualität im Einzelhandel soll untersucht werden. Dazu betritt eine Frau mit versteckter Kamera eine Boutique und sucht sich aus den Warenregalen ein Kleidungsstück aus. Nachdem sie anscheinend eines gefunden hat, geht sie zur Verkäuferin und fragt die junge Frau: *Können Sie mir sagen, was dieser Kreis mit dem P zu bedeuten hat?*

Zur Erinnerung: (P) Reinigen mit Perchlorethylen

Die Antwort der jungen Frau hinter der Kasse lautete: *Ich bin doch keine Hausfrau.*

Also ab ins zweite Geschäft. Gleiches Szenario, aber ein anderes Verhalten der Verkäuferin, denn sie sagt: *Ich kann es Ihnen jetzt auch nicht sagen, aber ich frag einmal nach.* Eine gute Reaktion auf diese Frage, wie ich finde. So verschwindet sie durch die Tür in einen Nebenraum. Nach kurzer Zeit kommt sie wieder, um der Kundin folgende Auskunft zu geben: *Ich habe mich also erkundigt und kann es Ihnen jetzt sagen. Der Stoff dieses Kleidungsstücks bewirkt auf der Haut einen gewissen Peeling-Effekt; dafür steht das P.*

Es lebe die Berufsausbildung!

Aber noch einmal kurz zurück. Das Verhalten und die Aussage der ersten Verkäuferin waren natürlich völlig indiskutabel; die zweite Verkäuferin hat sich allerdings in jeder Hinsicht korrekt verhalten. Dass sie mit einer falschen Antwort zurückkam, kann man ihr ja nicht anlasten.

Auch in den Abteilungen vieler Organisationen geht der Fachkräfteanteil stetig zurück. Aber was heißt das für uns und unsere Arbeit?

Wenn wir fachkundige Mitarbeiter haben wollen, sie aber aus welchen Gründen auch immer nicht bekommen, dann müssen wir die Mitarbeiter, die wir haben, zu fachkundigen Mitarbeitern machen.

Wir werden in Zukunft nicht auf interne Weiterbildung, auf ständiges, ja tägliches Lernen verzichten können. Denn besser als eine dreitägige Weiterbildung im Jahr ist eine Fünfminuten-Schulung am Tag; am besten mit den Themen, die aktuell sind:

- Bestandteile des Hauptgerichts,
- Dekoration der Eingangshalle,
- Reinigung der Nasszellen,
- Garnitur des Tagesdesserts,
- Sicherheitsregeln bei ätzenden Reinigungsmitteln,
- Mengenbestimmung bei der Speisenherstellung,
- Beschreibung von Waschverfahren,
- Einhaltung der Dokumentierung für HACCP,
- Etc. etc. etc.

Wir werden die höheren Anforderungen an unsere Arbeit zum Nutzen unserer Kunden nur dann erfüllen können, wenn wir diese Arbeit auf möglichst viele Schultern verteilen. Das erfordert aber Mitarbeiter, die in einem hohen Maße informiert und fachkundig sind. Und das wiederum erfordert die Bereitschaft, von Ihrem Wissen abzugeben. Versuchen Sie sich nicht unentbehrlich zu machen. Sie verzichten ja auch nicht auf Ihren Jahresurlaub, oder?

G wie Gastfreundschaft

Gastfreundschaft ist in Deutschland ein alter Brauch. Schon Karl der Große befahl Anfang des 9. Jahrhunderts: *Aus Liebe zu Gott und wegen des eigenen Seelenheils sei Obdach suchenden Fremden stets Gastfreundschaft zu gewähren, sie seien jederzeit aufzunehmen und zu beköstigen, jedoch nicht länger als drei Tage durchgehend zu bewirten.*

Erasmus von Rotterdam hat die Gastfreundschaft der Deutschen allerdings einmal so beschrieben: *Bei der Ankunft grüßt niemand, damit es nicht scheine, als ob sie viel nach Gästen fragten; denn die Gastwirte halten es für schmutzig und niederträchtig und des deutschen Ernstes unwürdig. Nachdem du lange geschrien hast, steckt endlich irgendeiner den Kopf durch das kleine Fensterchen der geheizten Stube heraus gleich einer aus ihrem Hause hervorschauenden Schildkröte. Diesen Herausschauenden muss man nun fragen, ob man hier einkehren könne. Schlägt er nicht ab, so ersiehst du daraus, dass du Platz haben kannst. Die Frage nach dem Stall wird mit einer Handbewegung beantwortet. Dort kannst du nach Belieben dein Pferd nach deiner Weise behandeln; denn kein Diener legt eine Hand an. Ist es ein berühmtes Gasthaus, so zeigt dir ein Knecht den Stall und den freilich gar nicht bequemen Platz für das Pferd. Wenn du etwas tadelst oder irgendeine Ausstellung hast, hörst du gleich die Rede: Ist dir es nicht recht, so suche dir ein anderes Gasthaus.*

Ungefähr zur gleichen Zeit stellte der gebildete und weltgewandte Franzose Michel de Montaigne den Deutschen ein völlig anderes Zeugnis aus:

Im Punkt der Bewirtung sind die Deutschen so üppig wie abwechslungsreich in den Gängen: Suppen, Soßen, Salate aller Art, und das alles in den guten Gasthäusern so wohlschmeckend, dass kaum die Küche des französischen Adels daneben aufkommen kann. Das Gleiche gilt vom Schmuck der Säle. Sie haben viel guten Fisch, der mit dem Fleisch aufgetragen wird. Wir haben noch nie so zartes Fleisch genossen, wie man es dort täglich bietet. – Nach der Mahlzeit werden wieder die Gläser voll Wein auf den Tisch gestellt, wobei Verschiedenes mit aufgetragen wird, das den Durst reizt. Was uns zuerst auffiel war, dass die Stufen der Wendeltreppe unseres Gasthauses ganz mit Leinenzeug belegt waren, über das wir gehen mussten, um nicht die Stufen der Treppe zu beschmutzen, die man eben, wie alle Sonnabende, gewaschen und gebohnert hatte. Nie haben wir Spinnweben oder Schmutz in diesen Gasthäusern bemerkt.
(Aus: *Sei willkommen, Fremder* von Horst Fusshöller und Werner Maser, erschienen im Matthaes-Verlag).

Sie sehen, Qualität ist nicht erst seit heute ein Thema.

H wie Humor

Ich plädiere nicht dafür, alles auf die leichte Schulter zu nehmen, aber ab und zu die eine oder andere Sache mit etwas mehr Leichtigkeit zu betrachten, kann auch das Berufsleben enorm erleichtern.

Humor ist immer mit einem Lächeln verbunden, und mit einem Lächeln verändert sich auch die Stimmung in Ihrem Körper.

Lächeln ist etwas Wunderbares, und wenn Sie es verschenken, bekommen Sie es zurück.

Probieren Sie es aus. Steigen sie in eine Straßenbahn und lächeln sie die Menschen an.

Wenn Sie weinend in die Straßenbahn steigen, werden Sie niemanden finden, der mal eben aus Sympathie mitweint.

Sigmund Freud sagte einmal über das Lächeln: *Warum lacht der Mensch? Die Euphorie, die wir dabei erstreben, ist die Sehnsucht nach der Stimmung unserer Kindheit, in der wir das Komische nicht kannten, des Witzes nicht fähig waren und den Humor nicht brauchten, um uns im Leben glücklich zu fühlen.*

Nutzen Sie Ihre Fähigkeit zu lächeln, setzen Sie sie ein, so oft es geht, denn unser Lächeln ist der Schlüssel zum Herzen der Menschen.

I wie Ideenbox

Geht es Ihnen auch manchmal so? Sie sehen im Schaufenster eine gute Dekoration, die Ihnen gefällt, aber bis Sie zu Hause sind, ist die schöne Idee schon wieder aus Ihrem Kopf. Gehen Sie nicht mehr ohne Oktavheftchen aus dem Haus. Sie kennen diese kleinen Schreibhefte, die man früher auch zum Vokabeln lernen genommen hat. Sie passen in jede Hand- oder Jackentasche. Sehen Sie jetzt eine gute Idee, so wird sie schnell in das Heft notiert oder skizziert, und schon geht sie Ihnen nicht mehr verloren. Profitieren wir von den guten Einfällen anderer Menschen, denn wir müssen nicht alles selbst erfinden.

Haben Sie einen Fotoapparat dabei? Scheuen Sie sich nicht, auf den Auslöser zu drücken; so wächst nach und nach Ihre Ideenbox mit guten Einfällen. Sie haben einen Tisch für einen außergewöhnlichen Anlass besonders schön dekoriert? Machen Sie ein Bild davon. Sie haben für ein Sommerfest im Innenhof Stände aufgebaut? Halten Sie diese im Bild fest, und im nächsten Jahr werden Sie weniger Zeit für Ihren Aufbau benötigen.

Bilder sind auch eine besonders gute Unterstützung für neue Mitarbeiter. Sie sehen genau, wo etwas stehen muss, wie dekoriert werden kann und sind somit viel schneller in der Lage, Ihre Arbeit fehlerfrei zu erledigen. Hinzu kommt, dass Sie in der Einarbeitungsphase schneller entlastet werden.

J wie Jung im Herzen

In der Fußgängerzone in Kassel liegt ein Wurstwarengeschäft, zu dem auch eine kleine Imbisstheke gehört. Dort verkauft eine Mitarbeiterin, ich würde sie so Ende vierzig schätzen, Fleischkäse etc. Diese Mitarbeiterin strahlt solch eine Herzlichkeit aus, wie ich sie selten erlebt habe. Sie hat immer ein Lächeln parat (es ist schon eher ein Lachen) und begleitet jeden Verkauf mit ein paar netten Worten.

Jung sein hat nichts mit dem Alter zu tun!

K wie Kontrolle

Nein, Kontrolle ist keine Boshaftigkeit des Arbeitgebers oder der Führungskraft, sondern ein notwendiges Mittel, um die angestrebten Ziele für das Unternehmen zu erreichen. Wie wollen Sie wissen, ob die Ziele erreicht wurden, wenn sie diese nicht auch kontrollieren?

Deshalb gilt: Keine Mitarbeiterbeurteilung, keine Zielvereinbarungen, kein Maßnahmenkatalog oder Arbeitsanweisung ohne Kontrolle.

L wie Loyalität zum Arbeitgeber

Sie glauben, Loyalität hat nichts mit Kundenorientierung zu tun?

Für den Kunden verkörpert jeder Mitarbeiter das Unternehmen. Wenn Sie in ein Warenhaus zum Einkaufen gehen und erleben bei einem Verkäufer einen schlechten Service, weil er Sie gelangweilt und mit dunkler Miene bedient, dann sagen Sie nicht: *Ach, der arme Herr XY, er hat wohl heute nicht seinen besten Tag. Vielleicht ist er heute Morgen mit dem falschen Bein aufgestanden, oder er hat einen Krankheitsfall in der Familie.* Die Begleitumstände des Herrn XY interessieren Sie nicht. Aber bei der nächsten Gelegenheit erzählen Sie Ihrer Freundin: *Also ich war letztens in dem Warenhaus, da kann man ja auch nicht mehr hingehen.*

Wir differenzieren nicht, sondern unser Urteil ist in der Regel sehr pauschal. Deshalb gilt für unsere Loyalität:

- Verschwiegenheit, firmeninterne Angelegenheiten bleiben in der Firma,
- Ehrlichkeit,
- Fairness in Bezug auf private Angelegenheiten, die eben nicht während der Arbeitszeit erledigt werden,
- krank sein, wenn man krank ist,
- Dinge, die in Ihrem Unternehmen nicht so gut laufen, nicht in die Öffentlichkeit tragen. Das sollten Sie schon zum Selbstschutz tun.

M wie Miteinander

Es geht nicht ohne. Auch wenn wir unsere gepflegten Feindschaften so sehr lieben. In allen Branchen finden wir diese Feindschaften vor:

Köche – Kellner, Innendienst – Außendienst, Zweigstelle – Zentrale, Hauswirtschaft – Pflege, Praktiker – Theoretiker etc. Je tiefer hier die Gräben sind, desto größer ist die Gefahr, dass Sie Ihre Arbeit nicht mehr bestmöglich ausführen können. Und dann gibt es da noch jemanden, der diese ganzen Zwistigkeiten und Feindschaften ausbaden muss. Zum Beispiel die Bewohner in einem Alten- und Pflegeheim. Das haben sie nicht verdient und einmal ganz nüchtern betrachtet: Dafür zahlen sie auch nicht.

Wir müssen mit niemandem unser Privatleben teilen, aber am Arbeitsplatz ist es unsere Pflicht, abteilungsübergreifend das Beste für den Kunden zu erarbeiten. (Ist dieses Wort Ab-Teilung nicht schon schlimm genug? Eigentlich müsste es *Zusammung* heißen).

Übrigens, TEAM ist **nicht** die Abkürzung für:

T – oll,
E – in
A – nderer
M – acht's.

N wie Natürlichkeit

Spielen Sie nichts. Seien Sie Sie selbst. Ein aufgesetztes Lächeln wirkt nicht ehrlich, sondern so wie es ist: falsch.

O wie Offenheit

Seien Sie offen für Neues! Es ist der einzige Weg, dem Neuen seinen Schrecken zu nehmen. Sie arbeiten heute nicht mehr, wie sie noch vor fünf Jahren gearbeitet haben, und Sie werden in fünf Jahren nicht mehr so arbeiten wie heute. Unser Trost: In fünf Jahren sind unsere heutigen Arbeitsweisen die *guten alten Zeiten.*

Seien Sie kreativ! Es reicht nicht mehr, zu sagen: *Dafür haben wir kein Geld, keine Zeit, kein Personal.*

Unterhalten wir uns nicht mehr stundenlang über die Probleme, die wir haben, sondern unterhalten wir uns über Lösungsmöglichkeiten.

Gehen Sie neue Wege und machen Sie Fehler! Fehler sind hervorragende Lehrmeister. (Natürlich sollten es nicht immer dieselben sein). Nur wer nichts tut, macht keine Fehler, lernt aber auch nichts dazu.

Suchen Sie nicht alleine! Binden Sie Ihre Mitarbeiter mit ein. Fordern Sie sie, und Sie erleben mit Sicherheit die eine oder andere positive Überraschung.

P wie Pünktlichkeit

Der Begriff kommt wohl von *auf den Punkt genau*. Befragungen unter Kunden haben ergeben, dass das Fehlen von Pünktlichkeit und Zuverlässigkeit eine oft kritisierte Eigenschaft von Dienstleistungsunternehmen ist. Leben Sie Pünktlichkeit und Zuverlässigkeit vor. Wenn einem Kunden versprochen wird, seine Angelegenheit sei bis 11:30 Uhr erledigt, dann setzt bei 11:35 Uhr schon die Unzufriedenheit ein. Achten Sie auf alle Terminierungen, ganz besonders auch auf solche, die z. B. mit Angehörigen von Bewohnern gemacht worden sind.

Q wie Qualität

Stellen Sie sich Fragen:

- Was ist mein Anspruch an mich selbst, wenn es um das Thema *Qualität* geht?
- Wie zeigt sich meine Abteilung?
- Wo zeigt sich meine Abteilung?
- Wie zeige ich mich selbst?
- Sind die Leistungen meiner Abteilung und ihrer Arbeit genügend für den Kunden erkennbar?

Stellen Sie Ihre Leistungen immer wieder auf den Prüfstand.

R wie Reklamationsbehandlung

Die Qualität einer Reklamationsbehandlung ist erlernbar. Aber warum fallen uns Reklamationen so besonders schwer?

Eine Reklamation ist immer ein enormer Angriff auf unser Selbstwertgefühl. (Manche sprechen auch von Selbstbewusstsein).

Das Selbstwertgefühl des Menschen setzt sich aus verschiedenen Bausteinen zusammen. Dazu gehören unter anderen:

Wertschätzung der Person

Wir wünschen uns, dass uns Wertschätzung entgegengebracht wird. Jeder von uns möchte als Mensch geschätzt werden. Erhalten wir diese Wertschätzung, steigt auch unser Selbstwertgefühl; bleibt sie aus, geschieht das Gegenteil.

Anerkennung der Leistung

Jeder Mensch braucht Erfolge, die ihm eine Bestätigung für seine geleistete Arbeit bringen. Deshalb ist das Wort *Danke* so ein faszinierendes Zauberwort. Jeder hört es gern, und es gibt kaum etwas, das mehr motiviert.

Übereinstimmung von Fremd- und Selbstbild

Wir möchten gerne, dass andere Menschen uns so sehen, wie wir uns selbst sehen. Wenn ein Mitarbeiter z. B. der Meinung ist, er sei unglaublich teamfähig, seine Kollegen aber eines Tages zu ihm sagen: *Hör mal, mit allen anderen klappt die Zusammenarbeit so gut, nur mit dir nicht*, dann ist das für den Mitarbeiter erst einmal ein richtiger Schock, der verarbeitet werden muss.

Übereinstimmung mit dem Gewissen

Im Laufe der Entwicklung eines Menschen stellt das Gewissen seine moralische Richtschnur dar. Unsere Handlungsweisen müssen mit den Geboten und Normen übereinstimmen, die wir während unserer Erziehung verinnerlicht haben. Verstoßen wir dagegen, aus welchen Gründen auch immer, leidet unser Selbstwertgefühl.

Und jetzt steht er vor uns, der Kunde, Bewohner, Angehörige, und will sich beschweren. Wir erleben diese Beschwerde dann oft als einen massiven Angriff auf unsere Person, denn:

- Wir erhalten momentan keine Wertschätzung unserer Person,
- wir erhalten keine Anerkennung unserer Leistung,
- wir erfahren, dass andere uns nicht so sehen, wie wir uns selbst sehen (z. B. als erfahrenen Mitarbeiter),
- unsere moralischen Werte sagen uns, dass wir unsere Arbeit gewissenhaft erledigen. Dies wird von dem Reklamierenden gerade infrage gestellt.

Schlimmer geht's nimmer.

Wir wissen, dass jede Reklamation die Chance für uns ist, unsere Leistungen zu verbessern und wir wissen, dass es besser ist, wenn der Kunde den Mangel uns erzählt und nicht den Freunden und Nachbarn. Aber das hilft uns nur bedingt über den vermeintlichen Angriff hinweg, denn es tut einfach weh.

Was hilft? Seien Sie sich bewusst, warum es wehtut, und bauen Sie Ihr Selbstwertgefühl wieder auf. Jeder hat dafür seine eigene Erfolgsformel. Der eine sucht ein Gespräch mit Freunden, der andere geht für 30 Minuten in einen Käfig aus Beton und schlägt einen kleinen Ball gegen die Wände. (In Fachkreisen sagt man auch *Squash* dazu).

S wie Selbstkenntnis

Lernen Sie sich selbst besser kennen. Achten Sie auf Seminarangebote, die Sie persönlich weiterbringen. So können Sie Ihre Stärken besser einsetzen und gezielter an Ihren Defiziten arbeiten. Sie werden sehen, dass Sie und Ihre Kunden davon profitieren und Sie selbst werden privat Ihren Nutzen ziehen können.

T wie Tugenden

Nennen wir es ruhig konservativ. Manchmal macht es Sinn, an Hergebrachtem festzuhalten oder es wieder neu zu beleben.

In einer NFO-Infratest-Umfrage für den SPIEGEL vom 1. bis 3. Juli 2003 wurden rund 1000 Menschen gefragt: *Sollten Ihrer Meinung nach Höflichkeit, Anstand und Ordnung im Alltag wieder eine wichtigere Rolle spielen?* Gesamt antworteten 95 % der Befragten mit ja und 3 % mit nein. Unter den 18 bis

29jährigen waren es 94 % der Befragten, die mit ja stimmten, und 3 % mit nein.
(Quelle: DER SPIEGEL Nr. 28 vom 07.07.2003).

Also, seien wir wieder ein bisschen höflicher.

U wie unverwechselbar

Machen Sie Ihre Einrichtung unverwechselbar und einmalig. Gestalten Sie z. B. den Einzugstag eines neuen Bewohners mit einer kleinen Feier. Überraschen Sie Ihre Kunden auf deren Geburtstag mit etwas Außergewöhnlichem. Bieten Sie einmal im Quartal etwas an, das Sie bis heute noch nicht angeboten haben. Möglichkeiten, sich von Ihrer Konkurrenz zu unterscheiden, gibt es genug. Vielleicht hilft Ihnen ja schon Ihre Ideenbox?

V wie Verkaufen

Leider hat dieser Begriff in Deutschland immer noch sehr häufig einen negativen Beigeschmack. Warum? *Verkaufen* ist eines der ältesten Gewerbe der Menschheit. Stellen Sie sich doch einmal vor, es gäbe keine Verkäufer mehr. Unser aller Wohlstand würde in kürzester Zeit zusammenbrechen.

Es ist also wichtig, dass Sie dem Verkauf Ihrer Leistung positiv gegenüberstehen. Täglich ist Ihre Leistung einsehbar und täglich wird sie von internen und externen Kunden bewertet. Zeigen Sie, was Sie und alle Mitarbeiter Ihrer Abteilung zu leisten imstande sind, bevor es ein externes Unternehmen tut (Stichwort *Outsourcing*).

Zeigen Sie, warum Sie für Ihre Organisation und Ihre Kunden wichtig sind.

Tun Sie Gutes und sprechen Sie darüber.

Gibt es eine Hauszeitung in Ihrer Einrichtung? Ist Ihre Abteilung darin regelmäßig mit einem Artikel aus Ihrem Bereich vertreten? Berichten Sie über Ihre Arbeit und machen Sie diese transparent. Seien Sie keine *Kellerkinder* mehr, sondern begeben Sie sich mit den anderen Abteilungen auf gleiche Augenhöhe. Wenn Sie das erreicht haben, dann wissen Sie auch, dass Verkaufen Spaß macht.

W wie Wirtschaftlichkeit

Ist Wirtschaftlichkeit auf der einen Seite und Kundenorientierung auf der anderen nicht schon ein Widerspruch in sich? Natürlich nicht.

Qualität leisten und trotzdem wirtschaftlich arbeiten passen sehr gut zusammen. Gerade in diesem ABC haben wir über viele *weiche Faktoren* der Kundenorientierung gesprochen, die keinen Cent kosten.

Aber natürlich können Sie auch noch Kosten sparen und Ihre Zahlen *im Griff* haben.

Auch bei dem Thema Wirtschaftlichkeit ist wieder jeder Mitarbeiter gefragt.

Erstellen Sie eine Liste aller, wirklich aller, Einsparpotenziale, wie z. B.:

- Einsatz von Reinigungs- und Desinfektionsmitteln,
- Dosierung von Reinigungs- und Desinfektionsmitteln,
- Überproduktion von Speisen und Getränken durch fehlende Mengenangaben und Rezepturen,
- Einkauf von Lebensmitteln oder Berufsbekleidung,
- optimaler Personaleinsatz, denn jede Überstunde kostet Geld. Sensibilisieren Sie Ihre Mitarbeiter auf dieses Thema und binden Sie sie dort, wo es geht, mit ein.

X wie *kein X für ein U vormachen*

Liefern Sie ehrliche Arbeit. Versprechen Sie Ihren Kunden nur das, was Sie auch wirklich leisten können.

Sie kennen die Werbungen, in denen sich völlig verschmutzte Kücheneinrichtungen in wenigen Sekunden durch ein Zaubermittel in glänzende Flächen verwandeln, die aussehen, als seien sie gerade frisch vom Einrichtungshaus aufgestellt worden. Überall ist von Erlebniswelt im Erlebniskaufhaus mit Erlebnisgastronomie die Rede. Und manchmal haben sie auch recht, denn man kann schon Einiges in diesen Welten, Häusern und Gastronomien erleben ...

Tun Sie es nicht. Ihre Ehrlichkeit wird belohnt werden.

Y wie Yoga (und alles was Sie für Ihr Wohlbefinden tun können)

Es ist gar nicht so einfach, etwas Passendes mit Y zu finden. Deshalb habe ich Yoga gewählt. Es soll stellvertretend stehen, für alles, was Ihnen gut tun kann.

Sie sind der Mittelpunkt in diesem ABC, weil jeder Buchstabe mit Ihnen zu tun hat, jeder Schritt zur optimalen Kundenorientierung von Ihnen ausgeht. Deshalb ist es wichtig, dass es Ihnen gut geht. Denn nur wenn es Ihnen gut geht, kann es auch Ihren Kunden gut gehen. Mit Niedergeschlagenheit können Sie niemanden glücklich machen. Finden Sie also Ihren Weg, wie Sie Ihr Selbstwertgefühl zumindest auf gleicher Höhe halten oder besser noch steigern. Finden Sie Möglichkeiten, die Ihnen einen Ausgleich geben. Tanken Sie zwischendurch immer wieder auf. Nicht nur Sie, sondern auch Ihre Kunden profitieren davon.

Regeln Sie Ihre berufliche und private Situation so, dass Sie sich in beiden wohl fühlen und geben Sie sich Streicheleinheiten, oder lassen Sie sich welche geben.

Noch einmal: Sorgen Sie dafür, dass es Ihnen gut geht!

Z wie Zufriedenheit

Zufriedenheit heißt Stillstand? Ich halte nichts von dieser Aussage. Sie haben ein Recht darauf zufrieden zu sein. Zufrieden mit Ihrer Arbeit, mit dem, was Sie erreicht haben. Zufriedenheit heißt nicht Stillstand, sondern haltmachen, neue Kraft schöpfen und auf den bisherigen Weg stolz zu sein. Sie haben Ziele erreicht. Warum sollten Sie dieses Erreichen wieder infrage stellen. Die Ziele vielleicht, aber nicht die Wege dorthin. Diese Leistung gehört ganz allein Ihnen und es ist gut, wenn Sie zufrieden sind. Neue Aufgaben werden sich stellen, Veränderungen werden von Ihnen verlangen, dass Sie sich auf einen neuen Weg begeben. Atmen Sie wieder tief durch, packen Sie es erneut an und freuen Sie sich auf das gute Gefühl der Zufriedenheit, wenn Sie Ihr neues Ziel erreicht haben!

Wir wünschen Ihnen auf Ihrer Reise viel Erfolg!

19 Beschwerdemanagement

Kritiker sind unsere Freunde,
denn sie sagen uns unsere Fehler.
Abraham Lincoln (1809 – 1865), 16. Präsident der USA

19.1 Fehler als Chance nutzen

Der positive Umgang mit Fehlern oder Schwachstellen hat in einem Qualitätssystem einen festen Platz. Wir nennen es Beschwerdemanagement. Eine Beschwerde oder eine Reklamation ist in der Regel ein Ausdruck einer Unzufriedenheit über eine erbrachte Dienstleistung oder ein Produkt. Im Reinigungsbereich ist eine Beschwerde oft schwer nachzuvollziehen, weil der Begriff der Sauberkeit oder Reinheit von jedem Menschen subjektiv empfunden und interpretiert wird. Besonders problematisch wird dies, wenn nicht die direkt Betroffenen eine Beschwerde vorbringen, sondern Dritte. Dies ist eine Problematik, mit der sich Kollegen im Altenhilfebereich besonders häufig auseinandersetzen müssen. Angehörige erwarten die Erfüllung ihres eigenen Anspruchs an Sauberkeit, der sich nicht immer mit der Erwartungshaltung der primären Kunden, also der Bewohner selbst, deckt.

Zur möglichst vollständigen Zielerreichung orientieren Sie sich am besten immer an den Erwartungen Ihrer unmittelbaren Kunden. Das verlangt eine große Individualität von Ihnen und außerdem die Sicherheit, wo Sie die Grenzen ziehen (müssen), denn diese Grenzen müssen Sie auch vertreten können. Damit kommen Sie mitunter in ein Spannungsverhältnis zwischen mehreren Parteien. Versuchen Sie nicht, es allen recht zu machen, sondern treffen Sie klare Absprachen, die Sie im Bedarfsfall am besten auch kurz schriftlich fixieren.

Sehen Sie sich die Zielsetzung von Qualitätssicherungs-Systemen an und Sie erkennen, warum Beschwerdemanagement als Baustein und Qualitätsmanagement-Methode sehr gern eingesetzt wird, um die Qualitätsziele zu erreichen.

Zielsetzung eines Qualitätsmanagement-Systems nach außen:

- Kundenorientierung,
- Kostentransparenz für Kunden,
- Image und Wettbewerb,
- ggf. Teilnahme an öffentlichen Ausschreibungen,
- ggf. Erhalt von Fördergeldern, die an ein QM-System gebunden sind,
- Ausstrahlung von Kompetenz,
- Vermittlung eines Sicherheitsgefühls für mögliche Kunden.

Nach innen:

- Gleichbleibend gute Dienstleistungsqualität,
- gleichbleibend gute Produktqualität,
- Arbeiten nach definierten Standards,
- Konzept der Risiko-/Fehlerminimierung,
- Leistungstransparenz,
- Steigerung des Selbstwertgefühls der Mitarbeiter,
- Schnittstellenbereinigung,
- Kommunikationsstrukturen,
- Wirtschaftlichkeit.

Wenn Sie in Ihrer Abteilung mit qualitätsorientierter Arbeit beginnen wollen, können Sie solche Aufzählungen mit Ihren Mitarbeitern gemeinsam entwickeln. Oft merken die Mitarbeiter dann, dass Qualitätsmanagement an vielen Stellen das ist, was sie schon immer tun, nur mit anderem Namen. So können Sie Stück für Stück Angst vor Neuem nehmen und Vertrauen in das neue System wachsen lassen.

Das Instrument *Beschwerdemanagement* ist auf den ersten Blick natürlich eher abschreckend als ermunternd. Wer wird schon gern durch Fehler klug? Wir kennen die Situation doch alle. Die Bedienung fragt beim Abräumen, ob es geschmeckt hat. Meistens sagen wir brav ja, da wir selbst kein negatives Gefühl haben wollen durch die ehrliche Antwort: *Das Fleisch war mir zu trocken*. Wenn es ganz klischeehaft läuft, bekommen Sie von der Bedienung die Antwort: *Ja, ich koche doch nicht ...* Häufig hören wir auch die Floskel: *Dafür bin ich nicht zuständig.* Das ist eventuell ja auch richtig. Aber sollte sich nicht jeder Mitarbeiter für Schwachstellen seines Betriebs zuständig fühlen? Damit sind wir beim Punkt.

Im Beschwerdemanagement geht es darum, dass alle Mitarbeiter fit sind, um Beschwerden entgegennehmen zu können, egal wo sie arbeiten und wie viel Verantwortung sie haben. Sie sollten den Mitarbeitern auch so viel Sicherheit geben, dass sie es schaffen, die vorgetragene Beschwerde nicht als persönliches Versagen einzustufen. In Seminaren sagen die Teilnehmer im ersten Moment in solchen Situationen häufig: *Ja toll, soll ich mich auch noch für die Anmache entschuldigen?* Antwort: *Ja!* (Aber richtig).

Trennen wir zunächst die Begriffe *Reklamation* und *Beschwerde.*

19.2 Reklamationen sind keine Beschwerden!

Reklamationen sind rechtlich relevant.

Sie können sich aus kaufrechtlichen Forderungen an das Produkt oder die Dienstleistung in der Nachkaufphase ergeben. Ein Wechselspiel, welches sich aus dem Bürgerlichen Gesetzbuch (BGB) und den Allgemeinen Geschäftsbedingungen (AGB) von Lieferanten ergibt. Im ärgsten Fall kann das Produkthaftungsgesetz (ProdhaftG) die Bearbeitungsgrundlage werden.

Unter erfolgreichem und professionellem Beschwerdemanagement versteht man hingegen alle Maßnahmen in einem Betrieb, die in Zusammenhang mit Beschwerden ergriffen werden. Wie auch beim Qualitätskreis können Sie das Beschwerdemanagement einteilen in

- Planung,
- Durchführung,
- Kontrolle.

Prinzipiell kann gut gemachtes Beschwerdemanagement auch intern eingesetzt werden. Wie oft ärgern wir uns über die Kollegen der anderen Abteilung. ... *durch deren Schlamperei müssen wir wieder den Kopf hinhalten* ... Solches Denken führt nur zu aufgestautem Ärger, der aber irgendwann sein Ventil findet, und sei es schlimmstenfalls durch das Sabotieren der Abteilungsarbeit. Aber was nützt es beispielsweise dem Referenten, der einen Seminarraum mit einer bestimmten Ausstattung gebucht hat, zu wissen, dass die für die Raumgestaltung zuständige Mitarbeiterin diesen Raum nicht entsprechend vorbereiten konnte. Ihr fehlten dazu die nötigen Informationen aus der Verwaltung. Dies, obwohl alle Referenten von dort gefragt werden, wie sie den Raum gern hätten. In diesem Fall liegt es an einer Kommunikationslücke zwischen Verwaltung und Serviceabteilung. Wenn solche Informationslücken oft genug vorkommen, wird der beste Mitarbeiter mürbe. Den Schaden haben ein verärgerter Referent, der vielleicht dieses Tagungshaus nicht mehr bucht und die Teilnehmer, die dafür bezahlen, dass sie als Kunden zu eng sitzen müssen oder dass kostbare Seminarzeit für Organisatorisches geopfert wird.

Damit Sie das Thema Beschwerdemanagement mit Ihren Mitarbeitern bearbeiten können, ist der folgende Text als Informationsmaterial zur Vorbereitung einer internen Schulung aufgebaut.

19.3 Sechs Schritte zur richtigen Beschwerdebearbeitung

Wesentliche Aufgaben des Beschwerdemanagements

Die Ziele des Beschwerdemanagements:

- Wiederherstellung von Kundenzufriedenheit,
- Reduzierung negativer Auswirkungen,
- Identifizieren betrieblicher Schwächen und
- Ausnutzung der neuen Erkenntnisse für Verbesserungsmaßnahmen.

Diese Ziele lassen sich nur erreichen, wenn für unzufriedene Kunden leicht zugängliche Beschwerdekanäle geschaffen werden. Als Nächstes muss eine sach- und problemgerechte Beschwerdereaktion und -bearbeitung erfolgen. Anschließend werden Beschwerden hinsichtlich ihres informatorischen Gehalts systematisch ausgewertet.

Dementsprechend liegen die wesentlichen Aufgaben des Beschwerdemanagements in den Bereichen:

- Beschwerdestimulierung,
- Beschwerdeannahme,
- Beschwerdebearbeitung und -reaktion sowie
- Beschwerdeauswertung.

Zusätzlich ist im Rahmen eines Beschwerdemanagement-Controllings zu überprüfen, ob die gewünschten Ziele erreicht worden sind.

... und die Strategie, die dahinter steht:

- Herstellung von (Beschwerde-) Zufriedenheit,
- Vermeidung von Opportunitätskosten (Nutzenentgang durch Verzicht auf Alternativen),
- Umsetzung und Verdeutlichung einer kundenorientierten Unternehmensstrategie,
- Schaffung zusätzlicher Werbeeffekte durch zufriedene Kunden,
- Auswertung und Nutzung der in Beschwerden enthaltenen Informationen,
- Reduzierung interner und externer Fehlerkosten.

Herstellung von (Beschwerde-) Zufriedenheit

Sie ist als wesentliche Grundlage für die

- Einstellungsverbesserungen der Mitarbeiter,
- Kundenbindung und
- Markentreue

anzusehen. Durch eine schnelle, unbürokratische und großzügige Beschwerdebearbeitung und Falllösung können Sie eine gute Beschwerdezufriedenheit erreichen. Es hat sich gezeigt, dass Kunden, die eine angemessene Lösung ihres Problems erfahren haben, ein hohes Maß an Produkt- und Unternehmensloyalität entwickeln. Allein dieses Wissen wäre schon Grund genug, die vorgetragenen Bitten mit entsprechender Sorgfalt und Professionalität zu bearbeiten.

Und so könnte ein Beschwerdevorgang ablaufen (Abbildung 19.1):

1. **Beschwerde-Stimulierung**
   Der Kunde soll seine Wahrnehmung mitteilen.
2. **Beschwerde-Annahme**
   Dieser Erstkontakt ist entscheidend! Der Mitarbeiter muss sicher antworten können.
3. **Beschwerde-Erfassung**
   Das Problem muss schnell und vollständig strukturiert werden (Infos über das Problem und den Beschwerdeführer erfassen).
4. **Beschwerde-Bearbeitung**
   Verlauf des internen Prozesses (Verantwortlichkeit, Termin, Terminüberwachung, Folgekontakt mit dem Kunden).
5. **Beschwerde-Reaktion**
   Wann erhält der Kunde neue Informationen zu seiner Beschwerde?
6. **Beschwerde-Auswirkung**
   Interne Erfassung des Problems, Statistikerstellung und kontinuierlicher Verbesserungsprozess.

Noch ein Satz zu den erwähnten Begriffen. Mit *Beschwerdeführer* werden im offiziellen Qualitätssprachgebrauch die sich beschwerenden Kunden tituliert. Manchmal lesen Sie auch vom Complaint-Owner, dies ist der *Beschwerdebesitzer*, also der, der sich um die Bearbeitung der Beschwerde kümmert, und mit Complaintmanagement ist eben das Beschwerdemanagement gemeint.

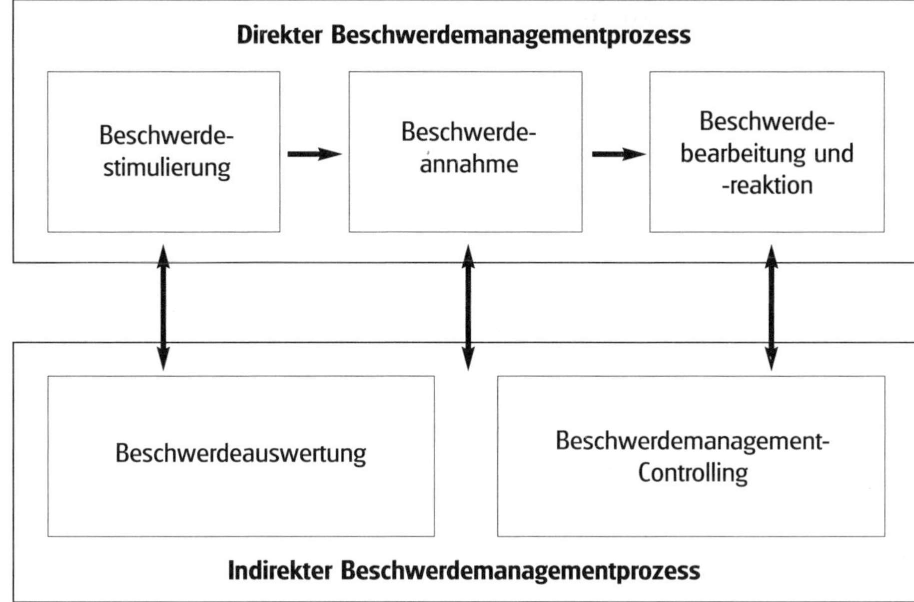

Abb. 19.1 Beschwerde-managementprozess

1. Schritt

Beschwerdestimulierung

Im Rahmen der Beschwerdestimulierung sollen unzufriedene Kunden dazu bewegt werden, die von ihnen wahrgenommenen Probleme gegenüber dem Unternehmen vorzubringen. Dabei sind vor allem zwei Aufgabenbereiche zu lösen:

- Die Einrichtung des Beschwerdeweges, also auf welche Weise (mündlich, schriftlich, telefonisch) sich der Kunde beschweren kann und der Art der Kommunikation gegenüber dem Kunden (Mitarbeiterverhalten).
- Ist der Beschwerdeweg geklärt, muss die Frage, gegenüber welcher Stelle der Kunde seine Beschwerde vorbringen kann, definiert werden. Bei telefonischer Beschwerde könnte die interne Regelung sein, dass das Telefonat in die betreffende Abteilung durchgestellt wird.

2. Schritt

Beschwerdeannahme

Wenn ein Kunde ein Problem mit einem Produkt oder einer Dienstleistung wahrnimmt und sich entschließt, seine Unzufriedenheit in Form einer Beschwerde dem Unternehmen mitzuteilen, geht es bei der Klärung der internen Beschwerdeannahme um Folgendes:

- für den Erstkontakt mit dem unzufriedenen Kunden klare Verantwortungsstrukturen festzulegen und das gesamte Kundenkontaktpersonal bzw. insbesondere das Personal, das in den Beschwerdewegen die Beschwerden entgegennimmt, auf diese Situation vorzubereiten sowie
- alle relevanten Informationen über die Kundenunzufriedenheit im Hinblick auf eine schnelle und unkomplizierte Bearbeitung des Beschwerdefalls und eine effektive Weiterverarbeitung dieser Information zu erfassen.

3. Schritt

Beschwerdeerfassung

Wie sollen sich die Mitarbeiter bei der Annahme von Beschwerden verhalten?

Kunden von Handels- und Dienstleistungsunternehmen tragen ihre Beschwerden meist persönlich gegenüber dem Personal vor. Damit haben Mitarbeiter die große Chance, durch die Art ihrer Reaktion Unzufriedenheit unmittelbar abzubauen und eine befriedigende Lösung einzuleiten. Diese Chance wird allerdings häufig nicht genutzt. Kunden werden abgewiesen, vertröstet, weitergeleitet oder gar verdächtigt, selbst Verursacher des Problems zu sein oder das Unternehmen übervorteilen zu wollen. Typische Mitarbeiteräußerungen sind: *Da kann ich auch nichts machen!, Dafür bin ich nicht zuständig!, Sie sehen doch, dass ich beschäftigt bin, kommen Sie nächste Woche wieder!, Das macht mein Kollege!.*

Mit solchen Reaktionen werden Kundenärger und gesteigerte Unzufriedenheit erzeugt.

Kunden sind sich meist durchaus bewusst, dass Probleme auftreten können. Viele zeigen sogar Verständnis für auftretende Fehler und Irrtümer. Doch dies schlägt sehr schnell in Unverständnis und Empörung um, wenn sich Mitarbeiter des Unternehmens für unzuständig erklären und keinerlei Bereitschaft zeigen, das Problem zu beseitigen oder den Schaden wieder gutzumachen. Nach einer solchen Reaktion wird es zunehmend schwieriger, den Kunden wieder zufriedenzustellen bzw. ihn nicht zu verlieren.

Daher ist eine erfolgreiche Beschwerdeabwicklung von entscheidender Bedeutung, um den Erstkontakt mit dem unzufriedenen Kunden richtig zu gestalten. Zu diesem Zweck sollten Sie klare Verhaltensrichtlinien erstellen und Mitarbeiter mithilfe von Schulungsmaßnahmen in die Lage versetzen, durch angemessene Reaktionen für eine Beruhigung der Situation, eine sachliche Klärung des Falles und die Einleitung einer kundenorientierten Problemlösung zu sorgen.

Tab. 19.1

Ablaufschritte	Beispiel und Ideen
Annehmen:	❖ Zuhören ❖ Dampfablassen zulassen ❖ Keine Diskussion führen
Bestätigen:	❖ „ich kann gut verstehen, dass Sie sich ..."
Entschuldigen:	❖ „es tut mir leid, dass Ihnen ...."
Bedanken:	❖ „gut, dass Sie uns informieren, so können wir zukünftig .... Fehler vermeiden ..."
Lösung anbieten:	❖ „Was können wir jetzt für Sie tun?" (Kunde hat meist schon eine Idee) Keine leeren Versprechungen machen!
Termin:	❖ Verantwortlichkeiten festlegen und Kontrolle installieren, ggf. nachfragen, ob jetzt alles o.k. ist. ❖ „Bis zum ... haben Sie Ersatz ...!"

Es bietet sich an, für das schnelle und immer identische Erfassen von Beschwerden ein Formular einzusetzen. Dieses Formular ist in Ihrem Qualitätsmanagement-Handbuch im Kapitel *Mitgeltende Unterlagen* unter *Vordrucke* abgelegt oder im PC entsprechend gespeichert (Abbildung 19.2).

Abb. 19.2

Beschwerdeannahme

Entgegennehmender: ____________ Eingangsdatum: ____________

Beschwerdeweg:

☐ Telefon ☐ Brief ☐ Persönlicher Kontakt ☐

Adressat der Beschwerde:

☐ Kundenbetreuung ☐ Verkauf ☐ Geschäftsführung ☐

Beschwerdeführer

Stammdaten

Anrede: ____________
Vorname: ____________
Firma/Name: ____________
Ansprechpartner: ____________
Straße/Postfach: ____________
PLZ/Ort: ____________

Interner/Externer Kunde

☐ Interner Kunde ☐ Externer Kunde

Betroffener

☐ Beschwerdeführer selbst
☐ Angestellter des Beschwerdeführers
☐ Vorgesetzter des Beschwerdeführers
☐ Verwandter des Beschwerdeführers

Verärgerung ☐ ☐ ☐ ☐ ☐
gering sehr groß

Beschwerdeobjekt

Produkt/Dienstleistung

☐ ____________ ☐ ____________ ☐ ____________ ☐ ____________

Marketingangebot/Marketing-Mix

☐ Produkt ☐ Preis ☐ Distribution ☐ Kommunikation
☐ Personal ☐ Prozess ☐ physisches Umfeld ☐ ____________

Gesellschaftspolitisches Verhalten

☐ ____________ ☐ ____________ ☐ ____________ ☐ ____________

Beschwerdeproblem

Fallschilderung

____
____
____

Erst-/Folgebeschwerde

☐ Erstbeschwerde ☐ Folgebeschwerde

Vom Kunden gewünschte Falllösung

____
____
____
____
____

Art des Problems

☐ Problem 1 ☐ Problem 3
☐ Problem 2 ☐ Problem 4

Ort des Problemauftritts ____________

Zeitpunkt des Problemauftritts ____________

Reaktionsdringlichkeit

☐ Stufe 1 ☐ Stufe 2
☐ Normale Bearbeitung ☐ Termin

Gewährleistung/Kulanz

☐ Gewährleistung ☐ Kulanz

4. Schritt

Beschwerdebearbeitung

Aus Sicht des Kunden beginnt die Phase: *Warten auf die Problemlösung* zum Zeitpunkt der Artikulation des Problems. Das ist bei mündlichen und telefonischen Beschwerden der Moment, in dem er sein Anliegen vorträgt, aber das Problem noch nicht sofort gelöst werden kann. Bei schriftlichen Beschwerden ist es der Augenblick, in dem der Beschwerdebrief abgeschickt wurde. Von diesem Zeitpunkt an wartet der Kunde auf eine Antwort und je länger er ohne Angabe von Gründen auf eine Reaktion warten muss, desto unzufriedener wird er. Deshalb kommt es darauf an, das Entstehen dieser Art von Unzufriedenheit durch kommunikative Maßnahmen zu vermeiden. Grundsätzlich kommen folgende externe Kommunikationsarten in Betracht:

- die Bestätigung des Beschwerdeeingangs,
- die Benachrichtigung über den Stand der Bearbeitung in Zwischenbescheiden und
- die Mitteilung der Problemlösung im Endbescheid.

Darüber hinaus schließt die externe Kommunikation alle Antworten und Reaktionen des Unternehmens auf Anfragen des Kunden während der Bearbeitung des Beschwerdefalls ein. Diese Eingangs- und Zwischenbescheide können als Dokument vorgefertigt im PC auf ihren Einsatz warten. Sie sollten nur nicht floskelhaft wirken und erkennen lassen, dass sie von *der Stange* sind.

5. Schritt

Beschwerdereaktion

Eingangsbestätigung

Bei schriftlichen Beschwerden, die nicht sofort gelöst werden können, ist es erforderlich, dem Kunden den Erhalt der Beschwerde zu bestätigen. Es kann auch sinnvoll sein, vom Kunden mündlich vorgebrachte Beschwerden ebenfalls zu bestätigen, z. B. wenn die Beschwerde lediglich entgegengenommen und dem Kunden versprochen wird, sie an die zuständige Stelle unmittelbar weiterzuleiten. In der Praxis könnte sich folgender Fall zutragen:

Ein Angehöriger eines Bewohners beschwert sich bei der Wohnbereichshilfe, dass das Mittagessen seit Längerem recht kalt ist, wenn es der Vater gereicht bekommt. Die Wohnbereichshilfe verspricht, sich darum zu kümmern. Sie informiert die Küchenleitung per Haustelefon. Die Küchenleitung ruft kurz beim Angehörigen zu Hause an (oder hinterlässt auf dessen Anrufbeantworter eine kurze Nachricht) und entschuldigt sich für das Problem. Sie bedankt sich für die Information und verspricht, für Abhilfe zu sorgen (denn es ist in der Tat eine Sache, die nicht passieren darf). Sie notiert sich, dass sie sich mündlich beim Beschwerenden gemeldet hat und sorgt für wirkliche Abhilfe. Diese Korrekturmaßnahme, wie sie in der Qualitätssprache oft genannt wird, wird sie dem Angehörigen zeitnah mitteilen.

In Fällen, in denen die Bearbeitung der Beschwerde einen längeren Zeitraum in Anspruch nimmt, sollte unter inhaltlichen Gesichtspunkten die Eingangsbestätigung folgende Informationen enthalten:

- den Zeitpunkt des Eingangs der Beschwerde im Unternehmen,
- eine Zusammenfassung des Problems,
- ein ehrliches und aufrichtiges Bedauern über die vom Kunden erlebten Unannehmlichkeiten,
- die eingeleiteten Maßnahmen sowie
- einen voraussichtlichen Erledigungstermin, bzw. falls dies nicht möglich ist, ein Datum (Tag oder Kalenderwoche), bis zu dem der Kunde über seinen Fall wieder informiert wird.

Auch hier müssen Sie sich nicht verbiegen. Ehrlichkeit kommt besser an als Ausreden und Floskeln. Wie schon beschrieben, können Eingangsbestätigungen schriftlich oder telefonisch erfolgen. Dabei erweist sich vielfach die telefonische Reaktionsform als überlegen. Zum einen kann der jeweilige Mitarbeiter während des Gesprächs das tatsächliche Kundenproblem und seine erwartete Lösung nochmals genauer erfassen und er kann dem Kunden zum anderen auch genau begründen, warum bestimmte Erwartungen nicht erfüllt werden können. Darüber hinaus kann sich das Unternehmen in einer – von vielen Kunden gewünschten – persönlichen Weise entschuldigen. Solch ein Anruf streichelt das Selbstwertgefühl des Kunden und Sie haben schon 50 % der Beschwerde gut gemacht.

Zwischenbescheid
Die Erteilung von Zwischenbescheiden ist immer dann erforderlich, wenn

- dem Kunden mit der Eingangsbestätigung noch kein Erledigungstermin bzw. -zeitraum genannt werden konnte,
- mit dem Kunden vereinbarte Zwischentermine oder der Erledigungstermin nicht eingehalten werden können,
- sich im Rahmen der Beschwerdebearbeitung Abweichungen von der dem Kunden angekündigten Problemlösung oder sonstigen gemachten Zusagen ergeben oder
- zwischen Eingangsbestätigung und endgültiger Problemlösung ein so langer Zeitraum liegt, dass der Kunde den Eindruck gewinnen könnte, seine Beschwerde würde vernachlässigt oder sei vollständig vergessen worden.

Ein Beispiel dazu: Sie sind selbst Beschwerdeführer. Sie haben sich vor drei Wochen telefonisch und vor zehn Tagen schriftlich bei Ihrem Mobiliarlieferanten für die ausstehende Lieferung der fehlenden 14 Seminarraumstühle beklagt. Man versprach Ihnen, sich um das Problem zu kümmern. Sie warten und geraten in Wut, da Sie die Stühle für eine große Feierlichkeit eingeplant haben und dieser Termin auch dem Lieferanten bekannt ist. Ein kurzer Zwischenbescheid des Händlers nach Ihrem Anruf mit Bestätigung des Liefertermins würde Sie milde stimmen und in Ihrer Wiedervorlage wäre Ruhe eingekehrt bis zu einem (vorsichtshalber eingebauten) Kontrollanruf, ob die Ware wirklich kommt.

Endbescheid
Endbescheide beinhalten die vom Unternehmen entwickelte Lösung des Problems und die Mitteilung, dass der Beschwerdefall endgültig abgeschlossen ist. Inhaltlich sollte er folgende Punkte enthalten:

- eine nochmalige kurze Zusammenfassung des Problems,
- das Ergebnis der Problemanalyse,
- den Lösungsvorschlag,
- den Ausdruck des Bedauerns für die vom Kunden erlittene Beeinträchtigung,
- die Bitte, auch zukünftig dem Unternehmen das Vertrauen zu schenken.

Endbescheide sollten in der Regel schriftlich erfolgen, um späteren eventuell auftretenden Unstimmigkeiten, in Bezug auf das tatsächliche Ergebnis der Problemlösung, vorzubeugen. Dies muss unabhängig davon erfolgen, ob das Kundenproblem vollständig, teilweise oder überhaupt nicht im Sinne des Kunden gelöst werden konnte.

In Fällen, die aus Kundensicht keine oder nur eine unzureichende Lösung erfahren haben, ist es darüber hinaus empfehlenswert, den Kunden telefonisch oder persönlich die Gründe für die Nicht- bzw. Teillösung zu erklären und den guten Willen des Unternehmens nochmals zu unterstreichen.

Tabelle 19.2 zeigt Ihnen deutlich, dass unzufriedene Beschwerdeführer Dritten gegenüber erheblich mehr über nicht gut bearbeitete Beschwerden sprechen als über erfolgreich verlaufene.

6. Schritt

Beschwerdeauswirkung

Sie können selbst den Nachteil der Beschwerde für sich nutzen, indem Sie die Beschwerde schnell und gut im Sinne Ihres Kunden bearbeiten. Andernfalls wird er sich schlimmstenfalls durch Negativäußerungen um ein Vielfaches revanchieren. Und schlechte Presse kann sich kein Betrieb leisten!

Beschwerdezufriedenheit und Kommunikationsverhalten Fallstudie	**Durchschnittliche Intensität der mündlichen Weitergabe von ...**	
	zufriedenen Beschwerdeführern	**unzufriedenen Beschwerdeführern**
Hersteller von Elektrowerkzeugen	6 Personen	7 Personen
Bekleidungsversandhändler	5 Personen	9 Personen
Öffentlicher Personenverkehr	7 Personen	10 Personen
Versicherungsunternehmen Dienstleistungen	6 Personen	12 Personen
Hersteller von Unterhaltungselektronik	9 Personen	18 Personen
Hersteller von Kraftfahrzeugen	18 Personen	25 Personen

Tab. 19.2
Quelle: Beschwerdemanagement, Stauss/Seidel, Hanser Verlag

Vorfälle, die zu Beschwerdeunzufriedenheit führen, werden wesentlich häufiger kommuniziert als positive Erlebnisse. Eine Studie belegt, dass bei kleinen Konsumproblemen unzufriedene Beschwerdeführer mit durchschnittlich zehn Personen über ihre negativen Erfahrungen sprachen; für schwerwiegendere Konsumprobleme ergab sich sogar ein Wert von durchschnittlich 16 Personen. Umgekehrt sprachen zufriedene Beschwerdeführer mit *nur* fünf Personen, bei großen Problemen mit ca. zehn weiteren Personen, über ihre positiven Erfahrungen. Interessant ist auch die folgende Zahl: Einer einzigen geäußerten Beschwerde liegen ca. 16 gleichartige zugrunde, die nicht geäußert wurden. Die Beschwerden, die bei Ihnen ankommen, sind folglich nur die Spitze des Eisbergs.

Ab jetzt beginnt der indirekte Beschwerdemanagementprozess. Analysieren und werten Sie die Beschwerden aus.

Beschwerdecontrolling

Nach der richtigen Bearbeitung der Beschwerde sollten Sie regelmäßig Ihre Beschwerden durcharbeiten, um Häufungen zu erkennen und dauerhaft erfolgreiche Gegenmaßnahmen zu planen und einzuführen. Eine Statistik zu erstellen ist gar nicht so schwer, wie es scheinen mag. Schon mit einer Strichliste können Sie eine Statistik anfertigen. Mithilfe einer Exceltabelle erhalten Sie sogar anschauliche Grafiken, mit denen Sie Mit - arbeiter und auch Vorgesetzte zu Handlungsveränderungen bewegen können. Es lohnt sich für Sie, Ihre Mitarbeiter und Ihre Kunden. Auf den Punkt gebracht:

1. Beschwerden ernst nehmen! Nicht bagatellisieren!
2. Beschwerden nicht zwischen *Tür und Angel* erledigen! Zeit nehmen!
3. Den Kunden ausreden lassen, zuhören!
4. Eigenes und betriebliches Verschulden/Versäumnis nicht gleich abstreiten. Dem Kunden recht geben!
5. Sich in die Situation des Kunden versetzen! Welche Sicht hat er?
6. Nicht provozieren lassen, nicht emotional reagieren, sachlich bleiben, konkret bleiben!
7. Großzügig sein bei Kleinigkeiten!
8. Beschwerde, wenn möglich, sofort und korrekt erledigen, oder
9. realistische Termine zur Erledigung vereinbaren. Keine Versprechungen abgeben, die nicht eingehalten werden können!

Üben Sie mit Ihren Mitarbeitern, wie sie sich in einer Beschwerdesituation verhalten sollen. Es ist besser, die ersten Erfahrungen mit einer neuen Aufgabe im Trockendock zu üben, statt mit der realen Situation überfordert zu sein. Es ist eben nicht so, dass eine Beschwerde immer sofort an die richtige Person gelangt. Im Alltag ist es doch eher so, dass derjenige, der dem ungehaltenen Kunden gerade über den Weg läuft, angesprochen wird.

Üben Sie mit Ihren Mitarbeitern, offene Fragen zu stellen, die der Beschwerdeführer gut beantworten kann, z. B.:

Wann war ...
Was genau ist passiert ...

Üben Sie auch, gute Antworten zu geben, nicht zu stammeln oder versehentlich das Falsche zu sagen. Gute Antworten sind:

Sie haben recht, mir ginge es auch so ...
Gut, dass Sie uns das sagen, ...

Beschwerden sind das eine, Befragungen das andere. Niemand hindert Sie daran, selbst aktiv zu werden, um die Bedürfnisse Ihrer Kunden in Erfahrung zu bringen, um, bevor es eine Beschwerde wird, zu fragen, was Sie besser machen können. Überlegen Sie im Vorfeld auch, wie Sie die Antworten auswerten wollen, um das Layout und EDV-Format zu bestimmen.

Um an neue Erkenntnisse zu kommen, können Sie, wie schon erwähnt, schriftliche Fragebogen nutzen. Diese sollten Sie sehr gründlich vorbreiten und in Probeläufen austesten. Damit es relativ schnell gelingt, hier noch einige Tipps dazu.

Tipps zur Erstellung von Fragebögen

- Begrüßungstext, kurze Anrede, Ziel des Fragebogens nennen, Gestaltung und Aufmachung sehr sorgfältig wählen; sie soll zum Ausfüllen einladen,
- in verständlicher, der Befragungsgruppe angepasster Sprache schreiben,
- um Mithilfe bitten,
- Hinweis geben, dass alle Daten vertraulich behandelt werden,
- Grüße, Unterschrift, Funktion des Fragers nicht vergessen,
- Befragungseinheiten nach einem festen Ordnungsschema (z. B. Zahlen) nummerieren,
- Inhaltlicher Aufbau:
  - Einleitungsphase,
  - Nutzer zur Teilnahme an der Befragung aktivieren,
  - *Eisbrecherfragen*, sie sind einfach zu beantworten und sollten so gestellt werden, dass sie bejaht werden können (ja bedeutet unterschwellig so viel wie richtig, gut gemacht. Nein wird intuitiv mit Versagen/Falsch verbunden),
  - Reihenfolge: von den allgemeinen zu den spezifischen Fragen,

  - lebendige Gestaltung der Fragen, offene Fragen stellen oder Satzergänzungen anbieten; sie unterbrechen den eintönigen Fragerhythmus,
  - Schätz- und Wissensfragen, Meinungsfragen, Wünsche und Erwartungen bekunden lassen,
- Angaben zur Person:
  - sind für aussagekräftige Erkenntnisse wichtig,
  - notwendige Merkmale zur Person abfragen, z. B. Alter, Geschlecht, Freizeitverhalten,
  - diese Fragen erst am Ende des Fragebogens stellen, jetzt sind die Kunden eher bereit, Informationen aus der Privatsphäre mitzuteilen,
- Formulierung der Fragen:
  - immer klar verständlich, einfach formulieren,
  - Fachausdrücke möglichst vermeiden,
  - keine mehrdimensionalen Fragen stellen (sie lösen oft den Abbruch des Ausfüllens aus),
  - leicht verständlicher Text mit kurzen Sätzen,
  - keine Worthülsen, die Interpretationsspielraum lassen, verwenden (z. B. regelmäßig).

Es folgen einige Frageideen, die Sie mit Ihren Mitarbeiterinnen gemeinsam bearbeiten können, um den Qualitätsgedanken weiter zu vertiefen.

- Gibt es bei uns Beschwerden/Reklamationen?
- Wird ihnen nachgegangen?
- Gibt es bei uns Fehler? Werden Fehler erkannt und abgestellt?
- Gibt es Grund für Ärger (auch über Kleinigkeiten)?
- Können bei uns Kontrolleure jederzeit durch unseren Arbeitsbereich gehen?
- Arbeiten wir gleichbleibend, unabhängig von Personen, Engpässen, eigener Stimmung gut?
- Besteht bei uns Einverständnis darüber, was *gute* Qualität unserer Dienstleistung/Produkte ist?
- Können wir unsere einzelnen Arbeiten genau beschreiben?
- Wann und wo haben wir in letzter Zeit Kosten verringert?

- Wann und wo haben wir in letzter Zeit die Arbeitsorganisation verbessert?
- Wann haben wir unsere Angebote zuletzt gezielt verbessert?
- Wie stellen wir Wünsche von Kunden, Gästen, Mitarbeitern fest?
- Warum sollten Menschen eigentlich bei uns kaufen/zu Gast sein statt bei der Konkurrenz?

20 Mitarbeiterorientierte Prozesse

Es gibt zwei Arten von Mitarbeitern, aus denen nie etwas Richtiges wird: Diejenigen, die nie tun, was man ihnen sagt und diejenigen, die nur tun, was man ihnen sagt.
Christopher Morey (1890 – 1957), amerikanischer Schriftsteller)

Wollen wir hoffen, dass Ihre Mitarbeiterführung und Entwicklung das Sprichwort widerlegt. Im diesem Kapitel geht es um die Fort- und Weiterbildung Ihrer Mitarbeitenden und um die Möglichkeiten, die Sie haben, neue Mitarbeiterinnen gut einzuarbeiten.

Als hauswirtschaftliche Führungskraft stehen Sie mitten im Spannungsfeld zwischen den stetig steigenden Qualitätswünschen Ihrer Kunden und den häufig sinkenden Budgets. Um die Qualität zu halten, müssen Sie ständig nach Verbesserungspotenzialen Ausschau halten. Ihre wichtigste Ressource sind Ihre Mitarbeitenden. Sie bringen, wenn die Rahmenbedingungen stimmen, Ihre Ideen, Ihr erworbenes Wissen und Ihre sonstigen Kompetenzen in die tägliche Arbeit ein. Ihre Mitarbeiter werden zu echten Mitstreitern, wenn es um die Weiterentwicklung der Abteilung bzw. des Unternehmens geht. Kreativität, Querdenken, Probleme preiswert aber innovativ lösen sind bei leeren Kassen und steigenden Ansprüchen gefragt. So wie sich das Unternehmen weiterentwickelt, so müssen sich die Mitarbeitenden weiterentwickeln können. Um diesem Struktur- und Wertewandel nachzukommen, müssen Sie als Leitungs- und Führungskraft über qualitätserzeugende Methodenkompetenz verfügen.

Solche Führungsaufgaben sind:

- Strategische Personalentwicklung,
- Förderung der Kommunikationskultur,
- Visionsentwicklung,
- Leitbildumsetzung,

- Schaffung von Anreizsystemen und natürlich
- Wertschätzung

In Dienstleistungsunternehmen und Abteilungen wie in der Hauswirtschaft ist es besonders wichtig, dass die Mitarbeitenden immer auf der Höhe der Zeit sind. Was nützt ein schriftlich perfekt ausformuliertes und dokumentiertes Qualitätsmanagement-System, wenn es nicht in den Herzen, Händen und Köpfen Ihrer Mitarbeiterinnen lebt? Über die Notwendigkeit der aktiven Einbindung der Mitarbeitenden haben wir in den Kapiteln 12.1 und 4 bereits geschrieben. Sie selbst kennen es aus Ihrer täglichen Praxis: Jeder Mitarbeiter stellt die Qualität dar, die die Kunden erleben dürfen oder müssen. Bei allen Qualitätsentwicklungsprozessen sollten die Mitarbeiter unbedingt aktiv beteiligt werden, je nach ihrem eigenen persönlichen und fachlichen Vermögen. Ihre Mitarbeiterinnen sind Ihr Abteilungskapital. Verspielen Sie es nicht, legen Sie es gut an. Vermehren Sie es, z. B. durch eine gute Einarbeitung neuer Mitarbeiterinnen, einer strategischen Fortbildungsplanung und Durchführung.

20.1 Einarbeitungskonzeption

Nicht umsonst wird im Qualitätsmanagement auf die Pflege der Ressource Mensch/Mitarbeiter so viel Wert gelegt. Selbst im MDK-Prüfkatalog wird nach einem Einarbeitungskonzept für neue Mitarbeiter gefragt – mit gutem Grund: Es dürfte uns allen einleuchten, dass gut eingewiesene und geschulte Mitarbeitende schneller und konstanter gute Leistungen erbringen können. Unabhängig von der Tatsache, dass schlecht eingearbeitete Mitarbeiterinnen viel mehr Geld kosten, bis sie wirklich Leistung zeigen können oder im schlechtesten Fall wieder gehen. Das intensive Bemühen um die neue Kollegin drückt Ihre Wertschätzung aus. Eine systematische Einarbeitung unterstützt das Erlernen von spezifischen Einrichtungsfragestellungen und Bearbeitungsmodalitäten.

- Es erläutert der Mitarbeiterin arbeitsorganisatorische Prozesse und den richtigen Einsatz von Geräten und Maschinen.
- Es stellt das unternehmenseigene QM-System vor, erklärt die eingeführten Qualitätsstandards und stellt die Qualitätsziele vor.
- Die Organisationsstruktur wird ebenso dargestellt wie das Management der Schnitt-(Kontakt-) Stellen.
- Die unterschiedlichen Kundengruppen und deren Ziele und Wünsche werden in der Einarbeitungsphase vermittelt.
- Die neuen Kolleginnen der hauswirtschaftlichen Abteilung und später die der angrenzenden Fachbereiche werden vorgestellt.

Willkommen, neue Mitarbeiterin!

Bereits in den ersten Arbeitstagen wird sich entscheiden, wie Ihre neue Mitarbeiterin sich in Ihren betrieblichen Ablauf integriert und wie loyal sie sich dem Unternehmen gegenüber einrichten wird. Über das Einarbeitungskonzept hinaus sollten Sie sich daher die ersten Arbeitstage Ihrer neuen Mitarbeiterin sehr gut überlegen. Je komplexer und größerer ihre Abteilung, bzw. ihre ganze Organisation ist, desto schwieriger wird es für eine neue Kollegin sein, sich schnell einen rechten Überblick zu verschaffen. Wenn die Integration in den neuen Arbeitsbereich erfolgreich durchgeführt werden soll, bietet es sich an, für neue Kolleginnen einen festen Ansprechpartner zu benennen. Fragen, die die Organisation der Einrichtung, Abläufe, räumliche Zuordnungen und Kompetenzen betrifft, sollten Sie frühestmöglich mit der Mitarbeiterin klären. Das Wissen um einrichtungsinterne Zusammenhänge und personelle Zuständigkeiten ist bereits in der Startphase unverzichtbar. Wird in sozialen Einrichtungen eher vom Einarbeitungskonzept neuer Mitarbeiter gesprochen, benutzt man in Industrieunternehmen eher den Begriff des Integrationskonzepts. Die Integration bzw. Einarbeitung beginnt aber schon vor dem ersten Arbeitstag.

Noch bevor die neue Kollegin in Ihrer Einrichtung anfängt, kann die Verbindung zur neuen Arbeitsstelle geschaffen werden. Wichtige Informationen können Sie ihr in einer Informationsbroschüre zuschicken. Verbunden mit einem Willkommensschreiben können Sie der neuen Kollegin die genaue Uhrzeit ihres Arbeitsbeginns und die entsprechenden Ansprechpartner mitteilen. Nicht vergessen werden sollte in diesem Zusammenhang, dass Sie die Mitarbeiterinnen und Mitarbeiter auf das Kommen einer neuen Kollegin vorbereiten sollten. Dies könnte z. B. durch eine Vorstellung der Person in Ihrer betriebsinternen Mitarbeiterzeitschrift oder am Informationsbord erfolgen. Ein Willkommensblumenstrauß oder -gruß im Foyer wird die neue Mitarbeiterin am ersten Arbeitstag sicherlich positiv überraschen.

Stellen Sie Ihrem Team die Mitarbeiterin mit Namen und Aufgabenprofil vor.

Natürlich sollte aber die neue Kollegin auch Zeit haben, sich selbst vorzustellen. Achten Sie darauf, dass die neue Mitarbeiterin von Klatsch und Tratsch verschont bleibt. Geben Sie eher Hinweise und Informationen zum Umgangston in Ihrer Einrichtung. Erläutern Sie ihr die ungeschriebenen Gesetze, um ihr Fettnäpfchen zu ersparen. Bitte nehmen Sie die Aufgabe der guten Einarbeitung von neuen Kollegen sehr ernst. Differenzieren Sie nicht nach vermeintlicher Qualität der Arbeitsstelle. Natürlich sollte es für Sie selbstverständlich sein, dass auch neue Mitarbeiterinnen an vermeintlich geringeren Arbeitsplätzen die gleiche Wertschätzung erfahren wie neue Mitarbeiterinnen mit komplexeren Aufgaben. Versetzen Sie sich in die Lage der neuen Kollegin am ersten Arbeitstag. Wie ging es Ihnen damals? Man bewegt sich in unbekannten Gewässern. Man möchte einen guten Eindruck hinterlassen. All diese vielen neuen Eindrücke fachlicher und zwischenmenschlicher Natur kann man sich nicht sofort merken und verinnerlichen. Für die neue Kollegin bedeutet diese Orientierungsphase Stress. Die eigene Positionierung im System will erst einmal gefunden sein.

Für Sie selbst ist es ein Heimspiel, Sie kennen Ihre Einrichtung aus dem ff. Es liegt an Ihnen, entsprechend Brücken zu bauen, damit Ihre neue Mitarbeiterin einen guten Start bei Ihnen erlebt.

Die Taktik *ins kalte Wasser werfen* hat ausgedient. Das Einarbeitungskonzept bzw. die Einarbeitungsphase sollte durch Sie strukturiert und geplant verlaufen. Da Sie in der Regel den gesamten Einarbeitungsprozess nicht selbst erledigen und betreuen können, sollten Sie Aufgaben teildelegieren. Benennen Sie eine Partnerin oder eine Startbegleiterin für die neue Kollegin. Sie kann ihr eine gute Ansprechpartnerin für alle Fragen sein.

Bevor die neue Mitarbeiterin ihren ersten Arbeitstag hat, sollten Sie dafür Sorge tragen, dass der Arbeitsplatz der Mitarbeiterin entsprechend vorbereitet wird. Dies wird die Integration in das bestehende Team unterstützen. Vermitteln Sie das Gefühl, dass die neue Kollegin wirklich von Herzen willkommen ist. Wenn Sie selbst als hauswirtschaftliche Leitung das Glück haben, eine Stellvertretung oder Assistentin für sich selbst einstellen zu können, sollte selbstverständlich auch deren Arbeitsplatz entsprechend vorbereitet sein. Außer den üblichen Arbeitsmaterialien am Schreibtisch sollten auch schon die nötigen Checklisten, Gebrauchsanweisungen, ein kleiner Wegweiser zur Bedienung der Telefonanlage und des Intranets bereitliegen. Wie wär's mit einem Blumenstrauß oder einer Grußkarte auf dem Tisch?

Einarbeitungsordner

Ein übersichtlicher Einarbeitungsordner hilft beiden Seiten weiter. Er soll nicht das komplette Qualitätsmanagement vorstellen, sondern vielmehr eine persönliche Note für die neue Mitarbeiterin enthalten.

In diesem Ordner finden sich Antworten auf Fragen wie:

- Überblick über die Einrichtung: Wo finde ich was, Lageplan, Schnittstellen, meine neuen Kollegen, wichtige Telefonnummern, Schlüsselübersicht u. d. m.,
- Umgang mit meiner Arbeits- und Schutzkleidung,
- Kommunikationsregeln: Dos and dont's, Unternehmenssprache und Begriffe, wer ist wer,
- Selbst-Checkfragen, ob ich alles verstanden habe,
- Kontrollfragen zum Einarbeitungsnachweis.

Ganz sicher werden Sie noch weitere Themen haben, die Sie gern in den ersten Anwesenheitsstunden und Tagen der neuen Mitarbeiterin vermitteln möchten.

Für den Willkommenstag können beispielsweise folgende Punkte auf dem Programm stehen:

- Begrüßung durch die Hauswirtschaftsverantwortliche,
- Vorstellung des neuen Teams, ggf. der obersten Leitung,
- Vorstellung im Personalbüro,
- grundsätzliche Kommunikationsregeln gegenüber Kunden, Kollegen und anderen interessierten Parteien,
- Einweisung in die Schweigepflicht,
- geführte Besichtigung der Einrichtung,
- Besprechung des Lageplans,
- Besichtigung der Arbeits- und Sozialräume,
- Schlüsselübergabe,
- Schließ- und Schlüsselsystem,
- Einweisung in den Dienstplan,
- Einweisung in die Pausenregelungen,
- Einweisung in die Telefonanlage,
- Erläuterung des Verhaltens im Krankheitsfall,
- Erläuterung des Verhaltens in Bezug auf Alkoholkonsum und Rauchen,
- Tragen und Aufbereiten der Arbeits- und Schutzkleidung.

Selbsterklärend ist, dass es all diese Infos in der Einarbeitungsmappe zum Nachlesen gibt.

Innerhalb der nächsten Tage werden weitere Themen durch Sie oder kompetente Mitarbeiterinnen/Einarbeitungspatinnen vorgestellt und unterwiesen:

- Das unternehmerische sowie das hauswirtschaftlich spezifizierte Leitbild,
- Stellen- oder Arbeitsplatzbeschreibung,
- Einarbeitung in das Hauswirtschaftshandbuch/QM-Handbuch,
- Leitbildvorstellung und Erläuterung,
- Hauswirtschaftskonzeptvorstellung und Erläuterung,

- Fragen des Arbeits- und Gesundheitsschutzes,
- Hygienegrundlagen,
- Bekanntmachen mit den Beauftragten für Arbeits- und Gesundheitsschutz sowie des Hygienemanagements,
- Verhalten in Notsituationen, Brandfall, Rettungswege etc.,
- das eigene Aufgabenprofil mit der Arbeitsplatzbeschreibung,
- die eigenen Arbeitsprozesse,
- soziale Belange, wie Mitarbeiteressen und
- Nutzung von betrieblich zur Verfügung gestellten Einrichtungen wie Sozialräume, Kantine, Fitnessraum, Schwimmbad, Parkplatz,
- Teilnahme an Besprechungen,
- Ansprechpartner wie Betriebsrat/MAV und Arzt
- und vieles häufig Unbedachte mehr.

Sie lesen, schnell ist eine stattliche Liste von Erstinformationen zusammengekommen und sicher fehlt noch Vieles. Eine einfache und praktische Einarbeitungsübersicht kann in Form von Checklisten erstellt werden. So kann sowohl die neue Kollegin als auch Sie überprüfen, ob alle geplanten Themen und Schritte bearbeitet wurden.

Das stufenweise Vorgehen der einzelnen Einarbeitungsphasen wird durch ein Flussdiagramm in Abbildung 20.1 transparent dargestellt.

Die Wertschätzung, die dem neuen Kollegen durch einen strukturierten Willkommenstag entgegengebracht wird, zahlt sich aus. Bereits zu Beginn eines neuen Arbeitsverhältnisses wird die Loyalität des Mitarbeiters geprägt. Auch er hat einen ersten Eindruck von Ihnen und *seiner* Firma. Kann er sich mit dem Erlebten identifizieren?

Hoffentlich denken Sie beim Lesen dieses Textstücks nicht insgeheim: *Welch ein Aufwand.* Der Aufwand kann für eine neue Kollegin kaum groß genug sein. Denken Sie in der Anfangsphase an häufige Orientierungsgespräche mit der neuen Mitarbeiterin. Beide Parteien können so einschätzen, wie die Einarbeitung verläuft. Wichtig hierbei ist der Austausch in beide Richtungen: Welche Erwartungen hatte die neue Mitar-

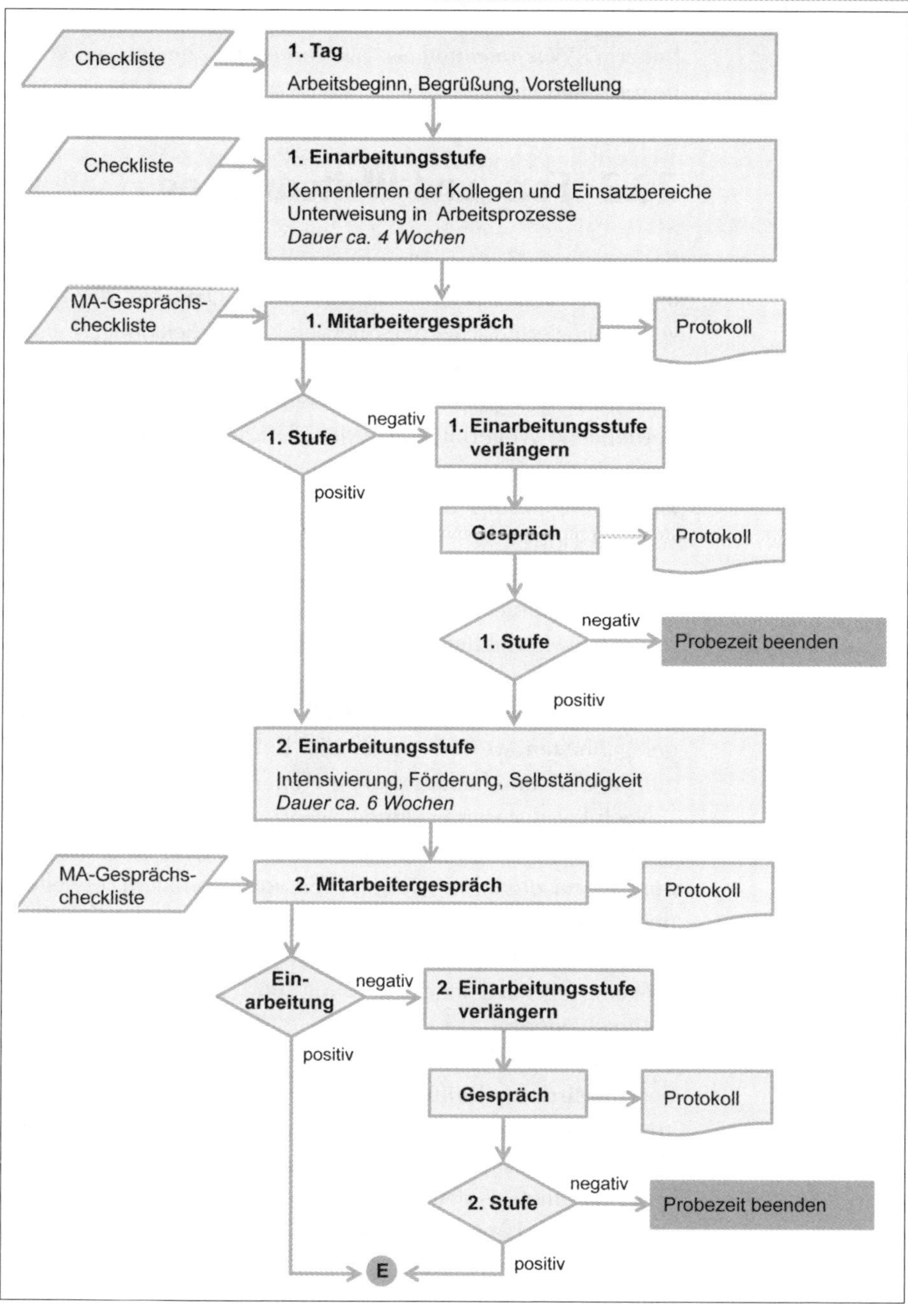

Abb. 20.1 Einarbeitung neuer Mitarbeiter (Quelle: Beuting-Lampe, Erstausgabe „Erfolg ist planbar"

beiterin? Was möchten Sie als Vorgesetzte der neuen Mitarbeiterin mitteilen?

20.2 Fort- und Weiterbildung

Für die Arbeit der ständigen Qualitätsverbesserung steht immer weniger Personal zur Verfügung. Dabei ist der Anteil von qualifiziertem Fachpersonal seit Jahren rückläufig. Auf diese Situation können wir nur reagieren, indem wir unsere *Nicht-Fachkräfte* zu Fachkräften ausbilden. Deshalb steht die innerbetriebliche Weiterbildung in diesem Kapitel im Vordergrund.

Damit Sie sich gut auf die Planung und Durchführung von Fortbildungen vorbereiten können, folgen nun Grundlagenwissen und Tipps und Tricks für das Gelingen guter Fortbildungsveranstaltungen.

Umgangssprachlich werden die Begriffe Fortbildung und berufliche Weiterbildung oft fälschlich als Synonyme verwendet. Das Themenfeld der Weiterbildung ist sprachlich jedoch differenzierter, als wir es im Arbeitsalltag nutzen. Die Bildungsangelegenheiten werden durch die Kultusministerkonferenzen auf Bundes- und Landesebene definiert.

Nach § 1 des Berufsbildungsgesetzes (BBiG) zielt eine Fortbildung auf jene Qualifikationen, die bereits in einem Ausbildungsberuf erworben wurden. Sie sollen erhalten, erweitert, der technischen Entwicklung angepasst oder so ausgebaut werden, dass ein beruflicher Aufstieg möglich wird. Es wird zwischen Anpassungsfortbildung und Aufstiegsfortbildung unterschieden.

Die durch die Fortbildung erworbenen Qualifikationen werden meist durch Prüfungen nachgewiesen. Einige Fortbildungen sind durch bundesweit gültige Rechtsverordnungen, die von den zuständigen Bundesministerien erlassen werden, geregelt.

Als berufliche Aufstiegsfortbildung bezeichnet man z. B. die von Facharbeitern besuchten Kurse, die zur Meisterprüfung führen, Kurse zur Vorbereitung auf Prüfungen zur Fachwirt-Qualifikation oder Lehrgänge, die auf eine Prüfung nach der Ausbilder-Eignungsverordnung (AEVO) vorbereiten.

Eine besondere Form der Fortbildung sind Unterweisungen. So fordert § 12 Abs. 1 des Arbeitsschutzgesetzes, dass die Versicherten ausreichend und angemessen unterwiesen werden. Auslöser für eine Unterweisung sind z. B. Einstellung oder Versetzung, Veränderungen im Aufgabenbereich oder Veränderungen in den Arbeitsabläufen.

Berufliche Weiterbildungen umfassen z. B. auch Umschulungen, autodidaktische Weiterbildungen und betriebliche Weiterbildungsmaßnahmen, die alle nicht zur Fortbildung im Sinne des BBiG zählen.

Weiterbildung sind alle Aktivitäten, die der Vertiefung, Erweiterung oder Erneuerung von Wissen, Fähigkeiten und Fertigkeiten von Menschen dienen, die eine erste Bildungsphase abgeschlossen haben und in der Regel erwerbstätig waren oder in der Familie gearbeitet haben.

- Ausbildung (z. B. Hauswirtschafterin),
- Umschulung (z. B. Hauswirtschafterin),
- Fortbildungsqualifizierung (z. B. Meisterin der Hauswirtschaft),
- Weiterbildung (z. B. Hauswirtschaftliche Betriebsleiterin).

Lernen an sich hängt nicht von speziellen Techniken und Methoden ab. Lernen soll das vorausschauende Situationsabwägen und entsprechend sicheres Handeln ermöglichen. Erfahrungen, Routinen und feste Handlungsmuster sollen auf ihre Gültigkeit überprüft werden können und zu Verhaltensänderungen führen. Nur so kann die Eigenverantwortlichkeit gefördert werden. Leider haben zu rigide Qualitätssysteme in der Praxis dazu geführt, dass viele Mitarbeitende nur noch passiv handeln, aber keinen Idealismus mehr aufbringen können, da er im Sinne dieser verkopften Qualitätssysteme nicht mehr vorgesehen ist. Solche Qualitätsergebnisse haben wir nicht vor Augen!

Gute Lernbedingungen sind:

- Förderung einer positiven Lernkultur,
- Förderung von Risikobereitschaft,

- Förderung einer Fehlerzulassungskultur als Verbesserungschance,
- Förderung des *Nach-vorn-Schauens*.

Es ist Ihre Aufgabe, als Teil der Personalentwicklung, diese Lernbedingungen zu schaffen.

Von einer internen Fortbildung spricht man, wenn eine Organisation die Zielsetzung der Fortbildung festlegt sowie die Planung und Durchführung übernimmt, wobei die Durchführung der Fortbildung ohne Weiteres auch von einem externen Referenten ausgeführt werden kann.

Sie können bei der Fortbildungsplanung zwischen vielen Modellen der Durchführung wählen. Tabelle 20.1 zeigt Ihnen positive und nachteilige Aspekte einzelner Fortbildungsarten.

20.2.1 Fortbildungskonzeption

Die Planung und Organisation angemessener Fort- und Weiterbildungsangebote für Ihre Mitarbeiterinnen ist ein elementarer Teil für die Personalentwicklung im Unternehmen. Grundlagen zum Fort- und Weiterbildungskonzept sind:

- Analyse des Fortbildungsbedarfs,
- Erstellen eines Jahresprogramms,
- Durchführung der Fortbildungen,
- Transfer des Fortbildungserfolgs,
- Evaluation des Fortbildungskonzepts.

Welcher Bildungsbedarf besteht in Ihrer Abteilung?

Für die abteilungsbezogene Personalentwicklungsplanung, die auf mehrere Jahre ausgelegt ist, sollten Sie den Weiterbildungsbedarf zunächst analysieren. Hier helfen Ihnen folgende Instrumente und Perspektiven:

- Aktuelle normative Forderungen (Gesetzes- und/oder Verordnungsänderungen etc.),
- Erkenntnisse aus Qualitätsauswertungen (Reklamationsschwerpunkte, Kundenwünsche usw.),

	Vorteile	Nachteile
Externe Fortbildung	❖ Teilnehmer sind frei vom Berufsalltag, ❖ Miteinander und voneinander lernen, ❖ Best-Practice Modelle werden als machbar erlebt, ❖ Teilnehmer erkennen, dass andere ähnliche betriebliche Probleme haben, ❖ Bildung von Netzwerken, ❖ externer Referent ist kein *Prophet im eigenen Land,* ❖ die Fachkräfte der Organisation werden entlastet.	❖ Inhalte treffen nicht den Bedarf der Einrichtung, ❖ es entstehen Reise- und Übernachtungskosten für die Teilnehmer, ❖ familiäre Bedingungen der Teilnehmer müssen organisiert werden, ❖ Teilnehmer haben oft Angst vor zu viel Unbekanntem, ihr Lernwille wird blockiert.
Interne Fortbildung mit externem Referenten	❖ Die Organisation hat Einfluss auf die gesamte Planung und Durchführung, ❖ externe Fach- und Methodenkompetenz, ❖ bessere Mitarbeiteraufmerksamkeit durch externen Referenten, ❖ geringerer Zeitaufwand für die Teilnehmer, ❖ familiäre Bedingungen müssen nicht organisiert werden, ❖ das Thema kann exakt auf die betrieblichen Belange zugeschnitten werden.	❖ Teilnehmer können sich gedanklich nicht von der Arbeit lösen, ❖ die Kosten des Referenten rechnen sich erst ab einer bestimmten Teilnehmerzahl, ❖ Referenten von Lieferanten sind ggf. nicht produktneutral und themenfest, ❖ die Räumlichkeiten für die Veranstaltung sind häufig nicht *bildungsgeeignet.*
Interne Fortbildung mit eigenen Mitarbeitern als Referenten	❖ Die Organisation hat Einfluss auf die gesamte Planung und Durchführung, ❖ kostengünstig, ❖ Reisekosten entfallen, ❖ es wird nicht über Gebühr Arbeitszeit für die Anreise benötigt, ❖ Teilnehmer und Referent kennen sich und betriebliche Interna, ❖ familiären Bedingungen müssen nicht organisiert werden, ❖ das Thema kann exakt auf die betrieblichen Belange zugeschnitten werden.	❖ *Der Prophet im eigenen Lande* wird nicht ernst genommen, ❖ Teilnehmer und Referent kennen sich und betriebliche Interna, ❖ mangelnde Lehr-Praxiserfahrung bei internen Referenten bedeutet längere Vorbereitungszeit, ❖ Räumlichkeiten für die Veranstaltung sind häufig nicht *bildungsgeeignet,* ❖ nicht jede gute Fachkraft ist auch ein guter Referent. (Das Risiko besteht allerdings manchmal auch bei einer externen Weiterbildung).

Tab. 20.1 Positive und negative Aspekte einzelner Fortbildungsarten

- innerbetriebliche Veränderungen, z. B. neue Maschinen, Geräte, Methoden,
- Führungsergebnisse, beispielsweise Verabredungen aus Zielvereinbarungsgesprächen, persönliche Weiterentwicklung des Mitarbeitenden, Wünsche der Mitarbeitenden, Schwächen der Mitarbeitenden,
- Umsetzung von Erkenntnissen aus Fachpresse, Fachtagungen, Fachmessen.

Auch Ihr Fortbildungskonzept folgt dem Deming-Zyklus (PDCA-Zyklus):

- Sie analysieren und planen den Bedarf,
- Sie erstellen den Fortbildungsplan, die Fortbildungen werden durchgeführt,
- Sie überprüfen den Fortbildungserfolg und
- Sie bewegen sich im kontinuierlichen Verbesserungsprozess, indem Sie beobachten, was an zukünftigem Wissen nötig wird.

Neues Wissen kann notwendig werden, wenn

- sich normative Forderungen ändern,
- durch Zielvereinbarungsgespräche der Bildungsbedarf festgelegt wurde,
- sich Methoden, Systeme, Verfahren ändern,
- es neue Kundenerwartungen zu bedienen gilt,
- Reklamationen abgestellt werden müssen,
- sich die Mitarbeiter ein spezielles Fortbildungsthema wünschen,
- das Wissen in Routine abgeglitten ist,
- innerhalb des Qualitätsentwicklungsprozesses spezielle Themen anfallen, aber auch wenn
- sich der Stand der Arbeitsunfähigkeit ungewöhnlich erhöht.

Aufgrund der bei der Ermittlung und Analyse des Personalentwicklungsbedarfs festgestellten Qualifikationsdefizite müssen Lernziele formuliert werde, die wiederum die Basis für alle weiteren organisatorischen und pädagogischen Vorarbeiten bilden.

Wenn Sie eine interne Weiterbildung in Ihrer Organisation planen, hat sich folgende Vorgehensweise in der Praxis bewährt:

1. Festlegung der Lernziele

Die erste Überlegung sollte sein: *Welche Ziele sollen in und nach der Weiterbildung erreicht sein?* Dabei werden folgende Lernziele unterschieden:

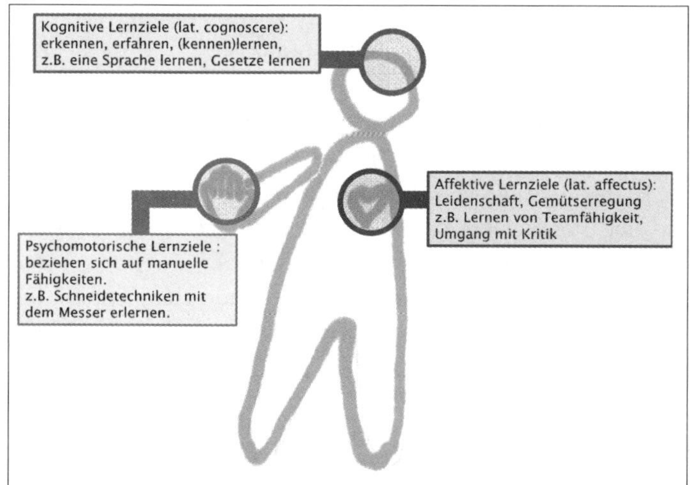

Abb. 20.2 Lernziele. ©KlöberKASSEL 2008

Kognitive Lernziele

Sie beschreiben Lernvorgänge im Bereich der psychischen Funktionen. Sie richten sich auf Kategorien des Wissens und Denkens, der Wahrnehmung, des Gedächtnisses bzw. ganz allgemein des Intellekts, z. B. Lernen einer Fremdsprache, Kenntnisse über ein Computerprogramm oder Anwenden mathematischer Regeln.

Psychomotorische Lernziele

Sie umfassen Lernvorgänge, die zum Erwerb von Bewegungen, d. h. zum Ausüben manueller oder motorischer Fertigkeiten, erforderlich sind. Sie betreffen die Kategorien des körperlichen, durch Muskelbewegungen hervorgerufenen Handelns, z. B. Tennis spielen lernen, Reinigen lernen oder das Portionieren von Lebensmitteln lernen.

Affektive Lernziele

Sie schließen Lernvorgänge im Bereich der psychischen Kräfte ein. Sie beinhalten Kategorien des Empfindens, der inneren Einstellung, der Motivation, des Gefühls oder des Willens, z. B. sich in eine Gruppe einzuordnen, die abweichende Meinung in der Diskussion zu akzeptieren oder die Bereitschaft, einen Fehler einzugestehen und zu korrigieren.

2. Zusammenstellung der Teilnehmer

Welche Mitarbeiter sollen diese Weiterbildung besuchen? Das Ziel bestimmt hier in der Regel auch die Zusammensetzung. In einem Fall ist eine homogene Zusammenstellung geboten, (z. B. das Erlernen von Reinigungstechniken), im anderen Fall ist eine heterogene Zusammenstellung von Vorteil (Zusammenarbeit von verschiedenen Abteilungen).

Ein erstes Merkmal für eine ausreichende Homogenität bei der Bildung von Lerngruppen ergibt sich aus dem gemeinsamen Bildungsbedarf bzw. identischen Lernzielen. Dazu sollte als weiteres Kriterium die Übereinstimmung bezüglich der beruflichen Stellung und im Bildungsniveau kommen. Mitarbeiter unterschiedlicher hierarchischer Ebenen haben oftmals abweichende Auffassungen über ein bestimmtes Problem, wodurch es zu einer Überbewertung gruppenspezifischer Argumente und einer Vernachlässigung der allgemeinen Sachproblematik kommen kann. Bei größeren Differenzen im Bildungsniveau besteht die Gefahr, dass nicht alle Teilnehmer *die gleiche Sprache sprechen* und dass einzelne Argumente nach einem *niedrigeren* oder *höheren* Bildungsabschluss bewertet werden.

3. Lerninhalte und Zeitplanung

Welche Lerninhalte müssen behandelt werden, um die festgelegten Lernziele zu erreichen? Wie viel Zeit wird benötigt, um die Lernziele zu erreichen? Die Zeit ist oft auch von den Lern - gruppen abhängig, d. h. wie belastbar sind die Teilnehmer?

Haben sie schon einen Frühdienst hinter oder noch einen Spätdienst vor sich etc.

Das Stoffprogramm umfasst inhaltlich alle Fertigkeiten, Kenntnisse und/oder Verhaltensweisen, die zum Erreichen des Lernziels erforderlich sind. Die Abgrenzung und der Umfang der einzelnen Lerninhalte orientieren sich daran, ob es sich um Grundfertigkeiten und Grundkenntnisse handelt, die für die Ausübung einer Tätigkeit unerlässlich sind oder ob es mehr um wünschenswertes Rand- oder Zusatzwissen geht. Nur bei einer genauen Kenntnis der betrieblichen Bedarfssituation und der teilnehmerindividuellen Voraussetzungen wird es möglich sein, bei der Stoffabgrenzung die Gewichte richtig zu setzen.

Bei den arbeitsplatzgebundenen Bildungsmaßnahmen ergibt sich das Stoffprogramm weitestgehend aus den für diese Position jeweils typischen Arbeitsinhalten. Es ist jedoch zu prüfen, inwieweit zum Erreichen bestimmter Bildungsziele zusätzliche Lerninhalte aufzunehmen sind. Bei allen Weiterbildungsmaßnahmen außerhalb des Arbeitsplatzes ist zu beachten, dass es sich bei den Teilnehmern in der Regel um erwachsene Mitarbeiter handelt, die bereits über eine bestimmte Lebens- und Berufserfahrung verfügen. Ein Mitarbeiter, der bei seiner täglichen Arbeit schon ein gewisses Maß an Selbstständigkeit und Unabhängigkeit erreicht hat, wird sich in der für ihn ungewohnten Lernsituation anders verhalten als ein Student oder Schüler.

Er wird zunächst einmal den Bezug zu seiner sonstigen Arbeits- und Lebenssituation herstellen und prüfen, welchen Nutzen ihm die Teilnahme bei seiner täglichen Aufgabenverrichtung und für seinen weiteren beruflichen Werdegang bringt.

Das Stoffprogramm sollte deshalb an die Vorkenntnisse der Teilnehmer anknüpfen, sodass für diese sinnvolle Beziehungen zwischen dem vorhandenen Erfahrungsschatz und den Lerngegenständen während der Bildungsveranstaltung entstehen.

4. Bestimmung der Lehrmethoden

Welche Lehrmethoden sind geeignet, um die Lernziele optimal vermitteln zu können? Die Lehrmethoden können je nach Zielen und Teilnehmer stark variieren.

Sie sollten aber auf jeden Fall darauf achten, dass Sie einen Lehrmethoden-Mix einsetzen. Lehrmethoden können sein:

- Vortrag,
- Diskussion,
- Gruppenarbeiten,
- Moderationstechniken,
- praktisches Arbeiten,
- Einzelarbeit,
- etc.

Eine allgemeingültige Methode für alle Lehr- und Lernsituationen gibt es nicht. Es kommt vielmehr darauf an, dass der Lehrende aus dem umfassenden Methodenkatalog die jeweils bestgeeigneten auswählt. Dazu müssen die situationsspezifischen Gegebenheiten und die typischen Vor- und Nachteile der verschiedenen Methoden bekannt sein. Während es z. B. bei der Information neuer Mitarbeiter über die Geschichte des Unternehmens nur darum geht, die Beteiligten mit der neuen Umgebung etwas vertrauter zu machen, wozu ein einführender Vortrag wahrscheinlich genügen dürfte, hat die Einarbeitung in das eigentliche Arbeitsgebiet für die spätere Aufgabenausführung wesentlich größere Bedeutung, sodass umfassende praktische Unterweisungen empfehlenswert erscheinen.

5. Bestimmung der Medien

Welche Medien tragen dazu bei, die Lernziele optimal zu vermitteln?

Dieser Punkt wird häufig unterschätzt. Die Vermittlung von Wissen ist am erfolgreichsten, wenn sie bildhaft erfolgt und wenn die Methode während einer Weiterbildung gewechselt wird. Dabei ist eine bildhafte Sprache genau so wichtig wie eine passende Visualisierung.

Als Medien werden in diesem Zusammenhang alle Hilfsmittel bezeichnet, die dazu dienen, Bildungsinhalte anschaulicher zu vermitteln und das Lernverhalten der Bildungsteilnehmer zu aktivieren. Ein überlegter Medieneinsatz ermöglicht eine abwechslungsreichere Wissensvermittlung und führt zu einer erhöhten Aufmerksamkeit der Teilnehmer. Die verbalen Ausführungen werden anschaulicher und für viele Mitarbeiter erst auf diese Weise verständlich.

Visuelle Medien	Akustische Medien	Audi-visuelle Medien
Verschiedene Wandtafeln Pinnwände Flip-Chart Lehrbuch Arbeitsblätter Modelle, Schaubilder Zeichnungen Karten Beamer Overhead-Projektor Film	Kassette CD-Player Diktiergerät Drahtlose Mikrofonanlage	Tonbildschau Tonfilm Videoanlage Fernsehen DVD

Tab. 20.2
Übersicht einsetzbarer Medien

Der umfassende Medienkatalog darf aber nicht dazu führen, dass aus dem Dozenten nur noch ein Erfüllungsgehilfe bei der Bedienung von Geräten wird. Die Qualität einer Bildungsveranstaltung nimmt mit einem erhöhten Technisierungsgrad nicht zwangsläufig zu. Hier besteht vielmehr die Gefahr, dass sich die Teilnehmer an der technischen Perfektion oder an der Medienvielfalt begeistern und vom eigentlichen Lernziel abgelenkt werden.

6. Auswahl des Referenten

Das beste Lernziel, die durchdachteste Lehrmethode und die interessanteste Medienauswahl nützen nichts, wenn der Referent nicht bei den Teilnehmern *ankommt*.

Deshalb ist es wichtig, dass der Referent über folgende Fähigkeiten und Kenntnisse verfügt:

- Intelligenz,
- natürliche Autorität,
- pädagogisches Wissen,
- psychologisches Wissen,
- Fachwissen,
- Kenntnisse didaktischer Methoden,
- Begeisterungsfähigkeit,
- positive Einstellung zu den Seminarteilnehmern.

Jedes dieser Merkmale ist so wichtig, dass auf keines verzichtet werden sollte.

Aus den Programmübersichten der fachbereichsrelevanten Bildungsträger und Anbieter werden Dozenten in Bezug auf Themen und deren Inhalte, Leistungsumfang und Qualität sowie Preis ausgewertet. Leider ist es noch häufiger der Fall, dass die Mitarbeitenden nicht selbst in diesen Broschüren stöbern dürfen, um sich selbst einen ungefärbten Überblick über die hauswirtschaftliche Themenvielfalt zu verschaffen.

Gemeinsam kann das Jahresbildungsprogramm aufgestellt werden. Das zur Verfügung stehende Budget muss fair und zielorientiert verplant werden. Da im Jahresverlauf aktuelle gesellschaftliche, politische oder gesetzliche Themen und Forderungen auf die Einrichtung zukommen, sollte der Weiterbildungsetat so gesteuert werden, dass auf diese Umfeldeinflüsse adäquat bildungspolitisch eingegangen werden kann. Ein Excel-geführter Weiterbildungsplan ist hierzu die ideale Grundlage, das Bildungsbudget kann genau gesteuert werden.

Bevor ein Halbjahres- oder Jahresprogramm erstellt wird, wird festgelegt, welche Themen und Lernziele die Mitarbeiter erreichen sollen und welche Inhalte dazu notwendig sind. Für ein Jahres- oder Halbjahresprogramm werden alle Bereiche des ermittelten Bedarfs nach Thema, Mitarbeiter, Datum, interne oder externe Fortbildung geordnet.

Sie können kurz überprüfen, ob Sie für Ihren Aufgabenbereich in puncto innerbetriebliches Weiterbildungskonzept bereits entsprechende Bildungsziele formuliert haben. Die Überprüfung beantwortet die Frage, was Sie mit dem Bildungsangebot erreichen möchten, z. B.:

- Auffrischen und Steigerung der Fach- und Methodenkompetenzen,
- die Mitarbeitenden sollen einen aktuellen Fachwissensstand erhalten,
- die anstehenden Aufgaben sollen sach- und fachgerecht bearbeitet werden können,
- die Mitarbeitenden werden entsprechend ihren eigenen Kompetenzen weiterqualifiziert,

- die Sozialkompetenzen der Mitarbeitenden werden gefördert,
- rechtliche Schulungsforderungen werden erfüllt,
- Vermittlung von Spezialistenwissen, z. B. QM-Grundlagen,
- Erkrankungsvorbeugung und aktiver Gesundheitsschutz.

Als fortlaufenden Jahresplan erstellen Sie Ihre Fortbildungsplanung. Wenn Sie dies gleich in einem Tabellenkalkulationsprogramm tun, können Sie die Fortbildungszeiten (Stundenwerte) und die Kosten besser planen und kontinuierlich auf Einhaltung überprüfen. Die Pflichtschulungen können einfach von Jahr zu Jahr übertragen werden. Von vornherein festgelegte Sperrzeiten helfen, Fortbildungen nicht in erfahrungsgemäß personellen Engpasszeiten zu planen. In der Praxis hat sich der von uns entwickelte prospektive Fortbildungsplan bei unseren Kunden sehr bewährt. Sein besonderer Vorzug: Er ist in der Erstellung einfach und noch schneller in der Dokumentation, denn Sie können direkt in den Fortbildungsfeldern quittieren, dass die Fortbildung stattgefunden hat. Die Teilnehmerliste belegt die Teilnahme der einzelnen Mitarbeiter (Abbildung 20.3).

Machen Sie sich als Vorgesetzte ausführliche Gedanken, wenn Sie den prospektiven Fort- und Weiterbildungsplan für Ihr Team erstellen. Können die Mitarbeiter Wünsche äußern, welche Themen sie selbst interessieren? Werden Mitarbeiter in Fortbildungen als Wertschätzung ihrer Person und Arbeitsleistung entsendet oder werden sie zur Teilnahme gezwungen als deutlicher Hinweis: *Du musst besser werden*?

Im Idealfall werden Sie im Vorfeld einer anstehenden externen Fortbildungsmaßnahme, an der Ihre Mitarbeiterin teilnimmt, mit ihr ein Gespräch führen, in dem folgende Themen angesprochen werden:

- Wie ist die Zielsetzung der Fortbildung für die Mitarbeiterin und für die Einrichtung?
- Was sind spezielle Fragestellungen, die durch die Fortbildung geklärt werden sollen?

Fortbildungsplan 1. Halbjahr 2010

Bereich	Mitarbeiter	Januar Thema	Std.	Kosten	Februar Thema	Std.	Kosten	März Thema	Std.	Kosten	April Thema	Std.	Kosten	Mai Thema	Std.	Kosten
HWL	Frau Genau	*IfsG, Hygiene*	1	30	InterNorga	8	150	Altenpflg.messe	8	200				QM-Fachkraft	24	500
								G-BiostoffVo	1	30						
HWL-Vert.	Frau Dudeck	*IfsG, Hygiene*	1	30	SPERRZEIT			*G-Biostoff-VO*	1	30	Kundenorientierung Service	16	350	Hygienefachkraft-treffen	2	100
MA-Küche	Herr Weiler	*IfsG, Hygiene*	1	20	SPERRZEIT			*G-Biostoff VO*	1	20	Smooth Food Seminar	8	180			
	Frau Kapri	*IfsG, Hygiene*	1	20				*G-BiostoffVO*	1	20	Smooth Fod Seminar	8	180			
MA-Reinigung	Frau Demin	*IfsG, Hygiene*	1	20	SPERRZEIT			*G-Biostoff-VO*	1	20	*Umgang m.Dementen*	3	60			
	Frau Hosel	*IfsG, Hygiene*	1	20				*G-BiostoffVO*	1	20	*Umgang m. Dementen*	3	60			
	Frau Reter	*IfsG, Hygiene*	1	20				*G-BiostoffVO*	1	20						
MA-Wäschere	Frau Müller	*IfsG, Hygiene*	1	20	Hospitation Wäscherei	8	280	*G-Biostoff-VO*	1	20						
	Frau Twagrim	*IfsG, Hygiene*	1	20	Praxistag Wäscherei	8	120	*G-BiostoffVO*	1	20						
	Frau Yamir	*IfsG, Hygiene*	1	20	Praxistag Wäscherei	8	120	*G-BiostoffVO*	1	20						
Haus-technik	Herr Kabel-Binder	Arbeitskreis Arbeitssicherung	2	60							Arbeitskreis Arbeitssicherung	2	60			
			12	280		32	670		18	420		40	890		26	600

Die internen Fortbildungen sind kursiv geschrieben

Summe 1. Halbjahr	
Stunden	**128**
Kosten	**2860**
Kosten/Stunde	22,34

Abb. 20.3

- Soll ein Protokoll bzw. eine Mitschrift der Fortbildung, außer den Unterlagen, die zur Verfügung gestellt werden, geführt werden?

Ist die Mitarbeiterin von ihrer Fortbildungsreise zurück, beginnt die Nachlese der Fortbildung. Das neue Wissen soll sich in der Abteilung multiplizieren. So könnte die Teilnehmerin mithilfe ihrer Unterlagen die anderen Kolleginnen in einer Minischulung über das Erlernte informieren. Sie kann berichten, was ihr besonders gut gefallen hat, was sie sich vorstellen kann, nun auch im Betrieb zu praktizieren. Gemeinsam kann dann festgelegt werden, wie mit dem neuen Wissen intern umgegangen werden soll. Ermutigen Sie zum Ausprobieren. Nichts ist frustrierender als Vorgesetzte, die Ideen ausbremsen. Beobachten Sie, ob die Fortbildungsinhalte von der Teilnehmerin im Arbeitsalltag umgesetzt werden.

Wenn Sie interne Fortbildungen planen und durchführen möchten, gehen Sie so vor:

- Thema festlegen,
- Terminplanung,
- prüfen, ob die Teilnahme von Mitarbeitern aus zwei Diensten möglich/nötig ist,
- Dauer der Schulung planen,
- Teilnehmerzahl festlegen, wenn sinnvoll bereichsweise. Beispiel: Zwei Termine in einer Woche, nach 14 Tagen ein weiterer Termin abends.
- Teilnehmerunterlagen im QM-Layout erstellen,
- Präsentationsmedien im QM-Layout erstellen/vorbereiten: Folien, Powerpoint-Präsentation, Flipcharts, Metaplankarten, Film, Dias, Gruppenarbeiten,
- Teilnehmerlisten im QM-Layout erstellen,
- Dokumentation der Schulung: Datum der Veranstaltung, Thema der Fortbildung, Verantwortlicher für die Fortbildung, Referent, Dauer der Schulung, Auswertung der Schulung durch die Teilnehmer (Fragebogen), Teilnehmerliste, Unterschrift jedes Teilnehmers.

Hier endet die Weiterbildung aber noch nicht. Der Bildungserfolg muss im Alltag überprüft, in der Qualitätssprache *evaluiert*, werden. Die Auswertungsbögen werden (am besten statistisch) bearbeitet, ausgewertet und danach ggf. Maßnahmen ergriffen, die künftige Schulungen noch besser gelingen lassen. Im Sinne des Qualitätsmanagements sollten diese Auswertungsbögen standardisiert sein. Sie selbst kennen solche Auswertungsbögen aus den Fort- und Weiterbildungen an denen Sie selbst teilgenommen haben. In ihm sollten mindestens zu folgenden Themen Fragen enthalten sein:

- Fachlichkeit des Referenten,
- Methodensicherheit und Abwechslung,
- Zeitverteilung zwischen aktivem Lernen und Austausch,
- Erfüllung der Fortbildungsausschreibung,
- Praxisbezug und Transfermöglichkeiten,
- Übersichtlichkeit und Angemessenheit der Fortbildungsunterlagen.

Die Geschulten werden von Ihnen im alltäglichen Handeln visuell daraufhin überprüft, ob die vermittelten Inhalte angewendet werden, ggf. werden sie positiv korrigiert.

Eine ungenügende Umsetzung in die Betriebspraxis liegt in der Regel weniger an uneinsichtigen oder desinteressierten Mitarbeiterinnen, sondern vielmehr in der Planung und Durchführung der Schulung selbst. Die ausgewählte Trainerin und das betriebliche Arbeitsklima zum Schulungszeitpunkt spielen beim Fortbildungserfolg auch eine nicht zu unterschätzende Rolle.

Erfolgreiche Fortbildung ist praxisnah. Abbildung 20.4 zeigt hauswirtschaftliche Mitarbeiterinnen beim Studium von Fußbodenbelägen, um später eigenverantwortlich entscheiden zu können, wie das Material behandelt und gepflegt werden muss.

Wenn Sie Ihrem Projektplan zur Entwicklung und Einführung Ihres Qualitätsmanagement-Systems bzw. Qualitätssicherungs-Systems planen und schreiben, sollten Sie je nach Ihrem Vorwissen und dem Ihrer Mitarbeitenden einen zeitli-

Abb. 20.4
Quelle:
Diakonisches Fortbildungszentrum der Evangelischen Altenhilfe Gesundbrunnen e.V. Hofgeismar

chen Rahmen setzen. Mindestens zwölf Monate, besser aber noch 24 Monate, sollten Sie für diese Aufgabe einplanen. Bedenken Sie, dass Sie nicht allein die Aufgabe der Einführung eines Qualitätsmanagement-Systems im Arbeitsalltag zu bewältigen haben, im Vordergrund stehen die Routineprozesse und spontan auftretenden Fragen mit ihren dazu nötigen Problemlösungen. Planen Sie lieber einen längeren zeitlichen Horizont mit der nötigen Konsequenz ein. Ihre verantwortliche Leitung und Sie sollten gemeinsam kalkulieren, wie viel sie an Geldmitteln, sprich Mitarbeiterstunden, für dieses Projekt zur Verfügung stellen und bewilligen wollen.

Planen Sie ebenfalls die möglicherweise nötig werdende externe Beratung und Begleitung für diesen Qualitätsprozess ein. Ist eines Ihrer Ziele die externe Zertifizierung, müssen Sie auch für diesen Prozess der Zertifizierung mindestens zwei bis drei Honorartage einplanen.

Über die Qualifikation und Fortbildungsmöglichkeiten für Ihre Mitarbeitenden haben wir schon ausführlich geschrieben. Wie sieht es in diesem Fall für Sie selbst aus? Auch Sie benötigen bezüglich des Qualitätsmanagements grundlegende Methodenkenntnisse, wollen Sie ein entsprechendes Konzept entwickeln und einführen. Fundierte hauswirtschaftliche Fachkenntnisse verstehen sich in diesem Zusammenhang von selbst. Eine Schlüsselkompetenz wird sicherlich in Ihrer Fähigkeit liegen, die Mitarbeitenden auf die anstehende Qualitätsreise neugierig zu machen und sie immer wieder aufs Neue für die anstehenden Verbesserungen und Veränderungsprozesse zu begeistern.

Eine besondere Disziplin, die Sie entweder schon haben oder sich antrainieren müssen, ist eine gesunde Portion Selbstmanagement. Innerhalb ihres Tagesgeschäfts und des Projektmanagements müssen Sie lernen, sich selbst zu organisieren und Prioritäten zu setzen, Zeitvorgaben und Termine einzuhalten. Strukturieren Sie Ihr Verhältnis zwischen aktiver praktischer Mitarbeit und den theoretischen Führungsaufgaben sorgfältig. Bleiben Sie dieser Planung treu und entwickeln Sie auch kein schlechtes Gewissen, wenn Sie nicht praktisch mitarbeiten. Mut und Entschlossenheit sollten Sie ebenfalls mitbringen, um den mit Sicherheit auftretenden Konflikten mit anderen Abteilungen gelassen entgegenzutreten und lösungsorientiert Kommunikationsstrategien zu entwickeln.

Scheuen Sie sich nicht, für das Projekt Qualitätsmanagement eine externe Fortbildung in Anspruch zu nehmen. Niemand kann von Ihnen verlangen, dass Sie ein fachfremdes Aufgabengebiet neben Ihrer alltäglichen Führungsarbeit hundertprozentig gut entwickeln und etablieren. Scheuen Sie sich bitte auch nicht, die Vorbildfunktion der obersten Leitung einzufordern, unbesehen der Bereitstellung der nötigen Rahmen - bedingungen wie Geld- und Zeitressourcen. Sie sollte den Qualitätsbestrebungen positiv gegenüberstehen. Sie selbst tragen mit der Entwicklung eines Qualitätsmanagement-Systems für Ihre hauswirtschaftliche Gesamtabteilung oder auch nur für Teilbereiche eine große Verantwortung.

Gute Führungskräfte schaffen es, eine solide Mischung zwischen praktischer und theoretischer Arbeit zu organisieren. In Bezug auf die Qualitätsarbeit bedeutet dies, dass Sie vorbildlich arbeiten und dass Sie Ziele vereinbaren, dass Sie an die Mitarbeitenden Lob und Korrektur geben und dass Sie motivieren können. Treten Sie nicht in die Falle, dass Sie alles selbst bestimmen wollen, dass Sie alles selbst entscheiden müssen und dass sie sich nicht trauen, Aufgaben verantwortungsbewusst zu delegieren oder auf gute Vorschläge und Ideen Ihres Teams nicht eingehen. Eine Auffrischungsfort - bildung zum Thema zeitgemäße Mitarbeiterführung kann hier für Sie ein gutes Fundament bilden. Alternativ dazu kann Ihnen entsprechende Fachliteratur rund um das Thema Führung und Management sicher ebenfalls gute Dienste leisten. Hinterfragen Sie selbst, ob Ihre Kompetenzen ausreichen, um die anstehenden Prozesse gut steuern und begleiten zu können.

Der Schlüssel zum Erfolg, nicht nur beim Qualitätsmanagement, liegt in der Führung und Begleitung der Mitarbeiterschaft. Je nachdem, wie Sie motivieren und begeistern können, werden sich Ihre Mitarbeitenden entwickeln. Fallen Sie nicht auf ausschließlich angeblich moderne und zeitgemäße Führungsmethoden herein. Derzeit ist das Führen durch Zielvereinbarungen, besonders im Qualitätswesen, sehr angesagt. Führen bedeutet nicht nur ein Jahreszielgespräch zu führen, sondern konsequenten, klaren und kontinuierlichen Umgang mit den zu Führenden. Authentisches Führen macht Sie als Führungskraft berechenbar. Mitarbeiter benötigen Tugenden wie Klarheit, Authentizität, Glaubwürdigkeit und Vertrauen heute genauso wie früher. Besonders den Erfolgsfaktor Empathie dürfen Sie nicht vergessen.

Soweit Ihr neu erworbenes theoretisches Wissen zum weiten Feld des Qualitätsmanagements. Wir bedanken uns bei Ihnen, dass Sie bis zur Praxis durchgehalten haben. Wir wünschen Ihnen viel Erfolg beim Umsetzen der einen und anderen Idee zum Thema Qualität, Hauswirtschaftskonzept oder dem Durchführen von Mitarbeiterschulungen.

Teil 2
Praktische Beispiele für hauswirtschaftliche Dienstleistungsprozesse

1 Sie stehen in den Startlöchern zur Umsetzung

Theorie: ein vereinfachtes Bild eines Ausschnitts der Realität.

Wikipedia

Praxis: unmittelbare Anwendung von Gedanken und Theorien in der Wirklichkeit.

Duden; das neue Lexikon 1996

Die theoretischen Grundlagen zum Qualitätsmanagement haben wir im ersten Buchteil ausführlich beschrieben. Beispiele zur praktischen Anwendung finden Sie im folgenden Teil. Wir haben zu den hauswirtschaftlichen Teilbereichen

- Verpflegungsmanagement,
- Reinigungsmanagement,
- Wäschemanagement,
- Wohnumfeldgestaltung sowie
- hauswirtschaftliche Betreuung und Beratung

jeweils exemplarische Standards, Checklisten, Verfahrensanweisungen etc. erarbeitet. Den Beispielen sind keine speziellen Qualitätsmodelle hinterlegt. Wenn Sie beginnen möchten, Prozesse angemessen zu beschreiben, steht es Ihnen immer frei, die passende Darstellung auszuwählen. Sollten in Ihrer Institution bereits Festlegungen zu Qualitätsdarstellungsmodellen getroffen worden sein, übernehmen Sie diese. Bitte denken Sie daran, dass viele hauswirtschaftliche Prozesse nicht allein von Ihnen und Ihren Mitarbeiterinnen strukturiert, gestaltet, dargestellt und umgesetzt werden können. Die meisten Prozesse werden abteilungsübergreifenden Charakter haben. Denken Sie an die gemeinsame Erklärung der Kontakt- bzw. Nahtstellengestaltung. Für die Erarbeitung und Umsetzung Ihres Qualitätsmanagement-Systems sollten Sie mit einer

Auftaktveranstaltung beginnen. Heutzutage werden solche Auftaktveranstaltung gern *Kick-offs* genannt.

Welchen Nutzen bringt Ihnen die Einführung eines Qualitätsmanagement-Systems? Sicherlich haben Sie sich diese Frage schon oft selbst gestellt oder Ihre Mitarbeiterinnen haben gefragt.

Abb. 1.1
©KlöberKASSEL 2008

Im Vorfeld haben Sie, ggf. unter aktiver Einbeziehung einiger Mitarbeiterinnen, einen Projektplan für die anstehende Aufgabe entwickelt. Dieser Projektplan wird im Regelfall von der obersten Leitung freigegeben. Besonders authentisch ist es, wenn die oberste Leitung die Eröffnung Ihrer Auftaktveranstaltung übernimmt. Sie selbst muss zeigen, dass sie mit allen Konsequenzen hinter Ihnen und dem Projekt steht und möchte, dass das Projekt erfolgreich in der Abteilung Hauswirtschaft umgesetzt und beendet wird. Besonders wichtig ist es, dass Sie selbst innerhalb der Auftaktveranstaltung zu Ziel und Zweck dieses Projekts Stellung beziehen und auch die Gründe nennen, warum Sie es für besonders wichtig erachten, dass das ausgewählte Qualitätsmanagement in ihrer hauswirtschaftlichen Abteilung eingeführt wird. Nach einer Auftaktveranstaltung können Sie z. B. in einem Workshop die Meilensteine und Aufträge des Projekts mit den Betroffenen dezidiert entwickeln.

Wie Sie die Einführung eines Qualitätsmanagement-Systems realisieren können, zeigt Abbildung 1.2.

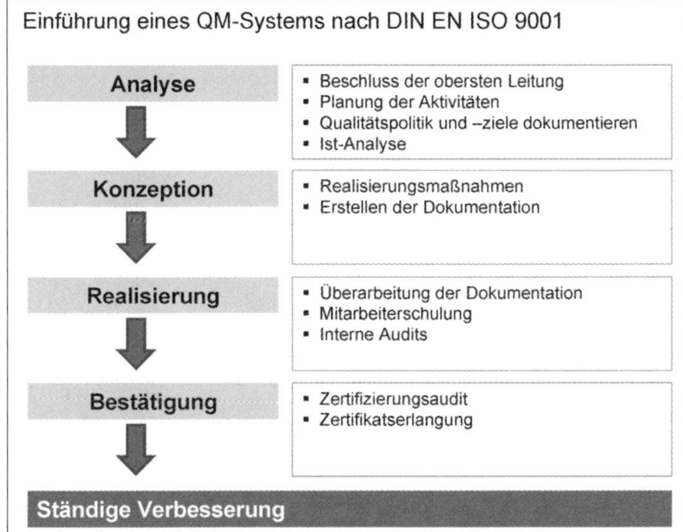

Abb. 1.2 Einführung eines QM-Systems nach DIN EN ISO 9001 ©KlöberKASSEL 2009

Die Praxisbeispiele sind aus Standards, Checklisten, Matrixmodellen, Bildbeschreibungen, Aufzählung in Textform und Ablaufdiagrammen zusammengestellt. Diese unterschiedlichen optischen Darstellungsmöglichkeiten sollen Ihnen helfen, selbst ein Bild zu bekommen, welche Darstellungsvarianten für Ihre Mitarbeitenden besonders hilfreich sind, um gute Qualität zu erzeugen und zu halten. Legen Sie sich keinen künstlichen Zwang auf, etwas *genau so* darstellen zu wollen. Meist wird man nur von der Mitwelt getrieben, weil es gerade *in* ist oder es alle so machen. Zeigen Sie Ihr eigenes Profil. Nur wer Profil hat, hinterlässt Eindruck.

Zum Einstieg in das jeweilige Aufgabenfeld finden Sie immer am Kapitelanfang eine Einführung, dann die Praxisbeispiele und zum Schluss eine Übersicht der wesentlichen normativen

Forderungen. Für deren Vollständigkeit gibt es keine Garantie, dazu dreht sich das Karussell zu schnell.

Wir möchten uns bei unseren Kundinnen und Kunden bedanken, die ganz unkompliziert ihre hauswirtschaftlichen Arbeitsgrundlagen als gelebte Praxisbeispiele für dieses Buch zur Verfügung gestellt haben. Um niemanden bei einer Aufzählung zu vergessen und dadurch zu kränken, belassen wir es bei einem großen Dankeschön!

2 Beispiele für das Reinigungsmanagement

Es gilt ja hier derjenige, der auf den Schmutz hinweist, für viel gefährlicher als der, der den Schmutz macht.

Kurt Tucholsky (1890 – 1935), deutscher Journalist und Schriftsteller

Das Thema Reinigung ist eine sehr komplexe Aufgabenstel - lung. Wir wollen an dieser Stelle nicht mit den Grundlagen der Reinigungslehre beginnen, sondern bei den qualitätsrelevanten Ansätzen einsteigen. Wir kommen aber nicht umhin, die Frage des *was ist sauber?* zu stellen. Denn hier muss auch Ihr Ansatz liegen. Sie können nur über die Qualität Ihrer Reinigung Aussagen treffen, wenn diese Frage beantwortet ist. In einem Beratungsprojekt für Kindergärten wurde die folgende Aussage für das Qualitätshandbuch definiert.

Es muss bei uns so sauber sein, das kein Kind vom Schmutz krank wird, und so schmutzig, dass sich die Kinder wohlfühlen.

Für eine Erwachsenenbildungsstätte könnte die Definition folgendermaßen lauten:

Unsere Gäste empfinden unsere allgemeinen Räume als behaglich und angenehm sauber. Das Zimmer ist so sauber, dass sich unsere Gäste ohne Bedenken darin aufhalten wollen.

2.1 Reinigungskonzept

In einem Reinigungskonzept formulieren Sie kurz und übersichtlich die übergeordnete Zielsetzung. Um erfolgreich ein Qualitätssicherungs- und Verbesserungssystem installieren zu können, analysieren Sie als Nächstes die vielseitigen Qualitätsmerkmale für die Reinigungsleistungen und Arbeitsprozesse. Innerhalb eines schlüssigen und qualitätsorientierten Reinigungskonzeptes ist es nicht immer leicht, die formulierten Ansprüche aller Betroffenen unter einen Hut zu bringen. Nichtsdestotrotz müssen Sie dies versuchen. Besonders im Reinigungsbereich gehen die Meinungen, was Hygiene und angenehme Sauberkeit betrifft, weit auseinander. Gehen Sie nicht allein von Ihren Wertvorstellungen aus!

Sauberkeit beinhaltet aber auch nicht nur die Sichtweise von Kunden. Sie müssen sich auch mit den Anforderungen an Sauberkeit, die durch gesetzliche Rahmenbedingungen festgelegt werden, auseinandersetzen. Das Thema des internen Arbeits- und Gesundheitsschutzes für die Mitarbeiter, die für die Sauberkeit zuständig sind, ist ebenfalls relevant. Nicht zu vergessen ist die betriebswirtschaftliche Komponente. Wie viel Reinigungsleistung ist wichtig und wie viel Reinigungsleistung macht das Ergebnis nichtig?

Strukturen, die einem Reinigungskonzept zugrunde liegen:

- Ziele des Dienstleistungsbereichs Reinigungsleistungen,
- vorgehaltenes Leistungsangebot der Reinigung,
- erweitertes Dienstleistungsangebot für zusätzliche Reinigungsleistungen,
- Eigenreinigung – Teilvergabe,
- Vollvergabe,
- Mitarbeiterstruktur und -qualifikation,
- Organigramm,
- räumliche Ausstattung,
- maschinelle Ausstattung,
- eventuell Überlegungen zu einem pädagogischen, arbeitstherapeutischen oder bewohneraktivierenden Konzept (abhängig von der Gesamtkonzeption der Organisation).

Altenheim „St. Elisabeth“	Bereich Hauswirtschaft	Reinigung Standards
Reinigungsstandard: Festlegung der Qualität		

Ziel und Zweck:
Die definierten Reinigungsstandards genügen den verschiedenen Qualitätsaspekten.

Definition:

Optische Qualität:
Die Einrichtung ist sauber und die Materialien sind unbeschädigt. Der Gesamteindruck ist positiv. Es liegen keine sichtbaren Verschmutzungen mehr vor.

Sensorische Qualität:
Die Einrichtung ist geruchsneutral, d. h., sie ist unbelastet von Reinigungs- und Desinfektionschemie, Zigarettengeruch, Essensgerüchen u. a. m.

Hygienische Qualität:
Die Flächen sind fleckenfrei, keimarm, frei von Haaren, Flusen und Schädlingen.

Servicequalität:
Die Reinigung ist in ausreichendem Umfang, am gewünschten Ort, zur gewünschten Zeit und in der gewünschten Qualität erbracht worden. Die Leistungserbringung vermittelt Unbeteiligten einen professionellen Eindruck.

Freigabe	BearbeiterIn	Status	Datum	Seite
				1 von 1

Tab. 2.1

2.1.1 Strukturqualität der Reinigung (Beispiel Altenhilfe)

- Definition der Reinigungsziele,
- Definition des Reinigungsstandards, Umfang, Art und Intervall der Reinigungsleistung,
- Art der Leistungserbringung, intern oder extern,
- Leistungen für Unterkunft und Verpflegung nach § 87 SGB XI,
- Differenzierung der Grund- und Zusatzleistungen nach § 88 SGB XI,
- Ausstattung der Zimmer, Möglichkeiten der Eigenmöblierung nach dem Pflegequalitätssicherungsgesetz,
- Festlegung der Reinigungszeiten,

- Definition des Mitarbeiterprofils, z. B. deutschsprachig, kein Wechsel der Mitarbeiter im Zimmerbereich.

Tab. 2.2

Altenheim „St. Elisabeth"	Bereich Hauswirtschaft	Reinigung Strukturen

Leitbild

Ziel und Zweck:

Die Erbringung der Reinigungsleistungen für die Bewohner und den allgemeinen Heimbereich orientiert sich an unserem Leitbild.
Unsere Kunden werden so wenig wie möglich durch die Reinigungsarbeiten in ihrer Privatheit und Tagesstruktur gestört.
Das Reinigungsergebnis entspricht jederzeit unseren definierten Standards.
Die Sicherung des Normalitätsprinzips im Heim soll auch bei der Reinigungserbringung im Vordergrund stehen.
Auch bei den Reinigungsleistungen soll das selbstbestimmte Handeln der Bewohner gefördert werden.
Die Mitarbeiter der Reinigung arbeiten wirtschaftlich, hygienisch und ökologisch verantwortungsbewusst und tragen so zur Wettbewerbsfähigkeit des Altenheims mit bei.
Die Reinigungsleistungen werden so erbracht, dass das Altenheim jederzeit externen Qualitätsprüfungen (Medizinischer Dienst der Krankenkassen – MDK-Kontrollen –, Kontrollen der Heimaufsicht, des Gesundheitsamtes, etc.) Stand hält.
Die Reinigung hat das Maß an Sauberkeit und Hygiene, dass erkennbar ist, dass die Einrichtung ein Zuhause und kein Krankenhaus ist.

Maßnahmen:

Die Mitarbeiter sind höflich, hilfsbereit und korrekt im Verhalten gegenüber unseren Kunden.
Die Reinigungsleistungen werden so geplant, dass sie nicht in die Ruhezeiten der Kunden fallen.
Während der Mahlzeiteneinnahme finden keine Reinigungsarbeiten statt.
Größere Reinigungen und Fensterreinigungen, Gardinenwäschen werden drei Tage im Voraus bei den Kunden angemeldet.
Den Kunden werden keine Reinigungsleistungen *„aufgezwungen"*.

Reinigungsstandard:

Sichtreinigung: Montags bis Samstags
Unterhaltsreinigung: alle sieben Tage. Eine Steigerung des Intervalls ist möglich. Dies geschieht in Absprache mit der Pflegedienstleitung in Bezug auf das Krankheitsbild und den Verlauf.
Grundreinigung: alle 12 Monate und bei Zimmerwechsel. Raucherzimmer werden gegen Entgelt häufiger grundgereinigt.

Die Inhalte der Reinigungsarten sind in den Leistungsbeschreibungen definiert.

Freigabe	BearbeiterIn	Status	Datum	Seite
				1 von 1

Altenheim „St. Elisabeth"	Bereich Hauswirtschaft	Reinigung Strukturen

Personelle Ausstattung gemäß PQsG

Name	Qualifikation	Aufgabengebiet	Wochenstunden	Geb. am
Müller, Gudrun	Hauswirtschafterin	Reinigung, Materialausgabe	19,25	07.05.59
Krause, Maria	Bürokauffrau Angelernt	Reinigung	30,00	23.03.68
Rödel, Katrin	Hauswirtschafts-meisterin	Bereichsleitung Reinigung	23,00	01.02.71
Sachse, Bernhard	Heizungs-installateur	Sicherheitsbeauf-tragter Haustechnik	19,25	24.09.61
Gesamt:			Summe	

Mögliche Ergänzungsfelder:

- Betriebszugehörigkeit
- Besondere Fähigkeiten
- Bei Dienstplanung zu berücksichtigen
- Schwerbehinderung
- Vertretungsregelungen mit anderen Kollegen
- Urlaubstage
- Durchschnittliche Arbeitsunfähigkeitstage
- Etc.

- Die Mitarbeiter werden viermal jährlich geschult.
  Themen: Gesundheits- und Arbeitsschutz, Ergonomie, Hygiene, Qualitätssicherung, Arbeitsorganisation, Teamarbeit, etc. Die Schulungen finden generell in der Einrichtung statt und dauern jeweils nicht länger als zwei Stunden.

Freigabe	BearbeiterIn	Status	Datum	Seite
				1 von 1

Tab. 2.3

Altenheim „St. Elisabeth"	Bereich Hauswirtschaft	Reinigung Strukturen
Räumliche Ausstattung		

Ziel und Zweck:

Die schnelle Lageübersicht aller reinigungsrelevanten Lagerräume, Putzkammern etc. wird durch Baugrundrisse gesichert.
Durch die genaue Gebäudekenntnis werden keine Flächen vergessen.
Die Reinigungsplanung ist vollständig, Fehlleistungen werden vermieden.

Maßnahmen:

- Alle reinigungsrelevanten Räume werden im Gebäudegrundriss markiert.
- Räume werden nach Größe, Lage und nach hygienischer und arbeitssicherheitstechnischer Ausstattung vermerkt.
- Die Mitarbeiter des Reinigungsbereiches kleiden sich im allgemeinen Mitarbeiterraum um. Es wird nicht in Straßenkleidung gereinigt.
- Die Reinigungsmittel und Geräte etc. werden im Erdgeschoss im zentralen Lagerraum aufbewahrt. Dieser Lagerraum ist aus Sicherheitsgründen immer verschlossen zu halten.
- Der Reinigungslagerraum ist mit einer Lichtquelle sowie einer Be- und Entlüftung ausgestattet.
- Jedem Wohnbereich steht eine Reinigungskammer zur Verfügung. Zugang haben die Mitarbeiter der Reinigung und der Pflege.
- Der Abfall wird getrennt gesammelt und täglich abtransportiert (siehe Arbeitsanweisung Abfallsortierung).

Freigabe	BearbeiterIn	Status	Datum	Seite
				1 von 1

Tab. 2.4

Altenheim „St. Elisabeth“	Bereich Hauswirtschaft	Reinigung Strukturen

Maschinelle Ausstattung

Ziel und Zweck:

Die Auflistung aller Maschinen und Geräte für den Reinigungsbereich bilden die Grundlage zur Prozess- und Methodenplanung.
Aus dieser Auflistung wird der Wartungsplan erstellt. Er garantiert das Funktionieren der elektrischen Maschinen und ihre Einsatztauglichkeit.

Ausstattung des Reinigungsbereichs:

- 1 High-Speed-Maschinen (Firma)
- 2 Reinigungswagen, incl. Bodenreinigungssystem (Firma)
- 2 Bodenstaubsauger (Firma)
- 1 Sprühextraktionsgerät (Firma)
- Profifensterwäscher und Abzieher (Firma)

	Gerät	Jahr der Anschaffung	Firma	Kosten	Zubehör
1					
2					
3					
4					

Freigabe	BearbeiterIn	Status	Datum	Seite
				1 von 1

Tab. 2.5

Altenheim „St. Elisabeth“	Bereich Hauswirtschaft	Reinigung Strukturen

Betriebswirtschaft

Reinigungsleistungen aus betriebswirtschaftlicher Sicht

Die Reinigungskosten hängen von der geforderten Qualität und den strukturellen Rahmenbedingungen ab. Stimmt die materielle Ausstattung und der Schulungsgrad der Mitarbeiter, stellt sich der betriebswirtschaftliche Nutzen ein.

Umsetzung

- Der Reinigungsmittelsatz wird optimiert.
- Mit den Ressourcen wird pfleglich umgegangen.
- Die Vorgabezeiten werden eingehalten.
- Die Leistungsanforderung und das Ergebnis passen zusammen.
- Weniger Krankheit der Mitarbeiter durch richtige Körperhaltung.
- Stärkung des Verantwortungsbewusstseins der Mitarbeiter für ihre Arbeit.

Zum Effizienzerhalt des Bereiches Reinigungsdienstleistungen werden

- Kennzahlen
- Messgrößen
- Methoden und
- Standards

definiert.

Verantwortlich:

Die Entwicklung und Umsetzung des Reinigungskonzeptes im Hinblick auf Erhalt der Wirtschaftlichkeit liegt bei der Hauswirtschaftsleitung. Die Abteilungen Personalwesen und Buchhaltung/ Controlling liefern dazu jeweils aktuelles Zahlenmaterial.

Kontrolle:

- Monatliche betriebliche Auswertungsbögen
- Überprüfung der Sachkosten
- Überprüfung der Personalkosten
- Einleitung von Steuerungsmaßnahmen

Freigabe	BearbeiterIn	Status	Datum	Seite
				1 von 1

Tab. 2.6

Altenheim „St. Elisabeth“	Bereich Hauswirtschaft	Reinigung Strukturen

Übersicht der Dokumentation

Verfahrensanweisungen

- Leistungsverzeichnisse
- Richtzeitenübersicht mit Raumgruppen
- Definitionen von Reinigungsleistungen

Arbeitsanweisungen, Standards

- Standard - Bestückungsliste der Reinigungswagen (mit Foto)
- Standard - Abfallsammelstellenübersicht
- Standard - Durchführung einer Zimmer-/Büroreinigung
- Standard - Personalhygiene und Arbeitssicherheit
- Standard - Hygiene
- Umgang mit ausgewählten Hygienerisiken (z. B. MRSA)
- Ergonomische Grundsätze
- Schnittstellenmatrix

Mitgeltende Unterlagen, Checklisten

- Pläne - Reinigungs- und Desinfektionspläne
- Pläne – Übersicht Reinigungs- und Desinfektionsmittel mit Dosieranleitung
- Pläne - Maschinenwartungsplan
- Pläne - Zimmerreinigungsdokumentation
- Dienstvereinbarung - Tragen von Dienstkleidung und Schutzkleidung
- Dienstvereinbarung – Was tun bei Krankmeldungen
- Bedienungsanweisung - Geräte und Maschinen
- Brandschutzregeln
- Checkliste - Prüfkriterien zur Prüfung der Reinigungsleistungen
- Checkliste –Prüfung der Personalhygiene
- Formular - Bestellung von Reinigungsmitteln und Verbrauchsartikeln
- Formular - Reparatur- und Änderungsaufträge
- Formular - Fehlermeldung
- Formular - Abrechnungsbogen Zusatzleistungen
- Formular - Reklamationslisten – Gewährung von Schadensersatz
- Informationsschreiben- Für neue Bewohner

Freigabe	BearbeiterIn	Status	Datum	Seite
				1 von 1

Tab. 2.7

Altenheim „St. Elisabeth“	Bereich Hauswirtschaft	Reinigung Wartung

Wartungsplan und Dokumentation

Ziel und Zweck:

Durch die geplante Wartung und Instandhaltung bleiben die Geräte und Maschinen jederzeit für die Erbringung der Reinigungsleistungen einsetzbar. Es entstehen keine Reinigungsengpässe.

Zuständigkeit:

Für die Einhaltung der Wartungsintervalle und deren Dokumentation ist der Haustechniker in Absprache mit der Hauswirtschaftsleitung zuständig.

Ablauf:

- Die Geräte werden durch die Reinigungsmitarbeiterin zur Haustechnikerwerkstatt gebracht.
- Die planmäßige Wartung wird innerhalb 36 Stunden durchgeführt, damit das Gerät nicht im Betriebsablauf fehlt.
- Längere Wartezeiten, z. B. durch Ersatzteilbeschaffung, werden der HWL umgehend gemeldet.
- Die Wartungsleistung wird durchgeführt.
- Der Haustechniker bringt das Gerät an seinen Stellplatz zurück.
- Liegt Verschleiß durch unsachgemäße Handhabung vor, teilt der Haustechniker dies der zuständigen HWL mit.

Dokumentation:

- Besonderheiten und die Wartung selbst werden auf dem Wartungsplan dokumentiert.
- Das Gerät bekommt eine Kennung (Aufkleber), dass es gewartet worden ist.
- Die ausgefüllten Wartungspläne werden im Ordner: Geräte & Maschinen, Kapitel: Reinigungsgeräte abgelegt.

Freigabe	BearbeiterIn	Status	Datum	Seite
				1 von 1

Tab. 2.8

Altenheim „St. Elisabeth"	Bereich Hauswirtschaft	Reinigung Strukturen

Kommunikationsstruktur und Schnittstellengestaltung

Ziel und Zweck:
Die Kommunikationsstruktur und die Festlegung von Zuständigkeiten und Befugnisse für Schnittstellen gewährleisten einen reibungslosen Ablauf der Reinigungsleistungen.

Zuständigkeit:
Für die Einhaltung und deren Dokumentation ist die Hauswirtschaftsleitung zuständig.

Ablauf:
Kommunikation:
- Die Mitarbeiter der Reinigung sind in die Dienstübergabegespräche der Wohnbereiche so eingebunden, dass sie wichtige Informationen weitergeben können und erhalten.
- Die Mitarbeiter der Reinigung nehmen an Qualitätszirkeln teil.
- Die Reinigungsmitarbeiter verbringen ihre Pause zusammen.
- Standards für die Kommunikation mit Bewohnern sind festgeschrieben.

Schnittstellengestaltung:
Beispiel:
- Reinigung – Wohnbereich/Pflege
- Reinigung – Haustechnik
- Reinigung – Küche/Restaurant
- Reinigung – Verwaltung

Freigabe	BearbeiterIn	Status	Datum	Seite
				1 von 1

Tab. 2.9

2.1.2 Prozessqualität in der Reinigung

Diesen Bereich werden Sie sicher am besten aufbereitet haben, da er im Alltag am häufigsten zum Tragen kommt. Bei der Prozessgestaltung werden die Aufgaben und Arbeitsabläufe geplant und gesteuert. Zusätzlich werden Kennzahlen ermittelt. In der Regel werden die Prozessabläufe als Ablaufdiagramme und Leistungsverzeichnisse optisch einfach dargestellt. Es bedarf aber auch der Steuerung der Betriebsmittel. Nicht zuletzt darum sind die Planung der Wartung und Instandhaltung der Reinigungsmaschinen sehr wichtig. Fällt ein Gerät aus, muss unter Umständen die komplette Planung verworfen werden. Damit dies nicht passiert, werden beispielsweise Wartungspläne eingesetzt.

Tab. 2.10

Altenheim „St. Elisabeth“	Bereich Hauswirtschaft	Reinigung Prozesse

Prozessqualität

Ziel und Zweck:

- Sicherstellung des definierten Hygieneniveaus und -anspruchs durch entsprechende Pläne.
- Sicherstellung, dass die Reinigung das Infektionsrisiko positiv beeinflusst.
- Sicherstellung einer materialschonenden Reinigungserbringung durch geschulte Mitarbeiter.
- Berücksichtigung der Kundenwünsche bei den Zeiten der Reinigungsdurchführung durch Einzelabsprachen.
- Sicherstellung der gesetzlichen Anforderungen.
- Sicherstellen der Einhaltung von betriebswirtschaftlichen und ökologischen Grundsätzen.

Umsetzung:

Die Zielerreichung wird durch den Einsatz von:

- Wochen-, Monats- und Jahresreinigungsplänen
- Mitarbeiterschulungen
- Bewohnerbefragungen
- Checks nach Standard
- ...

sichergestellt.

Verantwortlich:

Die Verantwortung liegt bei der Vorarbeiterin und der hauswirtschaftlichen Leitung.

Freigabe	BearbeiterIn	Status	Datum	Seite
				1 von 1

Altenheim „St. Elisabeth"	Bereich Hauswirtschaft	Reinigung Prozesse

Arbeitsanweisung: Vorgehaltene Leistungen der Reinigung

Vorgehaltenes Leistungsangebot der Reinigung:

- Alle Reinigungsleistungen werden durch ein detailliertes Leistungsverzeichnis dargestellt.
- Das Raumgruppenverzeichnis gibt die Intervalle der zu erbringenden Reinigungsleistungen vor.
- Die Grundleistungen nach § 87 werden entsprechend durchgeführt. Zusatzleistungen nach § 88 SGB XI werden auf Wunsch erbracht und separat mit dem Bewohner monatlich abgerechnet.
- Die Reinigungsleistungen erstrecken sich auch auf die Sanitärräume aller Mitarbeiter.
- Durch externe Dienstleister wird die Fenster- und Fassadenreinigung durchgeführt.

  Bewohner werden zwei Tage vor der Leistungserbringung über diesen Termin informiert, um sich darauf einstellen zu können.
- Jedem Wohnbereich steht eine Reinigungskammer zur Verfügung, aus der die Mitarbeiter im Bedarfsfall Reinigungsutensilien nutzen können.

Zuständig:

Die Hauswirtschaftsleitung ist für den Gesamtbereich Reinigungsdienstleistungen zuständig. Sie plant und handelt in Zusammenarbeit mit der Pflegedienstleitung (siehe Schnittstellenverzeichnis).

Freigabe	BearbeiterIn	Status	Datum	Seite
				1 von 1

Tab. 2.11

Altenheim „St. Elisabeth“	Bereich Hauswirtschaft	Reinigung Abfallsystem

Arbeitsanweisung:
Sammeln, sortieren, zwischenlagern und transportieren der Abfälle

Ziel und Zweck:

Die Lagerung des entstandenen Abfalls vom Entstehungsort bis zur zentralen Sammelstelle erfolgt rationell und hygienisch. Geruchsbelästigungen werden vorrangig vermieden und Schädlingsbefall verhindert.

Zuständigkeit:

Pro Wohnbereich ist die jeweilige Reinigungsmitarbeiterin für die Entsorgung zuständig. Die hausinterne Abfalltrennung ist für alle Mitarbeiter und Arbeitsbereiche verbindlich.

Ablauf:

- (siehe Checkliste Sortier- und Farbsystem) Alle Abfallarten werden in den Sammelbehältern in einen Hordenwagen eingestapelt.
- Die Sammelbehälter werden mit neuen Säcken bestückt:
  Blau = Altpapier
  Weiß = Altglas
  Rot = Inkontinenzmaterial
  Grün = Nassmüll
- Zum Arbeitsende wird der Hordenwagen mit dem Fahrstuhl zur zentralen Abfallsammelstelle gefahren. Der Fahrstuhl wird in der Zeit von 11.30 bis 13.00 nicht mit Abfallfahrten blockiert. Abfall und Lebensmittel werden nicht in einer Fahrt gemeinsam transportiert.
- Nach jedem Entsorgen des Abfalls wird der Hordenwagen von sichtbaren Verschmutzungen gereinigt, donnerstags wird der Hordenwagen gründlich gereinigt.

Freigabe	BearbeiterIn	Status	Datum	Seite
				1 von 1

Tab. 2.12

Altenheim „St. Elisabeth“	Bereich Hauswirtschaft	Reinigung Prozesse

Arbeitsanweisung: Definition der angewandten Reinigungsverfahren

Ziel und Zweck:
Die Auswahl der jeweils der Aufgabe entsprechenden Reinigungsart hilft, Fehlleistungen zu vermeiden. Sie sichert den Material- und Werterhalt der Bewohnermöbel und des Einrichtungsmobiliars sowie der Böden.

Zuständigkeit:
Reinigungsmitarbeiterinnen

Definition:
Grundreinigung
Es werden haftende Verschmutzungen und/oder abgenutzte Pflegefilme oder andere Rückstände, die das Aussehen der Oberfläche beeinträchtigen, entfernt. Eine Grundreinigung wird im Allgemeinen nur in größeren Zeitabständen durchgeführt.

Ziel / Ergebnis:
Oberflächen sollen frei von haftenden Verschmutzungen bzw. abgenutzten Pflegefilmen oder anderen Rückständen sein; weiterhin sollen Oberflächen schlieren- und fleckenfrei sein, soweit dies nach dem Stand der Technik möglich ist.

Definition:
Unterhaltsreinigung
Unterhaltsreinigungen sind sich wiederholende Reinigungsarbeiten nach festgelegten Zeitabständen.

Ziel / Ergebnis:
Je nach den durchzuführenden Reinigungsarbeiten verschieden.
Usw.
(Nach Lutz: Fachbuch Gebäudereinigung)

Umsetzung:
Durch Arbeitsanweisungen werden die einzelnen Reinigungsleistungen im Detail umgesetzt.

Freigabe	BearbeiterIn	Status	Datum	Seite
				1 von 1

Tab. 2.13

Altenheim „St. Elisabeth“	Bereich Hauswirtschaft	Reinigung Prozesse

Arbeitsanweisung: Werktägliche Sichtreinigung

Ziel und Zweck:

Die werktägliche Sichtreinigung umfasst die Entfernung groben Schmutzes aus den Bewohnerzimmern und den Verkehrsflächen. Die Bewohner werden bei der Reinigungserbringung möglichst wenig gestört. Die Sichtreinigung erlaubt es, dass nur eine Unterhaltsreinigung pro Woche durchgeführt werden muss.

Zuständigkeit:

Reinigungsmitarbeiterinnen

Ablauf:

Die Leistung wird nicht vor 8.30 Uhr und zwischen 12.00 – 14.00 Uhr erbracht.

- An der Zimmertür anklopfen, Zimmer betreten, Bewohner begrüßen
- Überblick verschaffen, entscheiden, was gereinigt werden muss
- Groben Bodenschmutz mit Öltuch entfernen
- Abfallbehälter entleeren
- WC und Waschbecken reinigen
- Verabschieden, Zimmer verlassen
- Reparaturleistungen in Formular eintragen
- Wahrgenommene Auffälligkeiten der Wohnbereichsleitung melden
- Arbeitsschutzmaßnahmen einhalten

Kontrolle:

Die Reinigungsergebnisse werden durch

- angemeldete und
- unangemeldete Sichtkontrollen geprüft.
- Dazu werden standardisierte Checklisten eingesetzt.

Dokumentation:

- Die zuständige Mitarbeiterin trägt ihre Tätigkeiten in ihre Monatspläne ein.
- Die Monatslisten werden im Ordner: Reinigungsdienstleistungen, Kapitel: Reinigungsdokumentation abgelegt.

Freigabe	BearbeiterIn	Status	Datum	Seite
				1 von 1

Tab. 2.14

Altenheim „St. Elisabeth“	Bereich Hauswirtschaft	Reinigung Prozesse

Arbeitsanweisung: Materialausgabe

Ziel und Zweck:

Die benötigten Geräte, Maschinen, Reinigungs-, Pflege- und Desinfektionsmittel sowie sonstige Arbeitsmittel werden zum Zeitpunkt der Nutzung in ausreichender Menge und Qualität zur Verfügung gestellt.

Zuständigkeit:

Hauswirtschaftsleitung

Ablauf:

- Die Beschaffung wird durch Entnahmeformulare gesteuert.
- Die Warenausgabe erfolgt jeden 2. Mittwoch im Monat ab 7.30 Uhr.
- Durch die Entnahmescheine wird der Verbrauch des jeweiligen Reinigungsbereiches gesteuert und kontrolliert.

Wohnbereich:			Besteller:		
Datum:			Erledigt von am		
Artikel	Einheit	Erl.	Artikel	Einheit	Erl.
Scheuermilch			Pads		
Sanitärreiniger			Schwarze		
Neutralreiniger			Beige		
Wischpflege			Etc.		
Etc.					
			Toilettenpapier		
			Einmalhandtücher		
			Etc.		
Geprüft:			Lieferung/ Abholung:		

Freigabe	BearbeiterIn	Status	Datum	Seite
				1 von 1

Tab. 2.15

2.1.3 Ergebnisqualität in der Reinigung

Da es speziell für den allgemeinen Reinigungsbereich keine fest einzuhaltenden Qualitätskriterien gibt, stellen Sie Ihre eigenen Qualitätskriterien auf. Dies muss keine Fleißarbeit Ihrerseits werden, hier können die Mitarbeiter gut mitarbeiten. Nach diesen Qualitätskriterien können Sie Ihre Qualitätsprüfungen durchführen und auswerten. Im Altenhilfebereich haben wir mittlerweile die Forderung zur Durchführung von hauswirtschaftlichen Visiten. Außer durch sensorische Prüfungen können Sie auch durch Abklatschproben den Hygienestatus neutral ermitteln. Solche Sets gibt es zu kaufen. Sie können auch unabhängige Institute beauftragen, Ihre Hygienefachkraft bemühen oder über Ihre Reinigungsmittellieferanten solche Tests durchführen lassen. Die Testergebnisse dokumentieren Sie wieder im Handbuch, Kapitel Qualitätskontrollen und Maßnahmen.

Auch das systematische Führen und Auswerten von Reklamationslisten zeigt Ihnen relativ neutral, wo Reinigungsdefizite von Ihren Kunden verspürt werden.

Sie sollten bei der Ergebniskontrolle nicht vergessen, die Mitarbeiter zu fragen, wie sie mit ihrem Ergebnis zufrieden sind. Oft bestehen hier große Differenzen zwischen dem, was man eigentlich leisten möchte und dem, was laut Leistungsverzeichnis zu tun ist. Die persönliche Abgrenzungsnot der Mitarbeiter darf nicht unterschätzt werden.

Ergebnisqualität

- Prüfung der Reinigungsergebnisse durch standardisierte Checklisten, die stichprobenartig durchgeführt werden und festhalten, ob die aufgestellten Qualitätsziele erreicht wurden.
- Kundenbefragungen in mündlicher Interviewform und in standardisierter schriftlicher Form zur Zufriedenheit der Reinigungsleistungen mit anschließender statistischer Auswertung.
- Betreiben von Verbesserungsaktivitäten bei Reklamationen und bekanntwerdenden Kundenwünschen.

Altenheim „St. Elisabeth“	Bereich Hauswirtschaft	Reinigung Qualitätskontrollen

Arbeitsanweisung:
Kontrolle des Reinigungsergebnisses

Ziel und Zweck:
Mit den Qualitätsprüfungen und Checks soll sichergestellt werden, dass die geplante Reinigungsleistung jederzeit erreicht wird.

Qualitätsstandards
Die verfassten Reinigungsstandards dienen als Prüfgrundlage.

Prüfmethode
- Als Prüfmethode wird eine sensorische Prüfung vorgenommen (Auge).
- Die Prüfung wird mittels einer standardisierten Checkliste durchgeführt.
- In sehr hygienesensiblen Bereichen werden stichprobenartig und ohne Ankündigung, mindestens jedoch zweimal jährlich, Abklatschproben genommen.

Verantwortlich
Die Hauswirtschaftsleitung ist für die
- Durchführung der Prüfungen,
- Auswertung und
- Maßnahmeneinleitung

verantwortlich. Die praktische Prüfung kann an die Vorarbeiterin delegiert werden.

Dokumentation:
Die Prüfungsergebnisse werden im Ordner: Reinigungsdienstleistungen, Kapitel: Prüfungen abgelegt.

Freigabe	BearbeiterIn	Status	Datum	Seite
				1 von 1

Tab. 2.16

Beispiel: Konzept für einen Kindergarten

Qualitätshandbuch	Kindertagesstätte Pusteblume	Bereich: Hauswirtschaftliche Leistungen
Kapitel B. Reinigung		

Ziele des Dienstleistungsbereiches Reinigung:

- Der Arbeitsbereich Reinigung hält seine Leistungen so vor, dass das Objekt für die Kinder gemütlich wirkt.
- Die Kinder werden in ihrer persönlichen Tagestruktur durch die Reinigungsleistungen nicht gestört.
- Die Kinder werden durch die Erzieher in kleine Reinigungsarbeiten einbezogen, um spielerisch zu lernen, Ordnung zu halten.
- Die Mitarbeiter der Reinigung arbeiten wirtschaftlich, hygienisch und ökologisch verantwortungsbewusst und tragen so zur Wettbewerbsfähigkeit des Kindergartens mit bei.
- Die Reinigungsleistungen werden so erbracht, dass der Kindergarten jederzeit externen Qualitätsprüfungen von Eltern und anderen offiziellen Institutionen Stand hält.
- Die Reinigung hat das Maß an Sauberkeit und Hygiene, dass erkennbar ist, dass die Einrichtung ein Kindergarten ist.
- Die Kinder erleben Reinigung als eine Aufgabe des täglichen Lebens, an der sie sich beteiligen können.

Vorgehaltenes Leistungsangebot der Reinigung:

- Alle Reinigungsleistungen werden durch ein detailliertes Leistungsverzeichnis dargestellt.
- Das Raumgruppenverzeichnis gibt die Intervalle der zu erbringenden Reinigungsleistungen vor.
- Die Reinigungsleistungen erstrecken sich auch auf die Sozialräume und Büros aller Mitarbeiter.
- Die Fenster- und Fassadenreinigung wird mit eigenen Mitarbeitern durchgeführt. Die Leistungserbringung erfolgt in Absprache mit den Erziehern.
- Das Waschen der Küchenwäsche und Bettwäsche der Kinder gehört zum Aufgabenbereich der Reinigung.
- An Reinigungschemie werden in der Regel nur bodenbelagsbezogene Wischpflege, Neutralreiniger und Sanitärreiniger eingesetzt.
- Desinfektionsleistungen werden in Absprache mit der Kindergarten- und Küchenleitung durchgeführt.
- Das Reinigen der Spielsachen (Großgeräte) erfolgt durch die Reinigungsmitarbeiter.

Freigabe	BearbeiterIn	Status	Datum	Seite
				1 von 4

Tab. 2.17

Qualitätshandbuch	Kindertagesstätte Pusteblume	Bereich: Hauswirtschaftliche Leistungen

Kapitel B. Reinigung

Qualifikation der Mitarbeiter im Reinigungsbereich

Durch regelmäßige Schulungsmaßnahmen erhalten die hauswirtschaftlichen Mitarbeiter

- Grundkenntnisse der Materialien und ihrer Werterhaltung
- Kenntnisse zur Auswahl, dem Umgang und den Einsatz geeigneter Maschinen und Geräte.
- Dosieranleitungen, Einsatz von Dosierhilfen zum ökonomisch und ökologischen handeln

Umsetzung:

Der Austausch innerhalb der verschiedenen Einrichtungen wird aktiv gefördert.
Die Schulungsplanung erfolgt durch die Koordinatorin der Einrichtungen. Die Themenabsprache findet zwischen Küchenleitung und Kindergartenleitung statt.

Dokumentation:

Die Schulungspläne, Teilnahmebescheinigungen und Schulungsmaterialien werden aufbewahrt.
Küchenleitungsbüro,
Ordner: Personal,
Kapitel: Schulungen/Belehrungen

Freigabe	BearbeiterIn	Status	Datum	Seite
				2 von 4

Tab. 2.18

Qualitätshandbuch	Kindertagesstätte Pusteblume	Bereich: Hauswirtschaftliche Leistungen
	Kapitel B. Reinigung	

Lieferanten

Um in allen Einrichtungen des Trägers den gleichen Reinigungsstandard einhalten zu können, wird angestrebt, dass die Lieferanten von Reinigungsmitteln vereinheitlicht werden. Es sollen aber trotzdem alle Einrichtungen einzeln beliefert werden.
Ziel: Oktober 2011
Die Lieferanten sollen auch Produkt- und Geräteschulungen durchführen. Die Lieferantenbeziehung soll zu einer Partnerschaft werden.

Für Besuche in den Einrichtungen sind Terminabsprachen zwischen Lieferant/Außendienstmitarbeiter und verantwortlichem Mitarbeiter der Einrichtung nötig.

Vor der Kaufentscheidung neuer Geräte und Mittel wird die

- Arbeitssicherheit überprüft,
- Sicherheitsdatenblätter bearbeitet und
- Betriebsanweisungen im Sinne der Gefahrstoffverordnung und des Arbeitsschutzgesetzes

erstellt und belehrt.

Für diese Tätigkeiten ist die Küchenleitung zuständig.

Dokumentation:

Die Sicherheitsdatenblätter und Betriebsanweisungen werden aufbewahrt.
Küchenleitungsbüro,
Ordner: Reinigung,
Kapitel: Sicherheitsdatenblätter/Betriebsanweisungen

Geräteübersicht und Wartungsplan

Ordner: Reinigung,
Kapitel: Geräte und Maschine (Reinigung/Küche/Wäsche)

Freigabe	BearbeiterIn	Status	Datum	Seite
				3 von 4

Tab. 2.19

Qualitätshandbuch	Kindertagesstätte Pusteblume	Bereich: Hauswirtschaftliche Leistungen

Kapitel B. Reinigung

Auswahl der Reinigungsmittelgruppen

Küche:
Handspülmittel
Spülmaschinenmittel
Klarspüler für die Maschine
Regeneriersalz
Spezialreiniger für Fett, Grill
Fußbodenreiniger
Scheuermilch, Ceranfeldreiniger
Flächendesinfektionsmittel für Küchen
Entkalker

Sanitärbereich:
Scheuermilch
saurer WC-Reiniger
Flächendesinfektionsmittel
Neutralreiniger

Gruppenräume:
Neutralreiniger
Emulsionen entsprechend dem Bodenbelag

Waschmittel:
Fein/Buntwaschmittel
Kochwaschmittel

- Alle Reinigungsmittel werden über den Großhandel (ausgewählte Lieferanten) bezogen, um die Produktkennzeichnung zu gewährleisten und Sicherheitsdatenblätter zu erhalten. Privatkäufe sind unzulässig.
- Die Lagerung erfolgt im Kellerraum: HW-Lager (immer abschließen!)
- Offene Reinigungsmittel sind zum Schutz der Kinder immer unter Aufsicht und stehen nie „rum".
- Verantwortlich hierfür sind die hauswirtschaftlichen Mitarbeiter, aber auch die Erzieher, um die Kinder zu schützen.

Freigabe	BearbeiterIn	Status	Datum	Seite
				4 von 4

Tab. 2.20

HAUS PANORAMA KASSEL	Hauswirtschafts-handbuch	Kapitel: Reinigung	
Standard Nr. 1	Grundreinigung und Versiegelung von Fußböden		

Ziel und Zweck

Verschmutzungen, abgenutzte Pflegefilme oder andere Rückstände, die das Aussehen der Oberfläche beeinträchtigen werden entfernt.

Die Fußböden in unserem Haus sollen eine lange Lebensdauer haben. Die optische und sensorische Qualität vermittelt einen sauberen und gepflegten Eindruck.

Zuständigkeit / Prozesseigentümer

HWL

Kennzahlen / Messgrößen

Dosierungsplan für Reinigungsmittel
Augenschein
Häufigkeit der Grundreinigung

Mitgeltende Unterlagen

Arbeitsanweisung Grundreinigung
Checkliste Grundreinigung
Sicherheitsdatenblätter
Checkliste Kontrolle

Abkürzungen

RM	Reinigungsmitarbeiterin
GR	Grundreinigung
HAT	Haustechnik
PFM	Pflegemitarbeiterin
HWL	Hauswirtschaftsleiterin

Stand: März 2010		Seite 1 von 3

Tab. 2.21

HAUS PANORAMA KASSEL	**Hauswirtschafts-handbuch**	Kapitel: Reinigung	HPK
Standard Nr. 1	Grundreinigung und Versiegelung von Fußböden		

V	D	I	
			A
HWL	HT	PFM	Zimmer ausräumen
HWL	RM		Geräte und Reinigungsmittel bereitstellen
HWL	RM		Boden mit Einscheibenmaschine grundreinigen (← AA Grundreinigung)
HWL	RM		Grober Schmutz entfernt? (NEIN → Boden mit Einscheibenmaschine grundreinigen; JA ↓)
HWL	RM		Reinigungsflotte absaugen
HWL	RM		Erneut reinigen klares Wasser
HWL	RM		absaugen (← AA Grundreinigung)
			2

Stand: März 2010		Seite 2 von 3

Tab. 2.22

HAUS PANORAMA KASSEL	**Hauswirtschaftshandbuch**	Kapitel: Reinigung	HPK
Standard Nr. 1	Grundreinigung und Versiegelung von Fußböden		

V	D	I
HWL	RM	
HWL	RM	
HWL		
HWL	RM HT	PFM

2

AA Boden einpflegen → Boden einpflegen

Gesamte Bodenfläche eingepflegt ? — NEIN → Boden einpflegen

JA → Boden trocknen lassen

AA Reinigung Arbeitsgeräte → Arbeitsgeräte reinigen → Kontrollliste Arbeitsgeräte

Checkliste GR → Ergebnis der GR kontrollieren → Formblatt Durchgeführte GR

Boden in Ordnung ? — NEIN (besser nur nachbessern nicht wieder komplett einpflegen) → Boden einpflegen

JA → Checkliste Zimmerplan → Zimmer einräumen → Formblatt Zimmerplan

E

Stand: März 2010		Seite 3 von 3

Tab. 2.23

2.2 Gesetze, Verordnungen, Richtlinien, Empfehlungen

Die aktuellen Versionen der rechtlichen Bestimmungen werden regelmäßig über das Bundesgesetzblatt (www. bundesanzeiger.de) sowie über die Bundesregierung (www.bundesregierung.de) und die einzelnen Bundesministerien veröffent licht.

Gesetze

Gesetz zur Neuordnung seuchenrechtlicher Vorschriften/Infektionsschutzgesetz
Gesetz zur Vermeidung, Verwertung und Beseitigung von Abfällen/Kreislaufwirtschafts- und Abfallgesetz
Gerätesicherheitsgesetz
Arbeitsschutzgesetz
Gesetz zur strukturellen Weiterentwicklung der Pflegeversicherung (altenhilfespezifisch)
Gesetz über die Haftung fehlerhafter Produkte

Verordnungen

Gefahrstoffverordnung
Verordnung über die Sicherheit und Gesundheitsschutz bei Tätigkeiten mit biologischen Arbeitsstoffen (Biostoff-Verordnung)
Transparenzverordnung (altenhilfespezifisch)
Betriebssicherheitsverordnung

Vorschriften, Richtlinien, Empfehlungen

Maschinenrichtlinie, Richtlinie 2006/42/EG
Arbeitsstätten-Verordnung
Unfallverhütungsvorschriften für den Reinigungsbereich
Technische Regeln biologische Arbeitsstoffe
Technische Regeln gefährliche Stoffe
Richtlinie für die Erkennung, Verhütung und Bekämpfung von Krankenhausinfektionen
Empfehlung für die Infektionsprävention in Heimen

Anforderungen an die Hygiene bei der Reinigung und Desinfektion von Flächen (RKI)
Empfehlung zur Händehygiene (RKI)

MDK-Anleitung zur Prüfung der Qualität (altenhilfespezifisch)
VAH-Liste (Verbund angewandter Hygiene)
RKI-Liste (Robert Koch-Institut)

3 Beispiele für das Management von Verpflegungsleistungen

Himbeeren schmecken nach Kindheit und Ziegenmilch nach Krieg

*Karl-Heinz Strube (*1934), mein Vater M. C. Klöber, ehemaliger Personalabteilungsleiter*

Wie sich die Zeiten ändern. Heute ist geräucherter Ziegenkäse mit Feigenmus ein kulinarischer Genuss und frische Himbeerbuttermilch ein ziemlich altmodisches Getränk. Alles eine Sache des Geschmacks des Kunden.

Egal ob in Bildungsstätten, in einem Wellnesshotel oder einer sozialen Einrichtung, Kunden stellen an ihre Verpflegung hohe Ansprüche, die in sich selbst sehr unterschiedlichster Natur sind, seien es eine edel angerichtete Speise, ein deftiger Brotzeitteller oder ein leichter Seminarimbiss. Alle haben ihre Forderungsberechtigung, gleichwohl unterliegt ihre Herstellung immer den lebensmittelhygienischen Anforderungen sowie im Gegenzug den wirtschaftlichen Möglichkeiten bzw. dem daraus resultierenden Erlös. Alles gute Gründe, sich mit der Organisation, der Zielstellung und den individuellen Kundenwünschen und Bedürfnissen gründlich auseinanderzusetzen. Die Mitarbeiter, die die Verpflegungsangebote entwickeln und umsetzen, müssen entsprechend fachlich versiert sein. Schriftliche und geschulte Qualitätsstandards und Prozessbeschreibungen bilden hierfür ein gutes Gerüst.

Auswertungen von Kundenbefragungen helfen, diese Verpflegungsangebote ziel- und zweckgerichtet anzupassen, aber auch enger Kontakt und Informationsaustausch zu den nachfolgenden Abteilungen bzw. internen Kunden ist dazu nötig.

Mittlerweile werden sogenannte Schnittstellenkataloge oder eine Verantwortungsmatrix für diese Informationsweitergabe und Klärung der Verantwortlichkeiten in internen Workshops erstellt und später im Unternehmen eingeführt.

Die folgenden Beispiele sollen Ihnen einen Überblick über die optischen und schriftlichen Möglichkeiten der Darstellung von Qualitätssicherungs-Standards für hauswirtschaftliche Verpflegungsleistungen vorstellen.

3.1 Praxisbeispiele

Siehe Tabellen 3.1 bis 3.14.

Seniorenzentrum „Strandblick“	Hauswirtschaft	Küche

Verpflegungskonzept

Ziel des Dienstleistungsbereiches Verpflegung

Das geplante und mit den Bewohnern abgestimmte Verpflegungsangebot soll zum einen ein gesunderhaltendes Speisenangebot darstellen, den allgemein gültigen Ernährungsgrundsätzen und Empfehlungen für ältere Menschen entsprechen, zum anderen aber auch so zusammengestellt und angeboten werden, dass die Konsumenten am Essen Lust behalten oder bekommen.

Angebot an Verpflegungsleistungen

Unsere Grundsätze:

- Frische Zubereitung der Speisenkomponenten.
- Einsatz schonender Gartechniken.
- Bewusste Bezugnahme auf die Region bei der Speiseplangestaltung.
- Die Lebensmittel werden vorzugsweise in der Region gekauft.
- Rücksichtnahme auf religiöse Auswahlkriterien beim Essen.
- Festtage bewusst gestalten.
- Die Speisenauswahl wird generell mit dem Heimbeirat und allen interessierten Bewohnern besprochen.
- Es werden nicht mehr als 25% Fertigprodukte eingesetzt.
- Neue Erkenntnisse bei der Verpflegung von Dementen und zur Dekubitusprophylaxe finden im Speisenangebot Berücksichtigung.

Verantwortlich:

Für die Zielerreichung und Innovation im Verpflegungsbereich ist die Küchenleitung verantwortlich. Sie gestaltet ihre Ziele und Prozesse eigenverantwortlich. Dabei bindet sie die Mitarbeiter der Küche sowie die Bewohner und den Heimbeirat in die Konzeptentwicklung mit ein.

Freigabe	BearbeiterIn	Status	Datum	Seite
				1 von 4

Tab. 3.1

Seniorenzentrum „Strandblick"	Hauswirtschaft	Küche

Verpflegungskonzept

Die Verpflegungsleistungen der Küche sind aufgeteilt in:

- Frühstück
- Zwischenverpflegungen
- Mittagessen
- Abendessen
- Standarddiäten
- Cafe – Restaurant
- Nachtcafe
- Snack-Station
- Energy-Shakes

Alle Teilverpflegungsleistungen werden als Standard definiert und routinemäßig alle zwölf Monate auf Sinn und Nutzen mit den Beteiligten und Betroffenen überprüft.

Die Dienstleistungen der Küche sind:

- Unterstützung der Abteilung Pflege bei Ernährungsfragen
- Ausgestaltung von Jahreszeitfesten
- Durchführung von Koch- und Backnachmittagen
- Aktive Bewohnereinbeziehung bei Rezepterstellungen, Speiseplangestaltung, etc.
- Serviceleistungen in Restaurant und Café
- Basale Stimulation
- Besuchstage in der Küche
- Ausrichten von außergewöhnlichen Veranstaltungen wie Geburtstagsfeiern oder Essen für Gäste
- Beratungsgespräche mit Angehörigen

Freigabe	BearbeiterIn	Status	Datum	Seite
				2 von 4

Tab. 3.2

Seniorenzentrum „Strandblick"	Hauswirtschaft	Küche

Verpflegungskonzept

Teilverpflegungsleistung: Frühstück

Ort	Serviceleistung	Zeitrahmen
Restaurant	Tischservice	7.30 : 9.30 Uhr
Wohnbereich: - Wohnzimmer - Wohnküche	Frühstückswagen, Portionsservice nach Wahl	7.30 : 9.30 Uhr
Bewohnerzimmer	Frühstückswagen, Portionsservice nach Wahl	7.30 : 9.30 Uhr
Haus A	Tablettservice	Anlieferung um 7.15 Uhr bis zur Wohnungstür

Getränke

Kaltgetränke wie Mineralwasser, Stilles Wasser, Orangensaft und Limonaden stehen auf den Wohnbereichen kostenlos zur Verfügung.
Heißgetränke werden zum Frühstück von der Küche geliefert. Zwischendurch benötigte Heißgetränke werden direkt vor Ort zubereitet, um lange Standzeiten zu vermeiden.

Dienstleistungsangebot für zusätzliche Leistungen

(siehe Heimvertrag)

Freigabe	BearbeiterIn	Status	Datum	Seite
				3 von 4

Tab. 3.3

Seniorenzentrum „Strandblick"	Hauswirtschaft	Küche

Verpflegungskonzept

Teilverpflegungsleistung: Zwischenmahlzeiten

Die Zwischenmahlzeiten stehen allen Bewohnern zur Verfügung.

- Snackstationen befinden sich in folgenden Räumlichkeiten:
  Restaurant, Wohnzimmer der Wohnbereiche, Eingangshalle.

- Im Wechsel werden
  - frische Fruchtjogurts
  - frische Obststücke (auf Kaubarkeit und Reife achten)
  - Kochpuddings
  - Obstsäfte
  - hochkalorische Trinknahrung
  - weiche Kuchen

angeboten.

- Das Angebot für Bewohner mit Diabetes wird nach den BE - Vorgaben angeboten:
  - Frisches Obst
  - Diätsäfte
  - Buttermilch und
  - Milchshakes

etc.

Freigabe	BearbeiterIn	Status	Datum	Seite
				4 von 4

Tab. 3.4

Seniorenzentrum „Strandblick“	Hauswirtschaft	Küche

Strukturelle Rahmenbedingungen

Mitarbeiterstruktur und -qualifizierung

In der Produktionsküche arbeiten:

- 1 Küchenleitung (Küchenmeister)
- 2 Teilzeitmitarbeiterinnen á 30 Std./Woche (Hauswirtschafterin, diät. geschult)
- 2 angelernte Teilzeitkräfte á 20 Std./Woche
- 1 Auszubildende/r Koch/Köchin im Wechsel mit
- 1 Auszubildenden Hauswirtschaft

Die Küchenleitung steht in Vertretungsregelung zur Hauswirtschaftsleitung. Sie sind sich gegenseitlich nicht weisungsbefugt, arbeiten partnerschaftlich.

Die Mitarbeiter erhalten pro Quartal eine Schulung. Die Schulung liegt in der Arbeitszeit.

- Themen:
  Gesundheits- und Arbeitsschutz, Ergonomie, Hygiene, Qualitätssicherung, Arbeitsorganisation, Teamarbeit, etc.

Räumliche Ausstattung

- Die Produktionsküche liegt im Versorgungstrakt.
- Die zugehörigen Räume sind im Grundriss (folgende Seite) gekennzeichnet.
- Die Umkleideräume/Duschen werden von allen Mitarbeitern genutzt.
- Die nötigen Toiletten liegen an die Küche angrenzend und werden nur von den Küchenmitarbeitern genutzt.

Maschinelle/sächliche Ausstattung

Die Küchenausstattung ist im Großgerätewartungsplan explizit aufgelistet. Hieraus wird der jährliche Investitionsplan ermittelt.

Die Küchenkleingeräte, Geschirr, Gläser etc. werden in Inventarlisten geführt. Um Engpässe zu vermeiden, werden regelmäßig alle zwölf Wochen standardisierte Inventuren zeitgleich in allen Bereichen durchgeführt. Die Auswertung erfolgt per EDV.

Freigabe	BearbeiterIn	Status	Datum	Seite
				1 von 1

Tab. 3.5

Seniorenzentrum „Strandblick"	Hauswirtschaft	Küche
Verpflegungskreislauf		

Angebotserstellung durch die Küchenleitung

In Kooperation mit Bewohnern, Pflegeverantwortlichen

Produktion in der zentralen Küche

Verteilung durch die Küchenmitarbeiter in die Speisenbereiche

Speisenbereiche: Restaurant Wohnbereiche Zimmer

Assistenz durch Servicemitarbeiter und Wohnbereichsmitarbeiter

Abholung durch die Küchenmitarbeiter in den Speisenbereichen

Bewohnerbefragung in allen Speisebereichen

Korrektur des Angebots

Freigabe	BearbeiterIn	Status	Datum	Seite
				1 von 1

Tab. 3.6

Seniorenzentrum „Strandblick"	Hauswirtschaft	Küche

Prozessorganisation

Arbeitsanweisung:
Serviceleistungen im Restaurant

Ziel und Zweck:
Die Bewohner sollen durch Serviceleistungen im Restaurant unterstützt werden, ihre Mahlzeiten in Ruhe einnehmen zu können. Sie sollen die Gewissheit und Sicherheit haben, dass bei Problemen Hilfestellung geleistet wird.

Zuständigkeit:
Die Serviceleistungen werden aus dem Team der Küche erbracht. Die eingesetzten Mitarbeiterinnen werden in Bezug auf

- Unterstützung und Aktivierung beim Essen
- Maßnahmen im Notfall und
- Kundenorientierung und Service

regelmäßig geschult.

Ablauf:
Die Schulungsplanung und Kontrolle obliegt der Küchenleitung. Sie lädt auch die Wohnbereichshilfen in Absprache mit der Hauswirtschaftsleitung dazu ein.

Die Kernzeiten im Restaurant sind:

Frühstück:	8.00	–	9.30 Uhr
Mittagessen:	12.00	–	13.30 Uhr
Kaffee-Begegnung:	14.30	–	17.00 Uhr
Abendessen:	17.30	–	18.30 Uhr

Das Hauswirtschaftsserviceteam erbringt die

- Reinigungsleistungen und
- Dekorationsleistungen nach Standards

Freigabe	BearbeiterIn	Status	Datum	Seite
				1 von 1

Tab. 3.7

Seniorenzentrum „Strandblick“	Hauswirtschaft	Küche
Prozessorganisation		

Arbeitsplanung:
Schichteinteilungen und Arbeitsschwerpunkte

Ziel und Zweck:
Mit den erweiterten Dienstleistungszeiten des Küchenteams soll für die Bewohner die Möglichkeit geschaffen werden, je nach persönlichen Bedürfnissen die Leistungen in Anspruch nehmen zu können, ohne das Gefühl haben zu müssen, dass sie sich beeilen müssen.
Die Mitarbeiter sollen durch die detaillierte Planung der einzelnen Dienste einen Überblick erhalten, was in welcher Zeit zu bearbeiten ist.

Zuständigkeit:
Die Küchenleitung überprüft die Schichten einmal jährlich, ob die Zeitfestlegung noch den Anforderungen der Bewohner und anderer Beteiligter entspricht. Sie gibt ihr Ergebnis in der Leitungsrunde bekannt.

Ablaufplan Küche:
(siehe Tabellenausdruck, folgende Seite)

Freigabe	BearbeiterIn	Status	Datum	Seite
				1 von 1

Tab. 3.8

Seniorenzentrum „Strandblick“	Hauswirtschaft	Küche
Prozessorganisation		

Arbeitsanweisung:
Bestellformular für Lebensmittel und Getränke

Ziel und Zweck:
Die Nutzung eines einheitlichen Bestellsystems der Wohnbereiche soll eine termingerechte, vollständige und zuverlässige Belieferung garantieren.

Zuständigkeit:
Küche: Zusammenstellung und Kontrolle - Küchenmitarbeiter
Wohnbereich: Ausfüllen des Bestellscheins und Kontrolle - Wohnbereichsmitarbeiter

Ablauf:
Die Anlieferungen erfolgen jeweils am ***Montag, Mittwoch und Freitag***.
Der ***Abgabetermin*** des Bestellformulars ist ***jeweils einen Tag vorher*** mit dem Mittagsküchenwagen. Die Ware wird mit dem Frühstückswagen angeliefert.
Telefonische Nachbestellungen sollten nur die Ausnahme sein!

Abgelaufene Waren (MHD) schicken Sie bitte mit in die Küche zur fachgerechten Entsorgung zurück!
Den ***Snackkorb*** bitte ***leer in die Küche*** schicken, er wird automatisch aufgefüllt.

Freigabe	BearbeiterIn	Status	Datum	Seite
				1 von 2

Tab. 3.9

Seniorenzentrum „Strandblick“	Hauswirtschaft	Küche

Prozessorganisation

Bestellformular für Lebensmittel und Getränke

Wohnbereich: ______________________

Artikel	Menge/ Stück/Päckchen	Lieferspalte Küche
Energiedrinks		
Diätjoghurt		
Sahnejoghurt		
Puddingbecher		
Buttermilch, natur		
Buttermilch, Frucht		
Obst, ggf. Sorte		
Zwieback		
Teebeutel, Sorte :		
Teebeutel, Sorte :		
Süßstoff, Flasche oder Tabs (anstreichen)		
Sonstiges:		
Orangensaft		
Traubensaft		
Apfelsaft		
Multivitaminsaft		
Diätsaft		
Mineralwasser		
Stilles Wasser		
Kondensmilch		
Gemüsesaft		
Malzbier		
Servietten		
Strohhalme		

Datum: ____________________ Unterschrift des Bestellers: ______________________

Datum: ____________________ Unterschrift Küchenmitarbeiter : ______________________

Freigabe	BearbeiterIn	Status	Datum	Seite
				2 von 2

Tab. 3.10

Seniorenzentrum „Strandblick"	Hauswirtschaft	Küche

Prozessorganisation

Änderungswünsche Bewohner

Bewohner/in Herr/Frau (Name): ______________________

Zimmer/App. (Nummer, Wohnbereich): ______________________

Kostform (bitte angeben): ______________________

Frühstück	Wohnbereich/Restaurant
Änderungswünsche:	
Mittagessen	Wohnbereich/Restaurant
Änderungswünsche:	
Abendessen	Wohnbereich/Restaurant
Änderungswünsche:	

Die Änderungswünsche werden unmittelbar in der Küche gemeldet.
Verantwortlich für die Erfassung und termingerechte Weiterleitung ist die jeweilige Wohnbereichsschichtleitung.

Freigabe	BearbeiterIn	Status	Datum	Seite
				1 von 1

Tab. 3.11

Seniorenzentrum „Strandblick“	Hauswirtschaft	Küche
Ergebnisprüfung		

Checkliste: Kennzahlenermittlung und Prüfung

0 = nicht erfüllt 1 = im Ansatz erfüllt 2 = teilweise erfüllt 3 = voll erfüllt

Checkfragen	Punkte
1. Werden Statistiken über Reklamationen geführt?	
2. Erfolgt eine Kontrolle, wie die Reklamationen abgearbeitet werden?	
3. Wird mit Zielvereinbarungen gearbeitet, z. B. Monats-Jahresbudget?	
4. Werden die aufgestellten Zielvereinbarungen auf Erreichung hin überprüft?	
5. Ist der Küchenleitung der Wareneinsatz bekannt?	
6. Wird der Wareneinsatz überwacht?	
7. Werden die Waren -, Personal- und Betriebskosten aktiv als Steuerungsinstrument genutzt?	
8. Werden die Verpflegungseinheiten kundenbezogen erfasst und mit den Sollzahlen verglichen?	
9. Werden Sonderleistungen (Repräsentationsaufgaben, Jubiläen) separat erfasst?	
usw.	
Gesamtpunkte:	

Maßnahmenplanung:

Freigabe	BearbeiterIn	Status	Datum	Seite
				1 von 1

Tab. 3.12

Seniorenzentrum „Strandblick"	Hauswirtschaft	Küche
	Ergebnisprüfung	

Checkliste: Erhebung von Kundenbedürfnissen

0 = nicht erfüllt 1 = im Ansatz erfüllt 2 = teilweise erfüllt 3 = voll erfüllt

Checkfragen	Punkte
1. Werden die Kundenwünsche regelmäßig ermittelt?	
2. Werden die ermittelten Ergebnisse in die Neuplanungen einbezogen?	
3. Haben die Kunden bei der Speiseversorgung Wahlmöglichkeiten bei den Komponenten?	
4. Können die Kunden ihre individuellen Essgewohnheiten beibehalten?	
5. Kennen die Kunden die Küche und die Mitarbeiter dort?	
6. Ist die Küchenleitung regelmäßig bei den Kunden zum Informationsaustausch?	
7. Bekommt die Küchenleitung beim Einzug eines neuen Kunden die nötigen Informationen zeitnah?	
8. Führt die Küchenleitung ein Willkommensgespräch mit den neuen Kunden?	
9. Wird der Heimbeirat regelmäßig in die Verpflegungsplanung aktiv eingebunden?	
10. Liegen zwischen der letzten Abendmahlzeit und dem nächsten Frühstück nicht mehr als 10 Stunden?	
usw.	
Gesamtpunkte:	

Maßnahmenplanung:

Freigabe	BearbeiterIn	Status	Datum	Seite
				1 von 1

Tab. 3.13

Seniorenzentrum „Strandblick"	Hauswirtschaft	Küche

Überprüfung der Qualitätsziele

Qualitätsziel	Qualitätsstandards	Prüfmethode	Wer
Servicequalität	Speisekomponenten sind am Einsatzort ausreichend vorrätig	Meldeliste über fehlende Komponenten (interne Reklamationen)	MaWB, MaK
Gesundheitliche Qualität	Komponeten werden regelmäßig nährwertbezogen berechnet	EDV Programm	KL DgF
Arbeitsorganisatorische Qualität	Die Arbeitsorganisation erfolgt nach Prozessplänen	Fortbildung der Ma Ma-Befragung Beobachtung, Protokolle Ma-Gespräche	KL
Technische Qualität	Der aktuelle Stand der Technik wird eingehalten	Reparaturanfälligkeit, Messebesuche	KL TL HWL
Wirtschaftliche Qualität	Wirtschaftliche Kennzahlen sind aktuell. Mitarbeiter werden in wirtschaftlichem Handeln geschult	Monatliche Prüfung der Kennzahlen Auswertung der Änderungswünsche	KL MaK
Ökologische Qualität	Mitarbeiter arbeiten nach den ökologischen Leitlinien	Beobachtung des Speisenrücklaufs Vorschlagswesen zur Ressourcenschonung	MaK Alle

MaWB Mitarbeiter Wohnbereich
MaK Mitarbeiter Küche/Restaurant
HWL Hauswirtschaftsleitung
KL Küchenleitung
DgF diät. geschulte Fachkraft
TL technische Leitung

Freigabe	BearbeiterIn	Status	Datum	Seite
				1 von 1

Tab. 3.14

3.2 Gesetze, Verordnungen, Richtlinien, Empfehlungen

Die aktuellen Versionen der rechtlichen Bestimmungen werden regelmäßig über das Bundesgesetzblatt (www. bundesanzeiger.de) sowie über die Bundesregierung (www.bundesregierung.de) und die einzelnen Bundesministerien veröffentlicht.

Gesetze

Lebensmittel- und Futtermittelgesetzbuch
Gesetz zur Neuordnung seuchenrechtlicher Vorschriften
Gesetz zur Verhütung und Bekämpfung von Infektionskrankheiten
Gesetz zur Vermeidung, Verwertung und Beseitigung von Abfällen/Kreislaufwirtschafts- und Abfallgesetz
Eichgesetz
Gesetz über die Haftung fehlerhafter Produkte
Arbeitsschutzgesetz
BSE-Maßnahmengesetz
Gesetz zur strukturellen Weiterentwicklung der Pflegeversicherung (altenhilfespezifisch)

Verordnungen

Verordnung (EG) Nr. 852/2004 über Lebensmittelhygiene
Verordnung (EG) Nr. 2073/2005 über mikrobielle Kriterien bei Lebensmitteln
Verordnung (EG) Nr. 643/2009 zur Festlegung von Anforderungen an die umweltgerechte Gestaltung von Haushaltskühlgeräten
Verordnung zur Durchführung von Vorschriften des gemeinschaftlichen Lebensmittelrechts
Verordnung über die Anforderungen an die Hygiene beim Herstellen, Behandeln und Inverkehrbringen von Lebensmitteln (LMHV)
Verordnung über die Anforderungen an die Hygiene beim Herstellen, Behandeln und Inverkehrbringen von bestimmten Lebensmitteln tierischen Ursprungs (Tier-LMHV)

Verordnung zur Novellierung der Trinkwasserverordnung
Lebensmittelkennzeichnungsverordnung
Gen-Kennzeichnungsverordnung
Zusatzstoffzulassungsverordnung
Verordnung über diätetische Lebensmittel
Bioabfallverordnung
Verordnung über die Sicherheit und Gesundheitsschutz bei Tätigkeiten mit biologischen Arbeitsstoffen (Biostoff-Verordnung)
Gefahrstoffverordnung
Arbeitsstätten-Verordnung
Transparenzverordnung (altenhilfespezifisch)
Betriebssicherheitsverordnung

Richtlinien/Vorschriften/Empfehlungen

Maschinenrichtlinie, Richtlinie 2006/42/EG
Desinfektionsmittelliste der Deutschen Veterinärmedizinischen Gesellschaft (DVG) für den Lebensmittelbereich
VAH-Liste (Verbund angewandter Hygiene)
RKI-Liste (Robert Koch-Institut)
Anforderungen an die Hygiene bei der Reinigung und Desinfektion von Flächen (RKI)
Empfehlung zur Händehygiene (RKI)
Temperaturanforderungen und -empfehlungen für Lebensmittel (Institut für Risikobewertung)
Empfehlungen zur Nährstoffzufuhr (Deutsche Gesellschaft für Ernährung)
1. Grundsatzstellungnahme *Ernährung und Flüssigkeitsversorgung älterer Menschen*
Leitlinie *Wenn in sozialen Einrichtungen gekocht wird* Diakonie/Caritas
DIN 10503 Lebensmittelhygiene Begriffe
DIN 10506 Außer Haus Verpflegung
DIN 10508 Temperatur für Lebensmittel (Entwurf)
DIN 10510 Lebensmittelhygiene – Gewerbliches Geschirrspülen mit Mehrtank-Transportgeschirrspülmaschinen
DIN 10512 Lebensmittelhygiene – Gewerbliches Geschirrspülen mit Eintankspülautomaten

DIN 10514 Lebensmittelhygiene – Hygieneschulung

DIN 10516 Lebensmittelhygiene – Reinigung und Desinfektion

DIN 10519 Lebensmittelhygiene – Selbstbedienungseinrichtungen für unverpackte Lebensmittel, Hygieneanforderungen

DIN 10523 Schädlingsbekämpfung im Lebensmittelbereich

DIN 10524 Lebensmittelhygiene

DIN 10526 Rückstellproben in der Gemeinschaftsverpflegung

DIN 4040 Fettabscheider

DIN 22000 Managementsystem für die Lebensmittelsicherheit

Unfallverhütungsvorschriften für den Küchenbereich

Expertenstandard Ernährungsmanagement zur Sicherstellung und Förderung der oralen Ernährung in der Pflege

4 Beispiele für das Management der Wohnumfeldgestaltung

Eine schlechte Wohnung macht brave Leute verächtlich.

Johann Wolfgang von Goethe (1749 – 1832), deutscher Dichter

Was heißt eigentlich gemütlich und wohnlich? Ist es überhaupt möglich, den Geschmack und Zeitgeist von 50 oder 100 Individualisten, Tagungsteilnehmerinnen, Feriengästen, Kurzzeitpflegegästen oder Altenhilfeeinrichtungsbewohnern zu treffen, das richtige Maß an Vergangenheit und Tradition, Behaglichkeit und Plüsch zu wahren, ohne Räume und Gedanken zu überfrachten?

Wohlbefinden entsteht durch eine geschaffene und erlebbare kundenorientierte Wohnatmosphäre.

Aus hauswirtschaftlicher Sicht muss zu diesem Thema Fachkenntnis eingesetzt und/oder erworben werden, wenn die Wohnraumgestaltung gelungen wirken und für die jeweilige Zielgruppe angenehm wahrgenommen werden soll. Eine Bildungsstätte wird naturgemäß andere gestalterische Schwerpunkte setzen als ein Dementenwohnbereich.

Um allen Anforderungen der unterschiedlichsten Seiten Rechnung tragen zu können, hilft die Entwicklung eines Wohnumfeldgestaltungskonzeptes sicher gut weiter.

Grundlagen, die dazu bekannt sein sollten, sind z. B.:

- Farben und ihre Wirkung,
- Pflanzen, die essbar oder giftig sind,
- Pflanzen und Zubehör, an denen man sich leicht verletzen kann,
- Einrichtungsgegenstände und ihre Wirkung,
- Stoffe (Fasern) und Muster,
- Musik, akustische Reize,
- Raumgestaltung,
- Möbelarten,

- Beleuchtung,
- Düfte.

Mitarbeitende müssen einerseits ermutigt werden *Hand anzulegen*, andererseits ggf. gebremst werden, um keine Überfrachtung und Verkitschung zuzulassen. Eine *dienstliche* Definition von Wohnumfeldgestaltung muss im Sinne der Kundengruppen und deren Erwartungen entwickelt werden.

Auch die Forderung des MDK in der Altenhilfe innerhalb des Hauswirtschaftskonzeptes u. a. nach einem Wohnumfeldgestaltungskonzept zu fragen, bedeutet für die Einrichtungen, aktiv zu werden und zeigt, wie notwendig die systematische Auseinandersetzung mit dieser Fragestellung ist. Die Bildung eines Strategieteams erscheint sinnvoll.

Um ein Wohnumfeldgestaltungskonzept auf den Weg zu bringen, sollten Sie ein Konzeptteam bilden, welches die Aufgabe hat, Ziele, Etat und Termine festzulegen. Dann kann an der *Linie* des Konzeptes gearbeitet werden. Hierbei hilft das Studium guter Fachliteratur. Nachdem das Rahmenkonzept erarbeitet ist, muss es noch auf seine Zielerfüllung hin geprüft werden, um anschließend in die praktische Umsetzung zu gehen.

4.1 Beispiele

Die Beispiele, die wir Ihnen vorstellen, sind aus einer Altenhilfeeinrichtung und einer Bildungsstätte. Sie zeigen sowohl Standards als auch Möglichkeiten, die Prozesse und Ergebnisse zu überprüfen.

Die IN VIA Akademie im Meinwerk-Institut, Paderborn hat uns den Gästehausfragebogen zur Verfügung gestellt.

Dass hauswirtschaftliche Ziele und Standards als Selbstverpflichtung auch in reiner Textform, ohne Schnick und Schnack präsentiert werden können, zeigt das Beispiel der Evangelischen Akademie Bad Boll.

Evangelische Akademie Bad Boll

Hauswirtschaftliche Standards

Personal

- Klare Aufgabenverteilung durch Organigramm.
- Die Entscheidungskompetenz der Bereichsleiterinnen ist geklärt.
- Wöchentliche Dienstbesprechung des Leitungsteams zur gegenseitigen Information, Klärung von Schnittstellen, offenen Fragen und Problemlösung.
- Für jeden Arbeitsbereich werden ca. viermal pro Jahr Qualitätszirkel veranstaltet, bei denen die Mitarbeiterinnen die Möglichkeit haben, zu bestimmten Themen ihre Erfahrungen einzubringen, mit an der besten Lösung von Problemen zu arbeiten und Qualitätsmängel zu beseitigen.
- Die Teilnahme an geeigneten Fortbildungsangeboten wird gefördert.
- Neben Betriebsausflug und Adventsfeier für alle Akademiemitarbeitenden werden zwei- bis dreimal pro Jahr Gelegenheiten zum hauswirtschaftsinternen Feiern genutzt.
- Geburtstage werden während der Pausen bereichsintern gefeiert (ein begrenztes Überziehen der Pause an solchen Tagen geht in Ordnung).
- Einarbeitung von neuen Mitarbeiterinnen durch die Bereichsleiterinnen.
- Fünf Ausbildungsplätze zur Hauswirtschafterin.
- Ein Arbeitsplatz in der Küche für einen geistig behinderten jungen Erwachsenen.

Kommunikationsbeziehungen innerhalb des Hauses

- Wöchentliche Tagungsvorbesprechung für alle Tagungen der darauffolgenden Woche mit den zuständigen Sekretariaten der 35 Studienleitenden zur Klärung aller hauswirtschaftsrelevanten Daten.
- Regelmäßige monatliche Teilnahme der Abteilungsleiterin an der Direktionssitzung zur gegenseitigen Information und Klärung von Fragestellungen.
- Enge Zusammenarbeit mit der Tagungsplanerin, speziell auch bei Gasttagungen.

- Enge Zusammenarbeit mit dem Empfang, der Hausmeisterei und dem Gärtner.
- Die Abteilungsleiterin der Hauswirtschaft nimmt an der wöchentlichen Dienstbesprechung des Geschäftsführers mit den AbteilungsleiterInnen der Geschäftsstelle teil und ist damit eingebunden in alle wichtigen Vorgänge des Hauses.

Arbeitsbereich Reinigung

Welche Zimmer wann belegt werden, erfährt die Bereichsleiterin durch den Empfang. Wie die Einrichtung der Tagungsräume gewünscht wird, erfährt sie bei der wöchentlichen Dienstbesprechung des hauswirtschaftlichen Leitungsteams. Jeder Tag muss neu geplant werden. Dafür stehen den Bereichsleiterinnen Planungsunterlagen zur Verfügung, die auf den Akademiebetrieb zugeschnitten sind. Jede Mitarbeiterin bekommt bei Arbeitsbeginn einen schriftlichen Arbeitsauftrag (EDV-Programm), auf dem alle zu erledigenden Arbeiten in chronologischer Reihenfolge aufgeführt sind und alle Besonderheiten, wie z. B. Möblierung für einen Tagungsraum, enthalten sind. Die Bereichsleiterin bespricht mit der Mitarbeiterin den Arbeitsauftrag. Eine gut eingearbeitete Mitarbeiterin ist dadurch in der Lage, sehr eigenständig zu arbeiten. Soweit zeitlich machbar, werden die Reinigungsarbeiten durch die Bereichsleiterinnen kontrolliert. Mängel werden in Checklisten festgehalten, mit der Mitarbeiterin besprochen und beseitigt.

Gästezimmer

- Die abreisenden Gäste räumen ihr Zimmer bis Tagungsbeginn (in der Regel 9.00 oder 9.15 Uhr).
- Die anreisenden Gäste können ihr Zimmer ab 13.15 Uhr beziehen (nach dem Mittagessen).
- Die Zimmer werden nach einem vorgegebenen Schema gereinigt.
- Reparaturen werden schriftlich festgehalten und an die Bereichsleiterin weitergeleitet.
- Diese informiert sofort den Hausmeister, damit noch vor Bezug der Gäste die Reparaturen erledigt werden können.

- In einem Qualitätszirkel hat die Mitarbeiterin erfahren, was und wie die Bereichsleiterinnen kontrollieren und ist angehalten, dies auch selbst zu tun.
- Bei Tagungen mit zwei Übernachtungen wird keine Zwischenreinigung durchgeführt. Bei mehr als zwei Übernachtungen wird jeden zweiten Tag eine Zwischenreinigung durchgeführt.
- Lässt ein Gast im Zimmer etwas liegen, wird es ihm automatisch mit einer netten Begleitkarte nachgeschickt.

Tagungsräume

- Sie werden nach den Wünschen der Tagungsgruppen eingeräumt. Sind sehr viele Tische zu transportieren, unterstützt der Hausmeister.
- Es ist in einem Papier festgehalten, wie die medientechnische Ausstattung der Räume standardmäßig ist. Darüber hinausgehende Medien werden vom Medienzivi bereitgestellt.
- In jedem Raum steht im Sommer ein Blumenstrauß. Im Winter eine Pflanzschale mit Grün- und blühenden Pflanzen, dazu kommen jahreszeitliche Dekorationen.
- Reinigung und Kontrolle s. o.
- Nach Möglichkeit nimmt die Bereichsleiterin vor Tagungsbeginn mit den Tagungsverantwortlichen Kontakt auf, um zu klären, ob noch etwas gebraucht wird.
- Nach Beginn der Tagung wird morgens eine Sichtreinigung oder Zwischenreinigung durchgeführt, je nach Dauer der Tagung.
- Am Ende der Tagung wird darauf geachtet, dass nichts von der Tagung liegen bleibt.

Verkehrsflächen und öffentliche Bereiche

- Stark frequentierte Verkehrsflächen, z. B. beim Haupteingang und Empfang, werden vor 8.00 Uhr gereinigt.
- Außenbereiche bei den Eingängen gehören zum täglichen Reinigungsprogramm.
- Beim Übergang zum Speisesaal stehen bei Regenwetter Schirme bereit.

- An exponierten Stellen stehen Blumenschmuck oder jahreszeitliche Dekorationen.

Öffentliche Sanitärbereiche

- Sie werden siebenmal wöchentlich gereinigt.
- Stark frequentierte Bereiche wie beim Speisesaal, der Cafeteria und bei großen Tagungsräumen werden zweimal täglich gereinigt.

Wäscherei

Pro Woche werden durchschnittlich 1400 kg Wäsche gewaschen. Es wird nichts outgesourct. Die Wäsche wird weniger strapaziert als bei einer gewerblichen Wäscherei. Bettwäsche hat eine Lebensdauer von mindestens zwölf Jahren. Waschmittelart, -menge und Waschtemperatur wird dem jeweiligen Verschmutzungsgrad angepasst.

Arbeitsbereich Verpflegung

Die Küche arbeitet nach einer regionalen, ökologischen und fairen Küchenkonzeption. Derzeit werden 40 % der Lebensmittel in biologisch kontrollierter Qualität eingekauft. Die Küche ist biozertifiziert nach VO (EWG) Nr. 2092/91.

Als Mahlzeiten werden angeboten:

- Frühstück in Büffetform mit Wurst- und Käseplatte, hausgemachtes Müsli, Quark, Joghurt, Corn-Flakes, drei Sorten Marmelade, Honig, verschiedene Saaten, Obst, Brötchenauswahl, Brotauswahl, Tee nach Wahl, Kaffee, warme und kalte Milch, Kaba.
- Einen Brezelimbiss mit Kaffee und Tee bei Anreise am Vormittag.
- Mittagessen in Büffetform mit Salatbüffet mit mindestens acht verschiedenen Sorten, Hauptgericht und Dessert.
- Nachmittagskaffee in Büffetform mit meistens hausgemachtem Kuchen, Kaffee, Tee nach Wahl.
- Abendessen in Büffetform mit Wurst- und Käseplatte, vegetarischem Brotaufstrich, mindestens zwei verschiedene Salat- und Gemüsekomponenten, Tee nach Wahl.

- In der Cafeteria wird abends Apfel-Grieben-Schmalz und Brot kostenlos angeboten. Bei Tagungen mit Muslimen auch Kräuterquark.
- Auf Wunsch werden Sonderkostformen jeglicher Art angeboten.
- Bei besonderen Anlässen werden Büffets in unterschiedlichen Preiskategorien hergestellt.
- Im Sommer haben Tagungsgruppen die Möglichkeit, statt dem Abendessen zu Grillen.

Es wird großen Wert auf eine gastliche Atmosphäre im Speisesaal gelegt:
- Weiße Tischdecken, die bei Verfleckungen sofort gewechselt werden.
- Büffetdeko und Tischdeko.
- Zuvorkommendes Servicepersonal.
- So weit als möglich, Erfüllung von individuellen Wünschen.

Arbeitsbereich Service
Ist verantwortlich für
- Gästecafeteria,
- Mitarbeitercafeteria,
- Getränkeverkauf im Speisesaal,
- Bereitstellung von Speisen und Getränken bei Sitzungen,
- Getränkeautomaten – Auffüllen, Wartung.

Abend- und Nachtdienst
Ab 19.00 Uhr übernimmt ein Nachtpförtner den Dienst am Empfang, der dadurch von 8.00 Uhr bis 2.00 Uhr morgens besetzt ist. Es werden regelmäßige Kontrollgänge nach einem vorgegebenen Plan in den einzelnen Gebäuden durchgeführt.

HAUS PANORAMA KASSEL	**Hauswirtschafts-handbuch**	Kapitel: Wohnumfeldgestaltung	
CL Nr. 2.2.2	Einführung		

Wohnumfeldkonzept

Das oberste Ziel bei der Gestaltung des direkten Wohnumfeldes ist die Schaffung einer häuslichen Atmosphäre unter Berücksichtigung der Sicherheit der BewohnerInnen. Die Auswahl der Gestaltungselemente soll für die BewohnerInnen Erinnerungsbrücken ermöglichen. Das Ergebnis der Gestaltungselemente hat in erster Linie den Auftrag, den BewohnerInnen zu gefallen.

Ziele des Wohnumfeldkonzepts

Die Gestaltungsangebote der Einrichtung sind darauf ausgerichtet, dass die BewohnerInnen, die in ihrer Selbständigkeit häufig sehr eingeschränkt sind, eine Lebens- und Wohnatmosphäre vorfinden, die ihnen ein vertrautes Heimatgefühl vermittelt.
Um den Jahreskreis für die BewohnerInnen lebendig und erlebbar zu gestalten, arbeiten die Fachbereiche Hauswirtschaft und Pflege Hand in Hand.
Die Gestaltung des Wohnumfeldes in Bezug auf Pflanzen wird durch die hauswirtschaftlichen MitarbeiterInnen sichergestellt.
Bei der Gestaltung der Wohn- und Gemeinschaftsräume sowie der Nutzflächen im Außenbereich wird den Bedürfnissen und Gewohnheiten der BewohnerInnen in Hinblick auf Wohnatmosphäre, räumliche Orientierung, jahreszeitlichen Bezug und Gelegenheit zu Begegnungen Rechnung getragen. Das Ambiente in der Einrichtung soll sich an den Wünschen, Bedürfnissen und Fähigkeiten der BewohnerInnen orientieren.
Bei der hauswirtschaftlichen Wohnumfeldgestaltung geht es um die öffentlichen und repräsentativen Bereiche. Pflegerische und therapeutische Gestaltungselemente werden nicht berührt.

Stand: März 2010		Seite 1 von 1

Abb. 4.1

HAUS PANORAMA KASSEL	Hauswirtschafts-handbuch	Kapitel: Wohnumfeldgestaltung	
CL Nr. 2.2.2	Leistungsübersicht		

Leistungsangebot

Die Wohnqualität beinhaltet ein der BewohnerInnenstruktur angepasstes Maß an Sauberkeit, Hygiene und Ordnung. Zum Service der Hauswirtschaft gehört die wohnliche und bewohnergerechte Gestaltung der Flure, der öffentlichen Bereiche und der Gemeinschaftsräume. Das Leitmotiv der Gestaltung ist der Geschmack der BewohnerInnen. Unterstützung erhalten die BewohnerInnen auch bei der Gestaltung ihrer Zimmer, wenn sie dies möchten. Die wunschgemäße Einrichtung mit Bewohnereigentum soll realisiert werden, dazu gehört die Ausstattung mit eigenen Möbeln (unter Beachtung der erforderlichen Pflegebedingungen) und Erinnerungsstücken wie Bildern, Büchern usw. Sie sind Teil der jeweiligen Lebensgeschichte und unterstützen das „Zuhause sein" in der Einrichtung. Die Gestaltung der BewohnerInnenzimmer trägt in erster Linie dem Wollen der BewohnerInnen Rechnung, nicht der Reinigungsfreundlichkeit von Materialien für die hauswirtschaftlichen MitarbeiterInnen. Pflegeorientierte Gestaltung in den BewohnerInnenzimmern wird im Bedarfsfall vom Fachbereich Pflege selbst vorgenommen.
Wohnliche Sitzecken, gemütliche Aufenthaltsbereiche und Gemeinschaftsräume stehen jeder Bewohnerin zur Verfügung. BewohnerInnen sollen durch das Ambiente angeregt werden, diese Kommunikationszentren zu nutzen.

Um alle Feste im Jahreskreis zu berücksichtigen, dient eine Jahresübersicht. Die Abarbeitung der Aufgaben wird zwischen der Hauswirtschaftsleitung und der Pflegedienstleitung festgelegt. Aktivitäten werden im Rahmen gemeinsamer Besprechungen geplant.

Stand: März 2010		Seite 1 von 2

Abb. 4.2

HAUS PANORAMA KASSEL	Hauswirtschafts-handbuch	Kapitel: Wohnumfeldgestaltung	HPK
CL Nr. 2.2.2	Jahresplan Feste		

Neujahr (1. Januar)	neue Jahreszahl, z. B. in Form von Kerzen, 3-Gänge-Menü, Geschichten rund um das neue Jahr, Neujahrswünsche, Neujahrsservietten, Luftschlangen
Heilige drei Könige (6.Januar)	Drei-Königs-Figuren, Geschichten aus der Bibel vorlesen, Empfang der Sternsinger
Karnelval (Februar/März)	Luftschlangen, Girlanden, Clowns, Hütchen, Berliner, Karnevalsmusik, Karnevalsumzüge live und im TV, Fastnachts-Motto vorgeben mit Verkleiden und Schminken (lassen), Karnevalssitzung, Prinzenpaar samt Gefolge besuchen das Pflegeheim, „eigener" Prinz
Frühlingsanfang (20. / 21. März)	Frühlingsblumen (Primeln, Tulpen, Osterglocken), Frühjahrs-Volkslieder und –Gedichte, Seniorenzeitung
Ostern (März/April)	Dekoration in Form von Hasen, Lämmern, Küken und Eiern, Eier bemalen, Osternester, Zweige schmücken, Osterbücher („Die Hasenschule"), Gedichte (z. B. „Der Osterspaziergang" von Goethe), Bibellesung, 3-Gänge-Menü mit Wein, Dekoration ab Vorsonntag bis drei Wochen nach Ostern.
Maifeiertag (1.Mai)	Maibaum mit Nachbarn setzen, Feier mit Tanz, Maibowle, Schoko-Maikäfer, Geschichten um Tanzfeste, Mai-Torte.
Muttertag (Mai)	Blumen, Kerzen, Mutter-Kind-Bilder, Geschichten und Gespräche rund um Mutter-Kind-Beziehungen, Musik zum Muttertag, 3-Gänge-Menü mit Wein.
Christi Himmelfahrt (Mai)	3-Gänge-Menü mit Wein, Nachmittagstorte
Pfingsten (Juni)	Pfingstrosen, Pfingsttaube, Pfingstochse, Pfingstfest, Bibellesungen, 3-Gänge-Menü mit Wein.
Sommeranfang (21.Juni)	Helle Farben, Abbildungen Sonne/Strandszenen, Getreide, Duftkerzen, Duftlampen, Bücher/Geschichten rund um den Sommer, Sommerlieder, Volkslieder, Seniorenzeitung.
Herbstanfang (22. oder 23. September)	Laub, Kastanien, Eicheln, Bucheckern, Heu, Chrysanthemen und Astern, Windlichter, Teerunden, Gedichte und Lieder zum Herbst, Pflanzen „winterfest" machen, Seniorenzeitung
Erntedank (Oktober)	Produkte der Landwirtschaft, Früchtekorb, Erntedanklieder, Gottesdienst
Allerheiligen 1. November	Windlichter, insgesamt viel Licht, 3-Gänge-Menü mit Wein.
Sankt Martin (11. November)	Deko-Gänse, Martinslaternen, Martinsgans, Weckmänner, Legende erzählen, Lieder und Gedichte, Martinsumzug, Besuch von Kindern aus dem Kindergarten
Nikolaustag (6. Dezember)	Nüsse, Äpfel, rote Zipfelmützen, weiße Bärte, Jutesäcke; Besuch vom Nikolaus, Lieder, Geschichten, 3-Gänge-Menü, Kuchenbuffet, Kinder der

Stand: März 2010		Seite 2 von 2

Abb. 4.3

HAUS PANORAMA KASSEL	Hauswirtschafts-handbuch	Kapitel: Wohnumfeldgestaltung	
CL Nr. 2.2.2	Leistungsüberprüfung		

Prüfung der Prozessqualität

- Die MitarbeiterInnen kennen die jahreszeitliche Gestaltung und halten sie ein.
- Die personellen und materiellen Mittel stehen zur Verfügung.
- Die MitarbeiterInnen sind in Sicherheitserfordernisse der BewohnerInnen und die Forderungen des Brandschutzes eingewiesen.
- Durch die eingesetzten Materialien wird eine erhöhte Brandlast vermieden.
- Durch die eingesetzten Materialien/Pflanzen können sich die BewohnerInnen nicht verletzen und/oder vergiften. Die BewohnerInnen werden möglichst viel in die Aufgaben eingebunden.
- Die Pflanzen in den Wohnräumen der BewohnerInnen werden nach Pflanzenart gegossen, welke Blätter entfernt. Es liegen keine Pflanzenreste und Erdkrümel umher.
- Wohnatmosphäre und Hausgestaltung entsprechen den individuellen Wünschen und Bedürfnissen der BewohnerInnen.
- Zuständigkeiten sind durch die verantwortlichen Leitungen eindeutig geregelt, die auch Zusammenarbeit und Abstimmung mit anderen Arbeitsbereichen der Einrichtung gewährleisten.
- Interessierte BewohnerInnen werden in die Gestaltungsaufgaben aktiv eingebunden.
- Die Dekorationen fördern bei den BewohnerInnen die Wahrnehmung der Jahreszeiten und kirchliche Feste, regionale Bräuche werden aufgegriffen.
- Die Zufriedenheit der BewohnerInnen mit der Hausgestaltung wird regelmäßig erfragt, bewertet und ggf. dokumentiert.
- Es werden stichprobenartige Checks gemacht und ggf. Maßnahmen zur Korrektur eingeleitet.

Stand: März 2010		Seite 1 von 1

Abb. 4.4

HAUS PANORAMA KASSEL	**Hauswirtschafts-handbuch**	Kapitel: Wohnumfeldgestaltung	
CL Nr. 2.2.2	Leistungsüberprüfung		

Prüfung der Ergebnisqualität

- Optische Prüfungen, ob der Jahreskalender eingehalten wird.
- Etatprüfung.
- Regelmäßige Befragungen, ob den BewohnerInnen die Hausgestaltung gefällt.
- Regelmäßige Rückfragen im Bereich der Pflege, ob die Dekorationen für die BewohnerInnen aktivierend, beruhigend und/oder strukturgebend wirken.
- Die nicht benötigten Dekorationen sind staubsicher verpackt und beschriftet einzulagern.
- Die eingesetzten Materialien bedingen keine erhöhte Brandlast oder Rauchgasentwicklung.
- Die MitarbeiterInnen sind in die Sicherheitserfordernisse des Brandschutzes eingewiesen.
- Die Wohnatmosphäre und Hausgestaltung entsprechen den individuellen Wünschen und Bedürfnissen der BewohnerInnen.

Stand: März 2010		Seite 1 von 1

Abb. 4.5

HAUS PANORAMA KASSEL	**Hauswirtschafts-handbuch**	Kapitel: Wohnumfeldgestaltung	
CL Nr. 2.2.2	Standard Dekorationswechsel		

Dekorationswechsel

Ziel: alle allgemeinen Räumlichkeiten sollen eine Jahreszeit entsprechende Raumgestaltung aufweisen

Die Dekorationsbestandteile sind sauber, intakt und staubfrei

Die Dekorationsbestandteile sind für die Bewohner ungefährlich

das Budget für Dekoration wird eingehalten

Der Jahresplan wird eingehalten

Umsetzung: nach Checkliste Dekowechsel

Verantwortlich: stellv. Hauswirtschaftsleitung

Checkliste:

- ☐ 4 Wochen vor Dekowechsel neue Deko besprechen
- ☐ Dekoplan erstellen, Materialliste zusammenstellen
- ☐ Dekobestand prüfen, gegebenenfalls zukaufen
- ☐ 2 Wochen vor Dekowechsel nach Möglichkeit mit Bewohnern Dekoanteile herstellen
- ☐ Pflanzgefäße, Vasen etc. reinigen
- ☐ Nach Dekoplan dekorieren
- ☐ Altbestände sachgerecht verstauen / entsorgen
- ☐ Standardartikel nachkaufen

Stand: März 2010		Seite 1 von 1

Abb. 4.6

HAUS PANORAMA KASSEL	Hauswirtschafts-handbuch	Kapitel: Wohnumfeldgestaltung	
CL Nr. 2.2.2	Standard interne Raumbuchung		

Ansprechpartner: ______________________________

Ablauf/Verpflegung

	1. Tag:	2. Tag	3. Tag
Ankunft			
Seminarbeginn			
Kaffepause Vormittag			
Mittagessen			
Kaffeepause Nachmittag			
Seminarende			
Rahmenprogramm			
Sonstiges:			
Besondere Verpflegung	__ vegetarisch	__ muslimisch	__ …………………

Technik und Aufstellung

__ Overhead	__ Flip-Cart	__ Pinwände	__ Mod.-Koffer	__ Leinwand
__ Tafel	__ Stehpult	__ Tischpult	__ Videoanlage	__ Videokamera
__ Diaprojektor	__ CD-Player	__ Musikanlage	__ Beamer	__ …………………
Anzahl der Tische:	Anzahl der Stühle:	Bestuhlungsform: ☐ Block ☐ U-Form ☐ Einzeltische ☐ Konzert ☐ Stuhlkreis		

Anzahl Gäste: ____________

Kostenabrechnung ☐ ja ☐ nein

Weiter Absprachen:

Stand: März 2010		Seite 1 von 1

Abb. 4.7

Auswertung Gästehaus

Bitte bewerten Sie unser Gästehaus und die Räumlichkeiten.

1. Wie beurteilen Sie die Information zur Anreise zu unserem Gäste- und Tagungshaus?
(Bitte nur eine Antwort ankreuzen)

- ☐ sehr gut
- ☐ gut
- ☐ teils/teils
- ☐ ausreichend
- ☐ mangelhaft

2. Wurden Sie bei uns freundlich aufgenommen?
(Bitte nur eine Antwort ankreuzen)

- ☐ sehr freundlich
- ☐ freundlich
- ☐ teils/teils
- ☐ in geringem Maße
- ☐ gar nicht

3. Übernachten Sie im Gästehaus der IN VIA Akademie?

☐ ja ☐ nein

Wenn nein, weiter mit Frage 5

4. Wie zufrieden sind Sie mit der Ausstattung Ihres Zimmers?
(Bitte nur eine Antwort ankreuzen)

- ☐ vollständig
- ☐ weitgehend
- ☐ teils/teils
- ☐ in geringem Maße
- ☐ gar nicht

5. Wie zufrieden sind Sie mit den Aufenthaltsräumen?
(Bitte nur eine Antwort ankreuzen)

- ☐ vollständig
- ☐ weitgehend
- ☐ teils/teils
- ☐ in geringem Maße
- ☐ gar nicht

6. Falls Sie Mahlzeiten in Anspruch genommen haben, wie beurteilen Sie diese?

	Frühstück	**Mittagessen**	**Kaffee und Kuchen**	**Abendessen**
Teilnahme:	☐ ja ☐ nein	☐ ja ☐ nein	☐ ja ☐ nein	☐ ja ☐ nein
Bewertung:				
sehr gut				
gut				
teils/teils				
schlecht				
sehr schlecht				

7. Das Gästehaus mit seinen Räumen wird von den Gästegruppen und SeminarteilnehmerInnen unterschiedlich genutzt. Bitte beantworten Sie deshalb folgende Frage:

Haben Sie Seminarräume genutzt?

☐ ja ☐ nein

Wenn nein, weiter mit Frage 8.

7.2 Wie zufrieden waren Sie mit der Ausstattung der Seminarräume? (Bitte nur eine Antwort ankreuzen)

- ☐ vollständig
- ☐ weitgehend
- ☐ teils/teils
- ☐ in geringem Maße
- ☐ gar nicht

8. Wie zufrieden waren Sie mit unserem hauswirtschaftlichen Dienst (Reinigung, Service)?
(Bitte nur eine Antwort ankreuzen)

- ☐ sehr zufrieden
- ☐ gut zufrieden
- ☐ teils / teils zufrieden
- ☐ überwiegend unzufrieden
- ☐ ganz unzufrieden

9. Angaben zur Person

9.1 Geschlecht:

☐ weiblich ☐ männlich

9.2 Alter:

- ☐ 16 – 27 Jahre
- ☐ 28 – 40 Jahre
- ☐ 41 – 60 Jahre
- ☐ älter als 61 Jahre

10. Wie sind Sie auf uns aufmerksam geworden?
(Mehrfachantwort möglich)

- ☐ Jahresprogramm
- ☐ Faltblätter
- ☐ Internet; wenn ja, welche Datenbank?

- ☐ Zeitschriften
- ☐ KollegInnen, Vorgesetzte, Freunde
- ☐ Messe, Ausstellung
- ☐ Information per E-Mail
- ☐ Touristik-Information

11. Bemerkungen/Anregungen...

Vielen Dank

Abb. 4.8

Version: 0 Stand. Nr.: S HW 00/08	**Standard**	Sankt NIKOLAUS Hospital Altenwohn- und Krankenheim mit angeschlossenem Wohnstift
Mitarbeiter Hauswirtschaft	Servicekleidung	Stand:12.08.2008

Ziel:	Durch diesen Standard soll sichergestellt werden, dass bei allen Serviceleistungen während des Restaurantbetriebes die Bewohner die Service- und Küchenmitarbeiter im Restaurant anhand ihrer einheitlichen Kleidung erkennen können und ein optisch einheitliches Bild gewährleistet ist ▪ Optisch ansprechende Servicepräsentation ▪ Jederzeit verbindliche Erscheinung der Mitarbeiterinnen
Geltungsbereich:	▪ Restaurant, Foyer, Empfangsbereich
Verantwortlich:	▪ **Servicemitarbeiterinnen:** ▪ Hausservicekräfte, angeleitete Auszubildende ▪ **Küchenmitarbeiter:** ▪ Köchinnen, angeleitete Auszubildende
Häufigkeit:	▪ bei allen Mahlzeitendiensten an allen Wochentagen
Zeitbedarf:	▪ ---
Schnittstellen:	▪ ---

Freigegeben durch:	Datum:	Revision: 0	Seite 1 von 2

Abb. 4.9

Version: 0 Stand. Nr.: S HW 00/08	**Standard**	Sankt NIKOLAUS Hospital Altenwohn- und Krankenheim mit angeschlossenem Wohnstift
Mitarbeiter Hauswirtschaft	Servicekleidung	Stand:12.08.2008

Umsetzung:	▪ Die vollständige Dienstkleidung im Service besteht aus: ♦ weißem Oberteil ♦ violett-weißer Weste ♦ schwarzer Hose oder Rock ♦ schwarzen Schuhen. ▪ Es wird max. dezenter Schmuck getragen. ▪ Lange Haare sind zusammengebunden. ▪ Es wird ein Namenschild getragen. ▪ Alle Bekleidungsteile sind sauber. ▪ Tischgäste werden mit Namen begrüßt ▪ Tischgäste werden verabschiedet ▪ Gepflegtes Erscheinungsbild (Körperpflege, Haarpflege) ▪ Max . dezentes Parfüm und Make up ▪ Keine lackierten Fingernägel beim Service ▪ Keine sichtbaren Pircings ▪ Kein Fingerschmuck (Ausnahme Ehering ▪ trittsicherer Schuhe (ohne hohe Absätze), vorzugsweise schwarz ▪ Küchenmitarbeiter tragen Sicherheitsschuhe ▪ weiße Kochjacken (T-Shirts), Kochhose, bordeuaxfarbender Vorbinder mit passendem Schiffchen (Kopfbedeckung) ▪ Bekleidung ist gebügelt und fleckenfrei, ▪ Schuhe prüfen, dass sie sauber sind ▪ Servicekleidung anziehen ▪ Namensschild anstecken ▪ Händehygiene durchführen	

Freigegeben durch:	Datum:	Revision: 0	Seite 2 von 2

Abb. 4.10

4.2 Gesetze, Verordnungen, Richtlinien, Empfehlungen

Die aktuellen Versionen der rechtlichen Bestimmungen werden regelmäßig über das Bundesgesetzblatt (www. bundesanzeiger.de) sowie über die Bundesregierung (www.bundesregierung.de) und die einzelnen Bundesministerien veröffentlicht.

Gesetze

Gesetz zur Neuordnung seuchenrechtlicher Vorschriften
Gesetz zur Verhütung und Bekämpfung von Infektionskrankheiten
Gesetz über die Haftung fehlerhafter Produkte
Arbeitsschutzgesetz
Gesetz zur strukturellen Weiterentwicklung der Pflegeversicherung (altenhilfespezifisch)
Medizinproduktegesetz (alten-, behindertenhilfe- und krankenhausspezifisch)

Verordnungen

Bioabfallverordnung
Verordnung über die Sicherheit und Gesundheitsschutz bei Tätigkeiten mit biologischen Arbeitsstoffen (Biostoff-Verordnung)
Gefahrstoffverordnung
Arbeitsstätten-Verordnung
Transparenzverordnung (altenhilfespezifisch)
Heimmindestbauverordnung
Betriebssicherheitsverordnung

Richtlinien/Vorschriften/Empfehlungen

Maschinenrichtlinie, Richtlinie 2006/42/EG
Desinfektionsmittelliste der Deutschen Veterinärmedizinischen Gesellschaft (DVG) für den Lebensmittelbereich
VAH-Desinfektionsmittelliste (Verbund angewandter Hygiene)

RKI-Desinfektionsmittelliste
RKI-Anforderungen an die Hygiene bei der Reinigung und Desinfektion von Flächen
RKI-Empfehlung zur Händehygiene
RKI-Gesundheitsberichterstattung des Bundes, Heft 19, Heimtierhaltung – Chancen und Risiken für die Gesundheit (2003)
Unfallverhütungsvorschriften
Brandschutzbestimmungen der Bundesländer/Musterbauverordnung
MDK Erhebungsbogen (altenhilfespezifisch)

5 Beispiele für das Management der hauswirtschaftlichen Beratungs-, Betreuungs- und Serviceleistungen

Man muss die Menschen so belehren, als ob man sie nicht belehrt, und unbekannte Dinge vortragen, als seinen sie nur vergessen.

Alexander Pope (1688 – 1744), englischer Dichter

Zunehmend kommen hauswirtschaftlichen Serviceleistungen im Rahmen von Betreuungsangeboten besonders für Bewohnerinnen von Behinderten- und Altenhilfeeinrichtungen mehr Bedeutung zu. Neue Konzepte sehen die Einbindung hauswirtschaftlicher Mitarbeiterinnen bei *Betreuungsarbeiten* vor. Eine systematische Vernetzung der Leistungsbereiche *Pflege, pädagogische Betreuung* und *Hauswirtschaft* muss geschaffen werden, damit konkrete Absprachen zwischen Einrichtungsleitung, Pflegedienstleitung, Pädagogen und Hauswirtschaftsleitung bezüglich Zuständigkeiten, Umfang und Inhalte hauswirtschaftlicher Betreuungsleistungen genau festgelegt werden können.

Hauswirtschaftliche Tätigkeiten sind mit einer Vielzahl von Sinneseindrücken verbunden. Sie können bei hauswirtschaftlichen, in pflegerischen und therapeutischen Prozessen bewusst eingesetzt werden, um Kompetenzen von Bewohnerinnen zu erhalten, zu unterstützen oder auch um sie wiederzuerlangen. Sorgfältiges Beobachten seitens der hauswirtschaftlichen Mitarbeitenden kann helfen, dass Bewohner individuelle Gepflogenheiten wieder aufnehmen oder mindestens daran anknüpfen können. Hier setzt das Bemühen der hauswirtschaftlichen Mitarbeiterinnen an, wenn es um das aktive Angebot von bewohnerorientierten Unterstützungsangeboten geht.

In anderen hauswirtschaftlichen Arbeitsfeldern wie Bildungs-, Familienferienstätten etc. sind Service- und Beratungs- oder Betreuungsleistungen schon länger und stärker etabliert, besonders unter der Perspektive der Kundengewinnung und Bindung.

Egal, wo hauswirtschaftliche Service-, Betreuungs- und Beratungsangebote entwickelt und bereitgestellt werden, gilt es, diese Leistungen jederzeit markant und in einer guten Qualität abrufbar anzubieten. Qualitätskriterien, die Merkmale der Qualität, müssen im Laufe des Leistungsdesigns definiert und mit den Kundenerwartungen abgeglichen werden.

Egal, für welche Zielgruppe diese hauswirtschaftlichen Leistungen entwickelt und angeboten werden, sie müssen mit Prozessbeschreibungen, Standards, Arbeitsanweisungen u. v. m. hinterlegt werden, soll die Leistung mitarbeiterunabhängig konstant gut angeboten werden können.

5.1 Praxisbeispiele

Die gewählten Beispiele stammen aus unterschiedlichen Beratungsprojekten (Abbildungen 5.1 und 5.2).

HAUS PANORAMA KASSEL	**Hauswirtschafts-handbuch**	Kapitel: Beratungs- und Serviceleistungen	
CL Nr. 2.2.2	Informationsblatt		

Ziele der Beratungs- und Serviceleistungen

- Ressourcen der Bewohnerinnen anzusprechen und zu aktivieren.
- Bewohnerinnen im Rahmen ihrer Möglichkeiten motivieren, ihren Alltag in größtmöglichem Maße selbständig zu gestalten.
- Das Angebot soll in möglichst enger Anlehnung an die Biografien der Bewohnerinnen im Rahmen der individuellen Pflegeplanungen erfolgen. Auch der Fachbereich Hauswirtschaft orientiert sich bei den Betreuungsangeboten an den AEDL.
- Angehörige sollten über Ziele und Angebote hauswirtschaftlicher Betreuung informiert werden.

Wäschepflegeaufgaben:	Handwäsche, Legen v. Wäsche, Ausbesserungsarbeiten, eigene Wäsche verräumen
Reinigungsaufgaben:	Staubwischen, Boden kehren
Aufräumen:	von Plätzen/Orten, Zimmern, Zeitungen zusammenlegen
Blumenpflege:	welke Blätter entfernen, gießen, umtopfen, Vasen gestalten
Schuhpflege:	putzen, eincremen
Mahlzeitenaufgaben:	Gemüse putzen, Einkaufszettel schreiben, Marmelade kochen, Tische decken
Besorgungen machen:	Post holen gehen, Zeitungen verteilen
Informationen geben:	Zeitung vorlesen, Wetterbericht weiter erzählen

Stand: März 2010		Seite 1 von 2

Abb. 51

HAUS PANORAMA KASSEL	**Hauswirtschafts-handbuch**	Kapitel: Beratungs- und Serviceleistungen	HPK
CL Nr. 2.2.2	Informationsblatt		

Ziele der Beratungs- und Serviceleistungen

- Neben der hauswirtschaftlichen Versorgung tragen die hauswirtschaftlichen Beratungs- und Serviceleistungen dazu bei, dass die Bewohner sich wohl fühlen

Hauswirtschaftliche Beratungs- und Serviceleistungen

✓ = Grundleistung € = Zusatzleistung

Abteilung	Leistungen
Verpflegung-Service	✓ Ernährungsberatung, Diätische Beratung ✓ Aufnahme, Essbiographie ✓ Ess- und Trinkhilfen (Besteck, Geschirr, etc. ✓ Koch- und Backstunden € Einkaufsbegleitung
Reinigungs-Service	✓ Beratung über Reinigungsleistungen € Balkonbepflanzungen € Pflege persönlicher Gegenstände / Mobiliar
Wohnumfeld-Service	✓ Unterstützung bei der Planung und Ausrichtung von Geburtstagen (bis 6 Pers.) ✓ Wohngruppenküche ✓ Möbilierungsberatung, Sturzprophylaxe € Gestaltung und jahreszeitliche Dekoration des eigenen Appartements / Zimmers € Unterstützung bei der Planung und Ausrichtung von Festen
Textil-Service	✓ Bewohner- und Angehörigenberatung für den Garderobeneinkauf ✓ Vorstellung des Wäschekreislaufs ✓ Transport zur chemischen Reinigung ✓ Handarbeitsgruppe € Garderobe aussortieren Sommer / Winter

Stand: März 2010		Seite 2 von 2

Abb. 5.2

6 Beispiele für das Management der Wäscheleistungen

Aus einem langen Faden wird noch lange kein Kleid.

*Gabriele Seidel (*1950), Geschäftsführerin von Knopf und Kragen, 1. Kasseler Nähschule*

Wäscheversorgung ist ein Thema, das in den letzten Jahren immer deutlicher in den Fokus betriebswirtschaftlicher und qualitätsorientierter Fragen fällt. Steigen auf der einen Seite die Kosten für die Wäschebereitstellung und Versorgung konstant an, stehen die Erkenntnisse einer hohen Reklamations dichte und nötigen Qualitätsoffensive auf der anderen Seite. Unsere Individualität in allen Lebensbereichen wird durch unsere Kleidung betont. Durch die Gestaltung der öffentlichen Bereiche von Unternehmen und Einrichtungen erkennt man als Kunde den Stellenwert, den das Unternehmen auf ein angenehmes Erscheinungsbilds der Einrichtung legt. Die Zielstellungen eines möglichst optimal funktionierenden Wäschekreislaufs bzw. Textilmanagements werden aus den Perspektiven der Qualitäts- und Hygienesicherung, der Betriebswirtschaft, rechtlichen und Kundensicht sowie der Prozessgestaltung jeweils völlig anders aussehen. Durch den Prüfkatalog des MDK ist beispielsweise für Altenhilfeeinrichtungen das Thema Wäscheversorgung stärker ins Blickfeld gerückt, denn es gilt als neues Qualitätskriterium.

Der Bereich des Textilmanagements dürfte einer der komplexesten Bereiche einer Einrichtung sein. Zu allen Seiten be - stehen enge Verknüpfungen und damit Interessen, die erfüllt werden sollen. Das Modell einer Schnittstellenregelung belegt diese Komplexität anschaulich (Tabelle 6.1).

Mithilfe eines bildhaften Wäschekreislaufs lassen sich ebenfalls diese unterschiedlichen Interessenbereiche und ablauforganisatorischen Belange gut erfassen, beschreiben und mit den Beteiligten organisieren (Abbildung 6.1).

Schnittstellenregelung: Textilbereich	Prozessbeteiligte					
	P	T	K	R	W	HWL
Kennzeichnung der Bewohnerwäsche						
o bei Einzug	x				x	
o bei Nachkauf					x	
Wäschekreislauf Bewohner- und Hauswäsche						
o sammeln und sortieren						
o zwischenlagern im Wohnbereich	x					
o transportieren der gebrauchten Wäsche					x	
o gebrauchte Wäsche in Wäscherei lagern	x				x	
o waschen, trocknen					x	
o ausbessern					x	
o glätten, schrankfertig machen					x	
o sortieren der sauberen Wäsche					x	
o transportieren der sauberen Wäsche					x	
o verteilen					x	
	x				x	
Wäschekreislauf Küchenwäsche						
o sammeln, transportieren			x			
o waschen und pflegen					x	
o Anlieferung			x			
Wäschekreislauf Reinigungstextilien						
o sammeln, transportieren				x		
o waschen und pflegen					x	
o					x	
Beschaffung hauseigener Wäsche						
o Bedarf ermitteln	x				x	x
o Auswahl treffen	x				x	
o bestellen, Lieferung kontrollieren, lagern bzw. dem Wäschekreislauf zuführen					x	x
Qualitätsprüfungen						
o Überprüfung der Qualitätsziele						x
o Bewohnerzufriedenheit	x	x				x

P Pflege
T Technischer Dienst
K Küche
R Reinigung
W Wäscherei
HWL Hauswirtschaftsleitung

Tab. 6.1

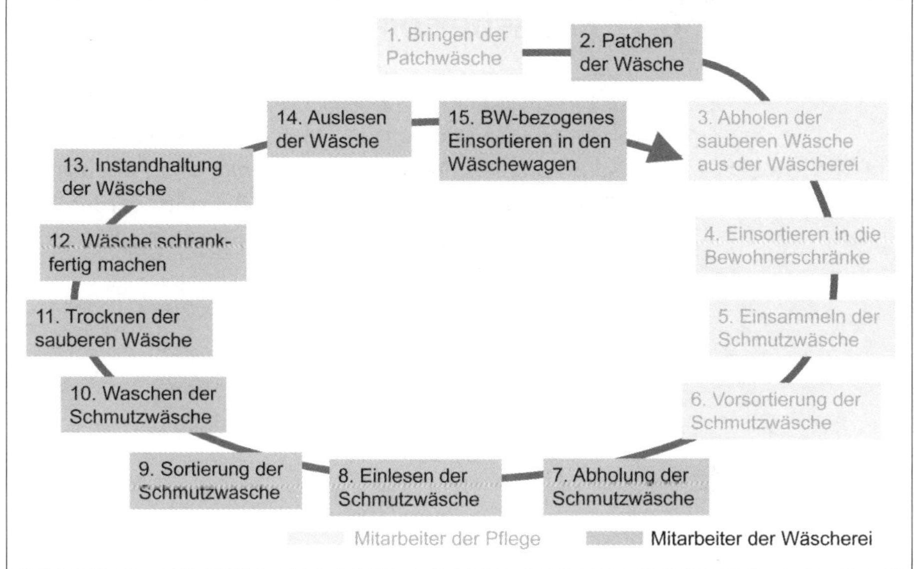

Abb. 6.1
©KlöberKASSEL 2006

Um die Einzelprozesse bestmöglich planen, steuern und kontrollieren zu können, bleibt immer die abschließende Frage: Wie und wo können in diesem Prozessschritt Fehler entstehen bzw. vermieden und Verbesserungspotenziale gefunden werden?

Für die Dienstleistungsunternehmen und Krankenhauswäschereien ist die Qualitätssicherung nach dem RABC-System Standard. RABC steht für *Risk Analysis and Biocontamination Controll System*. Das Qualitätssicherungs-System ist die Folge der seit 2004 entwickelten DIN Norm 10524.

Die Notwendigkeit der Wäschehygiene ist sicher unbestritten, denn gebrauchte Wäsche kann mikrobiell verunreinigt sein, besonders dann, wenn sie aus Pflege- und Krankenstationen von Heimen und Krankenhäusern anfällt. Wäschehygiene ist daher eine unverzichtbare Maßnahme zur Vermeidung von Infektionen und ein echter Aktivposten im hauswirtschaftlichen Qualitätswesen.

6.1 Praxisbeispiele

Unsere Beispiele sind aus realen Wäscheversorgungskonzepten von Altenhilfeeinrichtungen. Da die Prozesse in diesem Bereich sehr komplex sind und gut auf einfachere Arbeitsfelder wie Gästehäuser, Tagungshäuser etc. abgestuft werden können, haben wir auf spezielle Beispiele für diesen Einsatzbereich verzichtet (Abbildungen 6.2 bis 6.11).

<table>
<tr><td>HAUS PANORAMA KASSEL</td><td>Hauswirtschafts-handbuch</td><td>Kapitel: Wäsche</td><td rowspan="2"></td></tr>
<tr><td>Standard Nr. 2</td><td colspan="2">Wäscheversorgungskonzept</td></tr>
</table>

Ziel und Zweck

Die Bewohner erhalten ihre persönliche Wäsche fachgerecht gewaschen und gepflegt zeitnah und vollständig zurück.

Pflege und Objektwäsche steht an allen Einsatzorten jederzeit fachgerecht gewaschen und gepflegt in ausreichender Menge zur Verfügung

Die Mitarbeiter der Wäscherei arbeiten wirtschaftlich und ökologisch verantwortungsbewusst und tragen so zur Wettbewerbsfähigkeit bei.

Vorgehaltenes Angebot an Wäsche

- Das Alten- und Pflegeheim stellt den Bewohnern Bettwäsche und Gardinen zur Verfügung. Auf Wunsch können die Bewohner Ihre eigene Frottee- und Objektwäsche benutzen.
- Der Bettwäschenwechsel erfolgt wöchentlich und bei Bedarf sofort
- Das Alten- und Pflegeheim stellt die Pflegewäsche
- Die Tische im Speisesaal sind mit Tischwäsche ausgestattet. Der Wechsel erfolgt bei Bedarf, mindestens aber einmal die Woche
- Die Wäscherei stellt der Küche täglich in ausreichender Menge saubere Küchenwäsche zur Verfügung
- Die Wäscherei wäscht und pflegt die Arbeitskleidung aller hauswirtschaftlichen und technischen Mitarbeiter

Dienstleistungsangebot für Bewohnerwäsche

- Die private Wäsche wird bei Einkauf und Neukauf gekennzeichnet
- Waschmaschinen- und trocknergeeignete Oberbekleidung und Leibwäsche werden gewaschen und täglich in die Wohnbereiche geliefert.
- Wäsche, die nicht gewaschen werden kann, wird an eine chemische Reinigung weitergeleitet, eine Preisliste liegt den Bewohnern vor.

Stand: März 2010		Seite 1 von 2

Abb. 6.2

HAUS PANORAMA KASSEL	**Hauswirtschafts-handbuch**	Kapitel: Wäsche	
Standard Nr. 2.1	Umgang mit Schmutzwäsche		

Ziel und Zweck

Der Umgang mit Schmutzwäsche erfolgt nach betriebshygienischen Standards. Durch gezieltes Vorsortieren der Wäsche erfolgt keine Beeinträchtigung der optischen und ökologischen Qualität der Bewohner- und Hauswäsche. Hygienische Zwischenlagerung auf dem Wohnbereich und täglicher Transport zur Wäscherei sichern einen reibungslosen und zeitnahen Wäschekreislauf.

Zuständigkeit / Prozesseigentümer

HWL

Kennzahlen / Messgrößen

Abholturnus Schmutzwäsche
Ausgabeturnus Hauswäsche / Ausgabemengen

Mitgeltende Unterlagen

UVV BGR 500
Wäschereiinformation

Abkürzungen

VBG	Verordnungen der Berufsgenossenschaften
UVV	Unfallverhütungsvorschrift
PDL	Pflegedienstleitung
SD	Sozialarbeiterin
V	Verwaltung
WM	Wäschereimitarbeiterin
HM	Hausmeister

Schnittstellen

Pflege	Die Sortierung der Wäsche bei Abwurf ist einzuhalten
HM	Die Abholung der Schmutzwäsche ist einzuhalten
SD/PDL	Hinweise über hausinterne Wäscheregelung ist weiterzugeben
SD/V/ HWL/MAW	Info über neue Bewohner bei Einzug

Stand: März 2010		Seite 1 von 2

Abb. 6.3

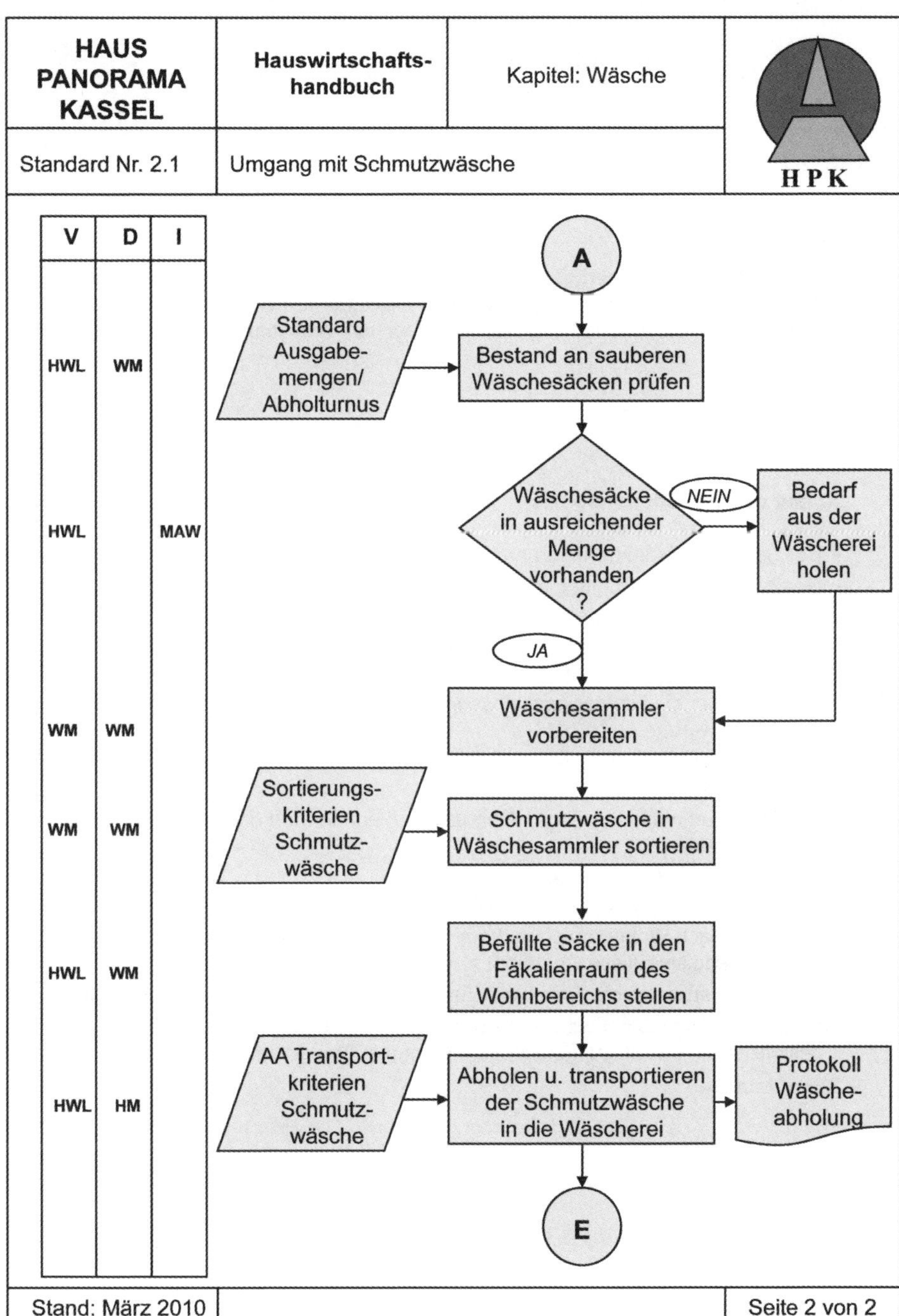
HAUS PANORAMA KASSEL
Hauswirtschafts-handbuch
Kapitel: Wäsche
HPK
Standard Nr. 2.1
Umgang mit Schmutzwäsche
V
D
I
HWL
WM
HWL
MAW
WM
WM
WM
WM
HWL
WM
HWL
HM
A
Standard Ausgabe-mengen/ Abholturnus
Bestand an sauberen Wäschesäcken prüfen
Wäschesäcke in ausreichender Menge vorhanden ?
NEIN
Bedarf aus der Wäscherei holen
JA
Wäschesammler vorbereiten
Sortierungs-kriterien Schmutz-wäsche
Schmutzwäsche in Wäschesammler sortieren
Befüllte Säcke in den Fäkalienraum des Wohnbereichs stellen
AA Transport-kriterien Schmutz-wäsche
Abholen u. transportieren der Schmutzwäsche in die Wäscherei
Protokoll Wäsche-abholung
E
Stand: März 2010
Seite 2 von 2

Abb. 6.4

HAUS PANORAMA KASSEL	Hauswirtschafts-handbuch	Kapitel: Wäsche	
AA Nr. 2.1.1	Transportkriterien Schmutzwäsche		

Definition und Ziel

Der tägliche Rücktransport der Schmutzwäsche von den Wohnbereichen in die Wäscherei ermöglicht einen zeitnahen und reibungslosen Wäschekreislauf. Die Betriebshygienischen Standards werden dabei berücksichtigt.

Zuständigkeit

Hausmeister

Ablauf des Wäschetransports

- Der Schmutzwäschetransport erfolgt täglich, bei Bedarf 2x täglich
- Der Zeitpunkt der Abholung darf nicht vor Beendigung der morgendlichen Grundpflege der Bewohner liegen
- Für den Transport werden ausschließlich dafür vorgesehene Transportcontainer eingesetzt
- Die Container sind immer geschlossen zu halten. Ein Überfüllen muss vermieden werden
- Die Abholung der Schmutzwäsche erfolgt aus dem Fäkalienraum der Wohnbereiche
- Der Transport muss täglich per Handzeichen auf der dort aushängenden Liste bestätigt werden
- Der Transport erfolgt auf dem kürzesten Weg
- Die Umlagerung der Schmutzwäsche in der Wäscherei erfolgt in beschriftete Container nach Wohnbereich und/oder Wäscheart *(siehe Sortierungskriterien)*. Anschließend sind diese Container zu schließen.
- Nach Anlieferung ist die Tür zum Schmutzwäscheraum geschlossen zu halten.
- Die Transportcontainer werden 1x pro Woche im Bedarfsfall öfters mit desinfizierender Reinigungslösung innen und außen gereinigt

Stand: März 2010		Seite 1 von 3

Abb. 6.5

HAUS PANORAMA KASSEL	Hauswirtschafts-handbuch	Kapitel: Wäsche	HPK
AA Nr. 2.1.2	Sortierungskriterien Schmutzwäsche		

Weisser Deckel
Hauswäsche
60°C

Wäschesack weiss
60°C

Bettbezüge
Kissenbezüge
Laken
Systemunterlagen
Handtücher
Badelaken
Seiflappen
Lätze
Tischdecken
Geschirrhandtücher
Kopfkissen
Bettdecken

Roter Deckel
Bewohnerwäsche
60°C

Wäschesack weiss mit roten Streifen
60°C

Schlüpfer
Unterhemden
BH´s
Nachthemden
Schlafanzüge
Socken weiss
Taschentücher
<u>private Wäsche wie:</u>
Bettwäsche, Handtücher,
Seiflappen, Tischdecken

Gelber Deckel
Buntwäsche hell
Bewohner 40°C

Wäschesack weiss mit gelben Streifen
40°C

helle Blusen
Hemden
Pullover
Kleider
Röcke
Hosen
Jacken
Mützen
Schals
waschbare Decken

Blauer Deckel
Buntwäsche dunkel
Bewohner 40°C

Wäschesack weiss mit blauen Streifen
40°C

dunkle Blusen
Hemden
Pullover
Kleider
Röcke
Hosen
Jacken
Mützen
Schals
waschbare Decken

!!! **Stark verkotete Wäsche darf nicht in die Wäschesäcke gegeben werden** !!!
Vorreinigung im Fäkalienraum unbedingt erforderlich

Stand: März 2010		Seite 2 von 3

Abb. 6.6

HAUS PANORAMA KASSEL	Hauswirtschafts-handbuch	Kapitel: Wäsche	HPK
AA Nr. 2.1.3	Wäscherücklauf / Wäscheausgabe		

Ablauf der Wäscheausgabe

- Die Ausgabe der sauberen Hauswäsche erfolgt an den nachfolgend angegebenen Tagen
- Die Wagen zum Wäschetransport müssen spätestens an den Ausgabetagen an 6:00 Uhr vor der Wäscherei stehen
- Die Mitarbeiter der Wäscherei bestücken die Wagen mit den Standardmengen. Bei Mehrbedarf bitte einen schriftlichen Hinweis an die Mitarbeiter der Wäscherei weiterleiten
- Die Wohnbereiche werden telefonisch informiert, wann die fertigen Wagen von den Pflegekräften abgeholt werden können

Ausgabeturnus Hauswäsche

Wohnbereich	MO	DI	MI	DO	FR	Bedarfsmeldung

Ausgabeturnus Hauswäsche

Wäscheart	Menge	Wäscheart	Menge
Handtücher		Nachthemden	
Badetücher		Lätze	
Seiflappen		Bettdecken	
		Kopfkissen	
Systemunterlagen		Braune Decken	
Laken			
Bettbezüge		Wäschesäcke w	
Kissenbezüge		Wäschesäcke w/r Str.	
		Wäschesäcke w/b Str.	
		Wäschesäcke w/g Str.	

Stand: März 2010		Seite 3 von 3

Abb. 6.7

HAUS PANORAMA KASSEL	**Hauswirtschafts-handbuch**	Kapitel: Wäsche	
Standard Nr. 2.2	Kennzeichnen der Bewohnerwäsche		

Ziel und Zweck

Durch die Kennzeichnung der Wäsche ist es möglich, die persönliche Wäsche der jeweils richtigen Person zuzuordnen. Die Mitarbeiter der Wäscherei gehen vertrauensvoll und sorgsam mit der Ihnen anvertrauten Wäsche um und beachten dabei die gesetzlichen Hygienevorschriften.

Zuständigkeit / Prozesseigentümer

HWL

Kennzahlen / Messgrößen

Bewohneranmeldung
Bewohnernamen
Liste der Wäscheteile

Mitgeltende Unterlagen

Arbeitsanleitung
Dienstplan/Urlaubsplan
Betriebsanleitung der Arbeitsgeräte
Pflege und Wartung der Arbeitsgeräte
Reparatur
Lieferanten
Hygienevorschriften
Desinfektionsplan
Unfallverhütungsvorschriften
Informationsblatt

Abkürzungen

SD	Sozialdienst
WB	Wohnbereich
WM	Wäschereimitarbeiterin
HWL	Hauswirtschaftsleitung

Stand: März 2010		Seite 1 von 1

Abb. 6.8

HAUS PANORAMA KASSEL	Hauswirtschafts-handbuch	Kapitel: Wäsche	
AA Nr. 2.2.1	Anleitung zur Wäschekennzeichnung		

Ziel und Zweck

Die Wäschekennzeichnung ist eine wichtige Voraussetzung für einen schnellstmöglichen, sicheren und reibungslosen Frischwäscherücklauf.

Zu beachten ist

- Etiketten pro Wäscheart an einheitlicher Stelle anbringen
- Etiketten in gelegtem Zustand der Wäsche gut sichtbar sind
- keine Etiketten auf Pflege- oder Herstelleretiketten und Gummizüge patschen

Beschreibung

Bett- und Kissenbezüge
linke Stoffseite, auf Knopfleiste, nahe Rand

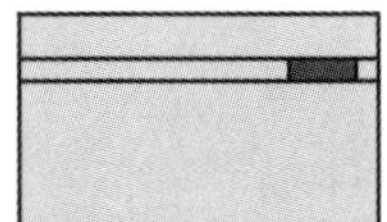

Leinentuch, Geschirrtuch, Handtuch
rechte Stoffseite, an der Ecke

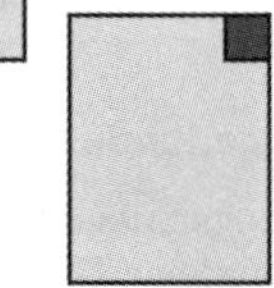

Tischdecken, Mitteldecken, Mundservietten
linke Stoffseite, an der Ecke

Waschlappen
Außenseite, oberer Rand

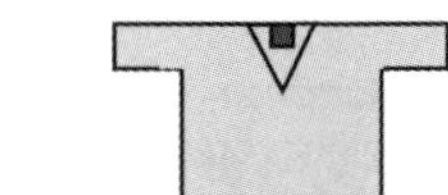

Oberhemd, Bluse, Kleid; Mantel, Jacke, Nachthemd, Schlafanzugsjacke
Krageninnenseite, Mitte

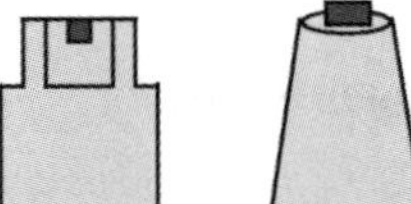

Unterhemd, Unterrock
Halsausschnitt Innenseite, hinten, Mitte

Unterhose, Schlafanzugshose, Hosen
Bund- oder Gummiinnenseite, hinten, Mitte

Socken
Bundinnenseite, längs in Richtung des Feinripps

Stand: März 2010		Seite 1 von 1

Abb. 6.9

HAUS PANORAMA KASSEL	Hauswirtschafts-handbuch	Kapitel: Wäsche	 HPK
CL Nr. 2.2.1	Wäscheliste für Bewohnerwäsche bei Einzug		

Ziel

Durch die Auflistung der abgegebenen Wäscheteile hat man die Anzahl der zu kennzeichneten Wäsche und gleichzeitig eine Kontrolle die gewährleistet das die abgegebene Wäsche auch wieder vollständig an den Bewohner zurückgeht.

Name:			
Wohnbereich:		**Datum:**	
Artikel Damen	**Anzahl**	**Artikel Herren**	**Anzahl**
Unterhosen		Unterhosen kurz	
Unterhemden		Unterhosen lang	
Unterröcke		Unterhemden	
Mieder		T-Shirts	
BH		Schlafanzüge	
Nachthemden		Nachthemden	
Schlafanzüge		Morgenmantel	
Morgenmantel		Socken	
Bettjacken		Kniestrümpfe	
Strumpfhosen		Jogginganzug	
Strümpfe		Jogginghosen	
Socken		Sweatshirts	
Kniestrümpfe		Oberhemden	
Blusen		Polohemden	
Pullover		Pullover	
Westen		Westen	
Strickjacken		Strickjacken	
Röcke		Hosen	
Hosen		Jacken	
Kleider		Mäntel	
Jogginganzüge		Frotteehandtücher	
Jogginghosen		Seiftücher	
Sweatshirts		Waschlappen	
T-Shirts			
Jacken			
Mäntel			
Frotteehandschuhe			
Seiftücher			
Waschlappen			

Stand: März 2010		Seite 1 von 1

Abb. 6.10

6.2 Gesetze, Verordnungen, Richtlinien, Empfehlungen

Die aktuellen Versionen der rechtlichen Bestimmungen werden regelmäßig über das Bundesgesetzblatt (www. bundesanzeiger.de) sowie über die Bundesregierung (www.bundesregierung.de) und die einzelnen Bundesministerien veröffentlicht.

Gesetze

Gesetz zur Neuordnung seuchenrechtlicher Vorschriften
Gesetz zur Verhütung und Bekämpfung von Infektionskrankheiten
Gesetz über die Haftung fehlerhafter Produkte
Arbeitsschutzgesetz
Gesetz zur strukturellen Weiterentwicklung der Pflegeversicherung (altenhilfespezifisch)
Medizinproduktegesetz (altenhilfe-, krankenhausspezifisch)
Gerätesicherheitsgesetz

Verordnungen

Bioabfallverordnung
Verordnung über die Sicherheit und Gesundheitsschutz bei Tätigkeiten mit biologischen Arbeitsstoffen (Biostoff-Verordnung)
Gefahrstoffverordnung
Arbeitsstätten-Verordnung
Detergenzienverordnung
Transparenzverordnung (altenhilfespezifisch)
Betriebssicherheitsverordnung
Verordnung über Sicherheit und Gesundheitsschutz bei der Benutzung persönlicher Schutzausrüstung bei der Arbeit

Richtlinien/Vorschriften/Empfehlungen

Maschinenrichtlinie, Richtlinie 2006/42/EG
BGR a 1 *Grundsätze der Prävention*
BGR 500 Kapitel 2.6 *Betreiben von Wäschereien*

BGR Technische Regeln biologische Arbeitsstoffe, TRBA 250
DVG Desinfektionsmittelliste der Deutschen Veterinärmedizinischen Gesellschaft für den Lebensmittelbereich
VAH- Desinfektionsmittelliste (Verbund angewandter Hygiene)
DGHM- Desinfektionsmittelliste
RKI-Liste der gelisteten Desinfektionsmittel
RKI-Anforderungen an die Hygiene bei der Reinigung und Desinfektion von Flächen
RKI-Empfehlung zur Händehygiene Gesundheitsberichterstattung des Bundes, Heft 19
RKI-Heimtierhaltung – Chancen und Risiken für die Gesundheit (2003)
RKI-Empfehlung Infektionsprävention im Heim
RKI-Empfehlung Händehygiene
RKI-Auszug aus der Richtlinie: Krankenhaushygiene und Infektionsprävention
Anforderungen an die Hygiene, an die Wäsche aus Einrichtungen des Gesundheitsdienstes, die Wäscherei und den Waschvorgang und die Bedingungen für die Vergabe von Wäsche an gewerbliche Wäschereien 4.4.3/6.4
Brandschutzbestimmungen der Bundesländer/Musterbauverordnung
MDK-Erhebungsbogen (Altenhilfespezifisch)
Richtlinie für die Beschaffung, das Tragen und die Unterhaltung von Schutzkleidung im Krankenhaus
Güte- und Prüfbestimmungen für sachgerechte Wäschepflege:
RAL 992/1 Objektwäsche
RAL 992/2 Krankenhauswäsche
RAL 992/3 Wäsche aus Lebensmittelbetrieben
DIN-Normen zu Verfahren, Maschinen und Prüfungen
EN 13795 Krankenhaus
EN 14065 (RABC System (Risk Analysis and Bio-contamination Control Prozess).

Adressenübersicht

Gesetze, Verordnungen

Bundesanzeiger Verlagsgesellschaft mbH
Postfach 10 80 06
Gereonstraße 18 – 32
50670 Köln
www.bundesanzeiger.de

Hygienefragen/LM-Fragen

Institut für Risikobewertung
Thieleallee 88 – 93
14195 Berlin
www.bfr.bund.de

Bund für Lebensmittelrecht und Lebensmittelkunde e. V.
Godesbergerallee 157
53175 Bonn
www.bll.de

Verbände Allgemein Hauswirtschaft/Küche

Berufsverband Hauswirtschaft e. V.
Waiblingen Str. 11/3
71384 Weinstadt
www.Berufsverband-Hauswirtschaft.de

Bundesverband hauswirtschaftlicher Berufe MdH e. V.
Am Hingstkamp 12
27729 Hambergen
www.verband-mdh.de

VKK – Verband der Küchenleiter/innen in Krankenhäuser und Pflegeeinrichtungen e. V.
Limesstraße 5
65510 Hünstetten
www.vkk-ev.de

Verband der Köche Deutschlands e. V.
Steinlestraße 32
60596 Frankfurt/M.
www.VKD.com

Hygienemanagement/Infektionsschutz

Robert Koch-Institut
Nordufer 20
13353 Berlin
www.RKI.de

Reinigung

Forschungs- und Prüfinstitut
Facility Management GmbH (FIGR)
Lise-Meitner-Str. 3
72555 Metzingen
www.figr-gmbh.com

REFA

Verband für Arbeitsgestaltung, Betriebsorganisation und Unternehmensentwicklung e. V.
Fachausschuss Gebäudereinigung
Heddesheimer Str. 59
69469 Weinheim
www.refa.de

Schädlingsbekämpfung

Deutscher Schädlingsbekämpfer-Verband e. V.
Untere Straße 24
69514 Lauterbach/Bergstraße
www.dsvonline.de

Glossar

Um der Sprachverwirrung Einhalt zu gebieten, ist die eindeutige Definition verwandter Wörter und Begriffe im Bereich des Qualitätsmanagements eine wichtige Voraussetzung.

Die nachfolgende Übersicht soll Ihnen helfen, die notwendige Klarheit zu behalten und Missverständnisse zu vermeiden.

Ablaufdiagramm

Strukturiertes Fließschema, aus dem sachliche und zeitliche Zusammenhänge erkennbar werden.

Ablaufprüfung

Zwischenprüfung an einer Tätigkeit oder einem Prozess anhand ihrer Merkmale.

Akkreditierung

Formelle Anerkennung der Kompetenz eines Prüflaboratoriums, um bestimmte Prüfungen oder Prüfungsarten auszuführen (DIN EN 45011).

Attributprüfung

Annahmen-Stichprobenprüfung, bei der anhand der Anzahl der fehlerhaften Einheiten oder der Fehler in den einzelnen Stichproben die Annehmbarkeit des Prüfloses festgestellt wird.

Auditierte Organisation

Organisation, die auditiert wird.

Auftraggeber

Kunde in einer Vertragssituation.
Anmerkung: Der Auftraggeber wird manchmal als die *business second party* bezeichnet.

Auftragnehmer

Lieferant in einer Vertragssituation.

Anmerkung: Der Auftragnehmer wird manchmal als die *business first party* bezeichnet.

Aufzeichnung

Dokument, das einen Nachweis über eine ausgeführte Tätigkeit oder erzielte Ergebnisse liefert.

Eine Qualitätsaufzeichnung liefert einen Nachweis darüber, inwieweit die Qualitätsforderung erfüllt ist (z. B. eine Aufzeichnung über die Produktqualität) oder über die Wirksamkeit eines Elements des QM-Systems (z. B. eine Aufzeichnung über das QM-System).

Einige der Zwecke von Qualitätsaufzeichnungen sind Darlegung, Rückverfolgbarkeit sowie Vorbeugungs- und Korrekturmaßnahmen.

Anmerkung: Eine Aufzeichnung kann aufgeschrieben oder auf irgendeinem Datenträger gespeichert sein.

Ausreißer

Extremwert aus einer Stichprobe, dessen Abweichung im Vergleich mit anderen Abweichungswerten um Größenordnungen verschieden ist.

Behandlung fehlerhafter Einheiten

Auszuführende Maßnahme zur Behandlung einer vorhandenen fehlerhaften Einheit, um den Fehler zu beseitigen.

Benchmarking

Orientierung der eigenen Leistung an Vergleichsmaßstäben Interner und Externer; Wettbewerbsvergleich.

Beschaffenheit

Gesamtheit der Merkmale und Merkmalswerte einer Einheit.

Bestände

Auf Lager liegende Einheiten.

BGB

Bürgerliches Gesetzbuch.

Brainstorming

Intuitiv-kreatives Verfahren zur Ideengewinnung (Gedankensturm); wahllose und strukturlose Sammlung von Begriffen, Vorschlägen etc., die schriftlich fixiert werden.

Brainwriting

Auch Methode 6-3-5 genannt, intuitiv, kreatives Verfahren zur Ideengewinnung, Abwandlung von Brainstorming.

Business Process Reengineering

Methode, die sich auszeichnet durch: fundamentale Änderungen, d. h. grundlegende, einfache Ansätze. Prozessorientierte Vorteile, d. h. über Abteilungsgrenzen und Organisationsschemata hinweg.

CAP

Computer Aided Planning (computerunterstützte Planung).

CAQ

Computer Aided Quality Assurance (computerunterstützte Qualitätssicherung).

CAT

Computer Aided Testing (computerunterstützte Prüfung).

CI

Corporate Identity (Erscheinungsbild eines Unternehmens nach innen und außen).

CI

Continuous Improvement (ständige Verbesserung/KAIZEN).

Coaching

Das Betreuen eines Teams, ursprünglich aus dem Sport-Englischen.

CPC

Continuous Process Control (ständige Prozesskontrolle).

CSM

Customer Satisfaction Management (Management zur Erfüllung der Kundenwünsche).

DAP

Deming Application Price (Qualitätspreis).

DAR

Deutscher Akkreditierungsrat.

Darlegungsgrad

Ausmaß, in dem Nachweis mit dem Ziel geführt ist, Vertrauen zu schaffen, dass festgelegte Forderungen erfüllt sind.

Deming

Amerikanischer Qualitätsexperte, der sehr viel Erfolg in Japan hatte (Qualitätspreis in Japan).

Denkansätze für KAIZEN

Kundenorientierung, Wertschöpfungsorientierung, Mitarbeiterförderung, Qualitätsorientierung, Prozessorientierung, Problemorientierung.

Dienstleistung

An der Schnittstelle zwischen Lieferant und Kunde sowie durch interne Tätigkeiten des Lieferanten erbrachtes Ergebnis zur Erfüllung der Erfordernisse des Kunden.

Der Lieferant oder der Kunde kann an der Schnittstelle durch Personal oder durch Einrichtungen vertreten sein.

Für die Erbringung einer Dienstleistung können Kundentätigkeiten an der Schnittstelle zum Lieferanten wesentlich sein.

Lieferung oder Gebrauch materieller Produkte kann Bestandteil der Erbringung einer Dienstleistung sein.

Eine Dienstleistung kann mit der Herstellung und Lieferung eines materiellen Produkts verbunden sein.

DIN

Deutsches Institut für Normung.

Dokumentation

Für die Fachinformation wesentliche Tätigkeit, die das systematische Sammeln und Auswählen, das formelle Erfassen, inhaltliche Auswerten und Speichern von Dokumenten umfasst, um sie zum Zweck der gezielten Information rasch und treffsicher auffinden zu können.

DQS

Deutsche Gesellschaft für Zertifizierung von QM-Systemen; Zertifizierungsgesellschaft.

EFQM

European Foundation for Quality Management (Europäische Stiftung für Qualitätsmanagement).

Einheit

Eine Einheit kann z. B. sein: eine Tätigkeit oder ein Prozess, ein Produkt, eine Organisation, ein System oder eine Person oder irgendeine Kombination daraus.

Endprüfung

Letzte Qualitätsprüfung vor Übergabe der Einheit an den Kunden bzw. den Auftraggeber.

EQA

European Quality Award (Europäischer Qualitätspreis, Auszeichnung).

Externes Qualitätsaudit

Beurteilung und Bewertung der Wirksamkeit eines externen QM-Systems, z. B. eines Lieferanten.

Fehler

Die Definition erfasst die Nichterfüllung festgelegter Forderungen bei einem oder mehreren Qualitätsmerkmalen.

Fehlerkosten

Kosten und Verluste, verursacht durch Nichterfüllung von Qualitätsanforderungen.

Fischgrät-Muster

Anderer Name für Ishikawa-Diagramm.

5A-Kampagne

Kampagne zur Herstellung von Sauberkeit und Ordnung im Betrieb als Voraussetzung für Problemlösungsarbeit; 5 A wegen der fünf Schritte: Aussortieren unnötiger Dinge, Aufräumen, Arbeitsplatz sauber halten, Abmachungen zur Regel machen, alle Punkte einhalten und ständig verbessern. Bei der 5A-Kampagne werden verschiedene Hilfsmittel eingesetzt.

5W Warum

Fünfmal *Warum?* fragen, um an die wahren Problemursachen heranzukommen.

GMP

Good Manufacturing Practices (Gute Fertigungs- oder Herstellpraxis).

GS

Geprüfte Sicherheit.

HACCP

Hazard Analysis and Critical Control Points.

Histogramm

Balkendiagramm, das die Häufigkeitsverteilung eines kontinuierlichen Merkmals grafisch darstellt.

IAQ

International Academy for Quality (Internationale Akademie für Qualität).

Instandhaltung

Maßnahmen, um die Gegenstände des Anlage- und Umlaufvermögens eines Unternehmens in betriebsbereitem Zustand zu halten.

Interner Qualitätsbericht

Regelmäßige Zusammenfassung von qualitätsrelevanten Abläufen und Verfahren in Form von Qualitätsaufzeichnungen.

Internes Qualitätsaudit

Auf Veranlassung der Leitung der Organisation durchgeführtes Qualitätsaudit.

ISO

International Organization for Standardization (Internationale Organisation für Normung).

Just in Time

Bedeutet für jeden Arbeitsschritt das richtige Teil zum richtigen Zeitpunkt in der richtigen Qualität.

KAIZEN

Kontinuierlicher Verbesserungsprozess, d. h. permanenter Prozess der Verbesserung durch alle Mitarbeiter im Unternehmen in kleinen Schritten, wobei die Verbesserungsmaßnahmen wenig Geld kosten.

Konformität

Erfüllung festgelegter Forderungen.
Anmerkung: Die Definition gilt für qualitätsbezogene Normen.

Korrekturmaßnahme

Tätigkeit, ausgeführt zur Beseitigung der Ursachen eines vorhandenen Fehlers, Mangels oder einer anderen unerwünschten Situation, um deren Wiederkehr vorzubeugen.
Anmerkung: Die Korrekturmaßnahmen können Veränderungen mit sich bringen, wie etwa bei Verfahren und Systemen,

um eine Qualitätsverbesserung in irgendeinem beliebigen Stadium des Qualitätskreises zu erreichen.

Kuchendiagramm

Kreisdarstellung.

Kunde

Nur Empfänger eines vom Lieferanten bereitgestellten Produkts/Dienstleistung.

Kundenorientierung

Die Kundenorientierung ist Grundlage der Kreativitätsoffensive. Das gilt gleichermaßen für externe und interne Kunden.

KVP

Abkürzung für *Kontinuierlicher Verbesserungsprozess*, im japanischen unter KAIZEN bekannt.

Lieferant

Organisation, die dem Kunden ein Produkt bereitstellt.
Anmerkung: Der Lieferant kann zur Organisation entweder extern oder intern sein.

LQM

Lean Quality Management (schlankes Qualitätsmanagement, in Anlehnung an Lean Management).

Management by Delegation

Hier werden sowohl Aufgaben als auch Beantwortung an die Arbeiterschaft abgegeben. Die Delegation dient der Entlastung der Leitungsebene.

Management by Exception

Die Führungskraft konzentriert sich bei diesem Führungsmodell auf ihre Hauptaufgaben der Planung und Kontrolle. Die Führungskraft greift nur ein, wenn Mitarbeitende spezielle Situationen nicht selbst bewältigen können. Exception bedeutet soviel wie *Ausnahmeregelungen*. Bei diesem Führungsmodell müssen die Ausnahmen und Regeln exakt definiert werden.

Management by Motivation

Führung durch Motivation ist ein verhaltensorientiertes Managementprinzip. Der Mitarbeiter wird in den Mittelpunkt der Betrachtungen gestellt und in Entscheidungsprozesse einbezogen. Die Leistungsfähigkeit dieses Managementmodells hängt sowohl von der Persönlichkeitsstruktur des Vorgesetzten als auch der des Mitarbeiters ab.

Management by Objectives

Unter diesem Modell versteht man die Führung durch die Vorgabe von Zielen. Vorgesetzte und Mitarbeiter legen gleichermaßen die Ziele gemeinsam fest. Die Erreichbarkeit der Ziele ist Aufgabe des Mitarbeiters.

Management by Results

Hier steht die Ergebnisorientierung im Vordergrund. Geführt wird durch die Überwachung von Resultaten.

Messergebnis

Durch Messung gewonnener Wert für die Messgröße.

Messgröße

Physikalische Größe der Messung.

Nacharbeit

An einem fehlerhaften Produkt mit dem Ziel ausgeführte Maß - nahme, dass es die festgelegten Forderungen erfüllen wird.

Null-Fehler Prinzip

Vorgabe der absoluten Fehlervermeidung.

Oberste Leitung

Person(en), die rechtlich für die Leitung einer Organisation verantwortlich ist (sind). Organisation Gesellschaft, Körperschaft, Betrieb, Unternehmen oder Institution oder Teil davon, eingetragen oder nicht, öffentlich oder privat, mit eigenen Funktionen und eigener Verwaltung.

Organisationsstruktur

In einem Schema geregelte Verantwortlichkeiten. Befugnisse und Wechselbeziehungen, mit deren Hilfe eine Organisation ihre Aufgaben erfüllt (DIN EN ISO 8402).

PA

Prüfanweisung.

Pareto-Analyse

ABC-Analyse; Hilfsmittel, um die wichtigsten Problemursachen herauszufinden, da nach der sogenannten 80/20-Regel 80 % der Wirkung oft auf nur 20 % der Ursachen zurückzuführen sind. Die Pareto-Analyse hilft dabei, wichtige von unwichtigen Einflussfaktoren zu trennen.

PDCA

Plan Do Check Act; Planen, Tun, Checken, Aktion; Standardisierungskreislauf als Mittel zur ständigen Verbesserung.

Poka Yoke

Narrensicheres Verhalten; Mechanismen (z. B. Einrichtungen an Maschinen, um Fehler zu vermeiden); Vermeidung zufälliger Fehler.

Produkt-Audit

Überprüfung und Beurteilung von Endprodukten und Dokumentation, um Fehler in Fertigungs- und Prüfanlagen festzustellen.

Produkthaftung

Verpflichtung eines Produzenten oder anderer zum Schadensersatz aufgrund eines Personen-, Sach- oder anderen Schadens verursacht durch ein Produkt.

Prozess
Ein Satz von in Wechselbeziehungen stehenden Mitteln und Tätigkeiten, die Eingaben in Ergebnisse umgestalten.

Anmerkung: Zu den Mitteln können Personal, Finanzen, Anlagen, Einrichtungen, Techniken und Methoden gehören.

Prozess-Audit
Überprüfung von Personalqualifikationen, Einhaltung und Zweckmäßigkeit der angewandten Verfahren.

Prozessmanagement
Abteilungsbezogene Arbeitsteilungen führen häufig zu fehlenden Kenntnissen des Gesamtzusammenhangs des Prozesses Kunden-Lieferanten-Beziehung. Prozessmanagement plant, organisiert und steuert die einzelnen Bearbeitungsschritte bereichsübergreifend bzw. prozessorientiert.

Prüfablaufplan
Festlegung der Abfolge der Qualitätsprüfungen.

Prüfanweisung
Anweisung, wie eine Prüfung durchzuführen ist.

Prüfkosten
Kosten, verursacht durch alle qualitätsrelevanten Prüfungen.

Prüfplan
Plan für eine Prüfung.

Prüfung
Tätigkeit wie Messen, Untersuchen, Ausmessen bei einem oder mehreren Merkmalen einer Einheit sowie Vergleichen der Ergebnisse mit festgelegten Forderungen, um festzustellen, ob Konformität für jedes Merkmal erzielt ist.

QC
Quality Circles (Qualitätszirkel).

QM
Qualitätsmanagement.

QMB
Qualitätsmanagementbeauftragter, heute Beauftragte der obersten Leitung BOL.

QM-Darlegungs-Handbuch
In Form eines Handbuchs auf die im Rahmen der Darstellungsforderung erwartbare QM-Darlegung abgestellte Beschreibung des QM-Systems.

QMS
Qualitätsmanagement-System; auch QM-System.

QM-Verfahrensanweisung
Dokumentierte Festlegung eines Verfahrens.

Qualität
Vermögen einer Gesamtheit inhärenter (innewohnender) Merkmale eines Produkts, Systems oder Prozesses zur Erfüllung von Forderungen von Kunden und anderen interessierten Parteien.

Qualitätsauditor
Zur Durchführung von Qualitätsaudits qualifizierte Person.

Qualitätsbezogene Kosten
Kosten, die durch das Sicherstellen zufriedenstellender Qualität und durch das Schaffen von Vertrauen, dass die Qualitätsanforderungen erfüllt werden, entstehen, sowie Verluste infolge des Nichterreichens zufriedenstellender Qualität.

Qualitätsförderung
Tätigkeiten und Prozesse, die zu einer höheren Qualität beitragen.

Qualitätskreis

Begriffsmodell, das die zusammenwirkenden Tätigkeiten enthält, welche die Qualität beeinflussen, und zwar von der Feststellung der Erfordernisse bis zur Feststellung, ob diese Erfordernisse erfüllt worden sind.

Qualitätslenkung

Qualitätslenkung umfasst Arbeitstechniken und Tätigkeiten, deren Zweck sowohl die Überwachung eines Prozesses als auch die Beseitigung von Ursachen nicht zufriedenstellender Ergebnisse in allen Stadien des Qualitätskreises ist, um wirtschaftliche Effektivität zu erreichen.

Qualitätsmanagement

Alle Tätigkeiten des Gesamtmanagements, die im Rahmen des QM-Systems die Qualitätspolitik, die Ziele und Verantwortungen festlegen sowie diese durch Mittel wie Qualitätsplanung, Qualitätslenkung, Qualitätssicherung/QM-Darlegung und Qualitätsverbesserung verwirklichen.

Qualitätsmanagement-Handbuch

Dokument, in dem die Qualitätspolitik festgelegt und das QM-System einer Organisation beschrieben ist.

Qualitätsmanagement-System

Zur Verwirklichung des Qualitätsmanagements erforderliche Organisationsstruktur, Verfahren, Prozesse und Mittel.

Qualitätspolitik

Umfassende Absichten und Zielsetzungen einer Organisation zur Qualität, wie sie durch die oberste Leitung formell ausgedrückt werden.

Qualitätsprüfung

Feststellen, inwieweit eine Einheit die Qualitätsforderung erfüllt.

Qualitätsverbesserung

Überall in der Organisation ergriffenen Maßnahmen zur Erhöhung der Effektivität und Effizienz von Tätigkeiten und Prozessen, um zusätzlichen Nutzen sowohl für die Organisation als auch für ihre Kunden zu erzielen.

Qualitätswesen

Einheit in der Aufbaustruktur einer Organisation. Befasst sich mit Qualitätsmanagement.

Qualitätszirkel

Problemlösungsgruppen im Unternehmen, Quality Circles.

RAL

Ausschuss für Lieferungen und Gütesicherheit, umfasst auch Gütezeichen.

Review

Formelle Bewertung einer Einheit.

Richtwert

Wert eines quantitativen Merkmals, dessen Einhaltung durch die Istwerte empfohlen wird, ohne dass Grenzwerte vorgegeben sind.

Rückverfolgbarkeit

Den Werdegang, die Verwendung oder den Ort einer Einheit anhand aufgezeichneter Kennzeichnungen verfolgen.

Selbstprüfung

Prüfung der Arbeit durch den Ausführenden selbst nach festgelegten Regeln.

Anmerkung: Die Ergebnisse von Selbstprüfung können zur Prozesslenkung (Prozess) verwendet werden.

Sollwert

Wert eines quantitativen Merkmals, von dem die Istwerte dieses Merkmals so wenig wie möglich abweichen sollen.

System-Audit
QM-System wird überprüft auf Vollständigkeit, Zweckmäßigkeit und praktische Umsetzung.

TQEM
Total Quality and Environment Management (Totales Qualitäts- und Umweltmanagement).

TQM
Total Quality Management (Umfassendes Qualitätsmanagement).

Umfassendes Qualitätsmanagement
Auf der Mitwirkung aller ihrer Mitglieder gestützte Managementmethode einer Organisation, die Qualität in den Mittelpunkt stellt und durch Zufriedenstellung der Kunden auf langfristigen Geschäftserfolg sowie auf Nutzen für die Mitglieder der Organisation und für die Gesellschaft zielt.

UMS
Umweltmanagementsystem, auch UM-System.

Ursache-Wirkungs-Diagramm
(jap.: Ishikawa-Diagramm); einfaches Hilfsmittel, um die Ursachen für eine festgestellte Wirkung (Problem) nach Haupt - ursachengebieten wie Mensch, Maschine, Material, Mitwelt und Methode (5M) sortieren zu können; wichtiges Hilfsmittel bei der Problemlösungsarbeit.

Validierung
Bestätigen aufgrund einer Untersuchung und durch Bereitstellung eines Nachweises, dass die besonderen Forderungen für einen speziellen beabsichtigten Gebrauch erfüllt worden sind.

Verfahren
Festgelegte Art und Weise, eine Tätigkeit auszuführen.

Verifizierung
Bestätigen aufgrund einer Untersuchung und durch Bereitstellung eines Nachweises, dass festgelegte Forderungen erfüllt worden sind.

Verschwendung
(jap.: Muda) ist alles, was für den eigentlichen Arbeitsprozess nicht benötigt wird.

Verschwendungsarten
Verschwendung z. B. durch Überproduktion, Bestände, Transport, Wartezeiten, Art der Herstellung, Bewegungen, Fehler oder nicht genutzte Kreativität der Mitarbeiter.

Vertragsprüfung
Vor der Vertragsunterzeichnung durch den Lieferanten ausgeführte systematische Tätigkeiten, um sicherzustellen, dass die Qualitätsforderung angemessen festgelegt, frei von Unklarheiten, dokumentiert und durch den Lieferanten realisierbar ist.

Visualisierung
Sichtbarmachung, Veranschaulichung, bildhaft machen; Visualisierung von Daten Ergebnissen und Problemen ist eines der Kernelemente im Rahmen der Mitarbeitermotivation.

Vorschrift
Dokument, das verbindliche, rechtliche Festlegungen trifft und das von einer Behörde erstellt wird.

Wertschöpfung
Der Arbeitsprozess kann in wertschöpfende und nicht wertschöpfende Teile untergliedert werden. Ziel aller Unternehmen sollte es sein, nicht wertschöpfende Arbeitsschritte gegen wertschöpfende auszutauschen.

Zero Defect
(Nullfehler).

Zertifizierung

Maßnahme durch einen unparteiischen Dritten, die aufzeigt, dass ein ordnungsgemäß bezeichnetes Produkt, Verfahren oder Dienstleistung in Übereinstimmung mit einer bestimmten Norm oder einem bestimmten anderen normativen Dokument ist.

Zustand

Beschaffenheit im Augenblick der Betrachtung der Einheit.

Literaturhinweise

Die aufgeführten Literaturhinweise haben uns bei unserer Recherche und Wissenserweiterung zum Thema Qualität sehr unterstützt. Die Auflistung verfolgt nicht den Anspruch einer wissenschaftlichen Nennung oder einer Priorisierung einzelner Werke und Fachaufsätze.

Armstrong, David: Das Fünf-Dollar-Dankeschön, Haufe Management Praxis.

Bach, Horst/Mühlbauer, Bernd H.: Qualitätsmanagement in der stationären Altenpflege, Erfahrungsberichte, Verlag Neuer Merkur GmbH, München.

Boylan, Bob: Bring's auf den Punkt! mvg-Verlag.

Bundesgesetzblatt: SGB VIII, SGB IX, SGB XI, SGB XII.

DGQ: Qualitätssicherung von Lebensmitteln, Beuth Verlag.

Dietzel, Gerhard/Lobinger, Werner: Leitfaden für Qualitätsauditoren, Hanser Verlag.

Doppler/Lauterburg: Den Unternehmenswandel gestalten, Chance Management, Campus Verlag, 2002.

DQZ-Mitglieds-Monatszeitschriften, Jahrgänge 2007 – 2009.

Ferner, Jürgen D./Kämmerer, Andreas: Qualitätsverbesserung, Strategie und Werkzeuge, Steinbeis Stiftung für Wirtschaftsförderung.

Forschungsgemeinschaft Qualitätssicherung: Qualitätssicherung in Dienstleistungsprozessen, FQS-Band 85-04.

Fusshöller, Horst/Maser, Werner: Sei willkommen, Fremder, Matthaes Verlag.

Glaap, Winfried: ISO 9000 leicht gemacht, Hanser Verlag.

Gorny, Nina/Plocek: Praxishandbuch Qualitätsmanagement Krankenhaus, Baumann Verlag.

Kahn, Oliver: Erfolg kommt von innen.

Kern, Norbert: Qualitätsmanagement, Elsevier Urban und Fischer Verlag.

Kerner, Jürgen D./Illison, Markus: Praxisleitfaden Qualitätsmanagement im Altenheim, Steinbeis Stiftung für Wirtschaftsförderung.

Kerner, Jürgen D./Illison, Markus: Praxisleitfaden Qualitätsmanagement im Krankenhaus, Steinbeis Stiftung für Wirtschaftsförderung.

Kerner, Jürgen G./Kämmerle, Andreas: Praxisleitfaden Qualitätsverbesserung – Strategien & Werkzeuge, Steinbeis Stiftung für Wirtschaftsförderung.

Kirckhoff, Mogens: Mind Mapping, Gabel-Verlag.

Kraus, Dr. Georg: Handbuch Change-Management, Cornelsen Verlag.

Landgrebe, Gitte/Knist, Franz: Mehr Erfolg durch Qualität für Trainerinnen, Beraterinnen, Coaches, Gabal Verlag.

Leif, Thomas: Beraten und verkauft – McKinsey & Co – der große Bluff der Unternehmensberater, C. Bertelsmann Verlag.

Murhpy, John A.: Dienstleistungsqualität in der Praxis, Hanser Verlag.

Pinter, E./Zwart, E.: Praxis umfassendes Qualitätsmanagement: Grundlagen und Erfahrungsberichte für die Einführung im Krankenhaus, pmi-Verlagsgruppe GmbH.

Pircher-Friedrich, Anne Maria: Mit Sinn zum nachhaltigen Erfolg, Erich Schmidt Verlag.

Seifert, Josef W./Pattay, Silvia: Visualisieren – Präsentieren – Moderieren, Gabel Verlag.

Seiwert, Lothar J.: Das neue 1 x 1 des Zeitmanagements, Gabal-Verlag.

Sghezzi, H.: Integriertes Qualitätsmanagement – Das St. Gallener Konzept, Carl Hanser Verlag.

Simon, Walter: Die neue Qualität der Qualität, Gabal Verlag.

Strauß/Seidl: Beschwerdemanagement, Hanser Verlag.

Töpfer, Armin: Six Sigma, Springer-Verlag.

Torres-Peraza, Mario: Global Quality Management – die neue Dimension der Qualität, 2007.

Wallrafen-Dreisow, Helmut: EFQM in Einrichtungen der Altenhilfe, Kohlhammer Verlag.

Wilhelm E./Janischowski, A.: Umweltorientiertes Krankenhausmanagement – Strategien und Maßnahmen für eine größere Umweltverträglichkeit.

Zech, Rainer: Handbuch Qualitätsmanagement in der Weiterbildung, Beltz Verlag.

Stichwortverzeichnis

L

M

N

O

P

S

T

U

V

W

Z